E<small>L</small> *N<small>ORTE DE LA</small> C<small>ONTRATACIÓN</small>* <small>Y LA TRADICIÓN VEITIANA</small>

 EDITORIAL
UNIVERSIDAD DE SEVILLA

 Calidad en
Edición
Académica

Academic
Publishing
Quality

JOSÉ MANUEL DÍAZ BLANCO

EL *NORTE DE LA CONTRATACIÓN* Y LA TRADICIÓN VEITIANA

Un itinerario del Siglo de Oro al pensamiento histórico moderno

EDITORIAL UNIVERSIDAD DE SEVILLA
DIPUTACIÓN DE SEVILLA
Sevilla 2024

Catálogo de la Editorial
Universidad de Sevilla
Colección Americana
Núm.: 79

Catálogo Diputación de Sevilla
Servicio de Archivo y Publicaciones
Serie: Nuestra América
Núm.: 50

Este original ha sido galardonado con el accésit del concurso de monografías *Nuestra América* 2021, convocado por la Diputación de Sevilla, la Universidad de Sevilla y el Consejo Superior de Investigaciones Científicas.

Motivo de cubierta: Marcos de Orozco, *Grabado portada del Norte de la Contratación*, Madrid, 1671.

© Editorial Universidad de Sevilla 2024
  C/ Porvenir, 27 - 41013 Sevilla.
  Tlfs.: 954 487 447; 954 487 451
  Correo electrónico: info-eus@us.es
  Web: https://editorial.us.es
© Diputación de Sevilla. Área de Cultura y Ciudadanía
  Servicio de Archivo y Publicaciones 2024
  Menéndez Pelayo, 32 - 41071 Sevilla
  Web: http://www.dipusevilla.es/archivo
© José Manuel Díaz Blanco 2024
Impreso en papel ecológico
Impreso en España – *Printed in Spain*
ISBN de la Editorial Universidad de Sevilla: 978-84-472-2588-0
ISBN del Servicio de Archivo y Publicaciones de la Diputación de Sevilla: 978-84-7798-517-4
Depósito Legal: SE 712-2024
Diseño de cubierta: referencias.maquetacion@gmail.com
Maquetación: Cuadratín Estudio (emolina@cuadratin.es)
Impresión: Podiprint

A la memoria de
María Dolores Blanco Yun (1943-2015)
De su hijo

ÍNDICE

1670

Un ir y venir de gentes recorre las calles polvorientas y soleadas de Sevilla. Próxima a la Lonja de Mercaderes, hay una casa donde vive un caballero. Nos detenemos ante la fachada y a través de la ventana le vemos trabajar. Está sentado y escribe con cierta parsimonia sobre los papeles que pueblan su mesa. El caballero se llama José de Veitia, es tesorero de la Casa de la Contratación y ultima el manuscrito de un libro al que llamará *Norte de la Contratación de las Indias Occidentales*.

1926

Las mismas calles están empedradas y las transitan, además de las personas y los animales, los primeros automóviles y el tranvía eléctrico. Un joven norteamericano ha llegado a Sevilla acompañado por su mujer y una hija recién nacida. Su nombre es Earl J. Hamilton y ha venido a estudiar el impacto de los metales preciosos americanos sobre la economía española de la Edad Moderna. Todas las mañanas se dirige a la Lonja de Mercaderes, donde ocupa una mesa en lo que ya es el Archivo de Indias. La investigación no es sencilla, pero Hamilton ha aprendido mucho leyendo un libro antiguo. El libro de aquel caballero.

c. 2000

El emplazamiento puede parecer otro, completamente asfaltado, iluminado e inundado por muchas más personas y vehículos. Pero, en realidad, se trata del mismo lugar. La Real Fábrica de Tabacos, cercana al Archivo de Indias y la plaza de la Contratación, se ha convertido en la Universidad de Sevilla. Muchos alumnos anónimos estudian Historia y se enfrentan a problemas muy arraigados, como la economía atlántica, la producción minera, el tesoro americano o la Carrera de Indias. Los mejores estudiantes frecuentan las bibliotecas y se forman leyendo los libros que escribieron aquel norteamericano y otros autores del siglo XX. Ninguno sabe nada del caballero.

PREFACIO

El escritor, asimismo, reconoce el centro de la novela como la intuición, el pensamiento o el conocimiento que sirve de inspiración para la obra.
Sin embargo, los novelistas también saben que, durante el proceso de escritura, esta inspiración cambia de dirección y forma. A menudo el centro aparece a medida que se escribe la novela.

Orhan Pamuk (2010)

A este libro le ha ocurrido lo mismo que a muchas novelas: su «centro» fue cambiando conforme lo escribía. Pasa a menudo en los estudios históricos. La investigación de las fuentes mostró cosas que yo no había sabido prever, de modo que mi pequeño proyecto empezó a dibujarse a sí mismo con cierta autonomía. Pese al desconcierto inicial, no me opuse. Al contrario, lo acepté de buen grado, porque el resultado me pareció de mayor interés que el diseño original que había esbozado. Si algo bueno puede contener este libro, acaso se deba a esos hallazgos insospechados con los que me fui encontrando por el camino.

El propósito inicial consistía en el estudio convencional de un libro publicado en el siglo XVII, el *Norte de la Contratación de las Indias Occidentales*, de José de Veitia Linaje. Excuso decir que las razones que me animaron fueron puramente personales. En el estudio de aquel tema confluían distintas pasiones íntimas: la Carrera de Indias, la investigación en el Archivo de Indias y la cultura barroca del Siglo de Oro. Empecé a escribir porque me apetecía disfrutar explorando aquella coincidencia feliz. Como pensaba que otras personas compartirían mis entusiasmos, tampoco me preocupaba en exceso buscar otras justificaciones que legitimaran la dedicación al proyecto. No obstante, no resultó complicado dar con una. El insigne polígrafo Santiago Montoto la había perfilado ya, cien años antes.

13

Al reflexionar sobre el personaje, Montoto intrigó a sus lectores anunciándoles: «de un hombre y un libro casi olvidados, hemos de hablaros: el hombre, D. José de Veitia Linaje; el libro, su obra, notabilísima por muchos conceptos, *Norte de la Contratación de las Indias*». ¿Podrían repetirse las palabras de Montoto un siglo después? ¿Cabría considerar aún a Veitia y a su *Norte* «un hombre y un libro casi olvidados»? La respuesta, como suele acontecer en estos casos, depende del punto de vista. Si pensamos en un reducido círculo de especialistas, estudiosos de la Carrera de Indias, la afirmación parecería excesiva. En cambio, si echamos una ojeada más allá de esos ámbitos minoritarios, encontraremos una familiaridad superficial y anecdótica, cuando no el desconocimiento o la completa falta de interés.

Seamos un poco más precisos. Cuando se rastrea en la bibliografía, la presencia de Veitia se reduce en buena medida a dos facetas. La primera, ser un personaje secundario en los estudios sobre Bartolomé Esteban Murillo[1]. Como recordaremos más adelante, Veitia emparentó con el genial pintor tras casarse con su sobrina Tomasa Murillo. El enlace dio pie a numerosas anécdotas familiares e incluso a algunas de índole artística: Veitia medió con la hermandad de la Vera Cruz en el encargo de *La Inmaculada y fray Juan de Quirós* (1652) y, posiblemente, allanó a Murillo sus relaciones con los sectores mercantiles de Sevilla, donde este encontró una buena clientela. Por supuesto, Veitia figura también como fuente fundamental para los historiadores de la Carrera de Indias. Entre ellos posee el carisma de un «clásico», tal como lo postuló Antonio García-Baquero[2]. Todos los especialistas corroborarían ese juicio. Sin embargo, Veitia es un clásico que suscita cierta extrañeza. En nuestro tiempo, recurrimos a él como herramienta para la investigación histórica. Pero rara vez se piensa en él como el objeto de estudio en sí.

De hecho, Veitia solo ha sido el protagonista de dos trabajos breves, publicados respectivamente en 1923 y 1981. El primero se debe al recordado Montoto y en él figura la ponderación a la que antes aludíamos[3]. El segundo pertenece a Francisco de Solano Pérez-Lila e introduce la edición facsímil del *Norte de la Contratación* que publicó el Instituto de Estudios Fiscales[4]. Ambas piezas son magníficas y aún se leen con óptimo provecho. Se sustentan

---

1. Angulo Íñiguez (1981); Beltrán Martínez y Quiles García, eds. (2017); Hereza Lebrón (2017-2019).
2. García-Baquero González (1992).
3. Montoto (1923). Reproduce el estudio presentado por Montoto en el II Congreso de Historia y Geografía Hispano-Americanas, que se había celebrado en Sevilla en 1921.
4. Solano Pérez-Lila (1981). Antes de publicarse de manera independiente, apareció como introducción a la edición facsímil de Veitia Linaje (1981: I-LXVII).

sobre detalladas pesquisas archivísticas y contienen sendas semblanzas de excelente factura. Constituyen la mejor invitación posible a un análisis en profundidad del tema, que sin embargo nadie ha aceptado hasta ahora. No existe un estudio monográfico sobre Veitia.

Por tanto, nada más sencillo que plantear el libro como una contribución a saldar este vacío bibliográfico. Veitia es un fragmento importante del Siglo de Oro hispánico que no ha sido tratado con la justicia exigible. En Sevilla, donde pergeñó su *opus magnum*, convivió con Murillo, Valdés Leal, Pedro Roldán, Bernardo Simón de Pineda, Ruiz Gijón, Miguel Mañara o Justino de Neve. El *Norte* nació en el tiempo que alumbró los *Jeroglíficos de las Postrimerías*, las grandes inmaculadas, la iconografía fernandina, ciclos pictóricos como el de los capuchinos de las Santas Justa y Rufina, misterios procesionales como los de la Quinta Angustia o la Exaltación, crucificados como el Cristo de la Expiración, llamado *El Cachorro*, o retablos como el del Entierro de Cristo en la iglesia de San Jorge. Sin embargo, mientras el Barroco contrarreformista goza de enorme popularidad y congrega masas en museos, exposiciones y celebraciones litúrgicas, el *Norte* ha quedado arrinconado en un escueto elenco de bibliotecas públicas y privadas. Lógicamente, no puede pretenderse que Veitia disfrute del mismo reconocimiento que los pintores y los imagineros de su época. Una obra tan técnica como la suya, construida con palabras y no con imágenes, jamás logrará conectar de ese modo con la sensibilidad del público actual. Sin embargo, el extremo contrario −el de la indiferencia y la ignorancia rotundas− no es deseable. Porque en el *Norte* reside el mejor vínculo entre aquel período cumbre de la cultura española y el fenómeno contemporáneo de la Carrera de Indias. Esta peculiaridad es única, infinitamente valiosa, y merece ser reivindicada.

Durante años perseguí a Veitia en varios archivos de Sevilla y Madrid, las ciudades donde transcurrió la parte fundamental de su vida. Había datos valiosos en todos ellos, relativos a su esfera privada, su desempeño profesional o su creación literaria. No obstante, encontré la información más significativa en el Archivo General de Indias. A lo largo de espléndidas mañanas veraniegas en la Sala de Investigación de la Cilla, sentado junto a una ventana desde la que veía recortarse la Lonja, o conversando en la calle Santo Tomás con amigos que resultaron ser maestros, los legajos de Contratación, Indiferente General, Contaduría o Consulados me desvelaron lentamente el alma de aquel libro editado tres siglos y medio antes. Las pesquisas movieron quizás unos trescientos legajos y libros de documentación original del XVII, algunos leídos con intensidad y otros consultados de manera más superficial. El esfuerzo, sin duda alguna, valió la pena.

Las conclusiones se volvieron más sorprendentes (al menos para mí) conforme el estudio progresaba. Las primeras entraban dentro de lo relativamente previsible. El *Norte* emergió como una obra maestra basada en tres pilares fundamentales que los historiadores de la Carrera siempre han apreciado: la experiencia profesional de Veitia en la Casa de la Contratación, la inspiración en la «literatura oficial indiana» y sus «ministros literatos», y una búsqueda pionera entre los fondos documentales de la Casa, realizada mucho antes de que estos se incorporaran como sección al Archivo de Indias, de fundación dieciochesca.

Sin embargo, el primer encuentro inesperado no tardó en aparecer. Surgió al detectar otro elemento predominante en el texto, pero al que se había prestado mucha menos atención. Se trataba de una concepción corográfica a la que aquí llamaremos «patriotismo institucional». Veitia vivió en un mundo atlántico y global, y participó activamente en la Carrera de Indias, instrumento esencial de las conexiones a escala planetaria construidas durante la Edad Moderna. Pese a ello, cuando tomó la pluma, escribió con una mentalidad muy arraigada en lo local. Esta contradicción tal vez parezca paradójica. Sin duda, era reduccionista. Pero se explicaba bien en el ambiente cultural del siglo XVII, donde el lenguaje patriótico gozaba de enorme predicamento en el pensamiento político y humanístico. Sus códigos estilísticos concedían al escritor ciertas licencias para desvirtuar la realidad y exagerar las excelencias propias de las que se vanagloriaban los hijos de la tierra. El patriotismo institucional de Veitia reproducía la lógica corográfica, adaptándola a la escala mínima de una única institución, la Casa de la Contratación. El resultado fue una sublimación desproporcionada de la Casa y de Sevilla, pagada al precio de infravalorar otros organismos y ciudades como Madrid, Cádiz, La Habana, Cartagena de Indias, Portobelo, Lima, Veracruz o Ciudad de México. *Qui non ha vista Sevilla non ha vista maravilla.*

La detección de estas trampas discursivas, de resonancia evidente en focos literarios anteriores y posteriores, subrayó la necesidad de indagar en la fortuna crítica y la recepción del texto veitiano, un aspecto en el que yo no había pensado mucho al principio. Al trabajar en él, pronto me percaté de mi error. Aprendí dos cosas y ambas me parecieron fascinantes. La primera fue que Veitia fue leído con admiración y abundancia desde el momento mismo de su publicación hasta las primeras décadas del siglo XVIII, mientras la Carrera funcionó tal como él la explicaba. Y la segunda, que, tras un olvido relativo durante el siglo XIX, el *Norte* renació como obra literaria a principios del siglo XX, en un contexto nuevo que le dio una significación diferente. Esta última conclusión me abrió los ojos y transformó sin remedio lo que pretendía escribir.

Hacia el 1900 la investigación pública se había normalizado en el Archivo de Indias. Eso permitió la creación de los estudios modernos sobre la Carrera de Indias, en la que participaron figuras como José Manuel Piernas Hurtado, Clarence H. Haring, Earl J. Hamilton o Pierre Chaunu[5]. Aquellos pioneros, ya clásicos de la historiografía, carecían entonces de una tradición literaria moderna. Como tenían poco reciente que leer sobre la materia, leyeron a Veitia. Lo que aprendieron de él resultó vital para asentar los cimientos de un nuevo campo de estudios. El influjo fue enorme; inmensamente positivo en su mayor parte; causa de algunas distorsiones también, es verdad; pero, en cualquier caso, seminal. Me referiré a este fenómeno como la «tradición veitiana» y, en consonancia con lo dicho, sostendré que esta tradición veitiana se convirtió en un elemento clave –junto a otros, lógicamente– para la gestación de los estudios históricos sobre la Carrera de Indias a comienzos del siglo xx. Hoy, en cambio, ya no se recuerda su trascendencia en aquel momento crucial. El esfuerzo de los primeros historiadores de la Carrera generó ese corpus bibliográfico actualizado que ellos no tuvieron a su disposición. Por tanto, la lectura de Veitia perdió relevancia en la segunda mitad del siglo xx, una vez que se pudo recurrir a los escritos de Haring, Hamilton o Chaunu. Las siguientes generaciones se volcaron en la discusión de los nuevos clásicos, relegaron el *Norte* a fuente ocasional de datos históricos y olvidaron el papel que la obra había desempeñado en el cenit de su renacimiento literario.

Este hallazgo modificó mis propósitos y la argumentación. Ya no se trataba solo de reconstruir mejor la historia del *Norte de la Contratación*, desconocida por el público general. También había que indagar cómo el conocimiento generado por Veitia sorteó el paso del tiempo y contribuyó a moldear los esquemas con los que los historiadores afrontamos el estudio de la Carrera de Indias, incluso aunque muchas veces ni siquiera nos demos cuenta. El estudio dejó de versar solo sobre el siglo xvii. El verdadero *centro* había aparecido y llevaba más lejos en el tiempo, hasta el siglo xx o incluso hasta hoy mismo, a través de un itinerario literario que partía del Siglo de Oro y culminaba en el pensamiento histórico moderno.

---

5. Piernas Hurtado (1907); Haring (1918); Hamilton (1934); Chaunu y Chaunu (1955-1960). Las obras de Haring y Hamilton se citarán a través de las ediciones traducidas al castellano.

Capítulo I
TRES ESCENARIOS: EL MUNDO GLOBAL, LA MONARQUÍA HISPÁNICA Y EL REINO DE SEVILLA EN EL SIGLO XVII

No ciudad, eres orbe
Fernando de Herrera (s. XVI)

Empezaré esta historia pensando en el Archivo de Indias. Cualquiera que lo conozca sabe que es un raro centro de peregrinación. Todos los años acuden a él historiadores de todo el mundo para escudriñar el pasado. Enfrascados en los papeles que consultamos en la sala de investigación, no siempre tenemos presente la lección que se recibe al detener la lectura, levantar la vista del papel y contemplar la pequeña pero prodigiosa comunidad de investigadores. Procede de toda América Latina, Estados Unidos, China o Europa. Tal concurrencia se explica por dos razones bastante evidentes. La primera es que allí hay documentación relativa a acontecimientos históricos de interés general, susceptibles de entusiasmar a cualquier persona en cualquier rincón del mundo, igual que el Imperio Romano, el Renacimiento o la Revolución Industrial. La segunda razón remite a las incontables geografías evocadas en los legajos. El Archivo conserva documentación de prácticamente todos los países de América, Filipinas y España (y más), así que de manera espontánea reúne a una congregación de académicos irremediablemente cosmopolita.

En efecto, el Archivo es un panóptico indiano y esta circunstancia merece una reflexión. ¿Cómo puede explicarse que en una ciudad tranquila y de interior como Sevilla aparezca un archivo con documentación procedente de tantos rincones del planeta? No es difícil abrir un legajo y que aparezca, junta y mezclada, documentación escrita en Santiago de Chile, Ciudad de México, Manila y Madrid, por ejemplo. ¿Qué especie de fuerza gravitatoria empujó

19

esos papeles tan distantes hacia un mismo punto de atracción? A alguien que ha tenido el privilegio de consultarlo desde que era estudiante de Historia en la Universidad (alguien como yo) puede parecerle «normal», o «natural», o «cotidiano», un archivo como el Archivo de Indias. Pero no es así. No hay nada de normal ni de natural en su existencia. El enigma que yace detrás solo se entiende valorando con justicia el sistema de correos que construyeron los Austrias en los siglos XVI y XVII, el primer sistema de comunicaciones establecido a escala planetaria y, sin duda, uno de los mejores de su tiempo[1].

El Archivo de Indias surge de la confluencia de distintos escenarios históricos. En primer lugar, existe porque en la Edad Moderna se estaba articulando un mundo global que permitía circular a objetos materiales e inmateriales como el papel y la información a través de continentes que antes se hallaban desconectados. Existe también porque ese mundo global fue creado en gran medida por la Monarquía Hispánica a través del Atlántico y el Pacífico. Y existe específicamente en Sevilla porque la capital andaluza desempeñó un papel esencial en el modo a través del cual la Monarquía Hispánica participó en esos procesos de mundialización (y por la intervención posterior de Carlos III y sus ministros, desde luego).

Estos tres escenarios presidieron la vida de José de Veitia Linaje y constituyeron el paisaje en el que se creó el *Norte de la Contratación*. Por esa razón, les dedicaré los respectivos epígrafes de este primer capítulo. Una contextualización tan extensa puede antojarse innecesaria a los buenos conocedores del siglo XVII, que quizás prefieran empezar a leer por el capítulo II si así lo desean. No obstante, el esfuerzo me ha parecido pertinente para desarrollar íntegra la argumentación de este estudio. Si se parte de estas premisas, considero que después podrá apreciarse mejor el reduccionismo inherente al espíritu corográfico del texto veitiano.

AL FONDO: EL MUNDO GLOBAL

Los hombres del siglo XVII dibujaron un nuevo mapa de los cielos y un nuevo mapa de las tierras. La nueva astronomía y la nueva geografía cambiaron

---

1. González Martínez (2018). Muchos de sus postulados están sintetizados en González Martínez (2021). Durante la gestación de la tesis, tuve la oportunidad privilegiada de conocer la visión del autor durante las amistosas charlas que mantuvimos en el Archivo de Indias. Quiero agradecerle su tiempo, su generosidad y lo mucho que me enseñó.

radicalmente el modo de pensar el mundo y su posición en el cosmos. Nuestro planeta dejó de ocupar el centro de la creación, fue desplazado a una órbita cualquiera alrededor del sol y se sometió a las mismas leyes físicas que gobernaban todo el universo. Por si ese cambio resultara pequeño, la geografía ptolemaica y su concepción tripartita del globo quedaron desfasadas después del descubrimiento de América[2]. Las navegaciones oceánicas hicieron emerger un paradigma alternativo, ese que resumía la idea famosa de las *cuatro partes del mundo*[3]. La cartografía creó algunos de los objetos más bellos que el XVII ha legado a los siglos venideros; los mapamundis en los que se iban definiendo los perfiles de los continentes y los océanos, cada vez mejor asimilados y conectados[4]. No parece probable que José de Veitia supiera mucho de la inmensa revolución astronómica y física de su tiempo[5]. Aquellas teorías maduraron tarde en España y por eso Baltasar Gracián pudo evocar, todavía en 1651, la «mayor vuelta que el sol gira por el uno y otro hemisferio, brillante círculo». Sin embargo, el autor del *Norte* tuvo plena consciencia de la transformación geográfica contemporánea, creada por lo que también Gracián denominó la «portátil Europa»[6].

Los historiadores tienen un adjetivo para explicar este mundo redefinido: global; y un sustantivo para referirse a los procesos históricos donde se gestaron los cambios: Globalización. A veces, por temor al presentismo, se adjetiva más y se habla de Primera Globalización, Globalización Temprana, Globalización Arcaica...[7] Sin duda, las raíces históricas de la Globalización son un tema controvertido, en el que las cambiantes cronologías dependen de la concepción del fenómeno escogida. Si se piensa en ella como un fenómeno fundamentalmente económico, definido por rigurosos estándares relativos a integración de mercados, es lógico llegar a historizaciones muy restrictivas.

---

2. David Wootton (2017); Rossi (1998). Ambas obras establecen puentes apasionantes entre los descubrimientos geográficos y los descubrimientos científicos.

3. A ese modelo remite el título de la famosa de obra de Gruzinski (2010).

4. La cúspide de la cartografía europea se alcanzó, probablemente, en Holanda: Sutton (2015); Schilder (2017).

5. Esta afirmación tal vez podría, al menos, matizarse. Veitia mantenía una relación muy amistosa con el conde de Villaumbrosa, como se explicará en los siguientes capítulos, y este tenía en su biblioteca obras de Copérnico, Tycho Brahe, Scheiner, Clavius o Kepler: Maldonado y Pardo (1677).

6. Baltasar Gracián, *El Criticón*, I, crisi I. Como simple curiosidad, véase AHPSe, PNS, leg. 10304, ff. 780r-786v; inventario de bienes del licenciado Juan de Medrano, Sevilla, 17 de abril-26 de mayo de 1694. Medrano, que fue relator de la Casa de la Contratación, tenía en su casa una amplia colección de láminas y cuadros, en la que encontramos «cuatro mapas de las cuatro partes del orbe de poco menos de dos varas de largo y de vara y media en alto, bien tratados».

7. Hausberger (2018).

Kevin O´Rourke y Jeffrey Williamson, al decantarse por esta opción, circuns-cribieron las coordenadas de lo global al siglo XIX, nunca antes de 1820, y por ese entonces no más allá del mundo atlántico[8]. La Primera Globalización de la Edad Moderna, sencillamente, no habría existido.

La Escuela de California[9] polemizó contra O'Rourke y Williamson en defensa de otro modelo histórico. Su alternativa puede resumirse en dos pro-puestas principales: 1) la Globalización nació en el siglo XVI, basada en la apa-rición y estabilización de un conjunto de conexiones a escala planetaria que permitió la primera economía global; 2) la relevancia de Europa en esa econo-mía global era menor de lo que suele afirmarse, pues no pesaba más que Asia y probablemente era inferior a ella, especialmente si pensamos en el protago-nismo de China. Este segundo punto, defendido dentro y fuera de la Escuela de California, no puede perderse de vista. La Historia Global ha traído una agenda que va más allá del gusto por la «arqueología de las conexiones, de los cambios y de las influencias recíprocas a nivel mundial»[10]. Implica también una voluntad de enfrentarse al eurocentrismo y, por tanto, cuestionar lo que ha dado en llamarse el mito o relato del Ascenso de Occidente. Algo que se ha hecho proponiendo una alternativa sinocéntrica al modelo tradicional del pen-samiento histórico occidental.

Dennis O. Flynn y Arturo Giráldez, además de protagonizar la réplica ca-liforniana a O'Rourke y Williamson, desarrollaron el planteamiento más es-trechamente relacionado con la Monarquía Hispánica[11]. Según su conocida explicación, la Globalización nació en 1571. Un hito tan preciso hace alusión a la fundación de Manila, cuya importancia radicaba en simbolizar la creación y sistematización del Galeón de Manila y lo que este representaba: la domes-ticación del Pacífico y su incorporación al conjunto de rutas oceánicas que ya atravesaban el Atlántico y el Índico. Es decir, la culminación de un proceso histórico que se remontaba a finales del siglo XV, a Vasco da Gama y a Colón, alcanzada el fin en la segunda mitad del XVI. Existía por primera vez en la his-toria un entramado de conexiones y circuitos a escala mundial, que permitió el nacimiento de la primera economía digna de llamarse economía global. Esa economía estaba basada en la plata y, siempre según Flynn y Giraldez, sus dos

---

8. O´Rourke y Williamson (2006). Reafirman sus posturas en el debate frente a Flynn y Giraldez en O´Rourke y Williamson (2002 y 2004).

9. El concepto de Escuela de California fue acuñado desde dentro del grupo y no desde el exterior, especialmente por Goldstone (2000 y 2008). Vries (2010); Wang, ed. (2011).

10. Levi (2018).

11. Flynn y Giraldez (2004a, 2004b, 2008 y 2014).

polos fundamentales se asentaban en China y América. América destacaba como el principal foco productor que suministraba metales preciosos a la economía mundial. Y China se elevaba sobre cualquier otro territorio como «mercado final» para la mayor parte de la plata puesta en circulación. En un plano inferior, Europa no podía considerarse más que el intermediario, el repartidor entre los productores y los consumidores[12].

No es difícil que surjan dudas y objeciones a la parte final del razonamiento: ¿qué base empírica sostiene una caracterización tan ambiciosa del mercado chino?[13], ¿o cómo puede pensarse históricamente esa América a la que se dota de autonomía implícita respecto a los impulsos europeos?[14] No obstante, lo que más llama la atención es la contradicción latente entre la centralidad otorgada a la conectividad europea en la gestación de lo global y el papel secundario que se le reserva al determinar los equilibrios internos de aquella realidad incipiente. ¿Cómo van a ser las rutas europeas, todo al mismo tiempo, las causas principales de la Globalización pero elementos secundarios de su funcionamiento? No hay ningún pecado de eurocentrismo, ni ningún error histórico, en la reivindicación del papel desempeñado por los pueblos europeos y, especialmente, por los reinos ibéricos, Castilla y Portugal, vinculados en el seno de la Monarquía Hispánica entre 1580 y 1640.

Esta segunda aclaración también es relevante, dada la tendencia que a veces puede observarse a subestimar los logros ibéricos del XVI para sobrevalorar los avances de Inglaterra y Holanda en el XVII[15]. La Globalización del XVI fue, entre otras cosas, una «mundialización ibérica», como la ha denominado Serge Gruzinski[16]. Y siguió existiendo durante la siguiente centuria, cuando se le superpuso (imitándola en buena medida) la aportación de la Europa del norte. Todavía perduraba en la segunda mitad del XVII, cuando Veitia vivió su madurez personal y profesional. Era el fruto de la cambiante interconexión

---

12. Flynn y Giraldez (2010), que recopila artículos sobre la materia publicados desde los años 90.

13. Están bien dibujadas las diferentes rutas a través de la cuales la plata fluía hacia China. Véase, por ejemplo, Atwell (1982). No obstante, la aproximación cuantitativa de los flujos y su comparación con la circulación de metales preciosos podría parecer débil a muchos estudiosos.

14. La pregunta conduce hacia un motivo de reflexión muy atractivo, en el que no hay ocasión de entrar aquí. ¿Qué implica el tránsito de la Historia Atlántica a la Historia Global? Si esta es una vía de superación de las restricciones de aquella, bienvenida sea. Pero si va a contraponerse a algunos de los postulados mejor establecidos durante las últimas décadas, entonces ¿estamos realmente dispuestos a debilitar conceptualmente los vínculos históricos entre las dos orillas del Atlántico en los que tanto se ha indagado?

15. Brook (2019).

16. Gruzinski (2010). En obras posteriores ha seguido refinando conceptos relacionados con los procesos de mundialización; por ejemplo: Gruzinski (2018).

de un conjunto de rutas entre las que cabe destacar un trío esencial de «carreras»: la Carrera de la India portuguesa, la Carrera del Pacífico[17] y la Carrera de Indias. La primera se construyó desafiando el gigantesco esfuerzo de circunnavegar África y estableciendo puntos de comercio estables en Asia, en lo que se denominó el *Estado da Índia*[18]. La segunda consolidó la primera conexión directa entre Asia y América desde la desaparición del puente de Beringia, una ruta marítima desde la costa occidental mexicana hasta Filipinas y viceversa, entre Acapulco y Manila[19]. Y la tercera unió Castilla con la costa oriental americana, recogiendo la herencia de los viajes de descubrimiento de Cristóbal Colón. En su caso no nos conformaremos con un breve recordatorio. Un estudio sobre el *Norte de la Contratación* requiere una presentación de la Carrera de Indias algo más detallada. La vida de Veitia, como su obra, giró en torno a ella.

*

La Carrera de Indias funcionó durante toda la Edad Moderna, desde finales del siglo xv hasta comienzos del xix[20]. A lo largo y ancho de tres siglos nunca dejó de cambiar y evolucionar. Su historia es, por tanto, la de una adaptación permanente a los contextos de cada tiempo y apenas puede reflejarse en el curso de unas breves páginas. Una manera de temporalizar, atenta a la evolución normativa y a los modelos que esta iba configurando, podría distinguir una etapa formativa desde 1492 hasta 1560; una etapa clásica desde 1560 hasta 1650; una etapa de crisis entre 1650 y 1730; y una etapa final dinamizada por el reformismo borbónico hasta comienzos del siglo xix, cuando las Guerras de Independencia de Hispanoamérica truncaron definitivamente el camino de la Carrera[21]. Veitia vivió durante la tercera época, pero no solo escribió sobre ella, sino también sobre las dos anteriores. La etapa final, tan alejada de su trayectoria vital, marcó el final de la vigencia literaria del *Norte*, por la sencilla razón de que el libro explicaba un modelo de Carrera que dejó de existir entonces. Detengámonos, por tanto, en la etapa clásica y en la etapa crítica. El siglo xvii transcurrió entre ambas, desde los últimos momentos en los que

---

17. La Carrera del Pacífico no es expresión de época y se utiliza como sinónimo del Galeón de Manila o Nao de China: Bernal (2004).
18. Boxer (1992); Subrahmanyam (2001).
19. Yuste López (1984); Giraldez (2015).
20. García-Baquero González (1992).
21. He propuesto esta cronología, con alguna pequeña diferencia, en Díaz Blanco (2018).

brilló el modelo de Carrera mejor aprovechado por la Monarquía de los Austrias hasta los primeros en los cuales este se mantuvo como andamiaje de un sistema superado por los tiempos, que cambiaba sin cambiar. Eso encierra la literatura del *Norte*, la explicación de un sistema de navegación que en los decenios de 1660 y 1670 se esforzaba, a duras penas, por mantenerse dentro de los cánones establecidos desde finales del siglo XVI.

Al hablar de un modelo clásico de la Carrera, me refiero lógicamente al sistema de flotas y galeones que conectó Castilla con sus virreinatos durante más de siglo y medio. Asentó su dominio en la década de 1560, aunque la navegación en convoy venía ensayándose desde tiempo atrás; y sus rescoldos no se apagaron totalmente hasta la desaparición de las flotas de Nueva España en 1789. De nuevo, cabe hacer la misma aclaración que para el conjunto de la Carrera. Los cambios se sucedieron sin descanso en un arco temporal tan dilatado. La imagen estática que suele subyacer tras la explicación sintética es irreal, pero al fin resulta necesaria. Por tanto, describamos el modelo como la combinación de tres unidades de marina mercante y militar: la flota de Nueva España, la flota de Tierra Firme y la Armada de la Guarda de la Carrera. Aunque puede distinguirse entre unas y otras, lo cierto es que todas tendieron a unificar su navegación y acompañarse. Al fin y al cabo, las tres iniciaban y finalizaban su travesía oceánica en los mismos puertos andaluces, el triángulo formado por Sevilla, Sanlúcar de Barrameda y Cádiz; y todas seguían un derrotero que admitía escasas variaciones[22].

La tecnología naval de la España del XVII seguía constreñida por las limitaciones que habían marcado los Descubrimientos de finales del XV y principios del XVI. La navegación en alta mar se realizaba con veleros de madera entre los cuales descollaba el galeón. El galeón fue la esencia misma de la Carrera durante todo el Seiscientos y no perdió esa condición a pesar de la tendencia de otras potencias europeas a preferir la fragata y el navío de línea. Se trataba de barcos magníficos por su versatilidad, capaces de ejercer como eficaces máquinas de guerra y de aguantar como cargueros masivos, entre otras cosas de la codiciada plata[23]. Pues bien, los galeones no podían (ni las fragatas tampoco) desafiar las corrientes oceánicas impulsadas por los vientos alisios. Había que seguirlas, tal como las siguieron las carabelas de Colón en 1492. Esta premisa delineaba un viaje y un tornaviaje en los que se presentaban posibilidades de variación bastante limitadas; una especie de elipse que giraba

---

22. Haring (1979 [1918]); Serrano Mangas (1989); Caballero Juárez (1997).
23. Serrano Mangas (1985 y 1992).

alrededor del mar de los Sargazos, moviéndose en dirección este-oeste por el trazo meridional y en dirección oeste-este por el septentrional, entre el golfo de Cádiz y el mar Caribe con parada habitual en las islas Canarias.

Las flotas de Nueva España estaban formadas por una mayoría de barcos mercantes custodiados solo por dos galeones de guerra, la capitana y la almiranta[24]. La mayoría se dirigía a Veracruz, el pequeño puerto que actuaba como salida al mar del comercio de la Ciudad de México y la plata procedente del cinturón minero norteño de tierra adentro, donde fueron sobresaliendo los reales de minas de Zacatecas, San Luis Potosí, Durango o Guanajuato[25]. No obstante, no faltaban los navíos que paraban en Cuba, Santo Domingo, Honduras o Yucatán[26]. Una vez la actividad comercial se daba por finalizada, La Habana servía como punto de reencuentro a la hora de emprender el regreso. Todos los navíos de la flota se reunían en la célebre bahía cubana, donde solían coincidir con las escuadras que viajaban a Panamá. En esos casos, abundantes durante las primeras décadas del siglo, la flota de Nueva España, la de Tierra Firme y la Armada recorrían juntas el tornaviaje hasta Castilla. Sin embargo, conforme el XVII avanzó, tales encuentros se hicieron más raros y la flota se acostumbró a volver tan sola como partió, sin más protección militar que la que brindaban su capitana y su almiranta.

La flota de Tierra Firme acogía un elenco de navíos que se desperdigaban por las costas atlánticas de Panamá, Nueva Granada y Venezuela. Unos iban a Cartagena de Indias[27], otros a Santa Marta, otros a la isla Margarita y algunos más a Caracas. Pero la mayor parte de ellos se dirigía a Portobelo, sucesora de Nombre de Dios, donde tenían lugar las famosas ferias que conectaban la economía atlántica con las riquezas del mundo andino. Nada era más apreciado en España que la plata del Alto Perú, procedente de Potosí, Oruro o La Paz. Viajaba por tierra hasta el puerto de Arica y se embarcaba hasta El Callao, donde la Armada del Mar del Sur la custodiaba hasta recalar en Panamá y Perico[28]. Desde la costa occidental panameña, la plata se transportaba por tierra a través del camino real o el camino de Cruces y el río Chagres hasta Portobelo, donde engrasaba las mencionadas ferias y se cambiaba por productos europeos[29].

---

24. Lang (1998); Trejo Rivera, coord. (2003).

25. García de León (2011).

26. Allí se convertían en un importante motor económico, como demuestra para el caso habanero Arriaga Mesa (2014).

27. Calvo Stevenson y Meisel Roca, eds. (2007).

28. Apey (1990); Pérez-Mallaína y Torres Ramírez (1987).

29. Castillero Calvo (1980); Ward (1993).

Durante la etapa clásica de la Carrera, el eje andino-panameño tuvo prioridad respecto a la opción novohispana (eso, como sabemos, cambió sensiblemente desde fines del XVII y durante todo el XVIII). Por tanto, la flota de Tierra Firme viajaba protegida desde Andalucía por la Armada, al punto que llegaron a formar una única entidad conocida como los Galeones de Tierra Firme, cuya oficialidad al mando se unificó a partir de 1644. Concluidas sus operaciones, los Galeones recalaban en La Habana y abordaban un camino de vuelta idéntico al de las flotas de Nueva España, a veces con ellas, como hemos recordado[30].

El sistema de flotas y galeones se identifica a menudo con un sistema comercial. La afirmación no es incierta, pero tampoco refleja toda la realidad. La Carrera transportaba las mercancías que fluían entre los mercados europeos y americanos: productos agrarios y manufacturas europeas iban a las Indias y recibían la contrapartida de la plata y los «frutos de Indias» (añil, cochinilla, palo del Brasil, jengibre, cueros…), además de manufacturas asiáticas proporcionadas por el Galeón de Manila[31]. No obstante, eso no agota ni con mucho las funciones de las flotas y los galeones. Los convoyes servían, en primer lugar, para transportar personas. Además de la gente de mar y guerra que los conducían, comandada por los respectivos generales y almirantes, iban a bordo pasajeros de todo tipo, tanto ministros del rey como religiosos, comerciantes y migrantes de toda laya, que anhelaban encontrar una vida más misericordiosa que la sufrida en la patria[32]. Los galeones también transportaban información, pues la comunicación de larga distancia solo podía realizarse a través del envío documental, papeles y más papeles, oficiales y privados –cédulas, provisiones, cartas, expedientes…–, que viajaban a bordo. Y rentas fiscales, el oro y la plata de nuevo, cuya transferencia a la Real Hacienda debía garantizarse. Podríamos seguir, pero lo dicho bastará para dejar evidencia de que la Carrera era mucho más que un sistema comercial. Significaba un conector imperial que garantizaba la comunicación oficial entre Castilla y las Indias; un cordón umbilical que permitió la existencia de la Monarquía Hispánica tal cual fue en los siglos XVI y XVII.

* *

---

30. Chaunu (1983).
31. Aram y Yun Casalilla, coords. (2014).
32. Martínez (1999); Borges Morán (1992).

27

Este cordón umbilical arrastró durante décadas problemas serios que se volvieron crónicos y evidentes a mediados del siglo XVII[33]. Frente a ellos, la monarquía optó siempre por apuntalar antes que por reformar a fondo o ensayar alternativas. El sistema no era sencillo de modificar. Las pretensiones de cambio chocaban contra sus propias dimensiones y, desde luego, contra los intereses y los privilegios creados en torno a él, especialmente los de la propia Corona y los del Consulado de Cargadores. Por tanto, el sistema de flotas y armadas conservó su vigencia durante la segunda mitad del XVII, si bien pagando el gravoso precio de cierta ineficiencia que muchos actores económicos privados supieron aprovechar en beneficio propio.

El hito que puede marcarse con mayor exactitud coincide con la reforma de la avería en el año de 1660. Esta avería fue un impuesto finalista, que gravaba el comercio indiano con el fin de afrontar los costes de flotas y armadas[34]. Era, por tanto, la clave financiera de la Carrera. Originalmente, se había concebido como una tasa *ad valorem*, cuyo montante se calculaba aplicando un cargo porcentual al valor del registro declarado por los particulares y el mismo rey. Sin embargo, durante todo el reinado de Felipe IV el registro descendió, lastrado por turbulencias económicas o por el deseo de evadir el creciente peso de la fiscalidad monárquica. La primera respuesta a la reducción de la base imponible consistió en la elevación de los tipos de exacción, pero la recaudación siguió bajando y la Monarquía se vio forzada a realizar aportaciones adicionales cada vez más exorbitantes. El deterioro económico se reflejó en los modelos de gestión. Desde finales del XVI, se había preferido recurrir a asientos, generalmente firmados con el Consulado, antes que a la administración directa. Estos asientos siempre habían resultado problemáticos, pero en la década de 1650 la situación se volvió insoportable y el Consulado se retiró definitivamente de la gestión. Al asumir la administración directa, la monarquía se vio abocada a una reforma mucho más profunda de la avería, que pasaba por la alteración de su naturaleza jurídica. Así, la convirtió en un impuesto directo, a través del cual las comunidades mercantiles del mundo atlántico debían recaudar cantidades globales cuyo montante estaba pactado de antemano. La avería se desvinculaba así del registro, que en consecuencia dejó de ser obligatorio en muchos casos[35].

---

33. Las siguientes páginas reproducen de manera compendiada puntos de vistas expresados previamente en Díaz Blanco (2018).
34. Céspedes del Castillo (1945).
35. Álvarez Nogal (1998); Oliva Melgar (1998).

Otros cambios no pueden fecharse con tanta precisión. Ocurrieron poco a poco, a veces más a causa de la imposición de los acontecimientos que de ningún diseño establecido *a priori* por nadie en concreto. Así, la ralentización de los ritmos de la Carrera se impuso de manera implacable. El sistema de flotas y galeones había sido creado para funcionar siguiendo una periodicidad anual; todos los años debían recorrer el Atlántico una flota de Nueva España y unos galeones de Tierra Firme. Esa condición se había respetado bastante bien hasta mediados del XVII. Sin embargo, durante la segunda parte de la centuria la frecuencia se rompió. Los convoyes no salieron en los meses previstos, algo que siempre había resultado arduo de cumplir, pero que ahora debió respetarse aun menos, si hemos de creer el testimonio de un escribano de Sevilla, que apuntó en uno de sus libros abecedarios:

> Salió la flota del cargo del general don Juan Gutiérrez de la Calzadilla para Nueva España en sábado 30 de julio de 1696 años y se embarcaron en ella don Francisco José Núñez de Villavicencio, conde de Cañete, señor de las Cabezas, por virrey del Perú y por virrey de Nueva España [*sic*]. Dios la lleve y traiga con bien. *No ay ejemplar hauer salido flota tan tarde*[36].

No obstante, el mayor cambio estribó en el espaciamiento de los intervalos entre unas flotas y otras.

La consecuencia lógica y patente de este factor fue la disminución de los convoyes. La aplicación de la periodicidad anual prevista habría debido suponer un total de cien expediciones. Cincuenta flotas de Nueva España y cincuenta flotas de Tierra Firme. Sin embargo, la realidad se quedó bastante lejos de este óptimo teórico, según reflejan las cifras reconstruidas por Lutgardo García Fuentes, autor de la monografía más importante sobre el período[37]:

---

36. AHPSe, PNS, leg. 18506, s. f. (el subrayado es mío). El apunte se encuentra justo al final del primer abecedario de 1696, al lado de otro que informa sobre la muerte de doña Mariana de Austria y las honras fúnebres que se le rindieron en la Catedral. También, en la portada del abecedario del libro 1 de 1684, dice: «salieron los Galeones del cargo del general don Gonzalo Chacón y almirante don Manuel de Casadevante en 24 de septiembre de 1684». Se trata del legajo de índices del oficio 16 para los años desde 1684 hasta 1699.

37. García Fuentes (1980).

Cuadro 1.1. Frecuencia decenal de los convoyes
de la Carrera de Indias (1650-1700)

Década	Flotas NE	Galeones TF	Total
1650-59	6	5	11
1660-69	5	4	9
1670-79	5	3	8
1680-89	4	2	6
1690-99	5	2	7
Total	**25**	**16**	**41**

Fuente: García Fuentes (1980: 164)

Como puede observarse, ni siquiera se llegó a la mitad de las cifras que habría cabido esperar. La ralentización del ritmo de salida de los convoyes provocó que apenas se echaran a la mar poco más de cuarenta. Las relaciones con los dos virreinatos de México y Perú no evolucionaron de la misma manera. Las veinticinco flotas permitieron, al menos, una comunicación más o menos bienal con la Nueva España. En cambio, los galeones solo salieron dieciséis veces, resultado además de una frecuencia descendente que en los años 80 y 90 llegó a ser quinquenal y que a finales de siglo prácticamente se paralizó. Aquel corredor prodigioso que unía Sevilla y Lima a través de Portobelo había perdido dinamismo.

Ciertamente, la disminución de los convoyes clásicos se suavizó con un recurso mayor a registros sueltos, navíos de aviso o a otros convoyes menos aparatosos como los navíos de azogues o los de Buenos Aires. Sin embargo, nada de eso podía obviar la contracción general del sistema, que se refleja inmediatamente en muchas de las variables que la historiografía clásica sobre la Carrera denominó «índices de actividad» en el siglo xx[38]. La disminución del movimiento unitario de navíos y las toneladas de arqueo es inapelable y fue interpretada originalmente como el reflejo de una profunda crisis económica. La idea era bastante coherente con los parámetros conocidos y casaba bien con el planteamiento general de la crisis del siglo xvii, objeto entonces de una atención prioritaria por parte de la investigación modernista.

---

38. Chaunu (1983: 9).

Cuadro 1.2. Las variables clásicas de la Carrera de Indias (1650-1700)

Década	Movimiento unitario de navíos	Tonelaje de arqueo
1650-59	410	74002
1660-69	298	69626
1670-79	432	67899
1680-89	368	52096
1690-99	327	49346

Fuente: García Fuentes, *El comercio español*, pp. 221 y 223

Pese a ello, esta explicación tan aparentemente lógica, rotunda y elegante sobre la Carrera de Indias se encuentra actualmente en tela de juicio. Prácticamente, ya nadie la defiende tal como la expusieron Pierre Chaunu y Antonio García-Baquero[39]. Se ha afirmado que la crisis de mediados de siglo remontó durante las décadas siguientes o bien que la supuesta crisis solo es un espejismo y jamás existió[40]. Entre tanta diversidad de opiniones, inevitablemente desconcertante, resulta difícil admitir conclusiones cerradas y unívocas. Las propuestas futuras tendrán que ser mucho más matizadas que las anteriores. La premisa ineludible es que la estructura del sistema cambió fuertemente en el conjunto de una economía global que tampoco se mantenía estable jamás. Esos cambios beneficiaron a unos y perjudicaron a otros, por lo que resulta bastante complicado hablar en términos absolutos. En tanto que espacio comercial, pienso que aquel sistema de flotas y galeones perdió una parte importante del peso relativo que disfrutó en el siglo XVI y principios del XVII dentro de una economía global muy dinámica. Y, como conector imperial, que es la perspectiva que más interesa a los efectos presentes, resultó claramente debilitado. Perdió solidez, solvencia financiera, regularidad y eficacia en el cumplimiento de sus objetivos. Aunque, por supuesto, aquellos galeones magníficos todavía impresionaban cuando conseguían reunirse y zarpar rumbo a las Américas.

---

39. Chaunu (1983); García-Baquero González (2002 [1986]).
40. García Fuentes (1979 y 1980); Oliva Melgar (2004).

PLANO INTERMEDIO: LA MONARQUÍA HISPÁNICA

Las tres rutas que hemos destacado –el Galeón de Manila y la Carrera de la India portuguesa, además de la Carrera de Indias castellana– conducen por vías diferentes a la Monarquía de los Austrias. Constatar esto nos permite afirmar, con escaso temor a errar, que esta figuró entre las instancias realmente fundamentales en la gestación del mundo global. El proceso formativo de estos grandes sistemas de comunicación, acompañado de conquistas y asentamientos en la América hispana y Filipinas, conjuga muy bien con la creciente influencia de Carlos V y Felipe II en Europa. Todo encaja con coherencia en el difundido discurso de la *hegemonía* de la Monarquía durante el siglo XVI. Sin embargo, al llegar el XVII, la teorización se vuelve más complicada. A la idea de hegemonía le sigue –y se le contrapone– la de *decadencia*. ¿Se corresponde también con una dinámica negativa en los sistemas globales de la Monarquía? ¿Conocieron estos un proceso de desarticulación que, de algún modo, reflejara una reversión real de los procesos de integración ocurridos en el XVI?

Mi respuesta es que sí, aunque soy consciente de que requiere más matizaciones de las que aquí cabe detallar. Me parece que hay, al menos, tres razones que avalan este argumento. La primera es la descomposición de la Unión de las Coronas entre 1640 y 1668. Aquel cataclismo político no solo quebró la unidad monárquica dentro de la península Ibérica[41]. También desgajó institucionalmente la *Carreira da Índia* de la Carrera de Indias y el Galeón de Manila. En 1580 se avanzó hacia un modelo de imbricación institucional y económica entre las tres grandes rutas oceánicas que en el XVII no pudo sostenerse y, al cabo, fracasó. Desde una perspectiva global fue, sin lugar a dudas, la mayor derrota de la Monarquía en crisis.

En segundo lugar, debe considerarse la insolidaridad entre las diferentes partes de la Monarquía. Se trata de un problema derivado de su inmensa geografía, agravado por un modelo estructural que se ha definido como estado compuesto o policéntrico[42]. La concreción de las rutas del Pacífico y su sistematización a través del Galeón de Manila culminaron el proceso globalizador

---

41. Martín Marcos (2013 y 2014); Martínez Shaw y Martínez Torres, coords. (2014).
42. Cardim, Herzog, Ruiz Ibáñez y Sabatini, coords.(2012). Aunque a veces pueda usarse la perspectiva policentrista casi de manera análoga a lo que suponía el concepto más tradicional de monarquía compuesta, lo cierto es que la propuesta pretende marcar diferencias significativas entre ambas opciones terminológicas.

del siglo XVI, pero también abrieron un horizonte nuevo por occidente para las economías virreinales, capaz de convertirse en una alternativa a la Carrera de Indias. Acaso la alternativa por antonomasia, dado que le insuflaba vida la fuerte capacidad de atracción de las economías asiáticas y, sustantivamente, la de China. Como ya hemos mencionado, China figura dentro de muchos planteamientos globalistas como el mercado final de la producción mundial de plata durante la Edad Moderna. La rotundidad de la afirmación, como muchas de sus supuestas consecuencias, puede discutirse[43], pero no cabe duda de que a fines del XVI se había planteado un problema muy serio para la economía atlántica. A lo largo del XVII la Monarquía intentó atajar sus perjuicios. Pretendió poner límites al Galeón y al comercio intervirreinal que este animaba, y prohibió el comercio directo entre Perú y Filipinas[44]. Sin embargo, las restricciones legales no alcanzaban a eliminar la progresiva articulación de aquel espacio de navegación y negocio, circunstancia que siempre fue protestada como un daño por los hombres de la Carrera. La peor conclusión descubre que la Monarquía no tenía capacidad para armonizar las diferentes piezas que la componían. Estas a veces colaboraban entre sí, pero también competían para beneficio de algunos y perjuicio de otros[45].

Por tanto, el razonamiento debe finalizar atendiendo a las dinámicas negativas individuales. No solo la de la Carrera de Indias castellana, ya planteada. La Carrera de la India lusa se resintió gravemente de la competitividad y agresividad de Holanda. La Monarquía no supo protegerla y en 1640 se convirtió en uno de los principales factores que coadyuvaron a la guerra de la *Restauração*. Si se tienen en cuenta todos estos factores, no cabe duda de que el relato de la Decadencia tiene que incluir un capítulo –extenso– relativo a los escenarios globales de la Monarquía. Debe recordar las derrotas militares ante los holandeses o los franceses, ponderar rebeliones internas como las de 1640, profundizar en la recesión económica de territorios como Castilla y atender la impotencia mostrada por la Corona frente a la velocidad de los procesos de mundialización. La incapacidad de gobernarlos[46].

Ahora bien, ¿a qué narrativa histórica debe abocarnos esta constatación? Al fin y al cabo, el concepto de Decadencia ha sido cuestionado incluso en

---

43. Por ejemplo, el debate sobre la relación entre las fluctuaciones de las importaciones de plata y la crisis dinástica de 1644 en China: Atwell (2005).
44. Borah (1975).
45. Latasa Vassallo y Fariñas de Alba (1991); Valle Pavón (2005); Suárez Espinosa (2015).
46. Yun Casalilla (2019).

relación con los territorios europeos donde su aplicación es más tradicional; y se le proponen matices o alternativas más drásticas, tales como «reconfiguración» o «resiliencia»[47]. Nada de lo que extrañarse, dado que este revisionismo en torno al caso hispano se encuentra en la misma línea que las profusas discusiones acerca de la crisis del siglo XVII. Pese a ello, y por las razones antes expresadas, el concepto de Decadencia me sigue pareciendo válido. Creo que expresa bien la evolución global de la Monarquía del Seiscientos: troceada, desajustada internamente y con varias piezas fundamentales ralentizadas, en flagrante contraste con las dinámicas generales del siglo XVI. Que algún territorio o alguna ciudad determinada pudieran construir un entorno favorable, como de hecho sucedió, no invalida la impresión de conjunto.

Ahí no residiría el posible error. El error, en mi opinión, llegaría si la percepción de esta coyuntura se transformara en una pérdida de admiración por la complejidad estructural de la Monarquía Hispánica. Los sistemas institucionales que gobernaban las rutas imperiales podían haber conocido tiempos mejores, y hasta cabe aceptar que esos tiempos mejores hubieran quedado ya más bien lejanos, pero seguían siendo impresionantes en el siglo XVII. De hecho, aquellos sistemas abarcaban las distancias más vastas del planeta y, para mantenerse en funcionamiento, desarrollaban una logística que todavía podía contarse entre las más sofisticadas de Europa y del mundo. La Monarquía Hispánica había formado y abarcado la «mundialización ibérica» durante el siglo XVI. Pero durante el siglo XVII seguía participando de la Globalización temprana. Mucho más de cuanto, al parecer, se le reconoce a veces.

*

Aunque nos limitemos a la Carrera de Indias, como venimos haciendo, no deja de producir respeto el organigrama institucional que procuraba la continuidad de las flotas de Nueva España y los galeones de Tierra Firme. Sus piezas se desplegaban por todos los puntos nodales de una inmensa red atlántica. Por tanto, no puede explicarse cabalmente atendiendo solo a un territorio en concreto. Ni conformándonos con la simple enumeración. Procedamos a un sencillo ejercicio de catalogación. Se basará en la idea de la representatividad institucional y en la existencia de dos vertientes principales de representación en la Carrera de Indias: la del rey y la de las universidades de mercaderes del

---

47. Fernández Albaladejo (2009); Martínez Millán y Hortal Muñoz, coords. (2015); Storrs (2013).

mundo hispánico. El entramado institucional monárquico era el más sistemático y amplio, pero quizás también el menos especializado. Lo formaban organismos que, salvo excepciones, no se dedicaban exclusivamente a gestionar la Carrera de Indias[48]. Si empezamos por la cota política de mayor jerarquía, hay que mencionar al propio rey y al Consejo de Indias a su lado, entre otros miembros del sistema polisinodial de Madrid. En Sevilla y Cádiz encontramos la Casa de la Contratación, donde trabajaba Veitia cuando escribió el *Norte*. Y en los dos virreinatos una pirámide que graduaba a virreyes, audiencias, gobernadores y cajas reales[49].

Los consulados eran bastantes menos[50]. A fines del siglo XVIII se multiplicaron, al consolidarse y expandirse el modelo del Libre Comercio. Pero durante el siglo XVII, dentro del sistema de flotas y galeones, en lo que ha dado en llamarse el *Monopolio*, solo había tres: los de Sevilla, México y Lima. Esta afirmación tan restrictiva podría matizarse si introducimos a los cabildos en el razonamiento. Allí donde no había consulado, o donde no se aceptaba la representatividad de un consulado próximo, el concejo, que solía estar en manos de la oligarquía local, podía servir como plataforma para los mercaderes. Un caso evidente es Cádiz entre 1660 y 1680, cuando el cabildo defendió la posición gaditana en el comercio atlántico frente a las pretensiones de otros organismos, entre los que se contaba el propio Consulado de Cargadores establecido en Sevilla[51]. Sin embargo, hasta donde sabemos, estos casos no fueron tan abundantes, por lo que la base verdaderamente sistemática se nos reduce al trío de gremios mercantiles.

Se les llama gremios mercantiles precisamente por funcionar como marcos corporativos para profesionales del comercio en ámbitos relativamente locales[52]. La expresión ha hecho fortuna, aunque puede resultar equívoca si llega a equipararse demasiado a los consulados con los gremios de fabricantes. A estos gremios mercantiles no había que entrar a través de ningún

---

48. El análisis de las instituciones partícipes en la Carrera de Indias ha dudado a veces entre considerar solo las especializadas o incluir también las más generalistas. Un caso emblemático es la renuencia de Antonio García-Baquero a incluir el Consejo de Indias en el organigrama de la Carrera, cuestión apasionante sobre la que volvemos con mayor detalle en el capítulo VII.

49. Entre las diferentes síntesis, Serrera Contreras (2011).

50. No hay una historia global de los consulados en el mundo hispánico y la bibliografía es menos abundante para el siglo XVII que para el siglo XVIII. Cabe destacar: Rodríguez Vicente (1960); Valle Pavón (1997). Aunque la tesis de Valle Pavón no fue publicada, ha dado lugar a un importante acervo de artículos, esenciales para la comprensión de la materia.

51. Díaz Blanco (2012).

52. Ogilvie (2011). En el ámbito hispánico, Mazzeo (2012).

examen, no se pertenecía a ellos de manera formal ni tenían un espacio de privilegio tan definido donde actuar. Los consulados eran estructuras de representación de una comunidad, una comunidad de mercaderes a la que solía conocerse como *universidad*. Estas universidades se pensaban como personas jurídicas. La caracterización resultaba un poco artificial, pues dentro de aquella etiqueta se englobaba a individuos y facciones que podían ser muy diferentes entre sí. Sin embargo, resultaba útil para hacer funcionar mecanismos oficiales como los consulados. Resumiendo, la universidad era la comunidad representada y el consulado, la estructura que la representaba. Además, la representación era fruto de la elección. El triunvirato que formaban el prior y los dos cónsules se elegía por votación entre los comerciantes de cada plaza. Las elecciones, rigurosamente normativizadas pero ocasionalmente polémicas, tenían lugar con escasas diferencias procedimentales, así en Sevilla como en México y Lima[53].

La representación real y la representación mercantil no deben situarse en dos planos separados. Antes al contrario, las instituciones que materializaban una y otra se mezclaban en la gestión de la Carrera de Indias. Basta la clasificación tipológica más sencilla posible para percibirlo de manera inmediata. Considérense estos aspectos:

Directrices políticas. El sistema estaba moldeado, en primera instancia, por decisiones políticas. Muchos otros factores incidían en su morfología, no cabe duda. Pero los rasgos primarios y oficiales de la Carrera venían determinados por una dimensión política que durante mucho tiempo quedó opacada en la bibliografía por la faceta económica-mercantil del sistema. Al considerarla, se revela que era el fruto de la colaboración de varios de los actores mencionados. No se reducía a la palabra del rey; ni siquiera a la cooperación cortesana entre este, el Consejo de Indias y los demás organismos de la Polisinodia. Las decisiones también se tomaban en América. Las formaban los virreyes con sus asesores, así como los gobernadores cuyas jurisdicciones coincidían con las rutas de la Carrera. Y, sobre todo, los consulados participaban en su discusión, si no llegaban a imponer su visión en determinadas circunstancias. Su cualidad de representantes de los colectivos más poderosos, cuando no la autoridad que les otorgaba el auxilio financiero que prestaban

---

53. El caso mejor conocido es el mexicano gracias a obras como Hausberger e Ibarra, coords. (2003), con capítulos como Valle Pavón (2003) o Hausberger (2003). Para el caso sevillano: Díaz Blanco (2018b).

a la Corona, les permitía influir sobre las resoluciones reales y virreinales, a veces hasta dictarlas[54].

Organización naval. En lo relativo a la logística de los convoyes, la Casa de la Contratación se reservaba la máxima responsabilidad. Las flotas y la Armada de la Guarda se lanzaban desde Andalucía y a quien le correspondía garantizar el éxito de la operación era a la Casa. Lo veremos con algo más de detalle al entrar en la biografía veitiana[55]. No obstante, los galeones recorrían miles de kilómetros y necesitaban muchos meses para cubrirlos. A lo largo de semejante odisea siempre se planteaba la necesidad de reorganizar algo, especialmente al arribar a América, y lógicamente la Casa no podía encargarse de ello. La responsabilidad entonces debía trasladarse a otros, empezando por los oficiales a bordo y, si se daban las circunstancias, a las autoridades indianas con las que pudiera contarse.

Impartición de justicia. El sistema no podía funcionar sin garantías jurídicas. No hace falta recordar la supremacía de la idea de justicia en la cultura política del Antiguo Régimen. Había que hacer justicia en los propios barcos, y en las ciudades y tierras conectados por aquellos barcos. De lo primero se encargaban los oficiales navales de mayor rango, es decir, el general y los almirantes. En tierra, los pleitos relacionados con la Carrera podían dirimirse en muchos juzgados, dependiendo de dónde hubiera ocurrido el conflicto: en las audiencias americanas, ante el arbitraje mercantil de los consulados o en la Casa de la Contratación. Las sentencias de primera instancia podían apelarse ante juzgados superiores, especialmente ante la Sala de Justicia del Consejo de Indias, que actuaba como tribunal supremo[56].

Transferencias fiscales. La Carrera era el mecanismo a través del cual la Hacienda castellana recibía los excedentes generados por la fiscalidad indiana (decrecientes en el siglo XVII)[57]. La gestión de estos fondos correspondía a las cajas reales, entre las cuales discurrían los flujos de metales preciosos. A veces eran destinados a financiar cajas deficitarias[58]. Y otras se trataba de envíos y reenvíos de montantes sobrantes para el rey que las cajas de Veracruz y Portobelo ponían a disposición de los oficiales de las flotas y galeones. Estos podían mermarlos si lo requerían –para abonar la reorganización naval que

---

54. Collado Villalta (1983, a quien sigue Díaz Blanco (2012). Valle Pavón (2016); Suárez Espinosa (2012).

55. Véase cap. II.

56. Trueba (1989). Los temas jurídicos están, probablemente, entre los más desatendidos.

57. Álvarez Nogal (1997 y 1998); Díaz Blanco (2013).

58. Marichal Salinas y Grafenstein Gareis, coords. (2012).

antes explicábamos, lo que ocurría con frecuencia– y todo lo que les quedaba lo ponían a disposición de la Casa de la Contratación. La Casa era el principal distribuidor en España de aquel «tesoro americano», como lo llamara Hamilton[59], especialmente a través de su tesorería, el oficio más importante que Veitia ocupó en Sevilla.

Estos apuntes no pasan de ser un bosquejo rápido e inacabado. No pretenden aportar una visión completa; haría falta un libro entero para ello –uno que, según creo, nadie sabría escribir hoy–. Solo tratan de sugerir la complejidad de aquellos mecanismos y dar cuenta aproximada de sus dimensiones. Se trataba de un sistema pensando para gestionar comunicaciones globales. Muchas personas lo hacían moverse. Seguramente, nadie tenía entonces una visión completa y profunda de todo el conjunto, ni siquiera el rey ni sus ministros más allegados. ¿Quién y cómo podía asimilar la Carrera? Sin pretender incurrir en una simplificación excesiva, podrían distinguirse al menos dos tipos de actores. En primer lugar, aquellos que circulaban por las rutas oceánicas y, por tanto, contemplaban la amplitud geográfica del sistema: la gente de mar y guerra de los galeones y las flotas, los pasajeros o los ministros y los oficiales que servían en varios lugares. En segundo término, los individuos que permanecían anclados a un espacio determinado y experimentaban una movilidad reducida o casi nula. Esta última situación podía traducirse en un conocimiento limitado de la Carrera, pero en realidad ese no tenía por qué ser necesariamente el resultado final. Al igual que las personas, la información también circulaba con fruición, bien a través de la conversación directa entre quienes viajaban, bien gracias a la movilización masiva de documentación escrita. Muchos actores, pese a su notable sedentarismo, podían recibir abundante información respecto a lo que ocurría muy lejos de su entorno, en la otra faz del océano. El comerciante estaba al tanto de lo que sucedía en los mercados donde colocaba mercancías, como el rey y sus ministros debatían habitualmente respecto a problemas que surgían en territorios muy distantes. La experiencia del viaje no era la única forma de saber. Porque la información era, por sí misma, uno de los pasajeros más pertinaces[60].

José de Veitia Linaje fue de ese tipo de personas. Siempre dispuso de una información amplia y sistemática procedente de todos los puntos sensibles de la Carrera y aún más allá. A través de la palabra escrita, Veitia conectó con lo

---

59. Hamilton (2000 [1934]).
60. Brendecke (2012).

global, lo conoció y lo comprendió. A pesar de que jamás abandonara Castilla y de que la mayor parte de su madurez transcurriera en Andalucía –hasta que se mudó a Madrid en los años finales de su vida–. Jamás se embarcó en alta mar y mucho menos pisó América. Veitia vivió y trabajó entre las décadas de 1640 y 1670, durante más de treinta años, sin apenas salir de un espacio relativamente acotado entre Cádiz, Sanlúcar de Barrameda y, sobre todo, Sevilla, donde estableció su residencia. Allí participó en la Carrera de Indias y experimentó la Primera Globalización.

PRIMER PLANO: LA SEVILLA DEL XVII

El reino de Sevilla fue la principal base de operaciones en España para la organización de la Carrera de Indias. Aquella antigua demarcación apenas tenía otra entidad institucional que la representación en Cortes[61], aunque al menos evidenciaba las continuidades y la coherencia de un espacio en el que la reforma provincial del siglo XIX introdujo unas fronteras internas sin raíces históricas. Por supuesto, no todo el reino se involucró con igual intensidad en la gestión de las flotas. Hablamos de un territorio de una extensión considerable, cuyas localidades y regiones interiores tuvieron un vínculo menos robusto con la Carrera, acaso reducido a la posible provisión de pertrechos, bastimentos o mercancías a los barcos mercantes y de guerra[62], o a la obligación de alojar a los soldados de las compañías del tercio de Galeones[63]. Solo los puertos marítimos y fluviales disfrutaban de una presencia más continuada y directa en la gestión las flotas. Pero no todos, solo algunos. Los puertos onubenses, desde Ayamonte hasta el estuario del Tinto y el Odiel, desempeñaron un papel secundario a pesar de su protagonismo en los hechos del Descubrimiento[64], y lo mismo puede decirse de los puertos gaditanos más meridionales, desde Conil hasta Gibraltar.

El corazón de la Carrera latía en el triángulo comprendido entre Sevilla, Sanlúcar de Barrameda y Cádiz, que abarcaba la bahía gaditana y el curso bajo del río Guadalquivir, desde la capital hispalense hasta la desembocadura[65].

---

61. Domínguez Ortiz (1984: 101-105).
62. Serrano Mangas (1989: capítulos 2 y 4).
63. Hernández Rodríguez (2021).
64. González Cruz, coord. (2012 y 2016).
65. Comellas (1992).

Existe el riesgo de exagerar las tensiones internas de este circuito portuario. Se olvidarían entonces las innumerables conexiones cotidianas que unían estos puertos. No obstante, no cabe duda de que la colaboración y el intercambio económico convivían con fuertes relaciones de competitividad. La más conocida, pero no la única, enfrentó a Sevilla y Cádiz por el liderazgo de la Carrera. La ha estudiado una tradición historiográfica que comienza con la obra clásica de Albert Girard y que ha situado en la época que nos ocupa el vuelco entre las dos ciudades[66]. Durante el siglo XVI Sevilla, la ciudad más poblada de España, había ostentado una primacía incuestionable[67]. Sin embargo, a lo largo del siglo XVII, Cádiz ganó posiciones gracias a factores diversos como la degradación del cauce del Guadalquivir, la migración de los comerciantes o la negociación de privilegios institucionales. Se trató de un proceso lento, gradual, pero que conoció sus hitos principales en 1679, con la reinstitucionalización del comercio gaditano, y 1680, con el traslado de la cabecera de las flotas[68].

*

Cádiz tenía menos sentido si se la pensaba aislada antes que como parte y centro de su bahía. La bahía del XVII debe ser considerada un entorno orgánico, tal como la sugiere el conocido grabado de la *Insula Gaditana*, publicado en 1690. Se dibujaban en ella dos ámbitos principales: una bahía exterior en la que Cádiz, El Puerto de Santa María y Rota se asomaban al océano Atlántico; y una bahía interior cobijada tras los Puntales, detrás de la angostura custodiada por los castillos de Matagorda y el Puntal. Al fondo de la bahía se sucedían, en un paisaje de caños y tierras bajas, la isla del Trocadero[69]; Puerto Real, principal población de la zona[70]; la Carraca, carenero de los galeones de la Carrera[71]; y el caño de Sancti Petri, que definía la insularidad de la Isla de León, aún bajo el señorío de los duques de Arcos, de urbanismo incipiente y disperso, y comunicada a través del puente Zuazo[72].

---

66. Girard (2006 [1934]).
67. Morales Padrón (1989).
68. Díaz Blanco (2012: 259-260).
69. Iglesias Rodríguez (2009).
70. Iglesias Rodríguez (2003a).
71. Quintero González (2000).
72. López Garrido (1999).

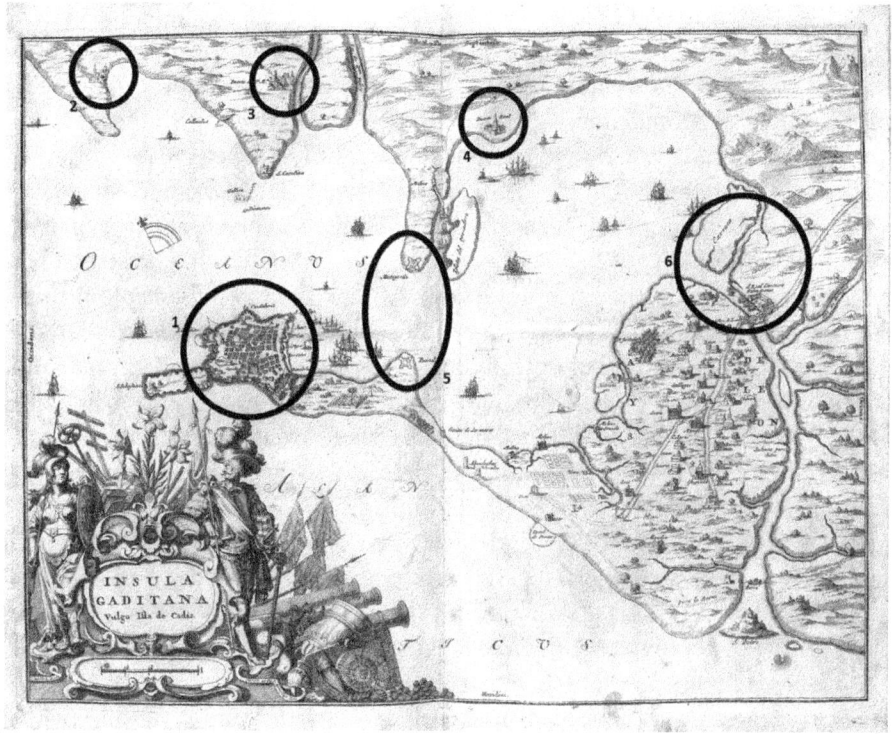

Fuente: fray Jerónimo de la Concepción, *Emporio del Orbe, Cádiz ilustrada*, Ámsterdam, 1690 (Biblioteca de la Universidad de Sevilla): 1. Cádiz, 2. Rota, 3. El Puerto de Santa María, 4. Puerto Real, 5. Puntales (castillos de Matagorda y El Puntal), 6. Carraca

Merece la pena que nos detengamos brevemente en El Puerto de Santa María. No solo porque fuera el segundo núcleo comercial de la bahía, solo por detrás del propio Cádiz[73]. También por su señalado régimen señorial y sus funciones navales. El Puerto se encontraba bajo la jurisdicción de los La Cerda, duques de Medinaceli, y había sido mucho tiempo un puerto de invernada para las galeras de España. Este perfil se vio reforzado desde mediados de la centuria, después de la caída en desgracia de los Medina Sidonia. Los señores de Sanlúcar habían ostentado la Capitanía General del Mar Océano y

---

73. Iglesias Rodríguez (1991).

Costas de Andalucía, pero la perdieron a causa de la fracasada rebelión contra Felipe IV de 1641. El honor recayó entonces en los Medinaceli y su señorío de El Puerto, un cambio que contribuyó a erosionar la posición privilegiada del eje fluvial del Guadalquivir. El Puerto por Sanlúcar y los Medinaceli por los Medina Sidonia. Corrían los tiempos del séptimo duque, Luis Antonio de la Cerda, y sobre todo del octavo, Juan Francisco de la Cerda, personaje fundamental en la biografía de Veitia, sobre cuya figura volveremos inevitablemente más adelante[74].

Todas estas precauciones no pueden obviar la incontrovertible primacía de Cádiz. Ciertamente, este Cádiz seiscentista no se había convertido aún en la ciudad cenital del Setecientos[75]. Ni cabe atribuirle una dimensión urbana mayor que la de Sevilla. No la tenía. No obstante, Cádiz estaba llamado a derrotar a las poblaciones del Guadalquivir en el equilibrio portuario de la región. La debilidad mostrada frente a los ingleses a fines del XVI había dañado su reputación como presidio militar. Sin embargo, la afortunada resistencia al sitio de 1625 demostró en el momento adecuado que la renovación de su sistema defensivo estaba dando frutos más que apreciables. Entre las fortalezas y las murallas, que no terminaron de cerrarse hasta el siglo XVIII[76], la población creció de manera notable, en buena parte gracias a las colonias comerciales asentadas en la ciudad, entre las que destacaban las procedentes de las potencias mercantiles y marítimas del siglo XVII: Inglaterra, Francia y Holanda, sin que faltaran portugueses, saboyanos o, por supuesto, españoles[77].

Varios testigos nos han dejado célebres testimonios del amanecer gaditano. Las frescas memorias de Raimundo de Lantery contienen un célebre pasaje que presume de que «las cosas de Indias andaban en gran estimación y estaba Cádiz en su mayor lustre»[78]. Menos conocido, el memorialista Juan Cano situaba en Cádiz el corazón del comercio hispánico y se atrevía a sugerir que la corte debería mudarse allí para unir el poder político y el poder económico[79]. Sin embargo, ninguna pieza literaria loaba mejor la exaltación

---

74. Iglesias Rodríguez (2003b).
75. García-Baquero González (1988); Bustos Rodríguez (2005).
76. Fernández Cano (1973); Ortega Feliú y Aladro Prieto (2011).
77. Carrasco González (1997).
78. Bustos Rodríguez, ed. (1983).
79. BN, 1/43493, 2/62504 y 3/49748. Cano remitió estos memoriales a Mariana de Austria, quien a su vez los pasó al Consejo de Indias para su análisis: AGI, IG, leg. 638. Herrero Sánchez (1994); Díaz Blanco (2014).

de Cádiz que la de fray Jerónimo de la Concepción. Según rezaba el título de la obra, Cádiz era un *Emporio del Orbe*, porque

> si Emporio es lo mismo, que un lugar donde se comercia, y trata, una Feria común, y abierta, una Lonja, o Tablero universal de negocios; de todo el contexto desta Obra se inferirá ser Cádiz hoy, y haber sido desde sus principios el Emporio de el Orbe todo, donde negocian, y tratan las Naciones más distantes, sin negarse a la comunicación, y trato, de las domésticas, y propincuas[80].

Corría el año de 1690 y aquellas palabras, que ya eran muy ciertas, retratarían cada vez mejor la realidad conforme avanzara el siglo XVIII.

* *

Desde Rota, una breve franja costera llevaba hasta el entorno de la desembocadura del Guadalquivir. Empezaríamos a atisbarla al encontrar la Punta del Perro, donde se asentaba la población de Chipiona y el santuario de la Virgen de Regla, muy diferente entonces del que ahora preside la playa. A esta altura, la piedra Salmedina anunciaba las dificultades a las que los navíos debían enfrentarse al atravesar la zona. En efecto, la desembocadura del río era un espacio peligroso para la navegación, donde la Barra de Sanlúcar constituía el obstáculo más renombrado. El riesgo procedía de la presencia de unos salientes rocosos, que impedían la circulación hasta el océano de buena parte de las arenas y fangos transportados por el caudal fluvial. Estos se sedimentaban, formando bancos extremadamente perniciosos a causa del pequeño calado del río. Muchas embarcaciones perecieron allí, frente a un paisaje en el que la tierra también parece sumergirse poco a poco entre aguas salobres. En una orilla Doñana; en la otra, Sanlúcar de Barrameda y Bonanza.

Sanlúcar vivió un momento de verdadera convulsión a mediados del siglo XVII, cuando fue devuelto al realengo. La ciudad había vivido bajo la jurisdicción de los Pérez de Guzmán desde la Reconquista del siglo XIII y con el paso del tiempo se había convertido en la capital de sus grandes estados señoriales[81], que abarcaban el condado de Niebla en la actual provincia de Huelva y el ducado de Medina Sidonia en la de Cádiz. Todas juntas sumaban un conjunto territorial heterogéneo y algo discontinuo, pero impresionante y fuente

---

80. Concepción (2004 [1690]: I, 5). Ravina Martín (1983).
81. Iglesias Rodríguez (1985).

de pingües rentas fiscales. Ocupando el centro institucional de esos estados, Sanlúcar prosperó bajo el dominio de los Medina Sidonia y en calidad de antepuerto de Sevilla, circunstancias que incrementaron su prosperidad mercantil y su calidad de centro neurálgico para las flotas de Indias. La rebelión de 1641 propició cambios importantes. La Corona expropió la jurisdicción urbana a los Medina Sidonia y trasladó la Capitanía del Mar Océano hasta El Puerto de Santa María[82]. Estos episodios aceleraron el desarrollo de uno acontecimientos que, de cualquier modo, habrían perjudicado a Sanlúcar: la crisis de Sevilla como núcleo mercantil y la degradación del curso fluvial del Guadalquivir; en definitiva, la debilitación del eje del río en favor de la bahía de Cádiz.

Al dejar atrás Sanlúcar, un paisaje de marismas se instalaba ante los ojos[83]. Era un desierto lacustre de planicies inundadas, entonces y hasta fechas muy recientes. La sinuosidad del cauce demostraba la fragilidad de un río destinado a arañar tierra joven, nacida de la colmatación imperfecta del *Lacus Ligustinus*. Ninguna población podía asentarse en sus márgenes ambiguas. Durante decenas de kilómetros solo había marisma. A izquierda y a derecha las villas eludían aquel terreno: Trebujena, Lebrija, Las Cabezas de San Juan y Los Palacios se alejaban razonablemente por el este; mientras Almonte o Villamanrique de la Condesa se distanciaban más aun por el oeste. En realidad, quien remontaba el Guadalquivir desde Sanlúcar no volvía a toparse con una localidad ribereña hasta alcanzar La Puebla y Coria del Río, ya a distancia escasa de Sevilla. Entre medias, apenas contemplaba pequeños caños y salinas en el tramo próximo a la desembocadura y, poco después, las bifurcaciones que anunciaban el elemento más característico del curso bajo del río: su división en varios brazos y la formación de islas entre ellos.

En este sentido ascendente, contrario al flujo de las aguas, la primera bifurcación creaba dos brazos: el brazo de la Torre y el tablazo de Tarfia. Después, este último volvía a dividirse y daba lugar al brazo del Este y al brazo de en Medio. Entre estas vías principales surgían la Isla Mayor, la más meridional, y la Isla Menor, un poco más al norte, al frente de la cual se situaba también la llamada isleta de Hernando. La antropización del amplio territorio de las islas era muy tenue. Había muchos caños y escasa presencia humana, probablemente reducida a alguna ermita y a los célebres parajes de Borrego y La Horcada, situados a la entrada y la salida de la Isla Menor, puntos de carena, aprovisionamiento y reparación de embarcaciones, entre ellas las de la Carrera

---

82. Salas Almela (2008 y 2013).
83. VV.AA. (2017).

de Indias. Podemos contemplarlo en los mapas del siglo XVIII, los más anti-guos a nuestra disposición, que reflejan una realidad que no se diferenciaría mucho de la del XVII, salvo por la planificación de las llamadas «cortas», ac-tuaciones pioneras de la ingeniería ilustrada[84].

Las cortas pretendían esquivar los meandros que dominaban el curso del Guadalquivir, especialmente los más pronunciados, denominados «tornos». Había bastantes justo antes de llegar a Sevilla y en sus inmediaciones: los de Coria, Gelves, San Juan de Aznalfarache, Los Remedios o la Mercadera. Aquellos meandros eran otro síntoma de la fragilidad del curso fluvial. Sobre-explotado durante el siglo XVI, el trasiego continuo de todo tipo de embarca-ciones alteró fatalmente su mínimo calado hasta volverlo casi inutilizable para las naos de la Carrera, de porte creciente en el siglo XVII. Si la degradación del curso medio del Guadalquivir propició el ascenso de Sevilla durante la Baja Edad Media y el Renacimiento en detrimento de Córdoba, capital originaria de la Bética romana y al-Andalus, el deterioro del curso bajo en el siglo XVII se convirtió en uno de los elementos fundamentales, si no el primero, entre los que privaron a Sevilla y Sanlúcar de su posición prioritaria para cederla a Cádiz y la bahía.

> En sus primeros tiempos las mas [de las flotas y armadas] venían á surgir hasta vista de nuestra Ciudad, menos asolvada la canal de Guadalquivir, y meno-res comunmente los vasos lo permitían: crecieron estos y aumentóse en el rio el impedimento, con que se pasó al Puerto de Bonanza el comun arribo dentro del mismo rio, á vista de la ciudad de San Lucar de Barrameda, la dificultad de cuya barra hasta esto ha dificultado, y así casi siempre, aunque mas se procura impe-dir, dan fondo en la bahia de Cadiz, con tan gran aumento de aquella Ciudad, como detrimento de la nuestra, de que ha aleado mucha parte de lo mas grueso del comercio[85].

El historiador Diego Ortiz de Zúñiga, probablemente, habría preferido no tener que regresar del pasado literario para escribir un panorama tan triste sobre la Sevilla de su tiempo.

* * *

---

84. Morales Padrón (1980); Pacheco Morales-Padrón (2017).
85. Ortiz de Zúñiga (1795-1796 [1677]: IV, 109).

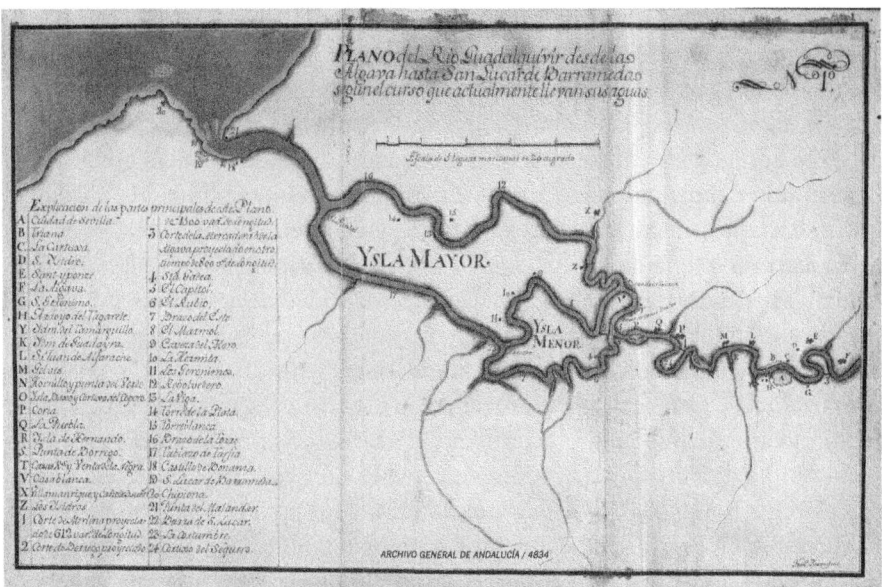

Figura 1.2. El río Guadalquivir en el siglo XVIII
Fuente: Archivo General de Andalucía

Sevilla reposaba agazapada sobre uno de los meandros del Guadalquivir. «Sevilla, circular como un símbolo, resulta inseparable de la cinta luminosa de su río, el antiguo Betis», exclamaba entusiasmado Pierre Chaunu[86]. Aquella relativa redondez, estilizada en algunos grabados del XVI, se correspondía con el recinto amurallado, *grosso modo* coincidente con el casco histórico de la Sevilla contemporánea, rodeado de varios arrabales desperdigados por la «parte de tierra» y por la «parte del río»: San Roque y San Bernardo en el flanco oriental, la Carretería o el Baratillo sobre el Arenal, y Triana al otro lado del Guadalquivir, conectada con la ciudad a través del puente de barcas[87]. Detrás de Triana, el Aljarafe, una malla densa y extensa de pequeñas villas como Olivares y Sanlúcar la Mayor, posesiones entre otras del Conde Duque, o Santiponce, embellecido por San Isidoro del Campo e Itálica, la Sevilla la Vieja deleite de los humanistas hispalenses[88]. Hacia el norte, el río seguía su curso, aunque

---

86. Chaunu (1983: 24).
87. Morales Padrón (1989: cap. 1).
88. Filter Rodríguez, coord. (2010).

pronto se inclinaba más al este en dirección hacia Córdoba, transcurriendo en paralelo a las estribaciones de Sierra Morena, en un tramo en el que definitivamente se perdía la navegabilidad salvo para embarcaciones muy pequeñas. También al este, al sur del Guadalquivir y conectadas con él, la vega y la campiña, tierras fértiles donde predominaba el cultivo del cereal y de las que salía buena parte del pan que alimentaba a la capital.

Como en el caso del río, los mapas más tempranos de Sevilla son también del siglo XVIII. El primero de todos fue el famoso plano de Olavide, de 1771, al que siguió después el de Tomás López, de 1785, prácticamente idéntico al anterior, en el que se basaba, aunque detallaba mejor el pequeño urbanismo de Triana. Son, por tanto, creaciones tardías, considerablemente posteriores a la época que nos ocupa. Sin embargo, el ritmo lento del urbanismo del Antiguo Régimen nos permite utilizarlos. Los planos dieciochescos reflejan con bastante fidelidad la planta de la Sevilla seiscentista, sin muchos más cambios significativos que la aparición de grandes construcciones periféricas, especialmente en el Arenal y el sector sur, tales como la plaza de toros de la Maestranza, el colegio seminario de San Telmo o la Fábrica de Tabacos. Exceptuando estas salvedades, la Sevilla de Olavide y López no difería demasiado de la que conoció Veitia, ni siquiera de la ciudad del siglo XVI o incluso –podría decirse– de la ciudad bajomedieval[89].

Ese cambiar pausado del escenario contrastaba con la velocidad del drama que se representaba en él. A la expansión del XVI le sucedió la crisis del XVII[90]. La onda de crecimiento se ralentizó y se detuvo a comienzos de la centuria. Después comenzó la recesión, implacable, pertinaz, cada vez más palpable. A mediados del XVII, cierta concatenación de acontecimientos subrayó la adversidad de los tiempos. La peste de 1649 abatió la urbe y mermó su población prácticamente hasta la mitad, de 120 000 a 60 000 habitantes aproximadamente, llevándose entre la masa de personas anónimas a figuras relevantes como el arcediano Mateo Vázquez de Leca o el imaginero Juan Martínez Montañés, saludado «Lisipo andaluz»[91]. Tres años después, en 1652, estalló el motín de la Feria. La rebelión, originada en las collaciones más humildes del norte de la ciudad, reveló el padecimiento de las clases populares. Los trabajadores de industrias golpeadas por la crisis se enfrentaban a la

---

89. Domínguez Ortiz (1984: 42).

90. Domínguez Ortiz (1991 [1946]) sigue siendo una referencia inexcusable a la hora de definir la periodización de la historia hispalense en la Edad Moderna.

91. Carmona García (2004).

intolerable carestía de los productos básicos, los vaivenes de un mercado agitado por la política monetaria y la fiscalidad, y la incapacidad de la economía local para superar la competencia de productos alóctonos[92].

El rápido fracaso del motín, común a todas las alteraciones que habían sacudido Andalucía desde 1647, no supuso el agotamiento de la iniciativa política popular[93]. Los mismos sectores sociales que emplearon la violencia como medio de expresión en 1652 aprovecharon la base institucional de sus gremios para defender colectivamente sus aspiraciones políticas, dirigidas a

> la observancia y cumplimiento de las leyes, pragmáticas y ordenanzas que en estos reinos de España están dispuestas en favor de los fabricadores de las artes, gremios y oficios en orden a su conservación y permanencia, y que se cumplan y ejecuten las penas en ellas impuestas con todo rigor prohibiendo lo que se hace y fabrica fuera de estos reinos y señoríos de España en conformidad de las dichas leyes y pragmáticas y ordenanzas para que por este medio vuelvan a revivir las fábricas, artes y tratos, oficios y gremios, que están perdidas y acabadas, y no se pierdan y acaben del todo las que han quedado, pues redunda en servicio de su Majestad, bien y aumento de su Real Hacienda y Corona[94].

Las «fábricas» de Sevilla estaban «perdidas y acabadas» y los gremios entonaban una súplica de auxilio que debía llegar ante Felipe IV a través del arbitrista Francisco Martínez de Mata, quien compuso el *Epítome de los Discursos* (1659) precisamente para tal fin[95].

Los dirigentes municipales y comerciales también constataron la crisis. Incluso crearon paulatinamente un relato histórico de ribetes melancólicos, que puede entenderse en el marco de la cultura barroca y su gusto por contemplar las ruinas de los imperios desvencijados. El tiempo feliz de Sevilla, como muchas otras grandezas, había quedado atrapado en alguna esquina del pasado. La evidencia invitaba a admirarse de su caída y aprender la fragilidad de las fortunas temporales. No obstante, aquellos hombres no se conformaban con la sobriedad de la moral estoica. Ahí finalizaba el paralelismo entre sus sentimientos y la poesía de Francisco de Rioja o Rodrigo Caro. Enervados

---

92. Domínguez Ortiz (1973).
93. Díaz Blanco (2021).
94. AHPSe, PNS, leg. 6366, ff. 272r-276v; poder de los gremios a Martínez de Mata, Sevilla, 30 de abril-10 de mayo de 1659. En la misma línea: AGI, IG, leg. 640; memorial del Arte de la Seda, Sevilla, 31 de mayo de 1678.
95. Martínez de Mata (1971 [c. 1650]: 351-380).

por la ira, buscaban culpables –los financieros portugueses, los comerciantes extranjeros, la competencia desleal de Cádiz…– y arbitraban soluciones para revertir el devenir de los acontecimientos. Gaspar Pluyms y Alberto Ancquelman, cónsules de la nación flamenca y alemana, evocaban una Sevilla pretérita donde «era entonces opulentissimo su Comercio, y riqueza», arruinada por la «malicia de los tiempos» desde 1635[96]. Muchos historiadores dirían que la datación resulta algo tardía, pero coincidía con la que ofrecía Enrique Lepin, otro cónsul alemán que llegó a diputado general de naciones. Para Lepin, que escribía en 1680, el cambio llegó en 1632 y trocó una prosperidad ditirámbica por

> la despoblación de los hombres de negocios, con tanto numero de personas sin exercicio, y con gran miseria, tanto numero de pobres, y tanto numero de conventos desamparados, con vna peste tan inmediata y con la injuria de los tiempos, que los ecos de sus clamores no solo pueden llegar à los oidos de V. Magestad, sino dispertar la clemencia de los mas estraños, si tuvieran medios con que poder darles algún aliuio[97].

El Cabildo secular también contribuyó a la literatura de la crisis. Uno de sus memoriales más importantes fue remitido a Carlos II en 1686. Como todos los escritos de su naturaleza, contraponía una visión idealizada del pasado con una época reciente de pesares y desastres, difíciles en cambio de exagerar. Aseveraban los munícipes que «Sevilla, antes que se descubriese el Nuevo Mundo, fue la población más ilustre, rica y opulenta de toda la Monarquía» y, aun así, después de la gesta colombina siguió superándose y su prosperidad ascendió todavía más. Todo cambió en 1640, cuando las guerras y la fiscalidad produjeron un éxodo empresarial hacia la bahía de Cádiz, donde podía practicarse algo que se atrevían a llamar «libre comercio». El memorial encerraba un áspero alegato a favor de Sevilla y en contra de Cádiz. La rudeza del planteamiento remite al detalle de la cronología. Habían pasado escasos años desde el trascendental bienio 1679-1680, en el que Cádiz había sido enaltecida por la política monárquica a expensas de la caduca metrópoli.

---

96. Archivo Municipal de Sevilla, secc. XI, t. 29, n. 14; *Respvesta de Gaspar Plvyms, y Alberto Ancqvelman, consvles por el rey nvestro señor, de las Naciones Flamenca, y Alemana, que residen en la Ciudad de Sevilla*, Sevilla, 8 de junio de 1666.
97. AGI, IG, leg. 787; *Memorial qve dio al rey nvestro señor Enriqve Lepin, dipvtado general de las naciones qve residen y comercian en la civdad de Sevilla*, s. f. [1680], f. 4r. Sobre Enrique Lepin, nacido en Hamburgo, véase Díaz Blanco (2015).

El acontecimiento, como la peste o el motín tres decenios antes, señaló un hito en el camino hacia el «miserable estado» que denunciaban[98].

La obsesión por la crisis no debe oscurecer la relevancia que tuvieron otros aspectos en la vida sevillana del siglo XVII. Hay al menos dos que no pueden ser obviados, por su pujanza de entonces y por el legado que han transmitido a la posteridad: la presencia ubicua del catolicismo contrarreformista y la huella local del mundo global. El primero ha obtenido mayor reconocimiento popular. La vivencia colectiva de la fe romana y su expresión artística barroca se han consolidado como un sello de identidad tradicional hasta tiempos muy recientes –o, por qué no decirlo, hasta los tiempos presentes–. Tal vez se trate de una percepción reduccionista de la realidad, pero no es en absoluto infundada. La Sevilla seiscentista era una ciudad levítica. La Iglesia se encontraba por doquier. Su corazón latía en la catedral de Santa María y su sangre corría por la red de parroquias que ocupaba todo el tejido urbano, desde San Gil hasta el Sagrario y desde Santa Ana hasta San Bernardo. Decenas de conventos y monasterios se agolpaban en el dédalo viario y alrededor del perímetro de la muralla. Hospitales, capillas, altares callejeros, cruces en plazas y descampados[99]… El espacio público era una suerte de templo abierto, donde se congregaban los fieles en torno a los más diversos fastos públicos[100].

La religiosidad católica ofreció la principal clave para enfrentarse a la crisis del XVII. La parroquia, la cofradía o el hospital procuraban auxilio material a los más menesterosos. La práctica de la caridad se fortaleció. A las instancias que habían existido desde antiguo –que no eran pocas–, se sumaron otras que parecen la quintaesencia del período. La Hermandad de la Santa Caridad había nacido en el siglo XVI con la vocación de dar sepultura a los cadáveres abandonados en las calles. En la década de 1660 comenzó a despuntar bajo la guía de su hermano mayor, Miguel Mañara, cuando expandió su actividad al conjunto de las siete obras de misericordia, especialmente al cuidado de los pobres alojados en el nuevo hospital[101]. La Hermandad de los Venerables Sacerdotes se fundó para atender a los sacerdotes impedidos por la edad o

---

98. AHN, Consejos, leg. 7198, n. 8; memorial del Cabildo de Sevilla «sobre el miserable estado en que se halla aquel pueblo», s. f. [principios de 1686]. El memorial llegó al Consejo de Castilla por real decreto de Carlos II dirigido a su presidente, Madrid, 26 de enero de 1686.

99. Domínguez Ortiz (1984: capítulo 9).

100. García Bernal (2006).

101. Véase cap. II, nota 155. Remito al capítulo biográfico, porque Veitia fue hermano de la Caridad. La corporación dirigida por Mañara significó mucho para él.

cualquier otra razón, inspirada por el canónigo Justino de Neve[102]. Él y Ma-ñara fueron los rostros más reconocibles y recordados de aquella caridad renovada, pero muchos otros exigieron a su fe el compromiso de ayudar al necesitado. La ciudad se llenó de célebres limosneros y santos populares, como Alonso Ruiz de Arévalo o Domingo Fernández *El Santo*, un humilde zapatero de lo viejo, cuya fama de santidad entre las gentes procedía de su carismática entrega a los desaventurados[103].

Buena parte de la oratoria y las creaciones artísticas del momento fomentaban esta actitud. Las recreaciones de santos como Tomás de Villanueva o Isabel de Hungría proponían un modelo cultural proclive a regalar las riquezas propias y dedicar tiempo a procurar el bien de los demás[104]. La elección partía de la premisa de que el arte sacro apelaba profundamente a los hombres del XVII. La religiosidad local encontró su formulación preferida en el esplendor del arte barroco, imitado y continuado hasta nuestros días. Los nombres importantes del Siglo de Oro, bien conocidos por el gran público, construyeron un canon visual que no ha perdido vigencia. No debemos malinterpretar su obra reduciéndola a meras expresiones estéticas. El creyente de la época encontraba en esas creaciones consuelo, ejemplos y admoniciones. Trescientos y cuatrocientos años después, hoy, muchos continúan encontrando el mismo alivio. Uno diría que el tiempo se ha detenido en ellas.

El recuerdo de la dimensión global de la ciudad se encuentra mucho más restringido al ámbito académico. Incluso dentro de estos círculos más minoritarios aquella realidad se interpreta de manera algo sesgada bajo la etiqueta del «americanismo». Sevilla, ciudad americana y americanista, sublimada por la conmemoración del Quinto Centenario. No es que la idea sea incierta, desde luego. Sevilla tuvo un vínculo muy estrecho con lo que entonces se bautizó como el Nuevo Mundo (al igual que otras ciudades como Cádiz, Madrid, Salamanca o Almadén, por recordar solo las más obvias)[105]. No obstante, existe el riesgo de simplificar la visión histórica. Las conexiones con Europa, África y Asia fueron mucho más intensas y determinantes de lo que puede sugerir el relato americanista.

El Archivo General de Indias es el símbolo por antonomasia que recuerda la existencia de lo global/indiano en la Sevilla moderna (aunque hay otros,

---

102. Rubio Merino y Rotthoff (1990); Fernández López (1991); Finaldi, coord. (2012).
103. AGAS, Salvador, Defunciones, lib. 5, ff. 17v-18r; AHPSe, PNS, leg. 5130, f. 822.
104. Hereza (2019: 221-245, 323-327, 411-415).
105. Pereña Vicente (1986); Gil Bautista (2015).

Figura 1.3. Pedro Tortolero, *La Lonja de Mercaderes en el siglo XVIII*
Fuente: Universidad de Sevilla, Fondo Antiguo

algunos tan impúdicamente maltratados como la Casa de la Moneda)[106]. Sin embargo, como creación ilustrada del reinado de Carlos III, procedente de un XVIII tardío, el Archivo representa la Sevilla indiana del XVII solo en la medida que recoge la documentación generada por otras instituciones activas en las centurias precedentes[107]. Eso no es poco, dado que la ciudad aglutinaba bastantes instancias relacionadas con el mundo global. Casi todas se concentraban al sur de la ciudad, en la collación de Santa María: la Casa de la Contratación, el Consulado de Cargadores, la Real Casa de la Moneda o la Aduana. Apenas pueden señalarse un par de excepciones como la Fábrica de Tabacos, que todavía se encontraba en San Pedro[108], o la Universidad de Mareantes, asentada en Triana (y que albergó en sus años iniciales el

---

106. Espiau Eizaguirre (1991); Pérez-Sindréu (1992).
107. Heredia Herrera (1992).
108. Rodríguez Gordillo (2005).

colegio de San Telmo)[109]. Los contemporáneos no dudaban de la preeminencia del lugar:

> Era el más a propósito y de mejor y mayores comodidades de cuantos había en la ciudad, porque comenzando por el sitio estaba junto a todos los lugares donde todos los hombres de negocios suelen acudir más de ordinario, [...] porque es entre el circuito de los Alcázares Reales, Gradas y la Lonja, Iglesia Mayor y Aduana y Contratación, el río y así en igual distancia de todos estos lugares y en la collación de la iglesia mayor[110].

La aglomeración, como explica este pasaje, no obedecía a la casualidad. El Sagrario, como también se conocía a la parroquia, se encontraba junto al río y la zona portuaria del Arenal, y alojaba a los poderes principales de la ciudad, monárquicos, eclesiásticos o municipales.

Estas instituciones formales son relativamente obvias. Resultan más o menos fáciles de percibir. Pero las influencias indianas inundaban la vida cotidiana de la ciudad. El rasgo más notable era la comunidad de comerciantes especializados en los negocios atlánticos, los cargadores a Indias, tenidos a veces por elemento diferencial de la sociedad sevillana respecto a otras ciudades castellanas de la época[111]. Pueden añadirse otros: la riqueza de la plata, que embellecía la intimidad de los hogares acaudalados y la magnificencia barroca de los templos[112]; la aparición de nuevos oficios, como el *labrador de chocolate*[113] o el mercader de cacao[114]; la renovación de la dieta, a la que empezaron a incorporarse alimentos como el tomate o la patata[115]; o devociones criollas como la de santa Rosa de Lima, a la que Murillo representó con fervor y bajo cuya advocación se fundó una nueva hermandad en el convento dominico de San Pablo el Real[116].

---

109. García Garralón (2007a y 2007b).
110. AHPSe, PNS, leg. 12 713, ff. 435-447; estatutos de la capilla de San Andrés de los Flamencos, Sevilla, 17 de julio de 1615.
111. Domínguez Ortiz (1984: 157).
112. Sanz Serrano (1981).
113. El oficio está registrado en AHPSe, PNS, leg. 13 025, ff. 652 y 727. Ambos documentos (de pago de dote a la capilla de las Doncellas) se refieren a un tal Juan de Castro, que en el primer caso figura como «labrador de chocolate» y en el segundo como «moledor de chocolate». AHPSe, PNS, leg. 18 560, abecedario segundo de 1683, prefiere la forma labrador de chocolate.
114. AHPSe, PNS, leg. 13 082, ff. 1 228-1 232; inventario de bienes de Sebastián Calvo, mercader de azúcar y cacao, Sevilla, 6 de agosto de 1709.
115. Pérez Samper (2011).
116. Morales Padrón (1982: 285).

José de Veitia Linaje vivió en aquella ciudad de acento indiano, lacerada por su crisis, contrarreformista y barroca, hasta que en 1677 marchó a Madrid, donde transcurrieron los últimos años de su vida. Estos contextos locales son fundamentales. Sin embargo, la historia de Veitia y su *Norte de la Contratación* no puede reducirse a ellos. Si hemos paseado por estos tres escenarios en el primer capítulo, es porque queremos remarcar la importancia de todos ellos, desde los más cercanos y evidentes hasta los más alejados y susceptibles de pasarse por alto. Dicho así, la idea puede parecer algo banal o superflua. Y, no obstante, es esencial para lo que este estudio aspira a defender. Cuando en páginas posteriores nos enfrentemos a la naturaleza corográfica de la obra veitiana, será muy probable que de entrada no nos llame la atención en absoluto. El enaltecimiento andaluz y sevillano de la Carrera de Indias es una costumbre que muchos hemos interiorizado desde que empezamos a leer sobre el tema. Me parece que es necesario un esfuerzo de atención y valoración de otros escenarios para darnos cuenta de que esa visión no es natural, sino una construcción formulada por una tradición literaria sobre la que el *Norte* ejerció una influencia ineludible. En vez de darla por sentada, habría que criticarla y cuestionar sus raíces. Algunas nos conducen a Veitia y solo pueden esclarecerse desde el ejercicio biográfico, reconstruyendo sensibilidades concretas y las circunstancias de una vida. Por tanto, la siguiente pregunta a la que debemos enfrentarnos es evidente: ¿quién fue el hombre que pensó del *Norte de la Contratación*?

Capítulo ii

RETRATO DE JOSÉ DE VEITIA.
UNA APROXIMACIÓN BIOGRÁFICA ENTRE EL DESEMPEÑO PROFESIONAL Y EL ASCENSO SOCIAL

... la cual ignominia, ahora sea de pobreza o de linaje, como ya pasó, no es, y sólo es lo que vemos presente.
Miguel de Cervantes (1615)

Bartolomé Esteban Murillo realizó un retrato de Veitia. Medía algo más de una vara y estaba enmarcado en una moldura oscura con perfiles dorados. La última noticia que se tiene de él es que formó parte de la colección de Gaspar Esteban de Murillo, tras cuya muerte en 1709 se le pierde la pista[1]. Es tan probable que pereciera en algún avatar como que haya sobrevivido y no seamos capaces de identificarlo. ¿Cuántos retratos de caballeros anónimos se relacionan mejor o peor con la mano del maestro? ¿Es posible que hayamos contemplado el rostro de Veitia y no lo hayamos reconocido? A la hora de emprender una narración sobre el escritor y su obra, nos sentimos impotentes al pensar que Murillo representó a nuestro personaje y no podemos disfrutarlo. No obstante, también seduce pensar en la idea misteriosa del retrato perdido, que invita u obliga a la evocación imaginaria.

---

1. AHPSe, PNS, leg. 13 082, f. 944v: «Un retrato del S^or D^n. Joseph de Beytia Linaje de poco más de bara, pintura de Murillo con moldura de media caña negra y filetes dorados» y f. 979v: «un retrato de poco mas de bara con moldura de media caña negra y perfiles dorados en cien reales». Transcribe la entrada, con alguna ligera variación, Angulo Íñiguez (1981: II, 330, n. 420). La vara, aunque variable, medía menos de un metro (Angulo cifra la referencia en 83,5 centímetros), por lo que es seguro que nos encontraríamos ante un lienzo relativamente pequeño, en ningún caso un retrato de cuerpo entero.

Las facciones de Veitia no nos interesan en demasía. Mueven nuestra curiosidad, pero nada más. Podemos elucubrar sobre su apariencia física comparándolo a otros caballeros que posaron ante los pinceles del Barroco. Probablemente, no se diferenciaría demasiado de cualquiera de ellos por aquello de las modas. Nuestra mirada busca más bien los rasgos de la personalidad. Detalles como la dignidad del individuo o la gravedad del oficio. Murillo sabía captar las obsesiones aristocráticas de la época con extremada pericia, como todos los buenos retratistas del XVII. Una mesa aludía al ministerio de papeles de un oficial o a la impartición de justicia por un letrado. La riqueza de las vestiduras, una expresión altiva y confiada, alguna venera de Santiago refulgiendo en un torso… Todo eso implicaba prestigio, nobleza, una calidad social que hermoseaba cualquier semblanza. El retrato perdido de Veitia, a buen seguro, hablaba ese lenguaje.

La hipotética lección de Murillo nos resulta fundamental. Si no la tuviéramos presente, podríamos confundir la vida de Veitia con el mero ejercicio de sus responsabilidades en la Casa de la Contratación. No cabe duda de que esa es una cuestión esencial. De hecho, se aborda con amplitud en este capítulo, pues su conocimiento es necesario para entender la narrativa del *Norte*. Se trata del primero de los tres factores que confluyeron abiertamente en la configuración del libro, muy apreciado por reflejar un saber técnico adquirido con el dominio práctico de un oficio. Nuestra argumentación requiere preguntarnos qué aprendió Veitia en la Casa y cómo lo volcó sobre su libro. Sin duda. No obstante, eso podría no ser suficiente. Es más, podría incluso introducir un sesgo y llevarnos a la suposición de que el *Norte* era un tratado aséptico, sin más trasfondo que el de ofrecer una información especializada a quien pudiera necesitarla. Eso decía ser, a fin de cuentas.

Sin embargo, aquí queremos alejarnos de esa visión. Algo para lo cual requeriremos emprender un esbozo biográfico que vaya más allá de lo profesional. El ejercicio nos remitirá a un universo social característico del siglo XVII, que hallamos ejemplificado en otras biografías célebres como la del pintor Diego Velázquez[2]. La historia de Veitia, como la de aquel y como muchas más, estuvo transida por la obsesión de ennoblecer. El servicio al rey en la Casa de la Contratación le sirvió claramente para difuminar unos orígenes humildes y sustituirlos por una identidad nueva, pretendidamente aristocrática[3]. Veitia borró su pasado y convenció a sus contemporáneos –y a la posteridad– de

---

2. Brown (2006); Bennassar (2012).
3. Díaz Blanco (2017).

que era un caballero noble. Si tales esfuerzos se reflejaron en el retrato murillesco, como imaginamos, ¿qué pensar de otro objeto cultural como el *Norte de la Contratación*? El libro fue escrito mientras Veitia se afanaba por mejorar su posición personal. A toda costa. ¿Puede concebirse entonces que aquel titánico empeño literario no guardase relación con el proceso de autoconstrucción nobiliaria al que su autor sacrificó la vida? Esa pregunta no puede esquivarse. Y si se le da una respuesta positiva, entonces ¿no deberíamos arrojar una mirada más cautelosa hacia las afirmaciones del gran tratado?

EL HIJO DE LA MESONERA

«La muy noble, y muy leal Ciudad de Burgos, patria mia»[4]. La primera página del *Norte* recuerda la primera página de la vida de su autor. Burgos, la vieja urbe comercial, había conocido tiempos mejores en el siglo XVI, pero en los años veinte y treinta del XVII todavía podía atraer a muchos habitantes de las comarcas vecinas en busca de mayores oportunidades de trabajo[5]. Pedro de Veitia Gasteategui y María Alonso Linaje, padres de nuestro protagonista, tomaron esa opción. Ambos se desplazaron del campo a la ciudad, huyendo del problema del desclasamiento. Del conflicto social de pensarse nobles, pero carecer de los medios adecuados para llevar un estilo de vida acorde[6]. No es fácil reconstruir esa época, cuyos recuerdos quedaron soterrados bajo el idealizado relato familiar que Veitia construyó años después. Sin embargo, hubo un momento en el que aquellas dos versiones contradictorias emergieron y pugnaron entre sí. Fue cuando Veitia decidió enfrentarse a las probanzas que lo harían caballero de la orden de Santiago. La mayoría de los testigos respaldó su versión, pero de manera inevitable afloraron detalles indeseados que cuestionaban la calidad personal del candidato. Aunque parezca incurrir en lo anecdótico, es importante allegar alguna información al respecto, porque nos ayudará a distinguir entre quién fue realmente Veitia y quién intentó Veitia que pensásemos que era[7].

---

4. Veitia (1672: I, 1).
5. González Prieto (2014).
6. Otazu y Díez de Durana (2008: 95-106).
7. AHN, OM, Santiago, exp. 945 y Expedientillos, n. 4236. La fecha de referencia en ambos casos es 1668.

La anteiglesia de Cortézubi era un «valle y lugar abierto que se compone de caseríos a diferentes distritos»[8], según la describieron años después los informantes del Consejo de Órdenes. Allí, en las proximidades del río Oma, entre Mundaca y Guernica, en una tierra frondosa y cercana al mar, la casa solariega de la familia Gasteategui ocupaba su lugar. Pedro de Gasteategui nació allí, aunque no pudo permanecer siempre. Su hermano, el primogénito, heredó el señorío del linaje y él, hijo segundón, se marchó por imposición o inconformismo propio[9]. La primera alternativa consistió en casarse con una mujer a la que se presentaba como señora de la casa de Veitia, Domeca de Veitia, la portadora original del apellido y de la cual, siguiendo la costumbre de la tierra, él y la descendencia lo heredaron, pasando a llamarse Pedro de Veitia Gasteategui[10]. No obstante, consta que el matrimonio no residió en ninguna casa solariega, sino que se trasladó a Briviesca, y allí tuvieron a sus hijos[11].

Aquella estabilidad se quebró tras la muerte de Domeca. Pedro enviudó, pero conservó el apellido y lo mantuvo después de contraer nupcias por segunda vez. En esta ocasión se unió a una muchacha procedente de la Bureba, María Alonso de Linaje[12]. Pedro y María se casaron en Briviesca, pero decidieron abandonar la villa e iniciar una vida nueva en Burgos. A la ciudad llegaron como siempre, con presunción hidalga, pero con dificultades considerables para mantener la condición de la que se jactaban. El caso es que, por muy nobles que fueran o se creyesen, tuvieron que ganarse la vida regentando una posada que abrieron en la calle de Trascorrales[13]. Según parece, no les fue mal. El negocio se encontraba en la próspera collación de San Gil Abad, no demasiado lejos de la Catedral y el Cabildo, y debió proporcionarles unos ingresos saneados, justo lo que necesitaban[14]. Pedro tuvo al menos cuatro hijos con María. Al mayor, nacido en 1623, lo llamaron José. Por aquel entonces, nadie habría sido capaz de imaginar siquiera que aquel niño sería algún día ministro de la Casa de la Contratación y del Consejo de Indias,

---

8. AHN, OM, Santiago, exp. 945, f. 12v.

9. *Ibid.*, f. 44r.

10. La «inestabilidad patronímica moderna», antes que una excepción, era una realidad omnipresente a causa de factores sumamente diversos: Salinero y Testón Núñez, coords. (2010).

11. AHN, OM, Santiago, exp. 944. Se trata del expediente de su sobrino nieto Juan José de Veitia Linaje, donde figuran despreocupadamente algunos detalles que Veitia ocultó años antes. Con este expediente tiene relación AHN, OM, Expedientillos, n. 5537.

12. María nació en Soto, aunque la mayor parte de su familia estaba asentada en Pino.

13. La actual calle Laín Calvo en Burgos.

14. Así parece demostrarlo el testamento de Pedro de Veitia, copiado en el expediente del hábito, entre las certificaciones finales.

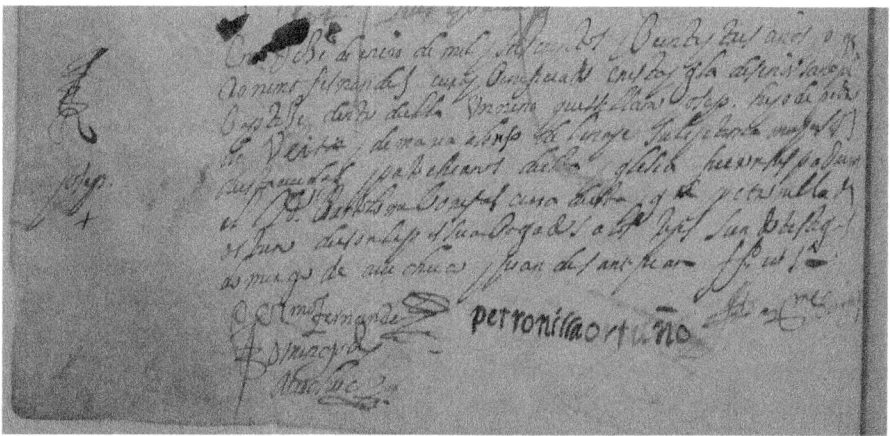

Figura 2.1. La partida bautismal de José de Veitia
Fuente: Archivo Diocesano de Burgos

secretario del Despacho Universal y autor de una obra maestra como el *Norte de la Contratación*[15].

Pedro de Veitia Gasteategui falleció en 1637[16] y María Alonso, la viuda, más joven que él, se casó de nuevo, esta vez con un campanero, si hemos de creer a uno de los testigos posteriores más críticos. Su hijo José se quedó huérfano de padre a los catorce años y no pasó mucho tiempo antes de que debiera empezar a buscarse su propio sustento. El muchacho salió al mundo poniéndose al servicio de otros. A edad temprana, fue admitido como criado por la poderosa familia de los Castro, vecinos suyos en la parroquia de San Gil. Enriquecida en el pasado gracias a negocios como la lana merina o los seguros,

---

15. Archivo Diocesano de Burgos, San Gil Abad, Bautismos, lib. 3, f. 160v; partida de bautismo, Burgos, 12 de junio de 1623: «En doce de enero de mil y seiscientos y veintitrés años yo Jerónimo Fernández, cura y beneficiado en esta iglesia de señor san Gil, bauticé dentro de ella un niño que se llamó José, hijo de Pedro de Veitia y de María Alonso de Linaje, su legítima mujer y vecinos de esta ciudad y parroquianos de esta iglesia. Fueron sus padrinos el licenciado Bartolomé Bonifaz, cura de esta iglesia, y Petrolina [*sic*] de Ortuño. Diéronle por sus abogados a los Reyes, siendo testigos Domingo de Abachuco y Juan de San Juan. Fecha ut supra». Hay una copia de la partida en AHN, OM, Santiago, leg. 945, f. 11r. El texto tiene varios detalles interesantes. El primero es que se renuncie a las cláusulas honoríficas de «don» y «doña», pese a que solían concederse con generosidad en la documentación eclesiástica. La segunda es que, al proponer como sus «abogados», protectores, a los «Reyes», es decir, los Reyes Magos, es bastante probable que Veitia, bautizado en 12 de enero, naciera el día 6, fiesta de la Epifanía.

16. El testamento, en el que Pedro declaraba encontrarse ya próximo a fallecer, está fechado en 11 de diciembre de 1636. Hay una copia al final de las probanzas del hábito de Santiago.

esta estirpe se hallaba sólidamente instalada entre la oligarquía burgalesa del siglo XVII. Algunos de sus miembros incluso ostentaban importantes oficios en la corte[17]. El primer cometido de Veitia consistió en servir como paje a Bartolomé de Castro, canónigo de la catedral y arcediano de Briviesca. Después, acompañó a Antonio Fernández de Castro, sobrino de aquel, durante su período de estudios en la Universidad de Oñate. En la Edad Moderna, un porcentaje muy elevado de los universitarios procedía de familias bien situadas[18]. Mientras se formaban en su *alma mater*, muchos de aquellos jóvenes no renunciaban al modo de vida aristocrático y se hacían acompañar de algún servidor, que atendía sus necesidades personales. La carrera de Veitia comenzó así, cuidando las comodidades de un cachorro de los Castro[19].

Veitia nunca se matriculó como estudiante ni consiguió ningún título académico. No obstante, resulta inevitable preguntarse si aquel buen escritor autodidacta no sentó entonces las bases de su educación literaria. En aquel entorno propicio, aquí y allá, escuchando a unos u otros, leyendo lo que cayera en sus manos cuando hubiera ocasión, Veitia pudo haber aprendido unos primeros rudimentos con la pluma. Inteligencia no le faltaba y su desempeño posterior invita a pensar que así ocurriera, aunque la idea no pueda sobrepasar el umbral de la mera especulación. Lo único claro es que el autor de un tratado jurídico como el *Norte de la Contratación* no era verdaderamente un jurista. Cuando su carrera maduró en Sevilla y después en Madrid, nunca pudo formar parte de los tribunales judiciales. En la Casa de la Contratación participó de la Sala de Gobierno, pero no en la Audiencia; y en el Consejo de Indias se desempeñó como secretario y consejero de capa y espada, con voto en la Sala de Gobierno, la Cámara y la Junta de Guerra de Indias, pero sin jurisdicción en la Sala de Justicia. Aun así, es evidente que poseía unas nociones en la materia nada desdeñables, superiores a las de un profano. De hecho, las dejó por escrito.

Cuando el joven Antonio terminó su aprendizaje en Oñate, Veitia regresó a Burgos con él y siguió sirviendo a los Castro. Esa fidelidad lo llevó a Sevilla. Durante décadas la capital castellana y la andaluza habían trenzado destinos

---

17. Basas Fernández (1954a y 1954b); Casado Alonso (2019), que advierte: «desde inicios del siglo XV hay varias generaciones de mercaderes burgaleses con el apellido Castro sin que necesariamente sean familiares entre sí. Así tenemos a los García de Castro, *Fernández de Castro*, López de Castro, Castro de la Haz, Castro de Londres o simplemente *Castro*. Todos ellos fueron activos comerciantes, aseguradores y hombres de negocios, presentes en toda la Península Ibérica, Londres, Ruán, Brujas, Florencia y Nantes».
18. Kagan (1981: cap. 8).
19. AHN, OM, Santiago, exp. 945, s. f.; declaración de Antonio de Riaño, Madrid, 2 de julio de 1668.

unidos en torno al comercio[20]. Ambas ciudades se habían enriquecido gracias al *ars mercatoria*; habían disfrutado la bonanza del siglo XVI; y, a continuación, padecerían la crisis del XVII, Burgos un poco antes y Sevilla un poco después. Muchas familias vivieron entre las dos plazas, extendiéndose y pactando alianzas a través del matrimonio, la colaboración y la amistad. Los Castro no dudaron en hacerlo. Su apellido estuvo emparentado con otros como San Vítores, Maluenda, Salamanca, Gallo o Baeza. Apellidos burgaleses, pero que se hicieron comunes en Sevilla[21].

Veitia se estableció en el sur durante su juventud, aprovechando el puente que los Castro habían construido entre Castilla y Andalucía. No es sencillo reconstruir el detalle de fechas tan tempranas en la biografía veitiana, pero todo hace indicar que llegó a Sevilla hacia 1639, cuando no contaba más que dieciséis años. Viajaba entonces como mozo de servicio de Juan Alonso de Castro, que venía a casarse con una hija de otro burgalés, Luis de Baeza y Mendoza, juez conservador de los almojarifazgos[22]. Tanto por su edad como por su condición de criado, Veitia resulta invisible en la documentación. Sin embargo, a Juan Alonso de Castro sí se le localiza y su rastro nos proporciona las pocas pistas posibles[23]. Veitia permanecía a su lado, viviendo en las casas de su señor en la collación de San Vicente[24]. Allí lo encontró en 1644 uno de los hombres fundamentales en su carrera, el ministro de Hacienda Jerónimo de San Vítores de la Portilla.

San Vítores formó parte de esa constelación de estadistas que echaron sobre sus hombros el peso de la Monarquía durante el siglo XVII. Muchos de ellos bajaban a Sevilla en algún momento intermedio de sus carreras, cuando ya trabajaban en los consejos de Indias, Castilla o Hacienda. En cambio, su estancia hispalense parece haber servido a San Vítores más bien como trampolín hacia la corte. Tras un tiempo en Guadix como corregidor, tuvo a su cargo

---

20. Palenzuela Domínguez (2003); Pérez García (2016 y 2018). En estas obras, el apellido Castro es recurrente, aunque resulta arriesgado presumir que se trate siempre de la misma familia en los siglos XVI y XVII.

21. Basas Fernández (1965).

22. AHN, OM, Santiago, exp. 945, s. f.; declaración de Antonio de Riaño, Madrid, 2 de julio de 1668. La cronología del acontecimiento puede fijarse a través del algún testimonio documental: AHPSe, PNS, leg. 8037, ff. 231r-232r; poder de Luis de Baeza y Mendoza, Sevilla, 25 de enero de 1639.

23. Protocolizaba escrituras con cierta regularidad en la escribanía de Francisco López Castellar, al menos desde 1640 (oficio 13). Se percibe con facilidad desde los abecedarios: AHPSe, PNS, legs. 18459 y 18460.

24. El matrimonio de Juan Alonso de Castro y Mariana Jerónima de Baeza vivía en la collación de San Vicente: AHPSe, PNS, leg. 8052, ff. 1055-1057, escritura de resguardo, Sevilla, 27 de abril de 1644.

la administración de los almojarifazgos en Sevilla y, después de eso, ocupó un sillón en la Contaduría Mayor de Hacienda del Consejo[25]. Nuestra historia requiere recordar también que San Vítores era burgalés, pertenecía a las redes familiares a las que Veitia se había obligado y, en particular, era tío de aquel Juan Alonso de Castro. En ese trienio sevillano, comprendido entre 1644 y 1646, San Vítores reparó en el criado de su sobrino[26]. Y eso le cambió la vida al muchacho.

San Vítores era un hombre sumamente talentoso y uno de sus mayores talentos consistía en apreciar el que otros poseían. Muchos años después, todavía recordaba la grata impresión que le causó aquel joven.

> Le vio y comunicó, y habiendo reconocido en el mozo capacidad y buen natural, le pidió […] al dicho don Juan [Alonso de Castro], su sobrino, se le diese para acomodarle en alguna de las ocupaciones de las aduanas de Sevilla, por ser […] entonces administrador general de los almojarifazgos de dicha ciudad, y el dicho don Juan se le dio[27].

El *Norte* conserva un testimonio puntual de la colaboración entre San Vítores y el joven Veitia. En un pasaje sobre la valoración de los fardos en la aduana, Veitia recordó un acontecimiento que había tenido lugar

> en el año de 1645 siendo Presidente de la Casa Don Francisco de Robles Villa Fañe, y Administrador general de los Almoxarifazgos Don Geronimo San Vitores de la Portilla, Cavallero de la Orden de Santiago, del Consejo de su Magestad en el de Hazienda, de que tengo en mi poder los papeles originales que sobre esto se escribieron de vna à otra parte[28].

A veinte años de distancia, o más, Veitia conservaba la correspondencia entre San Vítores y Robles Villafañe. La vieja posesión era un recuerdo de aquel noviciado en los negocios al lado de su patrón.

Las evocaciones de aquellos años iniciales suelen resaltar las responsabilidades institucionales de Veitia. Sin embargo, tales ocupaciones fueron

---

25. Carecemos de una biografía que haga justicia al personaje, pero abundan las referencias a su desempeño ministerial. Por ejemplo: Gelabert González (2000: 72-73 y 269), que lo retrata en varias posiciones a lo largo de su carrera: de procurador en Cortes por Burgos a consejero de Hacienda.

26. Pulido Bueno (1993: 118); Alloza Aparicio y Cárceles de Gea (2009: 194-195).

27. AHN, OM, Santiago, exp. 945, s. f.; declaración de Jerónimo de San Vítores, Madrid, 9 de julio de 1668.

28. Veitia (1672: I, 119).

bastante escasas hasta 1649. Veitia difícilmente habría podido vivir de ellas antes de esa fecha y sus primeros años resultarían poco menos que incomprensibles. Esas remembranzas posteriores obvian la que fue su verdadera ocupación, aquella para la cual resultaba más útil a San Vítores. A Veitia se le confió la representación de los intereses burgaleses en Sevilla. Eso significaba realizar cualquier gestión al servicio de sus protectores. No obstante, la labor más frecuente –o, al menos, la que aparece en la documentación de manera más repetida– fue el cobro a tesoreros locales de juros situados sobre alcabalas, almojarifazgos mayor y de Indias, salinas, cuarto y uno por ciento, etc.

Veitia maduró su carrera profesional recibiendo rentas de otros y extendiendo las correspondientes cartas de pago. El inicio puede datarse con exactitud: 1644, cuando contaba veintiún años[29]. No por casualidad coincide con el establecimiento de San Vítores en Sevilla. Él le endosó a Veitia los primeros encargos y supervisó su quehacer antes de marcharse a Madrid junto a Juan Alonso de Castro, que tampoco continuó mucho tiempo en la ciudad[30]. En 1646, cuando sus patrones buscaron otro destino[31], Veitia quedó al frente de una auténtica oficina de representación. Tenía poderes de sitios muy distintos: la villa de Azpeitia, San Vicente de la Barquera o, por supuesto, Madrid, en lo que es sencillo ver de nuevo la recomendación de San Vítores. Sin embargo, la mayoría de los cometidos procedía de Burgos. La oligarquía municipal y comercial, así como los poderes eclesiásticos de la ciudad castellana, poseían una verdadera fortuna invertida en los juros andaluces. Sus réditos quedaron en las manos de Veitia, que todos los años protocolizaba decenas o centenares de escrituras para dar fe del dinero. Algunos protocolos en sus escribanías habituales son prácticamente monográficos de Veitia firmando cartas de pago en

---

29. La primera escritura pública localizada de Veitia se encuentra en AHPSe, PNS, leg. 8052, ff. 937-938; sustitución de poder, Sevilla, 2 de abril de 1644. Veitia se presentó como vecino de Burgos y residente en Sevilla en la collación de San Vicente, sin duda en las mismas casas que Juan Alonso de Castro y Mariana Jerónima de Baeza, como ya hemos comentado. Actuaba en nombre de Antonio Fernández de Castro, clérigo de menores, aparentemente el mismo a quien acompañó durante sus estudios en Oñate. Al firmar, escribe su apellido como Beitia, a diferencia de la forma definitiva que estableció en Veitia. El cambio se produjo a lo largo de 1646 y se localiza por primera vez en AHPSe, PNS, leg. 8058, f. 251; carta de pago, Sevilla, 15 de febrero de 1646.

30. AHPSe, PNS, leg. 8055, f. 40; sustitución de poder, Sevilla, 10 de enero de 1645; leg. 8056, ff. 580 y 581; sustitución de poderes, Sevilla, 9 de junio de 1645; leg. 8057, f. 1100; sustitución de poder, Sevilla, 13 de noviembre de 1645; leg. 8058, f. 720; sustitución de poder, Sevilla, 6 de abril de 1646.

31. Las últimas escrituras protocolizadas por San Vítores y Castro datan de comienzos de 1646 y se encuentran en AHPSe, PNS, leg. 8058. A partir del legajo siguiente, desaparecen, porque ya se habían marchado de Sevilla.

nombre de los San Vítores, Castro, Maluenda, Salamanca o Gallo, del Consulado y la Contratación de Burgos o de conventos y monasterios como los de Santa Dorotea, San Bernardo o el de Santa María la Real de las Huelgas[32]. Así hizo año tras año, aunque luego prefiriera silenciarlo[33].

Mientras tanto, Veitia intentó conquistar algún oficio de servidor real, pero lo cierto es que solo lo consiguió con cierta lentitud y sin evitar algunos fracasos. Ni siquiera el apoyo de San Vítores le permitió encontrar un atajo para esta difícil empresa. Bastante tiempo después aseguró que su jefe le había proporcionado un puesto de contador almojarife en la Aduana. Según explicaba, «su cargo es [...] tener libros para tomar la razón de los registros de las mercaderías que vienen de las Indias a la dicha Casa de la Contratación para la cuenta y razón de los reales derechos pertenecientes a vuestra Majestad»[34]. Sin embargo, en la documentación temprana Veitia jamás se designó a sí mismo como contador, cosa que sí hizo posteriormente, cuando realmente tuvo oportunidad. La razón fue que San Vítores le expidió el título en mayo de 1646, cuando no le quedaba más que un pie en la Aduana porque el otro lo tenía ya en Madrid. A todas luces, solo pretendía proporcionar a su representante un papel por si le resultaba útil en el futuro. En ese momento, los almojarifazgos se arrendaron a un portugués, Simón López Bueno, que traía sus propios planes y su propia gente[35]. Veitia trabajó poco o más bien nada en la Aduana.

La estrategia de San Vítores para su pupilo tuvo que tomar derroteros distintos. Fue entonces cuando la Casa de la Contratación se abrió en su horizonte personal. Había una oportunidad propicia, dado que la Casa se encontraba en

---

32. AHPSe, PNS, legs. 8 054-8 066, 6 348, 6 352, 6 354, 6 355, 6,356, 6 357, 6 363, 6 367. El cambio de notaría, de la número 13 a la número 10, tuvo lugar a lo largo de 1649 y, más que con la epidemia de peste de aquel año, parece haber obedecido al cambio de residencia de San Isidoro a Santa María la Mayor, que el matrimonio Veitia efectuó en 1648. Además de los protocolos en sí, otra fuente para observar la enorme firma de escrituras por Veitia durante aquellos años son los abecedarios: AHPSe, PNS, legs. 18 460 y 18 426.

33. Su actividad como representante disminuyó un poco en la década de los 50, cuando su trabajo en la Casa aumentó, y mermó de manera considerable durante los sesenta, tras la conquista de la Tesorería. Sin embargo, nunca cesó del todo y puede detectarse hasta el final de los años sevillanos en AHPSe, PNS, leg. 4 463, 4 465, 4 468. Por supuesto, jamás dejó de aceptar poderes de personas con las que le interesaba estar en buenas relaciones. Por ejemplo: Jerónimo Morquecho y Sandoval, ministro del Consejo de Órdenes (AHPSe, PNS, leg. 4 463, f. 30); Julián de Cañas, oidor de la Chancillería de Granada (AHPSe, PNS, leg. 4 465, lib. 2 de 1673, f. 738); Gabriel Bernardo de Quirós, secretario real (AHPSe, PNS, leg. 4 468, f. 581).

34. AHN, OM, Santiago, exp. 945; Veitia a Carlos II, s. f. [presentado en Madrid, 27 de junio de 1668].

35. Pulido Bueno (1993: 118).

manos de un compañero de San Vítores, el licenciado Juan de Góngora, otro de los grandes ministros de la Monarquía durante el reinado de Felipe IV[36]. A Góngora se le habían encargado la visita y, después, la presidencia de la Casa. La visita sacudió la institución durante varios años y fue ocasión de numerosos ceses y nombramientos conforme las investigaciones avanzaban. La buena sazón se abrió al joven Veitia cuando Góngora retiró a Rodrigo Pardo de Moscoso del puesto de agente fiscal. El proceso resultó tenso y polémico. El afectado alegó haber sido víctima de una confabulación y, ciertamente, hay constancia de que tenía bastantes enemigos. Góngora corroboró al Consejo una valoración negativa del personaje y terminó condenándolo[37]. Cuando el oficio quedó vacante, el fiscal de la Casa, Alonso Hurtado, se responsabilizó de su provisión; sin embargo, falleció en ese momento preciso, por lo que Góngora en persona se encargó de la nominación. Su elección benefició a Veitia, una opción que, según pensamos, solo pudo contemplar por recomendación particular de San Vítores[38].

La ocasión nos brinda el que probablemente se trate del escrito más antiguo de nuestro protagonista en la Casa de la Contratación.

> José de Veitia Linaje, digo que vuestra señoría ha sido servido de nombrarme por agente fiscal de esta real Audiencia, como parece del nombramiento que está ante el presente escribano. Por tanto, a vuestra señoría pido y suplico mande que yo sea admitido al uso y ejercicio del dicho oficio, en que recibiré merced con justicia que pido. José de Veitia Linaje[39].

El trámite surtió efecto, pero la permanencia de Veitia en el cargo resultó menos duradera de lo que, cabe imaginar, él habría deseado. En concreto,

---

36. Heredia López (2021). Véase cap. III, donde tratamos un poco más ampliamente sobre Góngora, especialmente en relación con las ordenanzas de la Casa que mandó confeccionar e imprimir.

37. AGI, IG, leg. 2010. Entre la documentación relativa al caso, destaca un memorial impreso sin fecha de Pardo de Moscoso y la carta de Góngora al Consejo de Indias, Cádiz, 4 de febrero de 1646. Ese mes de febrero, con resolución del Consejo, Pardo de Moscoso quedó desposeído, pero continuó protestando al menos hasta 1647, en balde. La autorización para ir a Madrid a defender su causa en AGI, Contratación, leg. 1002; memorial de Rodrigo Pardo de Moscoso, Sevilla, 24 de abril de 1646.

38. AGI, Contratación, leg. 5785, lib. 1, f. 260r; nombramiento de agente fiscal, Sevilla, 7 de septiembre de 1646: «El sr. licenciado don Juan de Góngora, del Consejo de su Majestad en el Real de Indias y su presidente y visitador general de la Casa de la Contratación de esta ciudad […] dijo que nombraba y nombró por agente fiscal de esta Real Audiencia a José de Veitia, al cual le dio poder y facultad para ejercer el dicho oficio».

39. AGI, Contratación, leg. 5785, lib. 1, f. 260r; petición de José de Veitia, Sevilla, 1 de octubre de 1646. Inmediatamente a continuación, ese mismo día, se registra la aceptación de la Casa y la toma de posesión.

actuó como subordinado del fiscal entre octubre de 1646 y febrero del año siguiente, durante apenas cinco meses[40].

Veitia renunció al oficio escribiendo con característico pundonor. Aseguraba que solo lo ejercía en ínterin y casi le suponía una molestia, pues afirmaba tener otros dos empleos en la Aduana y verse afectado por problemas de salud. Todas aquellas circunstancias le impedían atender el «servicio y agencia de los negocios fiscales», por lo que suplicaba que se le excusara y se le sustituyese por otra persona con mejor oportunidad. Aquel veinteañero recién ingresado en la vida pública ya demostraba un amor propio que lo acompañaría toda la vida[41]. No obstante, su rápida salida del cargo tuvo lugar por imposición ajena y no por desprendimiento propio. La auténtica razón nos traslada a una de las comisiones que Felipe IV y don Luis de Haro confiaron al conde de Castrillo para beneficiar oficios y mercedes e incrementar así los mermados ingresos de la Corona[42]. Sebastián de Angulo y Olivera, antiguo escribano de cámara de la Casa, adquirió el oficio y Veitia se quedó sin salario por segunda vez[43].

El primer abordaje de Veitia a la Casa de la Contratación resultó, por ende, fugaz. Sin embargo, su periplo no había hecho más que comenzar. El segundo tuvo un éxito mayor y definitivo, construido sobre bases algo más firmes. La intervención de San Vítores lució una vez más. El gran patrón le ofreció un futuro al servicio de la red de lealtades que había forjado. Las conexiones personales de San Vítores tenían una fuerte proyección sobre la Casa de la Contratación. Uno de sus hijos, José de San Vítores de la Portilla, había contraído matrimonio con una hija de Simón de Gaviola, pagador general de armadas y, durante algún tiempo, teniente de contador mayor. El vínculo con Gaviola conectaba a los San Vítores con las dos familias más influyentes en la Casa, los Tello y los Villegas[44]. Los Tello representaban la tradición. Habían disfrutado del poder durante décadas, desde el siglo XVI, aunque

---

40. AGI, Contratación, leg. 4551b, libro de penas de cámara de 1641-1648, ff. 81v-82r. En el mismo legajo también hay constancia de algunas limosnas en el libro de gastos de justicia de 1641-1648, ff. 202v y 216v-217r.

41. AGI, Contratación, leg. 1003; memorial de José de Veitia Linaje, Sevilla, s. f. [febrero-marzo de 1647]. El escrito fue atendido por un auto de la Sala de Gobierno fechado en 9 de marzo de aquel año.

42. Gil Martínez (2017).

43. AGI, Contratación, leg. 5785, lib. 1, ff. 275r-276v. Olivera y Angulo mencionaba la circunstancia de «haberse desistido de ella [la plaza] José de Veitia, que la sirvió en ínterin»: AGI, Contratación, leg. 1003; memorial de Sebastián de Olivera y Angulo, Sevilla, 9 de marzo de 1647.

44. AHPSe, PNS, leg. 2615, f. 503 (capitulaciones matrimoniales de Fernando de Villegas), leg. 2625, f. 341 (capitulaciones de José de San Vítores). Ver apéndice 2.

sus problemas con la justicia real los habían llevado a debilitarse en la centuria siguiente[45]. La parcial recuperación que pudieron alcanzar vino precisamente de la mano de unos aliados emergentes, los Villegas. Estos, por su parte, simbolizaban la proyección institucional del capital perulero en la Sevilla del XVII[46]. En 1634, –casi– nadie había escuchado aquel apellido en la capital andaluza. Pero, entonces, apareció un tal Diego de Villegas y puso sobre la mesa 50 000 ducados para hacerse con la Contaduría Mayor[47]. En el fondo, aquel golpe financiero no debía resultar extraño, puesto que aquel Diego era hermano del gran banquero limeño Bernardo de Villegas. En cierta manera, Lima conquistaba Sevilla[48] y la irrupción, lejos de ser trivial, conllevó tal violencia que los Villegas y la familia de los Alcázar se mataron por las calles de la ciudad[49]. Sin embargo, la situación se calmó con el tiempo. Los Villegas consiguieron el marquesado de Paradas, entraron en la hermandad de la Caridad y, junto a los Tello, emparentaron con los clanes corsos más pujantes, como los Mañara o los Vicentelo, también con reconocido sello peruano. La red se extendía sin límites. Cabía todo aquel que valiera lo suficiente para ser útil en ella. Y Veitia lo fue.

En 1634, los Villegas habían derrotado a un prometedor oficial de la Casa llamado Andrés de Munive[50]. Munive había sido oficial mayor de la Contaduría durante años, cuando la ocupaba Antonio López de Calatayud, y a la muerte de este en 1633 esperó sucederlo. Así, se sintió airado y protestó su preterición frente a los peruleros y su plata[51], aunque al fin aceptó los hechos consumados. Es probable que incluso tuviera lugar un cierto acercamiento, dado que Munive prosiguió como oficial mayor de Villegas y, después, conquistó la Tesorería, la segunda pieza más codiciada de la Sala de Gobierno tras la Contaduría Mayor[52]. Lo que más nos interesa es que, en calidad de tal,

---

45. Schäfer (2003 [1935-1947]: I, 363).

46. García Fuentes (1997); Lohmann Villena (2004).

47. Schäfer (2003 [1935-1947]: I, 365). Además, Villegas pagó otros 5000 ducados en 1643 para que se hiciera oficial la denominación de «contador mayor».

48. Suárez Espinosa (1995 y 2001).

49. AGI, IG, leg. 2010; consulta del Consejo de Indias, Madrid, 16 de julio de 1643. Los Alcázar eran una familia de tradición mercantil en Sevilla desde el siglo XVI y la competencia directa con los Villegas derivaba de su ocupación de la factoría de la Casa desde la década de 1620.

50. Vila Vilar (2003: 433-447).

51. AGI, IG, leg. 2010; Munive a Cristóbal de Moscoso, Sevilla, 21 de marzo de 1634.

52. AGI, Contratación, leg. 5785, lib. 1, ff. 166-167; nombramiento de Munive como tesorero, Sevilla, 30 de agosto de 1640.

Munive aceptó a Veitia como su oficial mayor[53]. Corría el trágico año de 1649, hito de desgracias para muchos y bonanza para bastantes menos[54]. Veitia, entre estos últimos, cruzó definitivamente las puertas de la Casa, de donde ya no saldría más salvo por voluntad propia.

*

Como cualquier oficial, Veitia se propuso ascender y, no como cualquiera, alcanzó un éxito notable. Sin abandonar la oficialía mayor de la Tesorería, logró el nombramiento de contador de averías en 1653 y, en 1659, sucedió a Munive como juez oficial tesorero, abandonando todos sus puestos anteriores. El primer paso vino facilitado por las circunstancias de la Monarquía en 1652 y 1653. Exhausta hacendísticamente, la Corona solicitó a los consejos reales que proporcionasen 100 000 escudos de plata para continuar con los decisivos esfuerzos militares en Cataluña. Veinte mil de ellos correspondieron al Consejo de Indias, cuyos ministros no tenían demasiado claro qué hacer. Por una parte, apenas contaban con efectos beneficiables a su disposición, porque en aquellos momentos una Junta de Medios dominaba la materia. Además, los Galeones se estaban retrasando y aquellos que dependían de su llegada no tenían caudal ni crédito. Lo único que acertaron a hacer fue ponerse en contacto con la Casa de la Contratación, para que «entre las personas caudalosas de Sevilla procuren negociar por esta cuenta hasta cuatro o seis mil ducados»[55].

La Casa se tomó la situación muy en serio y no tuvo que buscar interesados muy lejos. Sus propios ministros y oficiales supieron ver en ella una oportunidad idónea para consolidar su situación o mejorarla. Se sacaron a la venta los oficios de pluma de tipo medio vinculados a la avería y los adquirieron personas que ya trabajaban en la estructura[56]. Veitia no quiso quedarse

---

53. AGI, Contratación, leg. 5 785, lib. 1, f. 288; nombramiento de José de Veitia como oficial mayor de Tesorería, Sevilla, 28 de junio-1 de julio de 1649. Entre el tesorero y su oficial se consolidó una relación de confianza que parece haber funcionado bien, según demuestran los poderes que Munive entregó a Veitia y las operaciones que Veitia realizó en nombre de Munive: AHPSe, PNS, leg. 5 588, ff. 25 y 45.

54. De hecho, la oportunidad llegó a causa del fallecimiento del antiguo oficial mayor, Francisco de Solarte, presumiblemente a causa de la terrible peste de 1649. Solarte había sido oficial mayor de la Tesorería desde 1645: AGI, Contratación, leg. 5 785, lib. 1, f. 222.

55. AGI, IG, leg. 769; consulta del Consejo de Indias, Madrid, 1 de julio de 1653.

56. Véanse los casos de Carlos de Cuéllar, Juan Rodríguez de la Fuente, Francisco de Ibarzábal o José Fernández de Salinas, en AGI, IG. leg. 769; consultas de la Cámara de Indias, Madrid, 11 de julio, 8 y 9 de agosto y 22 de diciembre de 1653, y 21 de marzo y 7 de abril de 1654. La documentación puede conectarse con sus respectivos memoriales, custodiados en AGI, IG, leg. 1 484.

atrás, aunque no compró un puesto nuevo, sino uno que ya se encontraba enajenado, el de contador de averías. Por tanto, en vez de negociar con el rey, se entendió con la propietaria que poseía aquella contaduría, doña Antonia Velázquez Osorio, viuda del contador Lorenzo de Monterroso. Le pagó 60 000 reales de plata, más otros 11 500 para gastos adicionales[57]. Después, solicitó en la corte que se le diera licencia para nombrar un teniente y se le concedió, aunque de nuevo tuvo que desembolsar dinero. El Consejo entendía que podía pagar 1000 pesos y Felipe IV estuvo de acuerdo, pero pidió que el precio se elevara algo más[58]. Tras pasar por caja, Veitia recibió su título y, al poco, nombró por teniente a Pedro Torrado de Guzmán[59], que era o llegaría a ser un buen amigo, autor de un soneto laudatorio de buena factura a la obra literaria del *Norte*[60].

El acceso a la titularidad de la Tesorería resultó más complicado. El oficio había quedado vacante en 1654, cuando Andrés de Munive quedó suspendido en el ejercicio y, tras alzársele el veto, se le concedió una jubilación privilegiada por sus años de servicio y su avanzada edad[61]. La situación no cambió durante todo un quinquenio. Primero, el viejo tesorero siguió cobrando sus emolumentos hasta poco antes de su fallecimiento[62]. Después, tras la muerte de Munive, se le buscó un sucesor capaz de aportar las elevadísimas fianzas

---

57. AHPSe, PNS, leg. 6356, ff. 537-553; venta de oficio de contador de averías, Sevilla, 24 de mayo de 1653. En realidad, el documento es un expediente de cierta complejidad en el que se comprenden la propia escritura de compraventa, los traslados de algunos documentos de la anterior comercialización del oficio en 1644-45 (cuyo tenor se insertó en la escritura) y una declaración final de Antonia Velázquez y su hijo Damián de Monterroso, firmada ya el día 26, en la que declaran que Veitia, además de los 60 000 reales del precio principal, les pagó otros 11 500 reales de plata que a ellos les habían costado los gastos de gestión.

58. AGI, IG, leg.769; consulta del Consejo de Indias, Madrid, 17 de julio de 1653. Felipe IV apuntó que Veitia pagase, al menos, 1500 pesos, como al final hizo.

59. AGI, Contratación, leg. 5785, lib. 2, ff. 42r-47r, título de contador de averías, Madrid, 16 de octubre de 1653.

60. AGI, Contratación, leg. 5785, lib. 2, ff. 47r-48r; título de teniente de contador, Sevilla, 17 de noviembre de 1653.

61. AGI, IG, leg. 1484; expediente de Andrés de Munive, 1653-54, leg. 770; consulta de la Cámara, Madrid, 19 de julio de 1655 (que incluye otra documentación relacionada, como memoriales de Munive y cartas de la Casa de la Contratación) y Contratación, leg. 1004; memorial de Andrés de Munive, Sevilla, s. f. [agosto de 1655]. En la rehabilitación de Munive tuvo que mediar el abono de la cantidad en la que se le había condenado y un servicio adicional de 4000 pesos. El contexto fue, una vez más, la visita de Juan de Góngora: Heredia López (2021: 292-303).

62. AGI, Contaduría, leg. 379; data de salarios de la Casa y recado correspondiente a 1655. La defunción está registrada en APS, Defunciones, lib. 16, f. 150r; partida de Andrés de Munive, 24 de febrero de 1656. La partida, breve como todas, dice así: «Este día D. Andrés de Munive, tesorero de la Contratación. Enterróse en S. Francisco. Vivía en la Contratación. Dio poder al Dr. Domingo de Munive».

exigidas[63], así como un servicio pecuniario que estuviese a la altura. Sin embargo, en la Tesorería la venalidad encontró fronteras más resistentes que en cualquier otro espacio de la Casa de la Contratación[64]. Tras la muerte de Munive, el presidente conde de Villaumbrosa buscó a un posible comprador, pero apenas encontró algunas ofertas aisladas que el Consejo de Indias desestimó. Ni él mismo se extrañaba de la situación, dado que «siempre será dificultoso hallar persona que sirva este oficio, porque requiere inteligencia, fidelidad y caudal considerable para las fianzas y el riesgo que tiene su ejercicio»[65].

No obstante, la operación contenía otras aristas, aparte de esa evidente dificultad. El capital genovés trató de hacerse con aquel oficio, que tantas sumas de plata de la Real Hacienda le había proporcionado en el pasado. Su candidato se llamaba Carlos María Garbarino y no tenía malas credenciales: noble ligur, estaba naturalizado y casado en Sevilla con la hija de un jurado, ofrecía un servicio económico y lo recomendaban el marqués de los Balbases y el marqués de Monesterio[66]. Sin embargo, la propuesta se desechó. Sobre Garbarino se dijo que no era conveniente darle la Tesorería a un extranjero y se difundió el suceso de que había quebrado como hombre de negocios. Junto a tales razones se adivinan las pretensiones de otras redes tan poderosas como para rivalizar con las genovesas, igual o mejor introducidas en los organismos de poder de Madrid y Sevilla.

Para muchos ministros reales había una opción preferible a cualquier otra: la persona que venía sirviendo el oficio desde 1654. A Veitia no le faltaban ganas de ocuparla y sus colegas apostaban por él sin dudarlo. La Sala de Gobierno en pleno, incluyendo a figuras clave como Villaumbrosa, Fernando de Villegas o Luis de Baeza, escribió a su favor. Resumió su historial de servicios en la Casa, aprobó todos y cada uno de ellos y resaltó el vínculo personal que lo unía con Jerónimo de San Vítores[67]. La referencia al prócer burgalés no

---

63. Las fianzas de la Tesorería eran muy complejas y los titulares de oficio tuvieron problemas con ellas recurrentemente. Véase, a simple modo de ejemplo, AGI, IG, leg. 2010; Diego Jiménez de Enciso con el fiscal del Consejo, «sobre las fianzas de dicho oficio de tesorero», 1631. El sistema de fianzas y las redes sociales que se adaptaban a sus exigencias ha sido analizado por Heredia López (2019).

64. Finalmente, llegó a incluirse en los acuerdos con los jueces oficiales supernumerarios con futuras para suceder a los tesoreros o factores titulares de cada momento. Fue el caso José de Fuentes, visitador de navíos, que en 1674 compró un título de juez oficial y, tres años más tarde, reemplazó a Veitia tras la marcha de éste a Madrid: AGI, Contratación, leg. 5785, lib. 2, ff. 348v-352r.

65. AGI, IG, leg. 774; Villaumbrosa a la Cámara, Sevilla, 19 de agosto de 1659.

66. AGI, IG, leg. 2011; memorial de Carlos Garbarino, 1658; el marqués de los Balbases a Juan González de Uzqueta, Madrid, 15 de octubre de 1658; el marqués de Monesterio a Juan González de Uzqueta, Madrid, 7 de noviembre de 1658.

67. AGI, IG, leg. 2011; la Casa a Felipe IV, Sevilla, 7 de octubre de 1658.

era gratuita. Él también estaba ayudando a su protegido en Madrid. De hecho, presentó dos escritos a su favor, uno preparado por Veitia, con quien se hallaba en contacto, y otro redactado por él mismo. Informado de los ofrecimientos repudiados por el Consejo, de hasta 3000 pesos, Veitia elevó la puja hasta los 4000, solicitando a cambio que la exigencia de las fianzas se rebajase hasta donde fuera posible[68]. San Vítores repitió la oferta, la amplió en mil pesos más y confirmó la solvencia de los avales que Veitia esgrimía[69].

San Vítores entregó los papeles a Juan González de Uzqueta, que por entonces tenía a su cargo varias operaciones relacionadas con el beneficio de cargos[70]. Este, a su vez, los hizo llegar a la Cámara de Indias, sin olvidar referir con sutileza la «ocasión de haberme propuesto el señor don Jerónimo de San Vítores que el mismo José de Veitia entraría en la propiedad de este oficio […], como también lo hace el señor don Juan de Góngora por lo que le conoció cuando estuvo en Sevilla»[71]. Pese a ello, la opinión de González, como después se vio con claridad, no era tan favorable y la del resto de la Cámara tampoco. A la Cámara no terminaba de convencerle la candidatura de Veitia[72] –ni la de Garbarino ni la de ningún otro– y tenía más en mente la posibilidad de que el Consejo en pleno redujera las calidades de las fianzas para ampliar el abanico de ofertas. Prefería ganar tiempo, de modo que acordó que se esperara a la llegada de la siguiente Armada para meditar mejor la cuestión[73].

En efecto, las negociaciones se interrumpieron a causa de los inesperados acontecimientos de 1659, cuando los Galeones del marqués de Villarrubia atracaron en Santander, alejados de su periplo normal a causa del peligro inglés que acechaba en los mares. Varios oficiales de la Casa se trasladaron para improvisar el desembarco y Veitia se encontraba entre ellos[74]. No obstante,

---

68. AGI, IG, leg. 2011; Veitia a Felipe IV, s. f. [Sevilla, 1658].

69. AGI, IG, leg. 2011; San Vítores a Juan González de Uzqueta, Madrid, 7 de diciembre de 1658.

70. El licenciado Juan González de Uzqueta era hijo del licenciado José González y trabajó tanto en el Consejo de Indias como, después, en el de Castilla: Schäfer (2003 [1935-1947]: I, pp. 343 y 351); Fayard, (1982: 48).

71. AGI, IG, leg. 2011; González de Uzqueta al marqués de la Lapilla, Madrid, 25 de noviembre de 1658. La confianza entre San Vítores y Góngora, ya manifiesta en Sevilla, continuaba en Madrid diez años después. Por entonces, Góngora se encontraba en la cúspide de su carrera, tras ser nombrado gobernador del Consejo de Hacienda en 1658: Malcolm (2019: 198-199).

72. A simple modo de anécdota, destacaremos que Veitia era tan desconocido en el Consejo de Indias que ni sabían cómo se llamaba, según se constató en un acuerdo en el que el secretario le renombró como Francisco de Veitia Linaje. Después, tuvo que corregir y aclarar «llámase José de Veitia Linaje»: AGI, IG, leg. 2011; acuerdo del Consejo, Madrid, 12 de septiembre de 1658.

73. AGI, IG, leg. 2011; acuerdo de la Cámara, Madrid, 20 de diciembre de 1658.

74. AGI, IG, leg. 1180; Villaumbrosa a Juan Bautista Sáenz Navarrete, Sevilla, 6 de mayo de 1659.

permaneció poco tiempo, aduciendo que los compradores de oro y plata habían enviado las remesas reales a las cecas de Madrid y Segovia y que, por tanto, no podían realizarse libranzas. Entonces se dirigió a Burgos, desde donde escribió a los colegas de la Casa[75], pero al poco se desplazó a Madrid, donde deseaba cerrar su conquista de la Tesorería. Nada más llegar, dio la cara con un juego agresivo. Repitió su oferta, 4000 pesos. Recordó una vez más la permanente provisionalidad en la gestión a falta de otros candidatos viables. Y se atrevió a renunciar al ejercicio interino del oficio. No quería trabajar más en esas condiciones. Quería la Tesorería[76].

Sin embargo, su desafío impresionó poco a los políticos madrileños, que no tomaron decisión alguna salvo pedir pareceres –otra vez– a Antonio de Monsalve y al conde de Villaumbrosa. No se sabe qué respondió el primero, comisionado entonces en Santander, pero sí se conserva la respuesta de Villaumbrosa, en la que demostró sin ambages –otra vez también– cuánto apreciaba a su amigo[77]. Debe tenerse presente que Villaumbrosa gozaba entonces de una reputación elevadísima en la política española. Felipe IV lo había hecho consejero de Hacienda y le había permitido acumular una autoridad envidiable en Sevilla, donde le otorgó tanto la asistencia de la ciudad como la presidencia de la Casa de la Contratación[78]. Unas buenas palabras suyas podían suponer mucho para las aspiraciones de cualquier solicitante.

Sin embargo, por varias razones, a la Cámara de Indias le seguía costando confiar en Veitia. En primer lugar, es posible que considerara inadecuado poner en venta un oficio tan particular y, en consecuencia, sospechara de cualquiera que quisiera conseguirlo pagando dinero. Sin mencionar a nadie en concreto, los ministros se limitaron a observar en su consulta al rey que «en todo este tiempo no se ha ofrecido persona de la calidad que se desea que haya querido entrar por beneficio en el dicho oficio». Y añadían que, puesto que el puesto no podía seguir vacante más tiempo, «conviene proveerle regularmente». Aquí se encuentra otra clave para entender las resistencias: el deseo de mantener la provisión de la Tesorería dentro de la vía consultiva. Significativamente, en la terna de recomendaciones quedaron postergados todos aquellos que habían pretendido beneficiar: Miguel Muñoz, mencionado en tercer lugar, y Veitia, a quien solo se presentó en

---

75. AGI, Contratación, leg. 5123; Veitia a la Casa, Burgos, 25 de julio de 1659.
76. AGI, IG, leg. 774; memorial de José de Veitia, s. f. [Madrid, 26 de julio-8 de agosto].
77. AGI, IG, leg. 774; Villaumbrosa a la Cámara, Sevilla, 19 de agosto de 1659.
78. Schäfer (2003 [1935-1947]: I, 362).

segunda posición. El favorito de la Cámara se llamaba Bartolomé del Castillo y Felipe IV estuvo de acuerdo[79].

Aquel fue uno de esos momentos decisivos que a veces ocurren en la vida. Veitia estaba fuera de la Tesorería. Había renunciado al ejercicio interino y el monarca había designado a otra persona. La partida podría haber terminado con Bartolomé del Castillo sucediendo a Munive y Veitia conformándose con la Contaduría de Averías. Es lícito preguntarse si, con menos autoridad institucional, habría escrito el *Norte de la Contratación*. Castillo no era un adversario al que se pudiera despreciar. Tenía una magnífica hoja de servicios en pro de la Corona, trabajaba como contador en la Contaduría del Consejo[80] y algunos colegas en el tribunal indiano como el conde de Peñaranda y Juan González de Uzqueta quisieron favorecerle con la tesorería sevillana[81]. Por aquellos días, Castillo andaba pidiendo una ayuda de costa[82] y Peñaranda y González intentaron darle una de las mejores que nadie hubiera recibido jamás. Otra casualidad, o no: Peñaranda, el poderoso presidente de Indias al que Veitia dedicó el *Norte de la Contratación* en 1671[83], pudo arruinarle su carrera profesional diez años antes.

Las cosas no salieron así. La salida pergeñada por la Cámara a la situación de la Tesorería chocó con la misma dificultad contra la que se había estrellado durante años. Castillo carecía del crédito personal que hacía falta para reunir unas fianzas tan abultadas. Si Peñaranda y González deseaban ayudarle de verdad, tendrían que implicarse bastante más y, al parecer, no llegaron a tanto. Castillo, por tanto, se excusó por escrito y rechazó la merced[84]. La Cámara devolvió la consulta a Felipe IV, explicando las circunstancias, y este hizo lo más sencillo en aquellas circunstancias: ya que el primero de la lista había fallado, recurrió al segundo. «Nombro

---

79. AGI, IG, leg. 774; consulta de la Cámara de Indias, Madrid, 15 de septiembre de 1659.

80. AGI, IG, leg. 769; consulta del Consejo de Indias, Madrid, 14 de julio de 1654.

81. Tampoco puede descartarse, aunque no quede ninguna traza documental, que Peñaranda y González de Uzqueta quisieran repudiar adrede cualquier injerencia de San Vítores y preservar la jerarquía que tenían en el ámbito de la política indiana. No se olvide que ambos podían equipararse al burgalés e incluso, más bien, superarle. De hecho, la amistad que los unía a don Luis de Haro (con quien coincidieron, entre otros sitios, en el Consejo de Indias) los situaba en el centro mismo del poder cortesano entre 1658 y 1659, cuando esta cuestión se ventiló: Valladares, ed. (2016). Sobre Peñaranda, véase también Fayard (1982: 21-22).

82. AGI, IG, legs. 1486; memorial de Bartolomé del Castillo, s. f. [Madrid, fines de agosto de 1659] y 774; consulta de la Cámara, Madrid, 6 de octubre de 1659.

83. Véase cap. V.

84. AGI, IG, leg. 774; memorial de Bartolomé del Castillo, Madrid, 20 de septiembre de 1659.

a José de Veitia»[85]. Era un apunte ínfimo, completamente rutinario en Madrid, donde las preocupaciones se dirigían al acuerdo de paz con Francia que negociaban Luis de Haro y el cardenal Mazarino. Pero, para Veitia en particular, fue uno de esos momentos trascendentales que se cuentan con los dedos de una mano.

Puede comprenderse que no cupiera en sí de gozo. El nombramiento era importantísimo. ¡Y le había salido gratis, cuando había estado dispuesto a pagar entre 4000 y 5000 pesos! Aún quedaba el engorroso trámite de las fianzas, pero el Consejo aceptó que Veitia las satisficiera con juros de alcabalas y, lo que faltase, con avales particulares[86]. Inmediatamente, Veitia se dispuso a escribir a sus colegas de la Casa de la Contratación. Lo hizo por duplicado, con una carta para sus nuevos compañeros de la Sala de Gobierno y otra para los viejos colaboradores de la Contaduría de Averías. A todos les expresó con un lenguaje exquisitamente impostado que nada le agradaba más de aquel nombramiento que la posibilidad de seguir trabajando en la Casa para servirles a todos[87]. Si bien su verdadera felicidad era, cómo dudarlo, que el hijo de la mesonera se había transformado en el ministro de la Contratación.

EL MINISTRO DE LA CONTRATACIÓN

Lo que Veitia hizo y aprendió en la Casa se sublimó literariamente en el *Norte de la Contratación*. Aquí reside una clave fundamental de lo que estamos analizando en este estudio, seguramente la más considerada. La posteridad ha apreciado la obra desde la premisa de que refleja una experiencia profesional directa. Veitia no hablaba de oídas. Explicaba cosas que había conocido de primera mano, desde una posición de jerarquía sobre la Casa de la Contratación y

---

85. AGI, IG, leg. 774; consulta de la Cámara de Indias, Madrid, 15 de septiembre de 1659, devuelta al despacho real en 22 de septiembre. Como había escrito la primera respuesta en el sobrescrito, esta segunda la resolución quedó apuntada al margen, justo bajo la nómina de los camaristas firmantes.

86. AGI, IG, leg. 774; consulta del Consejo de Indias, Madrid, 8 de octubre de 1659. El expediente de las fianzas, enviado a Madrid para su aprobación, en AGI, Contaduría, leg. 402, n. 16. Las fianzas son siempre un buen indicio de algunos de los apoyos con los que cuenta el oficial en cuestión. En el caso de Veitia encontramos una relación fuerte con los hombres de negocios vascos de la Carrera y, en general, con los maestres de plata y compradores de oro y plata, tales como Jerónimo de Morales, Martín de Murúa, Juan López de Gamarra, Juan López de Galdona, Bartolomé de San Martín de Alberdi, Francisco Alberro, Diego de Iurretauría, Juan de Flores Olarte, Francisco de Zuaza o Antonio de Lemos, entre otros. También llaman la atención algunos contactos gaditanos.

87. AGI, Contratación, leg. 5 123; Veitia a los jueces oficiales y a los contadores de avería, Madrid, 30 de septiembre de 1659 (ambas cartas).

la Carrera de Indias. Es sencillo. El vínculo entre experiencia práctica y crea-ción literaria se halla presente por doquier en las páginas del *Norte*. Entonces, ¿cómo era aquella institución en la que Veitia consiguió triunfar, y a qué se de-dicaba exactamente un contador de averías o un tesorero?

Como ya mencionamos en el capítulo anterior, y es bien conocido, la Casa de la Contratación representó al rey en los puertos andaluces de la Ca-rrera de Indias, defendiendo los intereses y cumpliendo las obligaciones de la Corona. No se trataba de un organismo con capacidad decisoria en lo rela-tivo a la alta política. Las grandes decisiones se tomaban por el rey y el Con-sejo de Indias, y a la Casa no le quedaba sino ejecutar las órdenes que llegaban desde Madrid. Sin embargo, esa función ejecutiva no debe ser subestimada. Se traducía en una variedad de actividades realmente amplia, que abarcaba or-ganizar las flotas y armadas de la Carrera; garantizar el correcto registro de pasajeros, mercancías y metales preciosos en los navíos; gestionar figuras fis-cales específicas, especialmente la avería; administrar las remesas reales de oro y plata; y, entre otras cuestiones, distribuir justicia como tribunal de mar especializado. Todas estas responsabilidades imponían a la Casa un ritmo de trabajo que podía volverse frenético. Sin ese esfuerzo no habría existido la Ca-rrera de Indias, al menos tal como fue concebida por la Monarquía Hispánica.

Para afrontar tantas competencias, la Casa desarrolló una compleja estruc-tura que la convirtió en un organismo bastante peculiar. Casi único, estaríamos tentados a decir. Veitia era bastante consciente de aquel carácter atípico, así como de la dificultad de ordenar y explicar todos sus oficios[88]. El núcleo más visible estaba formado por dos salas, la de Gobierno y la de Justicia[89], cuya estructura doble revela un claro parentesco institucional con los esquemas de la política indiana. La primera tenía la morfología de las cajas de la Real Ha-cienda, regidas por el célebre triunvirato del contador, el tesorero y el factor[90]. La segunda, a su vez, contaba con la planta de cualquier audiencia de justi-cia y, de hecho, llegó a reconocérsele tal condición. Por tanto, la Casa era, al mismo tiempo, una caja real y una audiencia. La primera caja y la primera au-diencia del orbe indiano si se miraba desde España, o la última si se obser-vaba desde América.

---

88. Circunstancias mencionadas por el propio Veitia (1672: «Al lector», nn. 23 y 27).

89. García-Baquero González (1992: 65).

90. Serrano Hernández (2018). Debo agradecer al autor las numerosas explicaciones que me ofreció sobre la gestión de la Hacienda indiana, que me resultaron fundamentales para entender el entronque de la Casa de la Contratación en aquella realidad.

Por encima de ambas, se situó una presidencia unipersonal. Y, por debajo o a una altura paritaria, creció una colección de oficios que auxiliaban a la Sala de Gobierno en la logística de la Carrera de Indias o supervisaban la gestión de los fondos económicos que se utilizaban para tal fin. Recuérdese a los receptores de la avería, los pagadores de armadas, los contadores-diputados de averías, los proveedores generales de armadas o los contadores de la Contaduría de Averías, entre muchos otros[91]. Cuando la Casa de la Contratación nació en 1503, apenas contaba con los tres jueces oficiales y sus escribanos. En la segunda mitad del siglo XVII, la Casa que conoció Veitia albergaba una plantilla mucho más amplia. Este aumento se ha relacionado con la venalidad de oficios y ésta a su vez con la idea de una supuesta decadencia moral de la Casa o, al menos, con la generalización de las prácticas corruptas en el interior de la institución[92]. No obstante, la expansión del personal tuvo lugar progresivamente, a causa también del incremento de las tareas relacionadas con la Casa. Resultaría difícil demostrar, desde luego, que la catadura moral o la eficiencia de los ministros del XVII empeorase la de sus predecesores del XVI. Lo cierto es que los hombres de la Contratación trabajaron incansablemente entre crecientes dificultades para mantener el pulso de los galeones atlánticos. Veitia fue un buen ejemplo.

*

Pasemos por alto el oficio de agente fiscal, que Veitia apenas ejerció durante cinco meses y significó bien poco en su vida. Apenas fue un comienzo frustrado para una carrera con horizontes mejores. Él mismo describió aquel puesto subalterno sin excesivos entusiasmos y, tal vez, con el orgullo secretamente herido por haber sido apartado de su ejercicio:

> El ministerio del solicitador se reduce à recoger los pleitos, y demás papeles, que ha de ver el Fiscal, dando recibo dellos en las partes donde se los entregan, llevarlos à despachar, y escrivir lo que le dictare, sin que pueda por si demandar cosa alguna, si no es con especial acuerdo: assi, como quiera que sea lo regular nombrar vn Letrado en las ausencias del Fiscal; quando son breves suele nombrarse al solicitador, de que se hallan diferentes acuerdos: pero lo mas

---

91. Céspedes del Castillo (1945); Díaz Blanco (2017).
92. Schäfer (2003 [1935-1947]: I, especialmente capítulo 5), aunque el enfoque recorre todo el volumen. Andújar Castillo (2014).

conveniente será sin duda el que no en no siendo por tiempo corto, se nombre vn Abogado, pues no siéndolo el Agente Fiscal, ya se conoce quan limitadamente podrá exercerlo[93].

Era el trabajo propicio para un muchacho que empezaba. Un muchacho sin estudios formales, como ya sabemos.

El oficio de contador de averías, nominalmente ejercido entre 1653 y 1660, le aportó bastante más. De hecho, en una de las escasas licencias emotivas que se permitió, reconoció a la Contaduría «mi cariño, por la memoria de aver sido Contador en ella». Tal aprecio se percibe de inmediato en cuanto se empieza a leer el capítulo xix del primer libro del *Norte*, dedicado al Tribunal. Dice así:

> Como sea la quenta el fuego que acrisola los quilates del proceder de quien maneja maravedís agenos, es su censura tan precisa (principalmente en la de su Magestad) que de derecho divino obliga à ajustarse con el dueño, satisfacer lo menos bien administrado, y pagar los alcances, que es el blanco de qualquiera quenta, de tal manera que no se entiende averla dado, sino es aquel que paga la cantidad en que se le alcança[94].

Aquel fuego acrisolador se había puesto al cuidado de los jueces oficiales de la Casa. Sin embargo, la dificultad de la labor impuso la improvisación de soluciones alternativas hasta que, según la reconstrucción del propio Veitia, la Contaduría de Cuentas de la Avería tomó forma desde la década de 1580.

La expresión contaduría de cuentas puede parecer algo redundante. Sin embargo, en el siglo xvii designaba a todas aquellas contadurías que se dedicaban a auditar las cuentas de otros ministros y oficiales, y diferenciaba a estas de las contadurías de registro, orientadas a la fabricación de la documentación y la información oficial[95]. La Contaduría de Averías era una contaduría de cuentas y, efectivamente, sus contadores –llamados contadores de cuentas– se dedicaban a repasar el manejo de la Hacienda Real por parte de los demás ministros y oficiales de la Casa. Los contadores de averías desarrollaban, por así decirlo, los mecanismos de autocontrol económico de la institución sevillana. Así, le tomaban las cuentas a los pagadores de armadas, a los pagadores generales, a los maestres, a los receptores de avería... Incluso los

---

93. Veitia (1672: I, 54).
94. Veitia (1672: I, 142 y 125).
95. Díaz Blanco (2018c).

tesoreros –que presentaban sus cuentas ante el Consejo de Indias, como después veremos– sometían a su escrutinio los papeles relativos a los caudales de bienes de difuntos[96].

Las contadurías de cuentas funcionaban en el siglo XVII con el sistema de recados y receptas. Los ministros que rindieran cuentas les presentaban una relación jurada con el elenco de sus cargos y sus datas, y los contadores comprobaban la veracidad y la corrección de las operaciones contrastándolas con esta documentación acreditativa. Las receptas servían para hacer el seguimiento de los ingresos declarados y eran una copia parcial de los libros registros de alguna contaduría de gestión, que en el caso de los contadores de averías eran los contadores-diputados de averías y los contadores de las armadas. Los recados, en cambio, se aportaban para controlar los gastos y los confeccionaban los mismos interesados. Eran documentos o, más frecuentemente, expedientes en los que se agrupaba toda la información relativa a cada uno de los pagos hechos por los ministros en cuestión. Con toda la relación de entradas y salidas, y con las fuentes complementarias requeridas, los contadores de avería fenecían las cuentas, aprobándolas o afinando las cifras[97].

La actividad de la Contaduría de Averías era incesante, aunque la verdad es que Veitia contribuyó más bien poco a su gestión cotidiana. Durante aquellos seis años en los que figuró como contador, entre 1653 y 1660, apenas atendió las obligaciones del oficio. Si se repasan las cuentas internas revisadas en la Casa[98], encontrar su firma se vuelve tarea ardua[99]. Casi no colaboró con sus colegas. Incluso su propio teniente, y esto parece más extraño, resulta esquivo a la inquisición documental. Veitia, evidentemente, le dio prioridad al desempeño de la Tesorería. Apenas entró en la Contaduría de Averías, tuvo lugar el cese de Munive en 1654. Ante tal tesitura tuvo que hacerse cargo de la oficina interinamente, lo que explica de manera convincente la escasa implicación en los procesos de toma de cuentas. De hecho, cuando al fin logró la titularidad

---

96. El conjunto de los oficiales que rindieron cuentas ante la Contaduría de Averías queda reflejado en Tariego y Somoza (1801: IV, 59-330). Veitia, (1672: I, 127).

97. Díaz Blanco (2018c).

98. Varias series de la sección Contratación se corresponden con los expedientes revisados por la Contaduría de Averías, conteniendo cientos de legajos. Sobre la estructura del archivo de la Casa de la Contratación, véase cap. III.

99. Sólo conseguí encontrar breves referencias en AGI, Contratación, legs. 3487, 4264, 4329, 4538 (n. 2) y 4539. Veitia aparece fugazmente en la solicitud de receptas a las contadurías competentes y los repartimientos de cuentas. Sólo en dos de los casos citados, consta que Veitia se encargara directamente de efectuar las comprobaciones.

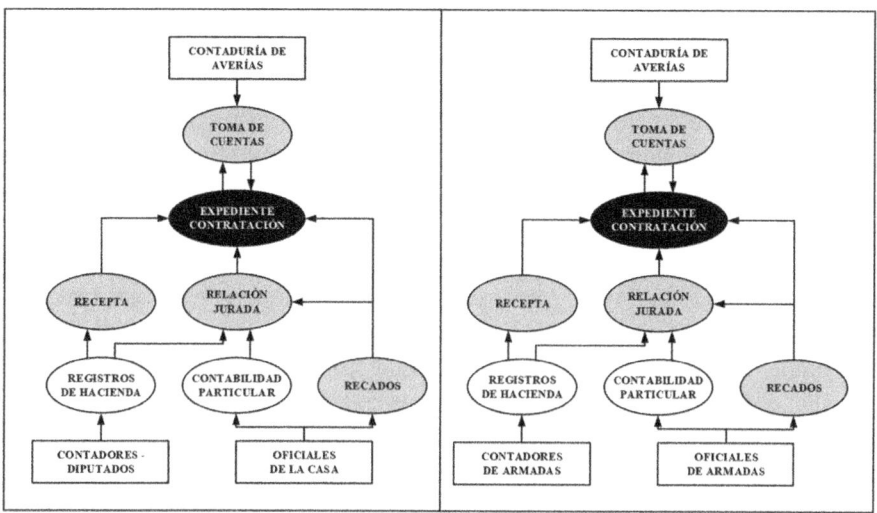

Gráfico 2.1. La toma de cuentas en la Contaduría de Averías
Fuente: elaboración propia

de la Tesorería, abandonó su puesto de contador y se lo vendió a su sucesor, su amigo Francisco de Alberro[100].

* *

La Tesorería fue el auténtico espacio institucional donde Veitia se formó en el servicio real. Trabajó en ella como oficial mayor (1649-1654), como tesorero interino (1654-1659) y como tesorero titular (1659-1677). La labor era bastante intensa, y se componía tanto de actividades comunes a toda la Sala de Gobierno como de otras que desarrollaba de manera específica. Para la mayoría de sus contemporáneos, el desempeño de aquel oficio habría supuesto la cúspide de sus carreras. Él, en cambio, decidió probar suerte en Madrid a una edad avanzada. No obstante, lo que aprendió durante aquellas tres décadas en torno a la Tesorería se convirtió en el bagaje que inspiró las páginas del *Norte de la Contratación*.

---

100. AHPSe, PNS, leg. 6367, ff. 1-4; venta de oficio de contador, Sevilla, 5 de enero de 1660. AGI, Contratación, leg. 5785, lib. 2, ff. 119r-124v; título de contador, Madrid, 9 de febrero de 1660. Veitia vendió el oficio por 72000 reales de plata, calculando el importe a través de algunos de los pagos que él realizó para obtener el oficio en sí (60000 pagados a los Monterroso) y el privilegio de nombrar teniente (otros 12000 a Felipe IV).

En la época de Veitia, la Sala de Gobierno estaba constituida por el presidente, los tres jueces oficiales originales y otros jueces oficiales que compraron aquella condición, vinculándola con frecuencia a otros oficios de averías y armadas. Veitia conoció bastantes presidentes durante sus treinta años de servicio, aunque lógicamente no todos fueron igual de importantes para él. Entre todos, tres parecen destacarse: el conde de Villaumbrosa (1654-1662), el marqués de Fuente el Sol (1666-1671) y Gonzalo Fernández de Córdoba (1671-1677)[101]. El primero ya ha comparecido en esta historia; prestó un apoyo decidido a la candidatura de Veitia en Madrid y, como veremos más adelante, fue un estímulo literario para el escritor en ciernes[102]. Fuente el Sol llegó a Andalucía gracias a su apellido. Luis Mosén Rubí de Bracamonte, que así se llamaba, contaba con la protección de Gaspar de Bracamonte, conde de Peñaranda y presidente del Consejo de Indias[103]; gracias a él reunió la presidencia de la Casa y la superintendencia de las rentas reales en el partido de Sevilla. Veitia, que escribió el *Norte* durante su mandato, admiraba su capacidad de trabajo y dio cuenta de sus triunfos en el capítulo correspondiente de la obra[104]. Gonzalo Fernández de Córdoba también podía presumir de linaje, aunque como hijo segundón estudió en Salamanca y supo salir adelante como ministro letrado. Llegó a Sevilla procedente del Consejo de Castilla y, cuando regresó a la corte, en 1677, coincidiendo con Veitia, pasó a presidir el Consejo de Hacienda.

Varios hombres acompañaron a Veitia en el triunvirato de jueces oficiales. Entre todos ellos, el más importante fue Fernando de Villegas, hijo de aquel Diego de Villegas que había comprado la Contaduría Mayor. Cuando su padre murió en misteriosas circunstancias, probablemente asesinado, sus enemigos intentaron evitar el ascenso de Fernando. Fray Melchor Antonio del Alcázar, OP, le denunció como uno de los artífices del homicidio de Juan Antonio del Alcázar y solicitó que lo echaran de Sevilla, despreciándole por no tener raíces algunas en la ciudad[105]. Temporalmente, se le impidió desempeñar el oficio aduciendo su excesiva juventud, período durante el cual Simón de Gaviola

---

101. Esta conclusión no se deduce solo de la actividad institucional de estos presidentes, sino de la atención que Veitia (1672: I, cap. 37) les dedicó en *Norte*.

102. Schäfer (2003 [1935-1947]: I, 343 y 362): al mencionarlo como presidente de la Casa, lo considera erróneamente ministro de capa y espada, presumiblemente sin percatarse de que se trataba del mismo licenciado Pedro Núñez de Guzmán, registrado como consejero n. 13. Fayard (1982: 40).

103. RAH, SC, vol. D-30, f. 177v; información genealógica del marqués de Fuente el Sol, s. f.

104. Veitia (1672: I, 289).

105. AGI, IG, leg. 2011; fray Melchor Antonio del Alcázar a Felipe IV, Sevilla, 14 de octubre de 1643.

se quedó al cargo. Sin embargo, Gaviola enfermó poco después y Fernando tomó definitivamente las riendas en 1645[106]. Tras su victoria sobre los Alcázar, ocupó la Contaduría durante dos décadas hasta que en 1668 se lanzó a la aventura americana como gobernador de Venezuela. Su yerno Juan Gutiérrez Tello de Guzmán ejerció como teniente de contador durante aquella ausencia en Indias y lo sustituyó definitivamente en 1675. También heredó de él el título de marqués de Paradas, un honor que Fernando había conseguido poco tiempo antes de morir, como colofón a su controvertida pero exitosa existencia[107].

El presidente y los jueces oficiales actuaban colegiadamente para tomar cualquier tipo de decisión relativa a las variadas competencias de la Casa. El método era bastante ejecutivo y veloz. Tenía poco que ver con las parsimoniosas deliberaciones del Consejo de Indias que Veitia conocería después en Madrid. No se discutía nada que tuviera un particular trasfondo político. Más bien, se afrontaban las cuestiones prácticas que planteaban cotidianamente la preparación de las flotas y armadas o la administración de la Real Hacienda: «la guarda, y cumplimiento de todo lo ordenado para la navegacion, y trato de las Indias», según lo resumía Veitia, que dedicó a este tema un capítulo completo del *Norte*[108]. La afirmación genérica comprendía nombrar visitadores de naos, recibir fianzas, elegir las naos para la Carrera, adjudicar los bienes de difuntos, dirigir el transporte de los azogues venidos de Almadén, administrar las penas de cámara, inspeccionar a los maestres, los marineros y los pasajeros y, en definitiva, decidir por votación ante cualquier eventualidad que se presentara[109].

Como era habitual en la política de la Edad Moderna, todos estos procesos dejaban abundantes testimonios escritos. En el siglo XVII, gobernar implicaba escribir; ocasionalmente, podría decirse sin exagerar demasiado que gobernar *era* escribir. La Casa de la Contratación participaba plenamente de este vínculo entre gobierno y escritura[110], y bien lo demuestra el hecho de que

---

106. AGI, IG, leg. 2011; expedientes sobre la ocupación del cargo y las fianzas de Fernando de Villegas, 1645 y 1646. AGI, Contratación, leg. 1003; memorial sobre entrega de fianzas, Sevilla, s. f. [octubre de 1648].

107. Schäfer (2003 [1935-1947]: I, 365).

108. Veitia (1672: I, 39 y todo el capítulo 5).

109. El testimonio documental de esta actividad dispositiva se encuentra en la serie de acuerdos y mandamientos de la sección Contratación, que incluye legajos con expedientes sueltos y libros. Aquellos cuya cronología coincide con el servicio de Veitia se encuentran en AGI, Contratación, legs. 4984, 4985 y 4990a-b. También se localiza directamente sobre las peticiones escritas que los particulares hacían llegar a la Sala de Gobierno. Los autos sobre memoriales de la época de Veitia pueden consultarse en AGI, Contratación, legs. 1005-1009.

110. Fernández López (2018).

otra de las funciones colectivas de la Sala fuera, junto a la de tomar decisiones, la de escribir para informar e informarse. Los jueces oficiales se encontraban en constante comunicación con otras personas e instituciones. Preparar y escribir cartas era una obligación más a la que los jueces oficiales tenían que dedicar su tiempo. Una parte importante de su tiempo, a tenor del volumen de la correspondencia, incluso aunque el ejercicio menudo de redacción correspondiese a los escribanos. La Sala escribía a quien, donde y cuando hiciera falta[111]. Sin embargo, el hilo de comunicación con la corte destacaba sobremanera. El rey era el principal destinatario de los escritos de la Casa a través de la mediación del Consejo de Indias, cuya sala de gobierno, presidencia y secretarios de gobernación actuaban como interlocutores directos[112].

* * *

Los acuerdos de la Sala de Gobierno incumbían singularmente a Veitia cuando versaban sobre la plata del rey. Especialmente, sobre cómo gastarla. La notoriedad de la Tesorería venía ligada a la gestión de las remesas de metales preciosos venidos de las Indias. De hecho, aunque los tesoreros no fueran los únicos que participaban en el reparto del dinero, sí eran ellos los que se responsabilizaban de que todos los ingresos y los gastos se efectuasen de acuerdo a la ley. El manejo de la plata era una labor colosal, que implicaba a muchas instancias y personas en todas sus fases, desde los oficiales de las armadas a los de la Casa de la Contratación, la Casa de la Moneda, las compradurías de oro y plata y los representantes de los agentes particulares interesados en el negocio, que no eran pocos. Todo un microcosmos giraba en torno al metal blanco. Y dentro de él, entre la navegación de la Carrera, el gobierno de Madrid y los banqueros europeos, los tesoreros movían engranajes fundamentales.

La burocracia del XVII distinguía entre la libranza y el pago en sí. La primera era la orden de liberar dinero y correspondía a todos los jueces oficiales de la Sala de Gobierno –incluido el tesorero, por supuesto–. La segunda,

---

111. La correspondencia de salida a particulares se encuentra, en su gran mayoría, en AGI, Contratación, legs. 5185-5196.

112. AGI, Contratación, legs. 5167-5184, donde el período de Veitia queda comprendido en los legs. 5178-5182. Estas referencias se corresponden con los libros de registro. Las minutas, que también se conservan, en legs. 5197-5216, pero en ellas está mezclada la correspondencia a particulares y la correspondencia con la corte (cuya clara división conceptual, a veces, no es tan sencilla de distinguir en la práctica). Para todas estas series de correspondencia: Tariego (1801: IV, 374-377).

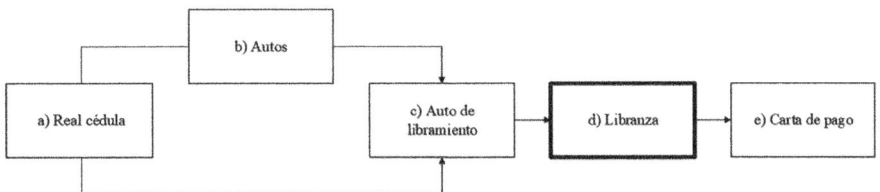

Gráfico 2.2. Los expedientes de recados. Modelo general
Fuente: Díaz Blanco (2018c)

en cambio, era la entrega física del dinero; es decir, la ejecución práctica de la libranza. Ahí solo los tesoreros tenían alguna responsabilidad. Varios documentos diferentes testimoniaban aquellos dos momentos jurídicamente individualizados: reales cédulas de Madrid ordenando un pago, memoriales de particulares solicitándolos, los autos de libramiento de la Sala de Gobierno con la libranza que extendía al tesorero y la carta de pago que este recibía por el beneficiario al ejecutar la libranza. La Tesorería agrupaba la mayoría de estos documentos en pequeños expedientes, uno por cada operación de gasto tramitada, lo que da idea del elevado volumen de actividad que la Real Hacienda suponía a la Sala de Gobierno en general y al tesorero en particular[113].

Estos expedientes eran recados, iguales que aquellos que la Contaduría de Averías utilizaba como documentación acreditativa para fenecer cuentas. Veitia, como contador de averías, le tomaba las cuentas a otros ministros de la Casa. Pero, al mismo tiempo, como tesorero, rendía cuentas ante otra contaduría de cuentas jerárquicamente superior a la propia Casa de la Contratación, la Contaduría del Consejo de Indias en Madrid. Por tanto, aquellos recados se integraron en expedientes como los que ya hemos explicado aquí, formados bajo la lógica del sistema de recados y receptas, solo que en este caso los actores eran otros: el ministro responsable, que escribía la relación jurada y entregaba los recados, era Veitia, el tesorero; la contaduría de registro que aportaba las receptas era la Contaduría Mayor de la Casa, dirigida por los Villegas y los Tello; y la contaduría de cuentas que auditaba era la Contaduría del Consejo[114].

---

113. Díaz Blanco (2018c).
114. *Idem.*

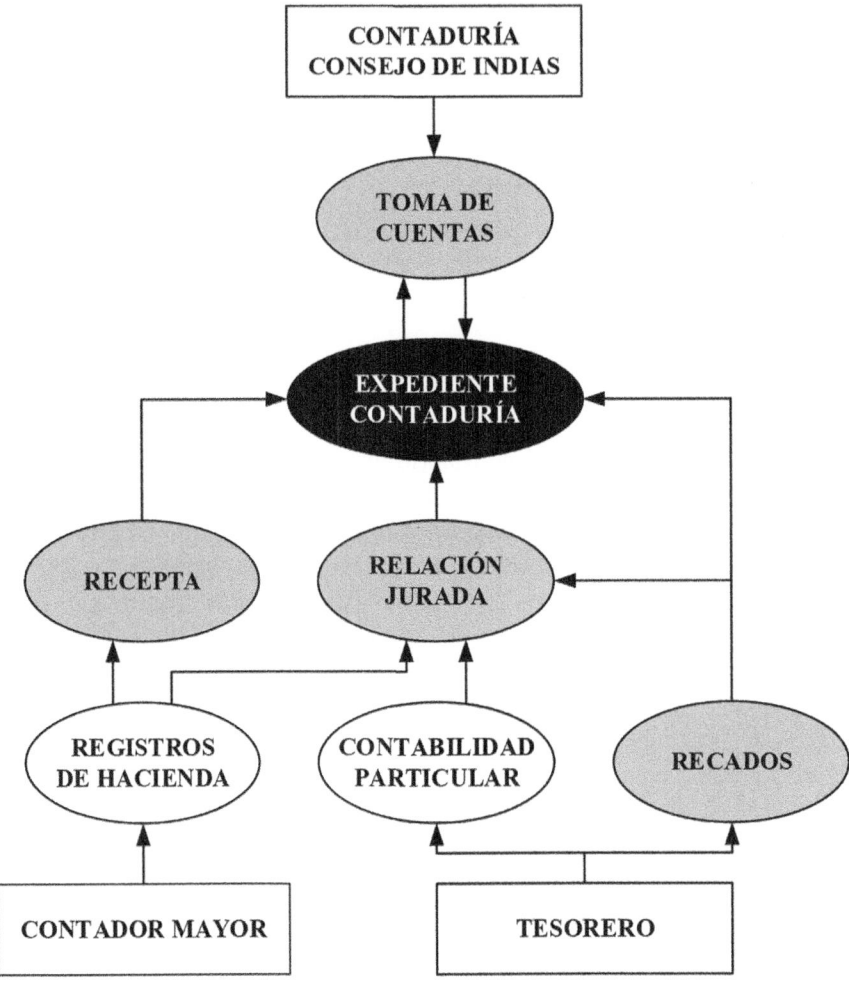

Gráfico 2.3. La toma de cuentas en la Contaduría del Consejo de Indias
Fuente: Díaz Blanco (2018c)

La única excepción a esta norma, pero excepción relevante, eran las cuentas de los bienes de difuntos[115]. Esta bolsa fiscal siempre se había controlado

---

115. González Sánchez (1995). Además de la contabilidad específica, los bienes de difuntos dejaron unos autos de gestión, estudiados en Fernández López (2018: cap. 6).

a través de la Contaduría de Averías y la costumbre no mudó después de que los tesoreros asumieran su gestión. Una vez que Veitia adquirió la titularidad de la Tesorería, presentó ante sus antiguos compañeros una cuenta general en vellón y, sobre todo, cinco declaraciones en plata. Estas cuentas, de menor envergadura que las cuentas generales, revisadas en un espacio institucional que él controlaba perfectamente, no dieron a Veitia ningún quebradero de cabeza. Casi parecen un ensayo en miniatura de los expedientes, mucho más complejos, que habría de enviar a Madrid[116].

Cuadro 2.1. Las cuentas de bienes de difuntos de José de Veitia

Ejercicio	Cargo	Data	Alcance
1659-1662	73 275 064	60 645 179	12 629 885
1662-1668	353 165 784	353 478 613	312 829
1668-1672	132 516 286	124 139 911	8 376 375
1672-1674	110 429 801	98 053 940	12 375 861
1674-1677	175 635 241	173 870 711	1 764 530

Fuente: AGI, Contratación, legs. 4 592-4 600

Las cuentas enviadas al Consejo de Indias eran, efectivamente, más extensas e intrincadas. Pero esa dificultad las convierte en un tesoro, entre cuyos pliegos se nos explica cómo trabajaba Veitia dentro de la Casa de la Contratación y qué tendencias predominaron durante aquellos años decisivos para la Monarquía. Las obligaciones de Veitia cambiaron con el tiempo. Evidentemente, no se hacía lo mismo como oficial mayor que como tesorero. Una carrera profesional ascendente como la de Veitia tendía a despojarse de molestias cotidianas, pero asumía a cambio responsabilidades institucionales y personales de superior gravedad. Ésa es la razón por la que, con cierto sentido del humor, el *Norte* reconocía que los oficiales «son los realmente Tesoreros, y assi se llaman Tenientes de la Tesoreria»[117]. Veitia escribía estas palabras, como tantas otras veces, basándose en sus propios recuerdos.

---

116. AGI, Contratación, leg. 4 592. Los recados de estas cuentas comprenden los legajos Contratación, 4 593-4 600.
117. Veitia (1672: I, 74).

Durante el período que pasó al lado de Munive, el acto concreto de la libranza lo realizó Veitia con suma frecuencia. Casi siempre, cabría decirse. Esta circunstancia, que puede pasar desapercibida en las cuentas generales[118], se constata con mucha facilidad al revisar las cartas de pago que firmaban los beneficiarios de los pagos, quienes se mostraban satisfechos de cantidades administrativamente recibidas de Andrés de Munive, pero pasadas físicamente «por mano de José de Veitia, su oficial mayor»[119]. No obstante, también se daban algunas ocasiones en las que Veitia sustituía a Munive en la recepción de la plata y en el protocolo de registro de las datas[120]. Y alguna vez hasta fue comisionado por su superior para preparar las cuentas que debían rendirse en Madrid ante el Consejo de Indias[121].

Sin embargo, no era responsable de nada de lo que faltase o sobrase. Exponerse en los fenecimientos de cuentas iba en el sueldo de Munive y, precisamente, a causa de algunas de las inspecciones que se le realizaron, se le retiró del oficio en 1654. Veitia continuó entonces con el manejo de las libranzas, sin que el nombramiento como contador de averías le distrajera en exceso de esta labor principal, como ya hemos explicado. Puesto que la Tesorería se mantuvo vacante, la responsabilidad de las cuentas fue asumida colectivamente por la Sala de Gobierno, a la que Veitia no pertenecía aún. Durante aquel extraño lustro, se le consideró un oficial que asumía la gestión en ínterin, una situación ambigua con la que –ya lo sabemos– nunca se sintió cómodo[122].

Después de conseguir la Tesorería, la situación cambió. Ahora le tocaba a Veitia descargar la labor del día a día sobre algún subordinado, mientras él se

---

118. Especialmente, en aquellos que se enviaban a Madrid para ser revisados por la Contaduría del Consejo, que en el caso del ejercicio 1649-1654, en el que coincidieron Munive y Veitia en la Tesorería, se encuentran en AGI, Contaduría, legs. 375a y 376a. En cambio, en los expedientes formados por la Contaduría de Averías de la Casa respecto a la bolsa de bienes de difuntos, subsiste alguna huella más clara, aunque sea parcial, incluyendo referencias como «cargo y data de los mrs. que han entrado y salido en las arcas de difuntos desde que entró el sr José de Veitia en la oficialía mayor de tesorero»: AGI, Contratación, leg. 4585.

119. AGI, Contaduría, 375b y 376b y Contratación, leg. 4591.

120. AGI, Contratación, leg. 4696. Se observa su firma en partidas de cargo y data desde 1649, aunque de manera más abundante a partir de 1652. Al lado, aparece también con frecuencia la rúbrica de Manuel Fernández Pardo, oficial mayor de la Contaduría, que comparecía en el lugar de Fernando de Villegas, contador mayor.

121. AGI, Contaduría, leg. 373a; relación jurada, Sevilla, 4 de diciembre de 1650. Munive debió escriturar un poder a Veitia, en Sevilla, 11 de octubre de 1650: AHPSe, PNS, leg. 5588, f. 936 (la viuda del anterior oficial mayor, Bárbola Calderina, obligó los bienes de su difunto esposo, Francisco de Solarte, al mismo tiempo, f. 935, y se obligó nuevamente junto a su hermano Gregorio Calderina, pagador de armadas, f. 1021).

122. AGI, Contaduría, leg. 379.

hacía cargo de los fondos de la Real Hacienda y demás bolsas fiscales. Nombró como oficial mayor a Andrés Rubio de Sotomayor, quien comenzó a aparecer en los recados como la persona que ponía el dinero en la mano de sus destinatarios[123]. Veitia, en cambio, firmaba los cargos con sus colegas de la Sala de Gobierno en los libros generales de caja, y rubricaba también las libranzas, que luego haría efectivas Rubio de Sotomayor. Todos y cada uno de los cargos y las datas remitían a él como garante[124]. Su posición había cambiado y al final eso se notaría en las cuentas presentadas ante la Contaduría.

Aquel trabajo en la Tesorería, desde la oficialía a la titularidad, permitió a Veitia conocer de primera mano los cambios operados en el interior del Tesoro Americano. A través de las cuentas podemos adoptar su punto de vista y ver lo que él y sus contemporáneos contemplaron hace siglos. Desde décadas atrás, las partidas de gasto habían respondido a un amplio abanico de posibilidades, pero la mayoría de ellas podían definirse como inversiones en el sistema atlántico o derivaciones hacia el esfuerzo militar en Europa. O se pagaba la parte castellana del imperio indiano o se hacía frente al coste de la política activista de los Habsburgo en Europa. Eso convertía a Sevilla en una plaza fundamental de las finanzas europeas relacionadas con las actividades bélicas. Nada movía más dinero que la guerra en la Europa Moderna y la capital andaluza se volvió fundamental para que funcionaran los carísimos ejércitos de los Austrias, que operaban en escenarios tan alejados como Flandes o el Sacro Imperio. A los grandes banqueros que negociaban con los Habsburgo, pocas cosas les interesaban más que la plata del Atlántico. Firmaban asientos por cantidades astronómicas e intentaban que la mayor parte posible se les devolviera en el preciado metal. Las condiciones se negociaban en Madrid, pero la mayor parte de esos pagos se realizaba en Sevilla, donde actuaban los representantes que las casas financieras tenían en la ciudad[125].

Los pagos a banqueros y los gastos militares directos se llevaron la parte del león durante el tiempo en el cual el Tesoro Americano fue una renta masiva, aproximadamente entre 1550 y 1650. Sin embargo, las señales de agotamiento

---

123. En cualquiera de los ramos de recados de las cuentas generales de Contaduría o las cuentas de bienes de difuntos de Contratación, aparecen las cartas de pago donde los particulares afirman haber recibido una determinada cantidad «del sr. Don José de Veitia Linaje, caballero del orden de Santiago, tesorero juez oficial por su Majestad de la Real Audiencia de esta Casa y de las arcas de la Real Hacienda que están dentro de la Sala del Tesoro de ella, *por mano del contador Andrés Rubio de Sotomayor, teniente de tesorero y oficial mayor de dicha Tesorería*».

124. AGI, Contratación, legs. 4699 y 4700.

125. Álvarez Nogal (1997).

que dio progresivamente se agravaron súbitamente a mediados de siglo. A partir de ese momento, estos abonos exteriores se redujeron drásticamente casi hasta desaparecer y los escasos fondos que quedaron disponibles se reservaron para pagar las facturas internas a nombre del receptor de la avería, los bienes de difuntos, las penas de cámara, el correo mayor de la Casa, los fletes de azogues o los gastos cotidianos de la Casa, entre ellos la satisfacción de las nóminas de salarios. Si no alcanzaron cifras fabulosas en los años de bonanza, estas partidas resistieron mejor la llegada de las vacas flacas. Conforme la capacidad de gasto de la Tesorería se redujo, los equilibrios nominales y porcentuales se decantaron por ellas entre 1650 y 1700[126].

Veitia vio y vivió la transformación de estas pautas de gasto. Durante el ejercicio de 1649-1654, en el que aprendió el oficio junto a Andrés de Munive, la partida de banqueros y abonos militares todavía copaba cotas superiores a los mil millones de maravedíes y se destacaba sobre cualquiera de las partidas destinadas al sistema imperial hispano. En cambio, durante el período de su interinidad en la Tesorería, la data de hombres de negocios ni siquiera se acercó a los 200 000 000 maravedíes, la superaron por primera vez los gastos propios globales e incluso alguna partida concreta como la del receptor de averías acaparó libranzas superiores[127]. Esta tendencia se confirmó en los ejercicios en los que Veitia firmó como titular de la Tesorería, entre 1659 y 1677. Las sumas entregadas al sistema financiero nunca recuperaron la primacía y fueron superadas por las del sistema imperial, entre las que el arca de la avería jamás cedió la primera posición.

La contabilidad de Veitia fue revisada en Madrid a lo largo de tres períodos. En primer lugar desde 1659 a 1666[128], después desde 1667 a 1674[129] y, finalmente, desde 1674 a 1677[130]. En ninguno de estos casos sufrió contrariedades relevantes, salvo algunas leves correcciones del alcance que a veces eran a su favor y, en el peor de los casos, se incorporaban al cargo de las siguientes cuentas. Ello se debía en buena medida a las limitaciones de un modelo de contabilidades paralelas realizadas con escasa independencia. Baste

---

126. Díaz Blanco (2013).
127. AGI, Contaduría, legs. 376a-b, 379 y 380
128. AGI, Contaduría, legs. 384a-b y 385a-b.
129. AGI, Contaduría, legs. 386a-b, 387a-b y 388. Por aquellas fechas Veitia extendió poderes a Juan Pérez de Aller y otros procuradores de los consejos reales, aunque la relación del poder con las cuentas no se explicita y podría ser para otras cuestiones: AHPSe, PNS, leg. 4465, f. 1; carta de poder, Sevilla, 7 de junio de 1673.
130. AGI, Contaduría, leg. 389.

recordar que las receptas de las cuentas de Veitia venían presentadas por los contadores mayores de la Casa, esto es, por ministros como Fernando de Villegas o Juan Tello de Guzmán, figuras de gran proximidad y confianza personal. Ninguno iba a escribir nada contra él, si no elaboraron al unísono las relaciones juradas y las receptas, como es probable. Evidentemente, era dificilísimo detectar fraudes importantes a través de este método. Así que, si existieron, quedaron fuera de los papeles[131].

Cuadro 2.2. Las cuentas de Tesorería de José de Veitia (1659-1677)

Ejercicio		Cargo	Data	Alcance
1659-1667[132]	V	1 166 751 158	1 166 751 158	464 506
	C	1 166 286 652	1 165 941 392	809 766
1667-1674	V	2 029 495 659	2 030 528 017	−1 032 358
	C	2 029 495 621	2 030 527 993	−1 032 372
1674-1677	V	1 131 809 946	1 127 462 811	4 347 121
	C	1 131 809 946	1 127 462 825	4 347 135

Fuente: AGI, Contaduría, legs. 376a-b, 379, 380, 384a-b, 385a-b, 386a-b, 387a-b y 388. Todas las cantidades en maravedíes: las presentadas por Veitia (V) y las que calculó la Contaduría (C)

La última vez que tuvo que rendir cuentas Veitia ya era miembro del Consejo de Indias. Los que tenían que juzgarle se habían convertido en sus colegas. Se encontraba tan próximo a la Contaduría que incluso abonó el alcance por anticipado al tesorero del Consejo, lo que le permitió aducir un déficit cero en su relación jurada. Al poco, los contadores presentaron un alcance que coincidía con el suyo poco menos que al milímetro. La gestión de Veitia en la Tesorería de la Casa se dio por zanjada. Ningún sobresalto grave enturbió el nombre de quien se disponía a escalar hasta posiciones políticas de primer nivel[133]. Antes al contrario, el dinero se utilizó para pagar retrasos en los

---

131. Díaz Blanco (2018c).

132. Este ejercicio contenía también una pequeña cuenta en vellón de escasa entidad, inferior a los 20 000 000 maravedíes.

133. AGI, Contaduría, leg. 389; relación jurada, Madrid, 16 de diciembre de 1679, y resolución y fenecimiento, s. f. [1680].

salarios de sus compañeros del Consejo, cuya felicidad respecto a él podemos imaginar[134]. Lógicamente, la oportunidad se aprovechó para loar la excelencia y la honradez de Veitia, «siendo tan sin ejemplar que cuanto ha que se fundó la dicha Casa de la Contratación ninguno de cuantos han sido tesoreros en ella ha fenecido su cuenta en vida, con ser así que han pasado de dieciocho millones de reales de a ocho los que de mi Hacienda y bolsas fiscales han entrado en su poder»[135].

* * * *

Al lado de los asuntos que se trataban en común en la Sala, y de aquellos específicos de la Tesorería, existía una serie de responsabilidades en las que los jueces oficiales se iban turnando individualmente por comisión. Una de las más significadas consistía en servir como juez de alzadas del Consulado. Esta tarea era agradable y aportaba un alto valor estratégico para el individuo, pues permitía estrechar lazos con el tribunal mercantil. El juez de alzadas supervisaba la elección del gobierno consular, que según normativa debía renovarse todos los años a través de un complicado proceso electoral indirecto. Veitia fue juez de alzadas varias veces, al menos tres, en 1665, 1667 y 1669. Era normal que los ministros a quienes se encomendaban aquellos procedimientos repitieran en el puesto. Así que Veitia cuidó varias elecciones, de las que salieron equipos dirigentes integrados por algunos de los cargadores a Indias más notables del momento[136].

Las elecciones eran un ritual político de singular estimación, no exento de un determinado encanto. Reunía toda una serie de episodios característicos, como el pregón de las elecciones, que se efectuaba en el patio de la Casa y en las Gradas de la Catedral y la Lonja; después, la misa del Espíritu Santo, rezada en la capilla de la Casa; y, por supuesto, las votaciones en sí, habilitadas en la sala que el Consulado conservaba en la Casa. Veitia participó con orgullo en aquellas fiestas políticas. Se reunía con los gobiernos consulares salientes y oía con ellos la misa del Espíritu Santo, pronunciada por el capellán ante la Virgen de los Mareantes. Recibía el juramento de los electores, revisaba cómo

---

134. AGI, Contaduría, leg. 134a, n. 19; «Cargo y data (plata) del alcance que se hizo a D. Josef de Veitia y Linage desde 1º de Enº de 679 hasta 26 de marzo de 680». Para otros usos del resto de los fondos: AGI, Contaduría, leg. 137, n. 1-8.

135. AGI, Contratación, leg. 4700; real cédula, Madrid, 18 de agosto de 1680. Esta real cédula se copió en todos los libros de caja de la Hacienda en los que Veitia había figurado como tesorero.

136. AGI, Consulados, leg. 8.

se echaban los papeles en las urnas y la contabilización final, presenciaba el juramento de los elegidos y, en el último momento, firmaba en primer lugar el acta de la elección (o el segundo, si lo acompañaba el presidente de la Casa)[137].

Los recuerdos de las elecciones afloran en el capítulo XVII del *Norte*. Sin duda, Veitia guardaba un bonito anecdotario de su participación en ellas. Sin embargo, el desempeño del juzgado de alzadas no terminaba al cerrarse las votaciones. A continuación, y hasta el siguiente nombramiento, el juez se convertía en la persona a la cual se podían apelar las decisiones que tomaba el Consulado como tribunal de primera instancia. De hecho, la peculiar denominación de juez de alzadas significaba lo mismo que juez de apelaciones[138]. Alzar era apelar, elevar a una instancia superior revisora. Y ahí volvían a surgir los recuerdos personales en el texto de Veitia, que nos informan de cómo el juez de alzadas no pasaba revista solo, sino acompañado de dos mercaderes elegidos discrecionalmente por él mismo. O de cómo determinaban «las causas por estilo de entre mercaderes, sin libèlos, ni escritos de Abogados, sino solamente la verdad sabida, y la buena fee guardada»[139]. Era el estilo de justicia mercantil que podía ejercer alguien como Veitia, que no era un jurista[140]. Por alguna razón no aclarada aún, no resulta sencillo encontrar los fondos judiciales del Consulado y tampoco los del juzgado de apelaciones. Donde fallan los documentos de archivo, es útil el *Norte de la Contratación* –creado precisamente para eso–.

Otra misión que se encomendaba a los jueces oficiales los obligaba a abandonar Sevilla. En la época se llamaba «ir» o «bajar a los puertos». Continuamente, los ministros de la Casa se veían obligados a trasladarse hacia las principales localidades costeras de la región, a Sanlúcar de Barrameda, Cádiz, El Puerto de Santa María, Rota, Puerto Real y a cualquier emplazamiento significativo de la bahía gaditana, como el caño del Trocadero o el carenero de la Carraca. Las razones de los viajes podían cambiar, pero en la mayor parte

---

137. AGI, Consulados, leg. 8. En el caso de las tres elecciones revisadas por Veitia se daban matices circunstanciales. En 1665 no hubo que nombrar electores, porque el colegio ya estaba formado desde el año anterior. En 1667, hubo elección completa de electores y gobierno consular y Veitia fue acompañado por el marqués de Fuente el Sol, presidente de la Casa. En 1668, las elecciones se cancelaron por decisión de Fuente el Sol, de manera que tampoco se renovó el juzgado de alzadas, que Veitia ejerció un año más. En 1669, volvió a haber elección completa de electores y gobierno consular y Veitia estuvo acompañado de nuevo por Fuente el Sol.

138. Veitia (1672: I, 103): «el Iuez de Alzadas (que la ordenança llama por otro nombre de apelaciones)», y continúa explicando la equivalencia entre alzar y apelar.

139. Veitia (1672: I, 112).

140. Pejovés Macedo (2018).

de los casos estaban relacionadas con la recepción o el envío de los convoyes de la Carrera[141].

A los ministros de Sevilla no les entusiasmaba bajar a los puertos. Se daban cuenta de que obedecía a un estado de cosas que no les convenía y, por supuesto, les suponía un esfuerzo que no encontraban bien remunerado. Todos preferían la vida más regalada de Sevilla antes que la vida esforzada en Cádiz. El *Norte* contiene tal vez el testimonio más vívido de esta realidad. Según reconocía Veitia, «el turno destos despachos siempre se ha tenido por el mayor gravamen destas ocupaciones, por cuya causa se halla que repetidas vezes han intentando escusarse del los Iuezes». Él mismo fue uno de esos que trataban de evadir el traslado a Cádiz. Alguna vez lo logró y presumía de ello con ese tono sutilmente divertido al que a veces se entregaba. Antonio Manrique, predecesor suyo en la Tesorería, había tratado muchas veces de excusarse y solo tuvo éxito una vez. Él también lo consiguió en 1667[142].

No obstante, no siempre le fue posible escurrir el bulto. Si pudo escribir con tanto detalle sobre aquellas experiencias, fue porque las había vivido. Además de una breve estancia en Sanlúcar en 1674, su principal experiencia gaditana tuvo lugar entre fines de 1661 y 1662. Se prolongó durante un año aproximadamente. José de Veitia Linaje, tesorero de la Casa de la Contratación, no vivió en Sevilla, sino en Cádiz durante el año de 1662. Fue un año de intensa actividad, en el que Veitia trajinó como pocas veces en su vida, atento a mil pormenores entre marineros, soldados, mercaderes, artilleros, calafates, carpinteros de ribera, arráeces, visitadores de naos, asentistas, ministros del rey y trabajadores de todas las especies.

Aquellos ocupados meses pueden conocerse con una abundancia de detalles de la que es imposible dar cuenta en escasos renglones. Se debe a la literatura epistolar. Los jueces comisionados en Cádiz mantenían un intenso contacto escrito con los colegas de la Sala de Gobierno y, por fortuna, sus cartas se han conservado bastante bien. El epistolario gaditano de 1662 representa

---

141. Díaz Blanco (2017b: 27-52).

142. Veitia (1672: I, 54-55 y, en general, cap. 8). Sin embargo, sí se desplazó a Sanlúcar y, de hecho, firmó allí la declaración genealógica de su hábito de Santiago: AHN, OM, Santiago, exp. 945. Un ejemplo significativo en AGI, Contratación, leg. 1 007; memorial de Francisco de Ruesta, Sevilla, s. f. [octubre de 1671]. Ruesta apenas tenía que ir a Cádiz a arquear una embarcación, pero alegó hallarse «con accidente que le impide hacer dicho viaje». La Sala de Gobierno no atendió la petición y obligó a Ruesta a que cumpliese su obligación. Entre los firmantes del auto se encontraba Veitia, que acababa de volver de Madrid para presentar el manuscrito del *Norte*. Sin duda, recordó entonces lo que había escrito en aquel pasaje de su obra.

el conjunto escrito más abundante de Veitia Linaje junto con el propio *Norte de la Contratación*. Han llegado hasta nosotros más de doscientas cartas dirigidas a la Casa, algunas brevísimas y casi incomprensibles por la falta de referencias para averiguar los asuntos a los que se refieren, otras bellísimas, que nos ilustran con una viveza increíble cómo se trabajaba para que las flotas y los galeones entraran y salieran dignamente, pese a los frecuentes apuros económicos, la dificultad de los vientos, mareas y tormentas, o la presencia de navíos enemigos, entre muchos otros sinsabores[143].

A fines de 1662 se sentía harto. Estaba convencido de haber cumplido ya con su cometido. Se había implicado mucho, tanto como fuera lícito exigirle, y se había recorrido toda la bahía, desde Cádiz hasta la Carraca. Deseaba volver a Sevilla, al solaz de pasatiempos más descansados:

> En premio del deseo con que he solicitado el acierto en obedecer las órdenes de v.s. el tiempo que he asistido en esta ciudad (que ha sido un año), suplico a v.s. con cuanto encarecimiento puedo se sirva de darme licencia para que, luego que salgan a navegar los galeones, pueda volver a esa ciudad a servir en ella[144].

Al fin, regresó poco después. Era lo que anhelaba, pero no podía negar el precioso bagaje que traía de vuelta: unos conocimientos prácticos exhaustivos que nunca habría podido adquirir en Sevilla y unos contactos estrechos con la casa ducal de Medinaceli, que tanta importancia tendría para él en el futuro[145].

Veitia recibió otra lección necesaria respecto a Cádiz, donde comprobó en qué manera el comercio local servía a los intereses del capital extranjero. Como a la mayoría de sus colegas en la Casa, tal circunstancia no lo agradaba.

> Siendo uno de los mayores daños que padece el comercio de las Indias el que se envíen a ellas tan gruesas cargazones de cuenta de extranjeros consignadas a españoles, han pasado estos excesos con la falta de averiguación y castigo a mayor relajación, pues se embarcan los mismos extranjeros con las cargazones.

---

143. AGI, Contratación, legs. 5 124, que conserva las pocas cartas de finales de 1661, y 5 125, donde se guarda el grueso de las cartas de 1662.

144. AGI, Contratación, leg. 5 125; Veitia a la Casa, Cádiz, 1 de noviembre de 1662.

145. Se menciona al duque de Medinaceli varias veces en las cartas de 1662. Veitia estaba en contacto frecuente con él por ser capitán de la Mar Océana y costas de Andalucía. No obstante, téngase presente que este duque de Medinaceli era todavía el padre del famoso Medinaceli con quien Veitia trabajaría en Madrid, que no heredó el título hasta 1671.

No obstante, confesaba que sus propias pesquisas habían surtido efectos muy modestos, testimoniando con impotencia la dificultad de hacer valer en Cádiz las condiciones legales del comercio colonial[146].

Veitia no solo se familiarizó con unos mecanismos de trabajo. También presenció, desde una perspectiva privilegiada, la gestación de un tiempo nuevo. Aquel imperio atlántico que ensalzó a los Austrias y a Sevilla en el siglo XVI estaba dejando de existir. La plata ya no llegaba para el rey en cantidades suficientes y él lo sabía porque se dedicaba a administrarla. Al mismo tiempo, Sevilla había perdido su envidiable salud como plaza comercial, que poco a poco empezaba a husmear en el vecino Cádiz. El *Norte* no carece de lamentos sobre semejante discurrir de la vida. «Està oy lo mas de los comercios en poder de estrangeros, que se han hecho señores dellos, enriqueziendo, y ennobleciendose con lo mismo que nosotros estamos despreciando»[147]. Las cosas del mundo mudaban permanentemente. Lo sabía bien cualquier individuo imbuido de la cultura barroca del XVII, con su lastimoso canto a la fugacidad terrenal. La rueda de la fortuna arrastraba al abismo a quienes respiraban el aire fresco de las cúspides. Pero, en el mismo momento, impulsaba al cielo a muchos de los que antes habían yacido en el fango. Mientras numerosos oropeles se rasgaban a su alrededor, Veitia estaba decidido a ser uno de los nuevos afortunados. ¿Para qué, si no, habría de esforzarse tanto en el servicio a la Corona?

UN CABALLERO DE SEVILLA

El hijo de la mesonera se transformó en el ministro de la Contratación y entonces quiso ser un caballero de Sevilla. Es decir, proyectar la mejor imagen social en aquella ciudad de fasto y vanidades[148]. Veitia empeñó los mayores esfuerzos de su vida en la construcción de una identidad nobiliaria. Nada distinto a lo que hacían muchas personas de su tiempo; de hecho, nada distinto a lo que habían intentado sus padres. Solo que Veitia tuvo mucha mejor suerte que ellos y que la mayoría de sus contemporáneos. Dejó atrás el peligro

---

146. AGI, Contratación, leg. 5 125; *Papel que escribió el Sr. José de Veitia al marqués de Villarrubia después de haberse hecho a la vela*, 15 de noviembre de 1662. Quedan ejemplos de su persecución al comercio holandés en cartas de 7 de mayo, 16 y 18 de julio de 1662, aunque también de colaboración con el general Ruyter, a quien Veitia conoció personalmente: 3 de mayo de 1662.

147. Veitia (1672: I, 118).

148. García Bernal (2006).

del desclasamiento, tan frecuente entre los hidalgos norteños con estreche-ces económicas, y mejoró y prosperó hasta donde Pedro de Veitia Gasteate-gui y María Alonso Linaje apenas habrían podido fantasear. Veitia se formó a sí mismo. Esa expresión suena bien *a priori*. Pero lo cierto es que hoy suena mejor que en el siglo XVII[149].

La «movilidad social», pues de eso hablamos, ha sido uno de los temas predilectos de la reflexión modernista española en las últimas décadas, ins-pirada por el magisterio de Antonio Domínguez Ortiz[150]. Frente a la posible idea de un modelo social rígido, en el que los individuos se hallasen severa-mente condicionados por el origen de su cuna, ha triunfado una visión que re-calca la razonable porosidad de las fronteras interestamentales. Se subraya así la complejidad del modelo social moderno, en el que se reconoce una movi-lidad ascendente y, como contraparte, una movilidad descendente, más difícil de percibir en los documentos. Numerosos factores, o su ausencia, contri-buían a impulsarlas. El dinero se ha ensalzado como el más relevante, pero se ha recordado que había otras cartas en la baraja y que, en definitiva, lo que se requería era un capital social bastante variado.

La movilidad produjo efectos beneficiosos sobre el sistema social. Per-mitió que los individuos más ambiciosos viesen colmadas sus expectativas, provocó una renovación constante de la nobleza y, como consecuencia, con-tribuyó a apuntalar la estabilidad del modelo vigente. Sin embargo, dentro de aquella lógica social, la movilidad solía negarse en público. Los hombres del Antiguo Régimen no deseaban reconocerla. El prestigio de la nobleza proce-día en buena medida de su antigüedad. La ansiada condición no debía con-quistarse, sino heredarse de los antepasados. Debía ser el lustre de los linajes, antes que el mérito de los hombres nuevos. Esos hombres nuevos, si querían llegar a serlo, tenían que convencer a los demás de que no lo eran. Por tanto, el discurso nobiliario se erguía a menudo sobre un falseamiento de la verdad, que se ha definido lúcidamente como un «cambio inmóvil»[151].

Veitia sufrió esta paradoja de la nobleza. Prisionero de aquella obsesión del «valer más»[152], incurrió al mismo tiempo en la negación sistemática de aque-llo que nos admira ahora. Veitia necesitaba que no lo viesen como un hombre

---

149. Angulo Íñiguez (1981: I, 137), advierte la contradicción: «Si estos humildes empleos [los de Burgos] pudieron en el siglo XVII perjudicar su consideración de hidalgo, es indudable que hoy [1981] realzan los méritos personales de su brillante *curriculum vitae*».

150. Domínguez Ortiz (1973b); Gómez González y López-Guadalupe Muñoz, eds. (2007).

151. Soria Mesa (2000 y 2007).

152. La expresión era frecuente en España e Indias: Zúñiga (2007).

hecho a sí mismo –lo que él era–, sino como el digno portador de una vieja honra familiar –lo que nunca fue–. Hombre inteligente e instintivo, supo aprovechar su condición de ministro real en la Casa de la Contratación para trepar entre las personas de su tiempo. Recorrió un camino duro pero exitoso, en el que avanzó gracias a sus innegables dotes personales, la suerte, la oportunidad, la protección de determinadas redes clientelares y el dinero. El suyo y, probablemente, el que otros pusieron a su disposición. A lo largo de años, fraguó lentamente ese hombre egregio que tenía en mente. Pero, al final, tuvo que limpiarse el sudor y borrar cuidadosamente las huellas. Como a otros, le daba vergüenza reconocer que su infancia había corrido entre los olores de una posada regentada por sus padres.

*

El ascenso social requería un fortalecimiento de la solvencia económica personal. La situación laboral de Veitia mejoraba a ojos vista y eso se reflejaba en su remuneración salarial. Como oficial de la Tesorería, solo ganaba 100 000 maravedíes anuales. La contaduría de averías le añadió otros 187 500 y, como tesorero, alcanzó una cota de ingresos de 250 000 maravedíes[153]. Estas entradas eran apreciables de por sí, pero Veitia tenía más. La Casa de la Contratación proporcionaba a quienes trabajaban en ella la posibilidad de participar en el comercio atlántico a pesar de las prohibiciones que lo vetaban. No es posible ponderar cuánto frecuentó Veitia estos expedientes ilegales, pero no cabe duda de que los practicó. Ha sobrevivido alguna prueba documental entre los protocolos notariales que lo demuestra sin sombra de duda[154]. Si a todo ello se añade el crédito que las élites burgalesas a las que servía pondrían a su disposición, puede concluirse con certeza que Veitia consolidó su posición económica durante sus años sevillanos. De otra manera jamás habría podido ofrecer ni efectuar la compraventa de sus oficios en la Casa de la Contratación.

Su matrimonio le ofreció un respaldo social, económico y afectivo necesario. Tuvo lugar en 1644, el mismo año en que comenzó su actividad pública. Justo cuando empezaba a servir a San Vítores y a cobrar las rentas de

---

153. Traducido a ducados, serían: 266 ducados como oficial mayor; 500 ducados como contador de averías; 600 ducados como tesorero.

154. AHPSe, PNS, leg. 6352, f. 510; poder a Diego de Gálvez, Sevilla, 14 de agosto de 1651. Le extiende el poder a este Gálvez para que recogiera 300 cueros y otras mercancías de su propiedad que venían en la nao del capitán Juan Bautista de Escobedo. Gálvez, figura desconocida para nosotros, tenía que encargarse de todos los aspectos legales, porque Veitia no podía hacerlo.

los burgaleses, formalizó su relación con Tomasa Murillo. Los Murillo eran una familia modesta pero solvente, vecinos en la collación de la Magdalena. De hecho, su casa se encontraba en la plaza de San Pablo, al igual que la notaría de Francisco López Castellar, donde Veitia protocolizaba sus negocios. El cabeza de familia era Juan Agustín de Lagares, un barbero cirujano que casó con Ana Murillo después de que esta enviudara de su primer marido, el padre biológico de Tomasa. Lagares y Ana acordaron las capitulaciones matrimoniales con Veitia. Le prometieron una dote de 1500 ducados de vellón, el compromiso de acoger en su hogar a la pareja durante los dos primeros años del matrimonio y el aprovechamiento directo o indirecto de otras casas que poseían[155]. Si bien algunos de estos pagos se retrasaron más de lo estipulado[156], la boda se celebró poco después en la parroquia de la Magdalena[157]. Veitia se marchó de la casa de Juan Alonso de Castro y se mudó a la de sus suegros[158].

El hogar de Lagares y Ana Murillo ha pasado a la Historia con todo merecimiento. Antes de acoger a Veitia, sirvió como refugio a un joven Bartolomé Esteban Murillo cuando sus padres murieron. Murillo era hermano de Ana, de ahí la confianza; y Tomasina era su sobrina, aunque por razones de edad debió parecer más un hermano que un tío. El príncipe de la pintura barroca y el autor del *Norte* se convirtieron así en familia política y, al fin, en amigos, pues apenas se llevaban unos cinco años de edad[159]. Cuando Veitia entró en la casa, Murillo ya había ofrecido una muestra incipiente de sus dotes artísticas. No obstante, los grandes encargos le llegarían justo a partir de 1645 o 1646, cuando las pinturas del claustro chico del convento de San Francisco empezaron a revelar la talla prodigiosa del maestro[160]. Murillo debió significar

---

155. AHPSe, PNS, leg. 8053, ff. 885-888; escritura de capitulación matrimonial, Sevilla, 23 de junio de 1644.

156. La dote no se canceló hasta 1648: AHPSe, PNS, leg. 8066, ff. 1461-1466; carta de recibo de dote, Sevilla, 3 de octubre de 1648. El documento no solo es interesante por la anécdota. Llama la atención la descripción de la parte de la dote en ajuar, que nos informa sobre la cultura material de un matrimonio relativamente acomodado como el de José y Tomasa.

157. APSMM, Matrimonios, lib. 11, f. 152; José de Veitia y Tomasa Murillo, 10 de julio de 1644 (las velaciones tuvieron lugar el 8 de enero de 1645). Previamente, el matrimonio había obtenido la licencia del arzobispado para casarse. En los catálogos del Archivo de la Catedral se conserva su registro, pero el documento se halla perdido. Montoto (1923: 12) todavía pudo estudiarlo.

158. AHPSe, PNS, leg. 8053, ff. 1095-1096; escritura de sustitución de poder, Sevilla, 20 de julio de 1644. Lo interesante aquí de esta escritura, diez días posterior a la boda, es que Veitia ya no se presenta como residente en la collación de San Vicente, como había hecho en una escritura anterior firmada en abril, sino como vecino en la collación de la Magdalena.

159. Angulo (1981: I, 19-21 y 136-139).

160. Angulo (1981: I, 243-263 y II, 3-18).

para Veitia un estímulo intelectual y una fuente de valiosas relaciones sociales. Pero, al contrario, Veitia también pudo aportar mucho a Murillo. Se sabe que actuó como mediador en algún encargo[161] y es posible que su influencia facilitara los negocios que Murillo alcanzara a hacer con la Casa de la Contratación[162]. El rosario de anécdotas sobre la relación entre Veitia, Tomasa y Murillo es extenso y conocido: el matrimonio testificó en la boda del pintor y apadrinó a dos de sus hijos; fueron vecinos en la collación de San Isidoro, adonde se mudaron desde la Magdalena; Murillo confió a Veitia sus poderes cuando viajó a Madrid, etc.[163].

Como la vida les sonreía, José y Tomasa se establecieron definitivamente en el Sagrario. Allí arrendaron a los Reales Alcázares una casa que se encontraba al final de la calle del Arquillo de la Plata, en una posición privilegiada, situada justo enfrente de la Casa de la Contratación[164]. Veitia no tenía más que cruzar la calle para acudir al despacho; era vecino de su propio lugar de trabajo. Dicho sea de paso, no se trataba de un comportamiento inusual. La lectura de los padrones de la parroquia revela que un número importante de ministros de la Contratación establecía su residencia por aquellos contornos. Lógicamente, apreciaban la cercanía respecto a su oficina cotidiana y las demás instituciones del comercio, así como el prestigio social de vivir en aquella zona neurálgica de Sevilla[165].

Veitia empezó a frecuentar círculos sociales cada vez más selectos. En la Sevilla contrarreformista, la Iglesia ofrecía oportunidades muy variadas para establecer relaciones, como hermandades y capillas de todo tipo, en las que laicos y sacerdotes vivían su fe en comunidad. Veitia encontró un segundo hogar en el convento Casa Grande de San Francisco[166], tristemente desaparecido, donde tenían su sede en el siglo XVII la capilla de los Burgaleses, la hermandad de la Vera Cruz y la capilla de Nuestra Señora de la Piedad. La relación con la capilla de Nuestra Señora de la Purificación, «que vulgarmente se dice de los Burgaleses», resulta lógica; Veitia fue hermano y algunos años

---

161. Angulo (1981: II, 127-128, n. 119).

162. AGI, Contratación, leg. 3748; recados, Sevilla, 20 de agosto de 1653. Los expedientes incluyen toda la documentación administrativa relativa a la entrega de una partida de pasa y almendra y otra de pipas de vino.

163. Hereza (2017).

164. Archivo de los Reales Alcázares de Sevilla, caja 489, exp. 2, casa 13.

165. APS, Padrones, libs. 1 y 2 para la época de Veitia.

166. Castillo Utrilla (1988).

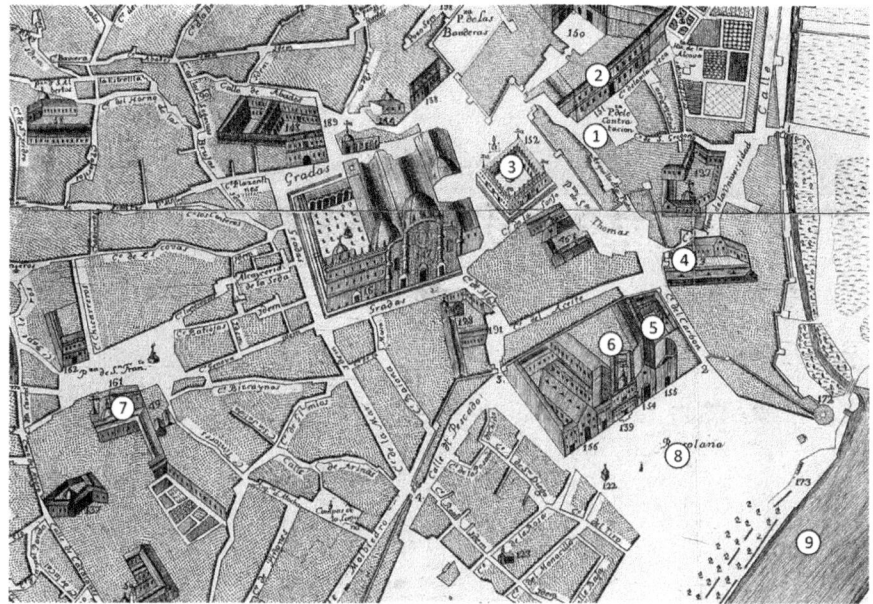

Figura 2.2. La Sevilla de José de Veitia
Fuente: Real Academia de la Historia (detalle del plano de Olavide). 1: residencia definitiva de Veitia y Tomasa Murillo; 2: Casa de la Contratación; 3: Casa Lonja y Consulado de Cargadores (actual Archivo de Indias); 4: Casa de la Moneda; 5: Aduana Real; 6: hospital de la Caridad; 7: convento Casa Grande de San Francisco (capilla de los Burgaleses, hermandad de la Vera Cruz, capilla de la Piedad); 8: el Arenal; 9: río Guadalquivir

ocupó cargos de gobierno[167]. La misma situación encontramos en la Vera Cruz, donde Veitia entró como hermano de luz en 1646. Fue devoto del venerable Crucificado y aficionado a la celebración penitencial de la Pasión de Cristo, que la hermandad introdujo en la ciudad[168]. También debemos pensarle como defensor de la causa inmaculista y, de hecho, tramitó los pagos a Murillo por

---

167. AHPSe, PNS, leg. 6357, ff. 47, 48, 49, 100, 101, 102, 103, 398, 399, 400, 401, 1018, 1019, 1020, 1023 y 1024; leg. 6366, f. 198; leg. 6367, ff. 40 y 41; documentos en los que figura como mayordomo o como mayordomo tesorero de la capilla. Tomasa de Murillo fundó una capellanía en la capilla de los Burgaleses con el permiso y poder de su marido en nombre de Juan Miguel del Valle, burgalés: AHPSe, PNS, leg. 6356 ff. 360-361; fundación de capellanía, Sevilla, 8 de abril de 1653. Otras noticias sobre la relación entre Veitia y esta institución en Montoto (1923: 12-14); Angulo (1981: I, 137-138).

168. Sánchez Herrero (2003).

Figura 2.3. La Inmaculada y fray Juan de Quirós (1652)
Fuente: Instituto Andaluz de Patrimonio Histórico (IAPH)

la *Inmaculada y fray Juan de Quirós* –a continuación, Murillo entró también en la hermandad–. Mucho después, en 1680, el vínculo cofrade seguía vivo y, ante una situación de dificultad, la Vera Cruz escribió a Veitia a Madrid, donde ya servía como secretario del Consejo de Indias[169].

En la Vera Cruz había muchos hombres de la Carrera de Indias y de su poderosa élite vasca. Sin duda, la circunstancia guarda relación con la coincidencia en el convento de la capilla de Nuestra Señora de la Piedad, que aglutinaba a los de aquella nación y especialmente a sus miembros más conspicuos[170]. El gobierno de la capilla estaba encabezado por dos mayordomos, uno vizcaíno y otro guipuzcoano, que actuaban como dirigentes de la comunidad[171].

169. Álvarez Moro (1998: 75). La información procede del Archivo de la Hermandad de la Vera Cruz, *Libro de hermanos de la cofradía comenzado en febrero de 1626*, f. 5 y detalla que Veitia se asentó como hermano el 26 de febrero de 1646.

170. De hecho, los hermanos de la Piedad se reunieron ocasionalmente en la capilla de la Vera Cruz. Por ejemplo: AHPSe, PNS, leg. 12 946, ff. 801-802.

171. Los vascos formaban una de las comunidades principales en Sevilla y Cádiz: Fernández González (2001); Otazu y Díaz de Durana (2008: 151-163).

Se trataba de cargos bienales, si bien la renovación era posible y, de hecho, se daba a menudo. La nómina de los mayordomos de la Piedad no tiene desperdicio. Encontramos priores y cónsules del Consulado, ministros de la Casa de la Contratación o compradores de oro y plata. Es decir, las mayordomías de la Piedad funcionaron como una proyección social y piadosa del poder político, económico y militar que residía en las principales instituciones de la Carrera de Indias.

Veitia fue mayordomo de la Piedad. De hecho, lo fue dos veces seguidas durante un período de cuatro años, desde 1666 hasta 1669[172]. Él, como ya sabemos, había nacido en Burgos, hacía gala de su patria castellana y debía a las redes burgalesas de Sevilla sus éxitos en la Casa de la Contratación. No obstante, la identidad era un tema sumamente flexible con el que se podía jugar. La familia paterna de Veitia era oriunda del señorío de Vizcaya y eso les bastó a él y a los demás miembros de la capilla para considerar vizcaíno a aquel burgalés, capaz de identificarse con varias patrias sin la menor dificultad[173]. No miremos el tema con ingenuidad: la Piedad tenía mucho de espacio de poder exquisito en el que relacionarse bien. Nadie deseaba perder la oportunidad de sumar al tesorero de la Contratación, ni el tesorero de la Contratación deseaba perder la oportunidad de sumarse[174].

El magno retablo del Descendimiento de Cristo es el legado más perdurable que Veitia dejó de sus años al frente de la Piedad[175]. Lamentablemente, han pervivido escasos restos materiales de aquella capilla, donde cristalizó la pujanza económica y social de los norteños. Su arquitectura, junto a la de toda la Casa Grande, no sobrevivió a las devastaciones del siglo XIX. Apenas queda casi nada de aquella grandeza. Pero sabemos que Veitia la adornó con su habitual tesón y grandilocuencia. No llevaba de mayordomo sino unos pocos

---

172. AHPSe, PNS, leg. 12975, ff. 1-5 y 6-10 (para la elección de 1666) y leg. 12982, ff. 569-571 y 572-573 (para la reelección de 1668). Los procesos electorales en la capilla de los vascos solían ser dobles. En una escritura se daba prioridad a los vizcaínos y en otra a los guipuzcoanos.

173. Para conocer el servicio de Veitia como mayordomo: AHPSe, PNS, leg. 12976, f. 721; leg. 12979, ff. 109 y 1061; leg. 12980, ff. 258, 502 y 532; leg. 12981, ff. 57, 573, 574, 1228, 1229 y 1230; leg. 12982, ff. 44, 45, 46, 47, 48, 307 y 910; leg. 12983, ff. 368, 408, 749, 952, 953, 954 y 955; leg. 12984, ff. 15, 471, 541, 557, 558, 819, 855 y 1012; leg. 12985, ff. 706, 707, 708, 709, 710, 735, 736, 737, 738, 739, 740, 741, 742, 743, 744, 745, 746, 747; leg. 12986, ff. 260, 261, 262, 263, 264, 265, 266, 631, 929, 1182 y 1183; leg. 12987, f. 246. En general, abundan las cartas de pago a través de las que Veitia reconocía haber cobrado alguna suma correspondiente a la capilla, aunque también las hay de otros tipos como arrendamientos de bienes raíces.

174. Ya hemos destacado los importantes avales que recibió Veitia de hombres de negocios vascos para reunir las fianzas de su oficio: AGI, Contaduría, leg. 402, n. 16.

175. Dabrio (1985: 165 y 429-431).

meses cuando Francisco Dionisio de Ribas, «maestro arquitecto escultor», declaró ante notario que quedaba

> convenido y concertado con los señores D. José de Veitia Linaje, tesorero juez oficial de la Real Casa de la Contratación de las Indias de esta dicha ciudad, y don Esteban de Chavarría, caballero de la orden de Santiago, vecino de esta dicha ciudad, como mayordomos que son de la capilla de Nuestra Señora de la Piedad que la nación vascongada que reside en esta dicha ciudad tiene sita en el convento de señor San Francisco Casa Grande de esta dicha ciudad, en tal manera que yo he de ser obligado como por esta presente carta me obligo de hacer y dar hecha y acabada en toda perfección la obra del retablo que se ha de hacer para la dicha capilla en la forma de una traza y dibujo que para ello se ha hecho y queda en mi poder para obrar en conformidad, del lado de la epístola, firmada de los dichos mayordomos y de mi mano[176].

La escritura reclamaba que la escultura se encomendara a la gubia de Pedro Roldán y obligaba a Ribas a terminar la labor en poco más de un año, hacia fines de 1667.

Las cuentas de cargo y data que Veitia presentó para justificar su gestión de la mayordomía arrojan luz sobre el proceso de creación del retablo. La obra se convirtió en una ocasión para embellecer la capilla de la Piedad. Veitia no solo entregó dinero para satisfacer el salario de Ribas, traer las tozas de caoba o pagar el zócalo, un pedestal de piedra negra y los cimientos. También se encargó a un tal Francisco de Fonseca que dorase la reja principal de la capilla y al platero Juan de Segura que blanqueara toda la plata, además de procurar que se recolocara la lámpara central y que el púlpito se desplazara al lado del evangelio, a fin de dejar libre el de la epístola, donde se levantó el retablo, adornado con terciopelos adquiridos por mediación de Sebastián de Ruesta[177].

La obra fue magnífica y sobrepasó los acuerdos del contrato inicial. El retablo se mejoró con nuevos aderezos, se encareció y requirió una elaboración más detenida, que se dilató hasta principios de 1669. El esfuerzo mereció la pena. Los hermanos quedaron mejor que ufanos con el resultado. Ribas dio cuenta con legítima vanidad, sin que se le olvidara mencionar la aprobación del mayordomo Veitia:

---

176. AHPSe, PNS, leg. 12 977, f. 335; escritura de obligación, Sevilla, 30 de septiembre de 1666.

177. AHPSe, PNS, leg. 13 036, ff. 657-668; relación jurada de Veitia, Madrid, 1686. El último folio contiene la aprobación de las cuentas por parte de Antonio de Legorburu y Juan Bautista de Aguinaga, mayordomos de la Piedad en 1687.

Figura 2.4. El retablo del Descendimiento de Cristo (vista general y relieve central)
Fuente: Wikipedia

Yo hice, acabé y asenté el dicho retablo a satisfacción de los dos señores mayordomos y hermanos de la dicha capilla, en que hice muchas mejoras que se estimaron y apreciaron por Sebastián de Ruesta, maestro mayor de los Reales Alcázares, en diez mil y setecientos reales, y habiendo visto la dicha tasación, el señor D. José de Veitia Linaje mandó se me pagasen los dichos diez mil y setecientos reales con más otros trescientos ducados de la dicha moneda de vellón por una joya que él me prometió dar haciendo el retablo a satisfacción de dichos señores mayordomos y demás señores de la dicha capilla, como con efecto salió[178].

Cuando admiramos aquel retablo en su emplazamiento actual[179], estamos acostumbrados a pensar en sus autores materiales, el retablista Ribas y el imaginero Roldán, cuyo arte mantiene intacta su capacidad para emocionarnos.

---

178. AHPSe, PNS, leg. 12984, ff. 197-200; carta de pago, tasación de Ruesta y aprobación de Esteban de Chavarría, Sevilla, 11 a 19 de enero de 1669.
179. Como es bien sabido, fue trasladado al Sagrario de la Catedral, aunque sufrió algunas modificaciones para adaptarse al nuevo entorno.

No obstante, también podríamos acordarnos de alguien como Veitia. Veitia encargó la obra en nombre de toda la capilla y gestionó las operaciones económicas que fueron necesarias durante su realización; fue una de las primeras personas en contemplar la obra terminada[180], se asombró ante su belleza prístina y gratificó a los artífices con una pingüe propina, más que merecida. ¿No fue también, de una manera distinta, una creación suya?

* *

Cosas similares pueden decirse sobre la hermandad de la Santa Caridad, que se había transformado en una luminaria de la vida social y religiosa de Sevilla. Sus orígenes databan del siglo XVI en una ermita situada al fondo del Arenal. Allí asentada, se convirtió paulatinamente en una opción muy apreciada por los hombres del comercio y la navegación. A mediados del XVII, cuando Veitia se afilió, la Caridad agrupaba a hombres como el maestre de plata Diego de Mirafuentes, que fue su hermano mayor, o Bernardo de Valdés, reputado comprador de oro y plata, que invirtió una importante suma para fundar el altar mayor de la iglesia de San Jorge[181]. El respaldo definitivo le llegó gracias al célebre Miguel Mañara, hermano mayor desde 1664. Mañara robusteció el espíritu de la Caridad, renovó lo más profundo de sus aspiraciones e hizo de ella un formidable imán social que atrajo al clero, la burguesía de negocios, la alta y la media nobleza y los mejores artistas. Sumó al arzobispo de la ciudad, Ambrosio Ignacio Spinola y Guzmán. Y se honró incluso con la pertenencia de Carlos II, rey de España y hermano honorario[182].

La sede de la Caridad, ampliada sobre las atarazanas alfonsíes del siglo XIII, custodia todavía el recuerdo de su excelsitud barroca. Las instalaciones hospitalarias cuidan a los enfermos con la generosidad de antaño. Y la iglesia, que fue reconstruida desde los cimientos, testimonia la fortaleza económica de la hermandad, la hondura de pensamiento de Mañara y la genialidad de los artistas que intervinieron en su ornato. Por muchas veces que las contemple, la mirada no cesa de admirarse con los lienzos de Valdés Leal y

---

180. Terminada la arquitectura y la escultura, pero aún sin pintar. El dorado y el estofado se contrató cinco años después con Juan de Valdés Leal, a quien fiaron sus amigos Bernardo Simón de Pineda y Pedro Roldán. El retraso se debería presumiblemente a razones económicas: AHPSe, PNS, leg. 12999, ff. 393-394; escritura de obra, Sevilla, 14 de agosto de 1674.

181. Álvarez Nogal (1999).

182. Granero (2008 [1963] y 1981). Veáse también Martín Hernández (1981); Piveteau (2007 y 2014); Valdivieso e Illán, coords. (2010); Fernández López y Malo, eds. (2011).

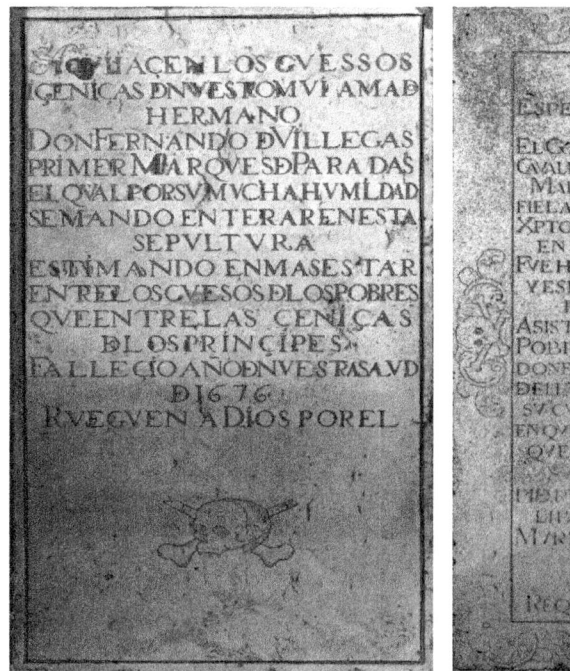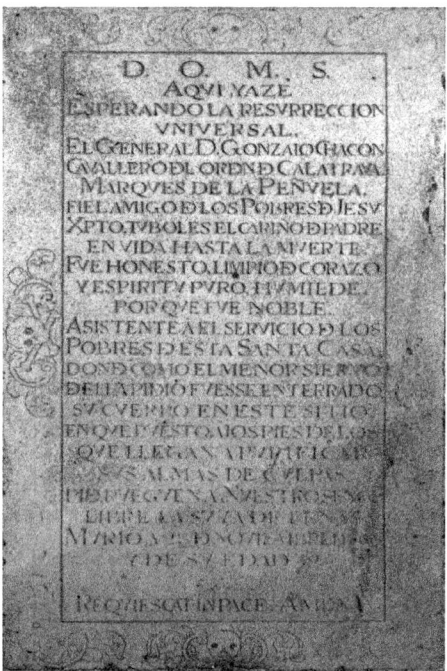

Figura 2.5. Los sepulcros de Fernando de Villegas y Gonzalo Chacón (Hospital de la Caridad, Sevilla). Fuente: Sergio T. Serrano Hernández

Murillo o con el retablo de Pineda y Roldán[183]. ¿Qué no sentirían los hombres que levantaron aquella maravilla cuando la descubriesen?

Veitia compartió inquietudes en la Caridad con muchos hombres de la Carrera de Indias, ya fueran de la Casa de la Contratación, del Consulado o del sistema de flotas y galeones. Una manera curiosa de comprobarlo consiste en prestar atención a las lápidas sepulcrales. Los muros y las bóvedas de la iglesia son tan bellos que uno puede ignorar el suelo que pisa. En tal caso, se pasa por alto el enterramiento de Fernando de Villegas, marqués de Paradas, amigo de Veitia y compañero en la Sala de Gobierno, miembro de esa red familiar que lo protegió; el de Gonzalo Chacón, que ascendió entre la gente de guerra de la Carrera hasta que en 1684 zarpó como capitán general de los

---

183. Valdivieso González y Serrera Contreras (1980), además de las cumplidas explicaciones realizadas en las obras monográficas dedicadas a cada uno de los maestros que trabajaron en la Caridad, difíciles de compendiar en una sola nota.

Galeones de Tierra Firme; o el de Antonio de Lemos, completamente desgastado por hallarse junto a la puerta de entrada, que apenas alcanza a guardar la memoria de un hombre que fue maestre de plata, prior del Consulado y hermano mayor de la Caridad.

La importancia que Veitia tuvo en la Caridad se aprecia en las responsabilidades que se le confiaron. Es digna de recalcarse su participación en la ampliación de la regla de la hermandad. Las biografías de Mañara tienden a magnificar la aportación al texto de Mañara y a empequeñecer u omitir la de Veitia, pero ninguna evidencia material demuestra ese juicio. Más bien al contrario, cuando la norma remozada se llevó a la imprenta, en el año de 1675, el nombre de Veitia quedó reflejado entre sus páginas como uno de los artífices de la composición y aprobación del texto[184]. El traslado a Madrid no mermó el vínculo con la Caridad. Antes de partir, Veitia conversó con Mañara y legó a la hermandad una renta perpetua de 100 ducados para los enfermos y los menesterosos. Dos años después, en 1679, Mañara entregó su alma. En medio de la consternación, la hermandad no olvidó escribir a Madrid para comunicar la noticia a dos notables hermanos, el duque de Medinaceli y Veitia Linaje. La respuesta de Veitia se ha conservado, preñada de nostalgia y de respeto hacia la eminente figura de don Miguel:

> Con mi corazón yo estoy en esa Santa Casa, sintiendo cada día más, verme privado del bien de servir en ella a nuestros hermanos los pobres; confieso que no lo merecía y que por esta causa justísimamente carezco de esa dicha. Nuestro Señor fué servido de dar el premio de sus virtudes a nuestro santo Hermano Mayor llevándole a el descanso de su gloria, y al común dolor de la mucha falta que ha de hacer a esa Ciudad, prometo a V. S. que se ha añadido en mí el particular de haberme faltado el gran consuelo y doctrina que recibía con las cartas con que algunas veces me favoreció; mirado a la luz humana parece imposible hallar quien pueda llenar tanto vacío como el que su falta ha dejado en esa Santa Casa[185].

---

184. BUS, FA, A180/071, *Regla de la muy humilde hermandad de la hospitalidad de Santa Caridad de Nuestro Señor Jesucristo*, Sevilla, Juan Cabezas, 1675, pp. 193-194: se aprobó en cabildo extraordinario la ampliación de la Regla, «lo qual se cometió à los señores Don Miguel Mañara, Hermano mayor de dicha Hermandad, y Don Joseph de Veitia Linage, Alcalde antiguo della». En la biblioteca de Murillo-Veitia se conservaban tres ejemplares de la regla: AHPSe, PNS, leg. 13 082, f. 986r y 988r. Uno, al menos, tenía que ser de Veitia. Sobre esta biblioteca, véase cap. III.

185. Montoto (1923: 16-17).

Veitia terminaba agradeciendo la posibilidad de recibir unos apuntes sobre la vida de Mañara, interesante referencia que acaso concierna a esbozos iniciales de la hagiografía redactada por el P. Juan de Cárdenas, SI[186].

La sinceridad de estos sentimientos está fuera de toda duda[187]. Pese a ello, la amistad que Veitia y Mañara tejieron fue complicada. De tanto en tanto se vio sacudida por discrepancias que sugieren mucho respecto al carácter de ambos. En una de esas, Mañara expulsó a Veitia de la Caridad, aunque la ruptura no fue definitiva y el afectado tuvo oportunidad de regresar[188]. El hermano mayor impuso en la Caridad una religiosidad que despreciaba el amor hacia la riqueza material y la vanidad. Propugnaba a cambio la práctica de la humildad y el servicio a los pobres; dejar de vivir para uno mismo y empezar a vivir para los demás, tanto más cuanto más necesitados fueran. A todas luces, varios poderosos hermanos de la Caridad se amoldaban a estas exigencias con estudiada ambigüedad. Los mismos hombres que compraban oficios políticos y militares, hábitos de órdenes militares o título nobiliarios expresaban luego un deseo de vivir en humildad. Mañara en cambio llevó al extremo sus ideales; abandonó su palacio, se recluyó en una celda de la Caridad y trabajó incansablemente por los pobres. A veces, no comprendía a los hermanos que no actuaban como él y se irritaba. Veitia debió enojarle en alguna ocasión. Mañara había nacido en la abundancia y quiso desprenderse de todo; pero Veitia había nacido en condiciones más modestas y no se perdonaría a sí mismo ceder un ápice en la lucha por la gloria.

* * *

Uno de los momentos culminantes de aquel desafío personal se abrió en 1667, cuando Mariana de Austria le concedió la merced de un hábito de Santiago, la orden militar más prestigiosa de España[189]. Veitia se apresuró a realizar las probanzas. La organización no pudo ser sencilla, por cuanto la línea genealógica obligaba a realizar indagaciones en Sevilla, Burgos, La Bureba y Vizcaya. Había demasiadas piezas en el juego y toda la sutileza de Veitia para caer en gracia y sobornar no fue suficiente para evitar desagradables

---

186. En la biblioteca de Murillo-Veitia había dos ejemplares de la biografía de Cárdenas: AHPSe, PNS, leg. 13 082, f. 987. Es prácticamente seguro que uno fuera de Veitia.

187. De hecho, como ya hemos mencionado, los Mañara también formaban parte de la red familiar que protegió a Veitia en la Casa de la Contratación. Véase el apéndice 2.

188. Granero (2008 [1963]: 572).

189. AGI, IG, leg. 780; consulta de la Cámara de Indias, Madrid, 20 de septiembre de 1667.

sobresaltos. No era poco lo que alguien como él tenía que ocultar y maquillar para ser declarado noble, y no faltó quien recordase las modestas prendas de su familia[190].

La versión que Veitia presentó a los informantes del Consejo de Órdenes era una falsificación de su pasado. Una mezcla de realidad y fantasía que se ponía a prueba. Partía de la condición del aspirante como ministro del rey en la administración de la Real Hacienda y presentaba un pasado acorde, pues cabía suponer que solo alguien de sustantiva calidad personal manejase asuntos de tamaña delicadeza. En Vizcaya su familia paterna habría sido señora de las casas solariegas de Veitia y Gasteategui. En La Bureba la familia materna habría presumido de la mejor alcurnia. Y en Burgos sus padres habrían vivido noblemente y le habrían proporcionado la mejor educación posible, de acuerdo a su posición social. Por todo ello, era justo y lógico que Su Majestad le confiara la gestión de su propio dinero. Bella historia, demasiado bella[191].

La mayoría de los testigos colaboraron; cada cual tendría su razón[192]. Sin embargo, las incongruencias no tardaron en aparecer. Los comisarios del Consejo se dieron de bruces con varias cuando recorrieron la anteiglesia de Cortézubi, patria paterna, donde debieron acompañarse de un traductor, pues fuera de la villa de Guernica la gente del campo no entendía el castellano[193]. Entre aquellas personas incapaces de comunicarse con alguien llegado de Madrid se encontraba una prima hermana del autor del *Norte de la Contratación*, obra maestra del Siglo de Oro español. Se llamaba Antonia de Gasteategui y solo hablaba «vascuence cerrado». Ostentaba con orgullo la propiedad de la vieja casa solariega y no escatimó desprecios hacia su primo el tesorero, que se hacía llamar señor de Gasteategui sin serlo en absoluto. El caserío había pertenecido a un abuelo común, que se lo había cedido a su hijo primogénito, el padre de Antonia, y este a su vez se lo había entregado a ella, que lo poseía en la actualidad con su marido Matías de Arteaga, renombrado como Matías de Gasteategui, según la costumbre de la tierra[194].

---

190. Con alguna frecuencia, las probanzas de candidatos procedentes del mundo mercantil sevillano resultaban problemáticas, en virtud de la patente ausencia de calidad nobiliaria, que nunca lograba ocultarse suficientemente, pero que al fin se pasaba por alto: Domínguez Ortiz (1983: 147-160).

191. Recuérdese que la fuente básica es AHN, OM, Santiago, exp. 945.

192. Entre los testigos burgaleses se encuentran nombres y apellidos de los individuos a los que Veitia representaba en Sevilla: Baltasar de la Hoz Mota, Francisco del Castillo San Martín, Diego de Riaño Meneses, Andrés de Melgosa, Diego de Miranda Mendoza o Juan Alonso de Huidobro.

193. AHN, OM, Santiago, exp. 945, f. 25.

194. *Ibid.*, ff. 43v-44r.

Pedro de Gasteategui, verdadero nombre del padre de Veitia, se marchó de allí con las manos vacías. Entonces, casó con Domeca de Veitia, a la que el autor del *Norte* siempre presentó como señora de la casa de Veitia y origen del apellido que él mismo portaba. Tras el evidente fracaso en la casa de Gasteategui, los examinadores del Consejo se dirigieron a la de Veitia, pues «ambas distan menos de un tiro de arcabuz»[195]. Lo que encontraron allí fue más desalentador aún. La construcción era pequeña y nueva, visiblemente inferior a las auténticas casas solariegas de la comarca. No había nadie con quien hablar, salvo un inquilino que reconocía no llevar allí más que un par de años. No tenía ganas de conversar mucho o realmente sabía poco, y apenas acertó a decir que la antigua posesión de Pedro y Domeca de Veitia había estado empeñada durante muchos años hasta que don José pagó la deuda escaso tiempo antes[196].

Por si fuera poco, las indagaciones archivísticas en Guernica produjeron resultados escasamente alentadores. Sin embargo, y pese a todo, los informantes presentaron una evaluación positiva en el Consejo[197]. Se buscaba un *placet* rápido, pero uno de los consejeros protestó contra los «excesos y omisiones» del escrito, que ciertamente no eran escasos. Hubo que escucharle, porque hablaba nada menos que un Riaño burgalés, Antonio de Riaño, ministro del Consejo de Órdenes[198], que no parecía dispuesto a bailar la danza de sus vecinos y familiares. De su boca salieron varias verdades silenciadas por Veitia: José solo había sido un humilde criado de la familia Castro, gracias a la cual entró al servicio de Jerónimo de San Vítores, quien le había «acomodado» en Sevilla. Desveló que la madre, aunque se las diera de hidalga, se había ganado la vida regentando un mesón y que, una vez enviudada de Pedro de Veitia, se había casado con un simple campanero. El propio José se había unido en Sevilla a la hija de un barbero cirujano, en referencia a Tomasa Murillo y Juan Agustín Lagares. Muchas personas en Burgos sabían estas cosas y varias otras más. Si los testigos habían estado dispuestos a mentir a favor del pretendiente, era porque este había utilizado como agente en la ciudad a su antiguo señor, Antonio Fernández de Castro, a quien había entregado 1000 doblones de plata

---

195. *Ibid.*, f. 43r. Aunque luego parecen matizar, pues aclaran que la verdadera distancia era, más bien, «como dos tiros de arcabuz» (f. 44v).

196. *Ibid.*, f. 45.

197. *Ibid.*, s,f; José Carrillo de Toledo y Diego Ortiz de Vivanco a Felipe IV, Madrid, 25 y 26 de junio de 1668.

198. Fayard (1982: 58-59).

para comprar la voz de los testigos, así como –se atrevió a referir– la de los propios informantes del Consejo[199].

El reproche era violentísimo. No solo afeaba la moralidad de Veitia y la de quienes habían colaborado en aquella mentira coral, compañeros de Riaño en el Consejo e incluso parientes suyos. También revelaba detalles que podían ser decisivos en el proceso. La teoría nobiliaria del Antiguo Régimen incluía lo que se dio en llamar limpieza de oficios. Si la célebre limpieza de sangre exigía la lejanía genealógica respecto a los conversos, esta evitaba la mácula de los trabajos considerados viles y mecánicos, impropios de la nobleza, como los de mercader o cambista, que el interrogatorio santiaguista proponía como ejemplo. De tal modo, si alguien refería que los Veitia Linaje habían administrado una posada, ensuciando sus manos y su ropa con el vino que vendían a todo tipo de clientela, no aportaba un simple detalle biográfico sin importancia. Estaba diciendo que José de Veitia no era digno del honor al que aspiraba.

Cuando todo parecía perdido, don Jerónimo de San Vítores apareció de nuevo. San Vítores, otra vez, volvió a ser crucial en la vida de su protegido. Riaño le había mencionado directamente en su declaración y había cuestionado la honra y el proceder de varios de los suyos. No estuvo dispuesto a tolerar algo semejante. Se personó ante el Consejo y puso encima de la mesa la inmensa autoridad que había ganado durante años de servicio al rey. No negó algunas de las acusaciones lanzadas, pero les dio una interpretación diferente, que tal vez no hubiera sonado convincente en la boca de alguien menos poderoso, pero sí en la suya. Era cierto que Veitia había servido a los Castro, pero el servicio de la nobleza no recaía necesariamente en personas de baja condición. También reconocía la profesión de María Alonso Linaje, pero aducía contra cualquier evidencia que en la posada no se cobraba a nadie, sino que se alojaba gratuitamente a las personas para ayudar a quien lo necesitara. En definitiva, San Vítores restaba importancia a los detalles surgidos durante las probanzas, menudencias según su discurso, y ensalzaba la virtud laboriosa de José de Veitia Linaje, que siempre había admirado. Eso era lo que más importaba y acaso lo único cierto que dijo aquel día[200]. Nadie puso objeciones a la bendición política de San Vítores. Ni siquiera el díscolo Antonio de Riaño, con quien es posible que el propio San Vítores y otros miembros del clan de los Riaños mantuvieran alguna conversación amigable. El Consejo de Órdenes

---

199. AHN, OM, Santiago, exp. 945, s. f.; declaración de Antonio de Riaño, Madrid, 2 de julio de 1668.
200. *Ibid.*, s. f.; declaración de Jerónimo de San Vítores, Madrid, 9 de julio de 1668. Testificó el último en una ronda de burgaleses que residían en Madrid, abierta después de la denuncia de Riaño.

repitió de manera formularia algunas testificaciones y autos en Burgos y, al fin, aprobó el expediente. Veitia consiguió lo que tanto anhelaba: engalanar su hinchado pecho con una venera de Santiago[201].

* * * *

La condición de caballero apuntaló su consideración de noble, que lo acompañó ya siempre. Nadie que deseara adularle lo olvidó. Uno de ellos, Francisco de Ibarzábal, contador-diputado de la avería, imploró su benevolencia en los siguientes términos:

> *Don José de Veitia Linaje, caballero de la orden de Santiago, del Consejo de Su Majestad y su tesorero juez oficial de la dicha Casa de la Contratación de las Indias de esta dicha ciudad*, a quien suplico tenga a bien este nombramiento [de albacea], pues aunque conozco que su merced por sus muchas ocupaciones no podrá asistir a semejante embarazo, lo hago para que mi mujer e hijos tengan en su merced todo amparo y auxilio en lo que se les ofreciere, valiéndose de su favor y autoridad, pues es cierto que con ella les puedo asegurar y aseguro el alivio de que tanto necesitan, quedándose tan solos como quedan[202].

Veitia construyó una imagen pública de sí mismo que reposaba especialmente sobre el hábito y el oficio en la Casa de la Contratación. Incesantemente repetía esta combinación, consciente del valor de la palabra repetida sin cansancio. Cuando firmaba un protocolo notarial, cuando efectuaba una libranza o cuando preparaba sus cuentas para presentarlas a revisión en Madrid, siempre se refería a sí mismo como «don José de Veitia Linaje, caballero de la orden de Santiago, tesorero juez oficial por Su Majestad de la Casa de la Contratación de las Indias de Sevilla»[203]. Escribió mil veces lo mismo y, entre esos mil testimonios, uno nos interesa singularmente, el que dejó en el *Norte de la Contratación*.

Uno de los elementos más llamativos del *Norte* es el grabado que sirve de portada. Hagamos abstracción de su intrincada iconografía, sobre la que

---

201. Giménez Carrillo (2016).

202. AHPSe, PNS, leg. 10250, f. 465; testamento de Francisco de Ibarzábal, Sevilla, 12 de junio de 1669. A este documento siguieron varias particiones de bienes y una almoneda de los mismos: AHPSe, PNS, legs. 10251, f. 885; 10252, f. 599 y 10255, f. 425.

203. La cita reproduce la referencia propia incluida en su segunda relación jurada ante la Contaduría del Consejo de Indias (AGI, Contaduría, leg. 386b), pero puede hallarse de manera igual o parecida en infinidad de documentos.

Figura 2.6. Portada del *Norte de la Contratación* (detalle de autoría)
Fuente: Wikipedia

volveremos más adelante, y de la dedicatoria al conde de Peñaranda, que también tendremos oportunidad de comentar[204]. Fijémonos ahora en la declaración de autoría. Reza lo siguiente: «Por Don Joseph de Veitia Linage cauallero de la orden de Santiago s[eñ]or de la Casa de Veitia del cons[ej]o de Su Mag[esta]d su Tesorero Juez oficial de la Real audiencia de la contratacion de las Yndias de la Ciudad de Sevilla». Pomposas palabras, escritas alrededor del escudo de armas de Veitia, que también aparece figurado.

Quien no conociera lo que había detrás de aquella presentación no podía más que admirarse. La retahíla constituía una síntesis de casi todo lo que se podía desear en el siglo xvii. ¿Quién se imaginaría que aquel «Don José» no había nacido con ese «don», sino con otros dones de diferente naturaleza? ¿Cómo suponer que no reunía los requisitos para ser caballero de Santiago, si el Consejo de Órdenes le había otorgado el hábito? ¿Cómo se podría tener noticia de las polémicas en torno a las casas solariegas que reclamaba suyas en Vizcaya? ¿Cómo pensar que había disimulado sus carencias sociales a base de buenas relaciones y dinero para sobornar a testigos y jueces? ¿De qué modo sospechar que con los mismos medios había conseguido sus oficios en la Casa de la Contratación hasta alcanzar la tesorería? Evidentemente, no había forma alguna. Todo eso había quedado atrás. Más bien, quien leyera el *Norte* tendería a quedar convencido de la veracidad de aquella imagen, pues

---

204. Véase el capítulo v.

no solo la proclamaba el autor de sí mismo, sino que la sancionaban las censuras políticas y eclesiásticas del volumen, aprobado para publicación por varios consejos del Rey y por los arzobispados de Toledo y Sevilla[205]. La ignominia de pobreza o de linaje, como ya había pasado, no era. Solo era lo que se veía presente.

Veitia Linaje escribió el *Norte* durante los años sesenta, justo cuando se afanaba por mejorar su lugar en la sociedad. Lo que debe quedar claro al término de este segundo capítulo es que la redacción de la obra encajó y tuvo sentido en medio de aquel complicado proceso de autoconstrucción nobiliaria. No se trata de incurrir en el exceso de reducir el libro a un mero instrumento de esta lucha personal. Eso sería una simplificación notable y una injusticia hacia el inmenso sacrificio intelectual que Veitia Linaje realizó. Pero, inevitablemente, hay que plantearse si aquella coincidencia no tuvo ninguna implicación. ¿Puede leerse el *Norte* sin reservas y aceptarse que las ambiciones sociales del autor no se proyectaron de alguna forma sobre el texto? Damos por sentado que una de las principales virtudes de la obra reside en que Veitia depositó sobre ella la rica experiencia profesional que se ha resumido en estas páginas. ¿No tendría el mismo sentido pensar que también le inyectó su deseo de medrar y que eso podría haber ejercido un impacto sustancial sobre el mensaje?

---

205. El *Norte* contaba, como todos los libros publicados legalmente en la España del Siglo de Oro, con varias censuras civiles y eclesiásticas antes del propio texto. Permítaseme remitir de nuevo al capítulo v, donde se aborda su contenido.

Capítulo III

EL PODER DE LOS LIBROS Y LOS LIBROS DEL PODER: MODELOS LITERARIOS Y FUENTES BIBLIOGRÁFICAS

Las letras [son] lo más precioso del Imperio.
José Maldonado y Pardo (1677)

En su *Alegoría de la Salvación* Juan de Valdés Leal nos propone cómo el hombre puede alcanzar las promesas de Dios. Tan pronto como empezamos a mirar nos llama la atención el protagonista, un caballero orante, entregado a la lectura de obras como el *Símbolo de la Fe* o el *Flos Sanctorum*. La santidad y la devoción venían asociadas a la lectura en la cultura barroca. La cultivaban los personajes ejemplares. El hijo pródigo no estudiaba en su desvarío; solo bebía y disfrutaba hasta que su fortuna se desvanecía. En cambio, leía santo Tomás de Villanueva, al tiempo que ofrecía su riqueza a los necesitados. Leía san Antonio de Padua y el niño Jesús sonreía ante sus ojos estremecidos. Leía y escribía san Jerónimo, por supuesto, y también san Agustín. Leía la Virgen María, cuando recibía la lección de santa Ana o si el arcángel le descubría su extraordinario destino. La propia Palabra de Dios era un libro[1].

Esta santificación expresaba apoteósicamente el prestigio social de la cultura literaria en la Edad Moderna. El estudio o la escritura gozaban –casi siempre– de una magnífica reputación. En la letra impresa o manuscrita podía hallarse el conocimiento de Dios, la comprensión de la ley, el cultivo de las artes liberales y, en definitiva, la expresión del pensamiento racional, que definía la esencia misma de la naturaleza humana. En una sociedad con altísimas tasas de analfabetismo, las buenas letras trazaban una frontera entre los

---

1. Valdivieso González (1988).

hombres. Por el mundo de los libros paseaban los teólogos y los juristas, los profesores de gramática o los universitarios. Y los políticos.

Hubo una relación muy estrecha entre la política y la literatura en la España del XVII[2]. Hagamos hincapié, por tanto, en la existencia de una figura fascinante a la que me referiré como el «ministro literato». Entiendo por tal el político que tomaba la pluma, no solo para escribir memoriales, sino también creaciones literarias de altos vuelos entre el Derecho, la Historia, la Teología y la Razón de Estado. Que frecuentemente poseía estudios universitarios y título de licenciado o doctor. Que leía con fruición, adquiría libros a menudo y formaba bibliotecas que, ocasionalmente, podían cobijar miles de títulos. Que le entusiasmaba escribir tanto como leer. Que fundamentaba sus ideas en la experiencia práctica del gobierno, pero también en la especulación teórica. Que comprendía el bien público al que podía contribuir con su actividad literaria, *motu proprio* o por encargo. Pero que también buscaba un beneficio propio y exaltar su vanidad, consciente de encarnar un cierto ideal político y social. Si había un tópico de las armas y las letras, también existía otro que aunaba las letras y el gobierno.

La política indiana se benefició bastante de tan feliz combinación. La nómina de ministros literatos en las instituciones americanas, la Casa de la Contratación o el Consejo de Indias no fue pequeña ni mediocre. Más bien, impresiona el cúmulo de ingenios que estos organismos concitaron. Existe el peligro de despreciar a los ministros del siglo XVII, como si la pronunciada declinación de la Monarquía debiera achacarse a una supuesta incapacidad de los hombres que sostenían el timón con sus manos. La realidad no fue así. Entre los ministros de Felipe IV y Carlos II abundaron los sujetos brillantes, también literariamente[3]. La política indiana contó con los servicios de Juan de Solórzano Pereira, Juan de Palafox, Antonio de León Pinelo o Gil González Dávila, entre varios otros dignos de mención.

La producción de estos ministros literatos merece una etiqueta común que le reconozca cierta coherencia conceptual. He escogido la de «literatura oficial indiana». Oficial por generarse desde el poder, en el ámbito de las instituciones propias del ramo; e indiana por la temática, aunque su alcance pueda ser ocasionalmente más genérico. La literatura indiana oficial era de gran riqueza, aunque se volcaba preferentemente hacia dos áreas del saber. La vertiente más notable se desarrollaba en el ámbito jurídico, pues abarcaba tanto la creación de códigos normativos con vigencia legal como la redacción de tratados teóricos que

---

2. Bouza Álvarez (2005); Wood, Roe y Lawrence, eds. (2011).
3. Amadori y Díaz Blanco (2017).

explicasen la legislación[4]. A su lado figuraba también una vertiente geográfica e histórica tan digna de consideración como sometida a las tensiones de su subordinación al poder político[5]. Las faces jurídica e histórica de la literatura oficial indiana podían tener especialistas diferentes, juristas por un lado y cronistas por otro, pero no estaban separadas por muros demasiado rígidos. Algunas obras entre las mejores del género las mezclaban con apasionante facilidad.

El *Norte de la Contratación* perteneció de forma plena a la literatura oficial indiana. Se creó en el seno de la Casa de la Contratación en el siglo XVII. Lo escribió un juez oficial tesorero con bastante experiencia de gobierno. Se ocupaba de una temática tan típicamente indiana como el comercio y la navegación en el Atlántico. Se adhería al género jurídico, aunque presentaba muchos ribetes de narración histórica. Pretendía ponerse al servicio del rey y el bien público, pero no dejaba de ser un lujo personal que Veitia se permitió a sí mismo. En suma, no le faltaba ninguno de los ingredientes más característicos de tan peculiar especialidad literaria. Esta brindó a Veitia un modelo humano que encarnar –el ministro literato–, esquemas narrativos que imitar y continuar, y fuentes de información para citar junto a obras pertenecientes a otros ámbitos y campos del saber.

LAS *LIBRERÍAS* DE SEVILLA: LECTURAS, DIÁLOGOS, ENSOÑACIONES

Después del conocimiento práctico del gobierno, los libros fueron la segunda fuente de información para el *Norte de la Contratación*. Y, antes que eso, de inspiración, en el más amplio sentido de la palabra. Además del oficial afanoso entre los papeles manuscritos de la burocracia, hubo otro Veitia aficionado a bucear en el papel impreso de la mejor literatura. Un Veitia al que le gustaba apreciar la riqueza singular de las bibliotecas, esos lugares donde el tiempo podía detenerse entre el deleite de los libros y las conversaciones entusiastas o envanecidas de los entendidos. Esos lugares donde el lector podía soñar con escribir y con escribirse. Donde hasta podía empezar a intentarlo. Allí, en las bibliotecas, se plantó la simiente para que el Veitia de la Casa de la Contratación alcanzara al Veitia del *Norte*.

---

4. Existe una amplia bibliografía sobre esta atractiva materia clásica. Por la amplitud de su mirada, pueden destacarse en un primer momento: Manzano Manzano (1991 [1950-1956]); Luque Talaván (2003).

5. Kagan (2010) aplica a la Historia el concepto de lo «oficial», que aquí se generaliza al conjunto de la literatura indiana construida desde el poder.

La ciudad mercantil era pródiga en bibliotecas y bibliófilos. Abundaban los profesionales que poseían los volúmenes exigidos por su oficio, mientras algunas instituciones se vanagloriaban por ejercer como receptáculos del saber. En el siglo XVI, la Sevilla del Renacimiento y la Contrarreforma había contenido una constelación de pequeñas, medianas y grandes bibliotecas entre las que sobresalía, por encima de cualquier otra, la de Hernando Colón[6]: la celebérrima Biblioteca Colombina, reputada entre muchos como la mayor biblioteca privada de la Europa quinientista, que tras la muerte de su creador recaló en la biblioteca del Cabildo catedralicio, otro tesoro inmenso, formado lentamente a lo largo de siglos[7]. Esta tradición bibliográfica conservó su vigor en el siglo XVII. Las grandes bibliotecas institucionales continuaron enriqueciéndose y muchos particulares siguieron coleccionando libros por afición, amor desmedido o necesidad[8]. Nicolás Antonio, padre de la bibliografía española, simboliza esta época[9]. La *Biblioteca Hispana*, publicada en 1672 –justo al mismo tiempo que el *Norte de la Contratación*–, contenía un monumento óptimo a los libros[10]. Era el fruto más celebrado y característico de una obsesión irrefrenable por las letras, que Antonio cultivó en la Universidad de Salamanca, la Roma papal y el Madrid de Carlos II.

Nicolás Antonio pertenecía a una próspera familia de mercaderes, llegada a Sevilla desde los Países Bajos a fines del siglo XVI[11]. Sus orígenes se parecían a los de Juan Lucas Cortés, otro hijo de comerciantes flamencos que escogió vivir entre papeles mejor que entre mercancías. De hecho, era un buen amigo de Nicolás Antonio. Como él, Juan Lucas cursó sus estudios superiores en Salamanca y terminó su carrera profesional en la corte. Sin embargo, nada los unió más que la bibliofilia. La de Cortés no fue menor que la de Antonio. De hecho, lo empujó a escribir una suerte de Biblioteca Hispana jurídica, titulada

---

6. Maillard Álvarez (2011); Pérez García (2012).

7. Guillén Torralba (2004 y 2006).

8. Entre los mejores ejemplos son características las bibliotecas de los miembros del Cabildo catedralicio: AHPSe, PNS, leg. 12 977, ff. 959-961; biblioteca del canónigo doctoral Francisco Ramos, 1666; AHPSe, PNS, leg. 10 299, ff. 1 168v-1 178r; biblioteca del canónigo Pedro de Santa Gadea, 1691 (en f. 1 221v otra más modesta de Diego de Guzmán, procurador mayor de la Santa Iglesia y beneficiado parroquial de San Bartolomé).

9. Es extraño constatar la inexistencia de una biografía digna de la trascendencia de Nicolás Antonio. Remito a la semblanza de Miguel Matilla en el Diccionario Biográfico de la Real Academia: http://dbe.rah.es/biografias/7370/nicolas-antonio.

10. Realmente, en 1672 se publicó la *Bibliotheca Hispana Nova*, en tanto que la *Bibliotheca Hispana Vetus* se editó póstumamente en 1696. Se han reeditado respectivamente a cargo de Miguel Matilla, ed., Madrid, FUE, 1999 y Gregorio de Andrés, ed., Madrid, FUE, 1998.

11. Díaz Blanco (2009).

De originibus iuris Hispani, cuya suerte sin suerte se ignoró durante décadas hasta que Gregorio Mayans y Siscar, aquel devoto insobornable del pensamiento novator, la identificó con la *Sacra Themidis Hispanae Arcana* (1703) de Gerardo Ernesto de Franckenau, un diplomático danés que adquirió el manuscrito en Madrid y lo publicó después… pero con otro título y a su nombre[12].

Entre los años salmantinos y los madrileños, Juan Lucas Cortés residió en su Sevilla natal, donde sirvió en la administración de los almojarifazgos y en la Casa de la Contratación. Aquel mundo del comercio fue un espacio donde la cultura literaria tuvo una presencia destacada. Hubo hombres de negocios con buenas bibliotecas[13], como también las tuvieron los ministros y los oficiales del rey. Algunas son difíciles de calibrar, como la del cosmógrafo Sebastián de Ruesta, que dejó a su viuda «cantidad de libros de diferentes autores»[14]; o la del relator Juan de Medrano, descrita como «una librería con doscientos y veinticinco tomos, los más de la facultad de Leyes y de a folio, y los restantes de Historia y otras materias, pocos de ellos de a folio y los más de a cuartillo y menores»[15]. Otras, en cambio, nos abren sus puertas con generosidad. Es un placer entrar y perderse entre los volúmenes de Domingo de Urbizu, alguacil mayor y juez oficial de la Casa, que custodiaba la colección en su casa de la calle Abades[16], o entre los de D. Jerónimo de

---

12. De Andrés (1978); González de San Segundo (2001).

13. Algunos ejemplos de bibliotecas de mercaderes, descritas o mencionadas en inventarios de bienes: Guillermo Clarebout (AHPSe, PNS, leg. 13 015), Pedro Pelarte (AHPSe, PNS, leg. 13 082), Enrique Lepin (AHPSe, PNS, leg. 3 774).

14. AHPSe, PNS, leg. 4463, ff. 378-384; carta de dote de Isabel Correa, Sevilla, 28 de abril de 1671. Además de la biblioteca y de varios bufetes, escritorios y arcas, aparecen otras posesiones de Ruesta como un «tórculo de imprimir cartas de marear», «instrumentos de la navegación de las Indias» y una «piedra imán de buena ley». Los objetos artísticos también llaman la atención, especialmente un par de ellos de autoría identificada: un «original de Nuestra Señora en el Portal de Belén del clérigo Roelas» y una «pintura de San Juan con moldura de ébano de mano de Bartolomé Murillo».

15. AHPSe, PNS, leg. 10304, ff. 780r-786v; inventario de bienes del licenciado Juan de Medrano, Sevilla, 17 de abril-26 de mayo de 1694. La referencia a la librería aparece entre otras que dan cuenta del modo y el nivel de vida de un jurista del XVII.

16. AHPSe, PNS, leg. 13065, ff. 1156-1198; inventario de bienes de Domingo de Urbizu, comenzado en Sevilla, 20 de febrero de 1701 (en el que la librería, el bien más preciado de Urbizu, se encuentra descrita en ff. 1162v-1196r). Este inventario ha sido empleado sobre todo por la presencia de cuadros de Murillo, Valdés Leal y otros pintores reconocidos en la pinacoteca, pero la biblioteca es de largo la parte más espectacular. Contenía todo lo que le importaba a la cultura humanística del momento y, a los efectos presentes, resaltan los tomos que se relacionan de manera visible con el desempeño profesional de Urbizu en la Casa de la Contratación, como unas ordenanzas de la Casa de la Contratación, el *Regimiento de navegación* de Céspedes, el *Norte de la navegación* de Gaztañeta o el *Regimiento de navegación* de Medina (entre otras), el *Gazofilacio* de Escalona, la *Curia Filípica* de Hevia, las ordenanzas del colegio de San Telmo (además de unas «cédulas de su Majestad para la fundación del seminario de mareantes»), las ordenanzas de la ciudad de Sevilla, las de la Audiencia de Grados y las del Consulado (entre otras), los *Autos y*

Eguía, marqués de Narros, presidente de la institución, que cultivó la bibliofilia entre Sevilla y Madrid[17].

*

Dos bibliófilos de la Casa contribuyeron de manera especial a impulsar las ín-
fulas literarias de Veitia: Juan Suárez de Mendoza y Pedro Núñez de Guzmán,
conde de Villaumbrosa. El primero fue un criollo de Nueva Granada que estudió y enseñó Derecho en la Universidad de Salamanca[18]. Elegido juez letrado
de la Casa, abandonó la *alma mater* y se trasladó a Sevilla. Con él vinieron sus
libros. La biblioteca de Suárez de Mendoza era relativamente variada; predominaba en ella un lógico perfil jurídico, pero también cobijaba obras de Teología, Historia o simple evasión[19]. Veitia la ensalzaba como «copiosa y selecta»,
además de famosa. Las alabanzas procedían de uno de los fragmentos más
personales del *Norte*, en el que Veitia loaba al amigo por sus

> adelantados estudios, erudición, y letras, que por ellas, y por su copiosa, y selecta
> libreria es muy conocido aun fuera de los limites de España, à quien yo venero
> como Maestro mio, y en Salamanca tuvo mucho aplauso, assi por sus buenas le-
> tras, como por el libro intitulado *ad legem Aquiliam*, que compuso, è imprimiò,
> y se espera que ilustre con obra mas general, y grande, no solamente su nombre,
> sino à toda la Corona, oxala su salud permita, que veamos entregado à la prensa
> lo que tan dilatadas fatigas le ha costado[20].

Si nos fijamos bien en lo que dice y en cómo lo dice, rara vez encontraremos al hábil Veitia halagar con tanta sinceridad a nadie. «Maestro mío», lo

---

acuerdos del Consejo de Indias y las ordenanzas del Consejo, el *Sumario de la Recopilación de Leyes de
las Indias* y las *Leyes de Indias*, las ordenanzas de la Armada del Mar Océano o, por supuesto, el *Norte de
la Contratación*. En la pinacoteca cabe destacar la presencia de «marinas» y mapas, también relacionables
con el oficio en la Casa, así como una representación de la Vírgen de Guadalupe mexicana, además de objetos y muebles típicos como dos globos terráqueos, bufetes y escritores, o abundante presencia de plata.
Fue presentada en Sanz y Dabrio (1977).

17. Torrego Casado (2011).

18. Mesa (1951).

19. Hay una muestra parcial y minoritaria, pero pensamos que significativa, en AHPSe, PNS,
leg. 10287, f. 588; carta de pago de Conrado de Monteverde a Luis Ignacio de Conique, Sevilla, 29 de julio
de 1684. Conique había quedado como albacea de los bienes de Suárez de Mendoza y le entregó una parte
de la biblioteca, además de otros bienes, a Monteverde como representante legal en Sevilla de la familia del
licenciado Roque Rodríguez, jurista canario, que era el propietario de aquellos libros y los había dejado depositados en la biblioteca de Suárez de Mendoza.

20. Veitia (1672: I, 295).

llama, palabras inequívocas, dirigidas a alguien a quien se profesaba una veneración especial.

Los intereses de Suárez de Mendoza pueden parecer un poco lejanos a los de Veitia. Cuando aún ejercía la docencia en Salamanca, publicó aquellos *Comentarii ad Legem Aquiliam* (1640)[21]. Solo por el título puede adivinarse la desconexión con cualquier temática indiana. La obra explicaba una materia jurídica clásica como la *Lex Aquilia* del siglo III a.C., relativa al Derecho privado romano. Después comenzó una obra histórica-jurídica mucho más ambiciosa, esa que Veitia saludaba como promesa de libro magno y que Nicolás Antonio también mencionaba en la *Bibliotheca Hispana Nova*, pese a ser trabajo nonato, en la elogiosa entrada dedicada a Suárez de Mendoza. Desgraciadamente, su gestación no alcanzó la conclusión. La posteridad no pudo contemplar la plenitud literaria de Suárez. La medida exacta de su talento se desvaneció para siempre junto al manuscrito inacabado. Pero Veitia la conoció bien.

Aunque su obra tuviera escasa relación directa con la literatura oficial indiana, la sabiduría de Suárez de Mendoza deslumbró al instintivo tesorero de la Casa. Suárez enseñó a Veitia a amar muchos libros, y cabe pensar que también le enseñó a amar los libros. Al lado de Suárez, Veitia comprendió que un ministro del rey podía hacer mucho más que escribir cuentas de cargo y data. Suárez debió descubrirle la figura del ministro literato. Le pudo hablar de la vida universitaria salmantina, de su espléndida cultura jurídica y teológica, y de los pensadores, escritores y políticos que habían pasado por las aulas. Pudo evocarle la eximia figura de Francisco Ramos del Manzano, ejemplo perfecto de aquella estirpe de profesores estadistas, de quien Suárez fue discípulo. Y describirle el hombre que había detrás de la *Política indiana*, Juan de Solórzano Pereira, quien alguna vez elogió al propio Suárez como «juez meritísimo de la Casa de la Contratación en Indias de Sevilla, a quien ha muchos años que venero por su mucha erudición y exquisito cuidado en recoger y estudiar libros curiosísimos»[22]. Pudo advertirle sobre la enorme influencia de don García de Haro y Avellaneda, conde de Castrillo, otro discípulo de Ramos del Manzano, condiscípulo del propio Suárez en facultad de Derecho y político de extraordinaria influencia gracias a su parentesco con el conde duque

---

21. Suárez de Mendoza (1640).

22. De Dios (2014); García Hernán (2007), de quien se extrae la cita de Solórzano. Por cierto, el mismo pasaje, procedente de los *Emblemas*, demuestra que Solórzano también sabía que Suárez «trata de sacar a la luz un tratado entero bien culto y erudito».

de Olivares[23]. De hecho, Suárez había dedicado a Castrillo, «excellentissimo principi», aquel libro sobre la *lex Aquilia*[24]; y este, a su vez, había conseguido a Suárez de Mendoza su cómodo puesto en la Contratación. Aquella inextricable ilación de sabiduría, prestigio, poder y nobleza no podía dejar indiferente al incontenible tesorero de la Casa de la Contratación.

* *

La bibliofilia del conde de Villambrosa también resultó decisiva en la carrera de Veitia. No es la primera vez que Villaumbrosa se asoma a nuestro relato y tampoco será la última. Ya se ha mencionado cómo ejerció la presidencia de la Casa de la Contratación y cómo, durante aquella etapa, apoyó a Veitia para que accediera a la Tesorería[25]. Más adelante lo reencontraremos en Madrid, donde jugó un papel importante en la aprobación del *Norte de la Contratación* ante el Consejo de Castilla[26]. Ambos hombres llegaron a ser buenos amigos, tal como el *Norte* atestigua sin ambages[27]. Digamos ahora algunas palabras más sobre Villaumbrosa –muchas menos de las que merecería una figura como la suya, que sin duda reclama estudios monográficos sobre su trayectoria política e intelectual–.

El conde fue un hombre bendecido por varias circunstancias. Contaba con una magnífica educación literaria, esculpida también en la Universidad de Salamanca. Llevó por derecho propio el título de marqués de Quintana y ganó por vía matrimonial aquel por el cual se le suele conocer, al desposar a la verdadera condesa de Villaumbrosa, doña Petronila Niño[28]. Pero, sobre todo, era un Guzmán, cuyos familiares apreciaban sus incuestionables talentos. El duque de Medina de las Torres se convirtió en el principal impulsor de su carrera, un itinerario relativamente canónico que lo ensalzó a lo más alto

---

23. Fayard (1982: 11-12).

24. Suárez de Mendoza (1640: s.p): «Excellentissimo principi D.D. Garsiae de Avellaneda et Haro, comiti de Castrillo, secretioris palatii, et regiorvm statvs, belli, gratiae, ac ivstitiae, ítem svpremi Indiarum Senatvs», Salamanca, idus de enero de 1640. Continuando con las conexiones salmantinas, el libro también contaba con una censura elogiosa de Ramos del Manzano: *D. Francisci Ramos del Mançano in Salmanticensi Academia, primae perpetuaeq Veespertinae iuris Ciuilis Cathedrae antecessoris, censura ex iussu Ordinarii*, Salamanca, 9 de enero de 1640.

25. Véase el capítulo ii.

26. Véase el capítulo v.

27. Veitia, *Norte*, I, pp. 288-289.

28. RAH, SC, vols. D-26, f. 57 y D-30, f. 39. A la muerte de su hermano mayor, Luis Núñez de Guzmán, asumió también el título de marqués de Montealegre. Luis fue una figura esencial, como general de la Armada de la Guarda de la Carrera y consejero de Indias.

Figura 3.1. D. Pedro Núñez de Guzmán, conde de Villaumbrosa
Fuente: Wikipedia

del poder político español[29]. Su trayectoria comenzó en la Chancillería de Valladolid, donde sirvió como oidor. Después llegó a Sevilla, donde compaginó la presidencia de la Casa con el desempeño como asistente de la ciudad. Y, finalmente, conquistó Madrid, donde presidió los consejos de Hacienda y de Castilla, y formó parte de la Junta de Gobierno durante la minoridad de Carlos II[30].

Mientras paladeaba la gloria, Villaumbrosa reunió una biblioteca inefable. Como otros magnates de su tiempo, no concebía la idea de un político óptimo al que faltase el conocimiento y el amparo de la alta cultura. Además de a Veitia, ofreció su apoyo a Juan Lucas Cortés y Nicolás Antonio. Este último trabajó a menudo en la biblioteca de Villaumbrosa y no olvidó recordar su riqueza en varios pasajes de la *Bibliotheca Hispana*, donde hace referencia a ella como *Bibliotheca Villahumbrosana*. Otro intelectual como Luis de Salazar y Castro también frecuentó la colección. Lo deleitaban especialmente los

---

29. Álvarez-Ossorio Alvariño (2016: 392).
30. Fayard (1982: 40).

manuscritos, fuente de información para sus obras, muchos de los cuales compró después de la muerte de Villaumbrosa. Luego, aquellos papeles que habían pasado a la biblioteca de Salazar se incorporaron a la Real Academia de la Historia con los demás tesoros del polígrafo, donde hoy pueden ser consultados y estudiados con libertad por los estudiosos[31].

El esplendor de la *biblioteca villaumbrosana* aún refulge en una obra tan peculiar como fascinante, el *Museo o Biblioteca Selecta*, preparada por el reputado jurista José Maldonado y Pardo[32]. El *Museo* es un placer y una tortura para cualquier amante de los libros. ¿Quién no se admirará ante un florilegio tan portentoso? ¿Y quién, a continuación, no se debatirá entre la rabia y la melancolía al pensar en la división y parcial pérdida de los fondos? Porque, aunque se hayan preservado los ejemplares de la Real Academia, la biblioteca de Villaumbrosa llegó a pensarse como una unidad orgánica, irremediablemente destruida. Al menos, el *Museo* de Maldonado nos la describe, para que podamos recorrerla con nuestra imaginación y comprenderla, que no es poco[33].

Maldonado aducía, bien que con evidente voluntad de lisonja, que aquella idea de biblioteca se debía al mismo Villaumbrosa. Los príncipes de la Antigüedad, desde Egipto hasta Alejandría y Roma, habían reunido extensas colecciones, pero no habían sido capaces de ordenarlas, así que cuando se deseaba consultar un volumen, a duras penas lograba hallarse. Tales incomodidades no existían en el templo de papel de Villaumbrosa, cuya exquisitez demostraba la excelencia de su dueño y de su esposa la condesa. A él lo ensalzaba como «Biblioteca animada» y a ella como «Minerva Española, gloria deste siglo». Para Maldonado, Villaumbrosa encarnaba el ministro óptimo

---

31. Rodríguez Moñino (1950); Forradellas (1972); Alberola Fioravanti (1995: 83-84), que incluye la colección de Villaumbrosa entre el elenco de colecciones privadas que alberga la biblioteca de la RAH, pero bajo el título de marqués de Montealegre y aclarando que entró dentro de la colección Salazar y Castro.

32. Maldonado fue un jurista salmantino formado en los círculos de Francisco Ramos del Manzano: De Dios (2014: 729). Se le deben, entre otras obras, unas *Ad clarissimi ivrisconsvlti Dom. Lvdovici de Molina in Svmmo Regnorvm Castellae Senatv ivstitiae, et gratiae consiliarii De Hispaniarvm Primogeniis celebrem tractatvm Additiones, sev Observationes Novissimae*, Madrid, Julián de Paredes, 1667, publicadas precisamente bajo el patrocinio de Ramos del Manzano.

33. El título completo es *Mvseo o biblioteca selecta de el Exc.mo señor don Pedro Nvñez de Gvzman, marqves de Montealegre, y de Quintana, Conde de Villavmbrosa, y de Castronuevo, Comendador de Huerta, de Valdecarabanos, en la Orden de Calatrava, de los Consejos de Estado, y Guerra, y Presidente del Supremo de Castilla [...] Dedicada al mismo Excmo. Señor*, Madrid, Julián de Paredes, 1677. Manejo el ejemplar de BN, R/12559, que procede de la colección de Pascual de Gayangos, quien escribió de su puño y letra: «es rarísimo este catalogo, pues no me acuerdo haber visto mas que otro ejemplar. En efecto, es bastante difícil hallar ejemplares del *Museo*, según revela una sencilla búsqueda en el Catálogo Colectivo del Patrimonio Bibliográfico.

por su afición al estudio y natural inteligencia, puestos al servicio del servicio político:

> No puede aver divisa mas propia de V.E. ni que mejor explique el concepto de su gran capacidad, pues muestra naciò dotado de las artes, y Ciencias, que tan cumplidamente adquiriò su cuidado, que mas parece las reconoce propias, acordándose dellas, que averlas aprendido su industria, estando tan hallado en todas materias, que el dificultoso Arte de gobernar, que llamò Ciencia de Ciencias San Agustin, es tan fácil à V.E. que à vn mismo tiempo sabe mandar con prudencia, y obrar con valor.

Los hombres como Villaumbrosa entendían bien que «testimonio es que acredita los Principes grandes la inclinacion a los Libros». Porque «las letras [son] lo mas precioso del Imperio»[34].

No obstante, un poco más adelante, Maldonado reivindicaba para sí el detalle de la división por materias, así como la catalogación de todos los volúmenes. Una labor ímproba aquella de «reducir à orden» los libros, que culminaba con la redacción de aquel catálogo, inspirado en varios autores antiguos y modernos y, singularmente, en el siempre admirado Nicolás Antonio[35]. Bien podía llamarse *Biblioteca*, pues «es voz Griega, que significa ordenado numero de Libros». Pero también *Museo*, término que Maldonado definía como «asiento de ingenios» y, como tal, le parecía sinónimo de biblioteca, donde «hallaràn los estudiosos gustosa recreacion del animo à todas horas»[36].

La división por materias encerraba una cierta relación jerárquica, donde el primer puesto correspondía a la Teología. «In apice scientiarum sedet Theologia»[37]. A continuación, se encontraba el Derecho, apreciado por la elevación de la justicia al corazón mismo de las prácticas políticas en el Antiguo Régimen. «Post Sacram Theologiam sequitur Iuresprudentia diuinarum, atque humanarum rerum notitia, iusti, atque iniusti scientia»[38]. Después: Filosofía, Política, Humanidades, Jeroglíficos, Poesía, Gramática, Medicina,

---

34. Maldonado (1677: s. p., «Exc[elentísi]mo Señor»).

35. También recuerda a la de Felipe IV en la Torre Alta del Alcázar, ordenada por materias, tal como refleja el índice de 1637 debido a Francisco de Rioja: Bouza Álvarez (2005).

36. Maldonado (1677: s. p. «Prologo»).

37. *Ibid.*, f. 1r. El primer libro en esta sección era, evidentemente, la Biblia. Villaumbrosa tenía muchos ejemplares de las Sagradas Escrituras y entre ellos brillaban especialmente uno de la Biblia Políglota de Amberes (1571) y otro de la Biblia Complutense (1515).

38. *Ibid.*, f. 9r. Entre los primeros títulos comprendidos en esta sección, se hallaba el propio *Norte de la Contratación* de Veitia, catalogado por Maldonado como obra jurídica. Véase *infra* capítulo VII.

Matemáticas, Historia, Numismática y Bibliotecas. Aunque la Historia figurara entre las últimas secciones, nos equivocaríamos si pensáramos que Villaumbrosa la tenía por una disciplina menor. De hecho, era su género favorito o al menos eso parece deducirse de la abundancia de los títulos. Considerada esencial para la educación política de cualquier gobernante, había más libros de Historia en la biblioteca villaumbrosana que de cualquier otra materia[39].

Gracias a la paciencia minuciosa de Maldonado, podemos conocer los títulos de todos los libros impresos y manuscritos poseídos por Villaumbrosa, uno por uno. La riqueza de la colección impresiona. Había de todo. Maldonado no albergaba dudas respecto a que «de los Libros impressos, si no todos, los mejores, y mas escogidos se hallan en esta [biblioteca]» y, aun así, consideraba que los manuscritos eran la «Corona de toda la obra»[40]. Algunos volúmenes se adecuaban al perfil de lo que un político debía saber para mejor gobernar. Otros nos conducen a los momentos de asueto de Villaumbrosa, tópicamente subrayados por su escasez entre tantas responsabilidades ministeriales, y ahí contemplamos una completísima muestra de la literatura medieval y aurisecular, compuesta por don Quijote, la vieja Celestina y los poemas de Garcilaso, Lope, Góngora o Quevedo. Otros libros nos sorprenden. Por ejemplo, entre muchos otros que podrían mencionarse, resulta digno de atención cómo Villaumbrosa conocía a los representantes más eximios de la Revolución Científica. Tenía el *De Revolutionibus* de Copérnico, el *Mysterium Cosmographicum* y la *Astronomia Nova* de Kepler o las *Tablas Rudolfinas* y la correspondencia de Tycho Brahe[41].

La biblioteca de Villaumbrosa revelaba un conocimiento amplio del mundo. Había libros en latín y castellano, pero también en francés, italiano o alemán. Había libros sobre la mayor parte de los estados europeos, si no de todos. Y había libros sobre las cuatro partes del mundo, tal como si la biblioteca pretendiera abocetar aquel orbe que las navegaciones europeas habían ido conectando durante los dos siglos anteriores. Villaumbrosa podía leer sobre África, Asia o la India Oriental de los portugueses y el Brasil. Tenía

---

39. De hecho, luego a continuación situaba los libros de Historia en el primer lugar de los libros en lengua vulgar, por delante incluso de la Teología, lo que podría confirmar esta preferencia que parece observarse por el arte de Clío.

40. *Ibid.*, f. 104r y Prólogo.

41. *Ibid.*, f. 28v. En cambio, no había nada de Galileo (sí de su padre Vincenzo, el diálogo *Della musica antica et della moderna*, Florencia, 1581). Por supuesto, Villaumbrosa también contaba con una amplia muestra de libros inscritos en la tradición aristotélica-ptolemaica, entre ellos algunos de los adversarios jesuitas del heliocentrismo como Clavius o Scheiner.

a su disposición prácticamente todo cuanto podía aprenderse sobre la geografía y la historia de las Indias Occidentales. No faltaba ni una crónica de Indias, como las de López de Gómara, el inca Garcilaso, Alonso de Ovalle o incluso la *Brevísima relación de la destrucción de las Indias* de fray Bartolomé de las Casas[42]. Y, por supuesto, abundaban los principales trabajos de los ministros literatos de Madrid. Villaumbrosa tenía obras de Solórzano, Ramírez de Prado, Palafox, Saavedra Fajardo, González Dávila o Díez de la Calle. La lectura de estas últimas resultó fundamental para Veitia, como enseguida veremos.

La morada de Villaumbrosa no solo albergaba libros. También cobijaba instrumentos científicos y técnicos sin los cuales, en opinión de Maldonado, «no pueden entenderse los libros y se juzgan necesarios para la práctica de las artes»[43]. Aquellos artefactos eran útiles en varios campos del saber y se relacionaban con varios de los puestos de gobierno que Villaumbrosa había ocupado. Algunos pudieron serle útiles en cualquier momento de su carrera, como una magnífica colección de mapas del mundo impresos en París por Pierre Mariette[44]. Otros, en cambio, nos recuerdan vivamente los años transcurridos al frente de la Casa de la Contratación, cuando Veitia lo trató. Ninguno más excepcional que la polémica y casi desaparecida

> Carta Nautica del Mar, Costas, e islas de las Indias Occidentales, compuesta, y enmendada por Sebastian de Ruesta, examinada y corregida por el Excelentissimo Señor don Pedro Nuñez de Guzman, Marques de Montealegre, siendo Assistente de Sevilla, y Presidente de la Casa de la Contratación, y con licencia del Excelentissimo Señor Conde de Peñaranda, siendo Presidente de Indias[45].

También nos evocan aquel período los astrolabios, los compases, los globos celestes y terrestres, y las pantómetras. Nos demuestran algo: Villaumbrosa nunca abandonó Sevilla del todo.

---

42. Por cierto, poseía la edición original sevillana de 1552, tal vez adquirida en sus años andaluces.

43. *Ibid.,* «memoria de los instrumentos matemáticos que se guardan en esta biblioteca» (al final de la obra).

44. Había un mapa general del mundo, otro de Europa, otro de Asia, otro de África y, por supuesto, otro de América. Mariette solo era el impresor, editor de las creaciones de cosmógrafos como Nicolas Sanson, posible autor, entre otros, de los mapas que Villaumbrosa poseía.

45. La carta enfrentó al autor, Sebastián de Ruesta, cosmógrafo de la Casa, con su hermano Francisco de Ruesta, piloto mayor, que achacaba varias incorrecciones a la obra: AGI, Contratación, leg. 850 y Escribanía, leg. 1086c. No obstante, la carta obtuvo el permiso de impresión del Consejo de Indias en 1655, transmitido precisamente a Villaumbrosa como presidente de la Casa: AGI, IG, leg. 438, lib. 18.

Maldonado describió y ordenó la biblioteca cuando se encontraba en su máximo grado de desarrollo, al término de la etapa madrileña de Villaumbrosa. Sin duda, Veitia conoció en Sevilla una colección más pequeña. Ese estadio intermedio es imposible de describir[46], aunque sin duda bastó para ayudar a Veitia en la redacción del *Norte*. En la biblioteca de Villaumbrosa, como en la de Suárez de Mendoza, Veitia encontraría los libros necesarios para redactar su texto, aquellos que se encuentran citados y consignados en el aparato de notas. También tuvo que ser otro lugar para darse de bruces con aquel modelo del ministro literato[47]. Allí estaban los escritos creados por la élite intelectual de juristas salmantinos que dominaba el Consejo de Indias bajo el liderazgo del conde de Castrillo. Y allí estaba el propio Villaumbrosa, uno de ellos, alguien afable, a quien Veitia trataría en el trabajo y fuera de él, alguien a quien parecerse.

* * *

Así que empezó a comprar libros, él también. Deslumbrado por aquellas personalidades fascinantes, surgió el natural deseo de la imitación. Leyendo libros de caballerías, soñó con ser caballero andante. Admirando a los ministros literatos, Veitia se esforzó por serlo él mismo. En primer lugar formó una biblioteca, que Francisco de Solano ha intentado reconstruir hábilmente[48]. Su técnica se basa en un ejercicio de deducción de los fondos a partir del análisis del patrimonio de los herederos. Tras la muerte de Veitia, la biblioteca quedó en manos de la viuda, Tomasa Murillo, la cual la traspasó a su sobrino Gaspar Esteban de Murillo, canónigo de la Catedral de Sevilla. La descripción de la biblioteca de este dentro de su inventario de bienes, fechado en 1709[49], ha

---

46. Hay muchos elementos en el *Museo* de Maldonado susceptibles de ponerse en relación con la etapa sevillana de Villaumbrosa. Además de los libros impresos en la capital andaluza, se encuentran entre los manuscritos una *Relacion de los libros que se embiaron à Sevilla de la librería del Conde Duque de Olivares*, un *Indice de los libros manuscritos que hubo en la librería del duque de Alcalà, Marques de Tarifa* (f. 111v) y una *Relacion de la inundación que padeció la Ciudad de Sevilla en la creciente del rio Guadalquivir el año de 1595 compuesta por el Licenciado Lorenço de S. Pedro, y dedicada al Conde de Priego su Assistente* (f. 113r), un *Tratado de la Aduana de Sevilla, con los casos que pueden ofrecerse en su gobierno, y administración, año de 1637*. Las referencias a estas otras bibliotecas son interesantísimas.

47. El aprecio hacia este tipo humano se percibe en pasajes como Veitia (1672: I, 291), relativo a Diego Jiménez de Enciso, que «fue de grande erudicion, y letras (como es notorio)». Sobre Jiménez de Enciso, véase Pike (1990 y 1993); Cobos (1998).

48. Solano (1981: XXX-XXXIII y XXXIX-LIII).

49. AHPSe, PNS, leg. 13 082, ff. 943-959 y 972-993; inventario y tasación de los bienes de Gaspar Esteban de Murillo, Sevilla, 12-21 de mayo de 1709. La librería está descrita y tasada en ff. 949r-958v y 981v-992r.

permitido especular qué volúmenes provendrían originalmente de la colección Veitia, bien por su temática indiana o por constar entre las citas del *Norte*. El resultado no puede ser perfecto, pero al menos resulta bastante orientativo[50]. Tal como la presenta Solano, se perfila una colección que en 1688, año del fallecimiento de Veitia, podía contener unos 650 títulos en unos 1300 volúmenes. Se trataba, por tanto, de una biblioteca importante, rica y variada, en la que había oportunidad de consultar libros de muchos tipos, pero con el conocido predominio de los géneros jurídico e histórico.

La biblioteca era un logro importante en sí. Pero Veitia no se conformó con la pasión de la bibliofilia. Conformarse no formaba parte de su modo de entender la vida. Sería un ministro literato a todos los efectos. Por tanto, además de coleccionar libros, también escribiría uno. Uno que pudiera verse como un equivalente en la Casa de la Contratación a lo que significaban en la corte las obras de los ministros más encumbrados. Ese libro recogería su experiencia profesional, como ya vimos en el capítulo anterior. Pero también se nutriría de lo que Veitia aprendió leyendo: conocimientos concretos, estilos narrativos o enfoques temáticos. Y, más que cualquier otra cosa, sueños literarios. Sueños de grandeza, qué duda cabe.

LIBROS PARA UN LIBRO: LAS FUENTES BIBLIOGRÁFICAS DEL *NORTE*

Los libros no fueron solo un motivo de inspiración. También sirvieron como fuente de información. Además de sugerirle el modelo de comportamiento del ministro literato, con su fascinante sofisticación, también le brindaron muchos de los datos que requería aquí y allá para componer su texto. Nunca aportaron tanto como la experiencia profesional en la Casa, que veíamos en el capítulo

---

50. Montoto (1946), pp. 464-479 y Angulo (1981: I, 125-127) emplean la misma técnica que Solano para acercarse a la biblioteca de Murillo, heredada igualmente por Gaspar Esteban, y confirman que es la mejor manera, por no decir la única, de reconstruir la de Veitia (a la que también mencionan). La suposición en la que se basa (el traspaso de los libros y otros bienes de Veitia a Tomasa Murillo y de esta a Gaspar Esteban) está confirmada en AHPSe, PNS, leg. 13070, ff. 429-430; testamento de Tomasa Josefa de Murillo, Sevilla, 12 de marzo de 1703, en el que el canónigo, con poder para testar y en calidad de albacea, se nombró a sí mismo «por universal heredero de la dicha señora Dª Tomasa Josefa de Murillo, mi tía, para suceder en el remanente que quedase de todos sus bienes y hacienda». Los resultados del ejercicio, aceptables en general, son variables según casos particulares. Es discutible, por ejemplo, que el *Covarrubias* de Murillo tuviera que proceder de la biblioteca de Veitia, por mucho que este recurra a él en el *Norte de la Contratación*. En cambio, es mucho más probable, por no decir seguro, que las ordenanzas del Consejo de Indias o el *Gazofilacio* que el canónigo poseía se los debiera a su tío.

anterior. Ni tanto como la investigación archivística que emprendió, según estudiaremos en el próximo capítulo. Sin embargo, no cabe duda de que los libros fueron otro puntal fundamental sobre el que se construyó el *Norte*.

*

Hagamos un repaso general, antes de fijar la mirada en los títulos más significativos. Encontramos una cierta variedad, que sobrepasa los límites de la literatura oficial indiana. Hay autores clásicos, por ejemplo. Veitia se había familiarizado con ellos, requisito imprescindible para cualquier hombre culto de la época, mucho más si deseaba publicar algo. Debe reconocerse que carecía de una profunda cultura humanística. Su latín no debía de ser gran cosa y de griego, pensamos, no sabía nada. Pero al menos fue capaz de hilvanar algunas referencias. Colocó la mayoría en el prólogo, elección que irremediablemente nos lleva a pensar en las chanzas de Cervantes[51]. Se acordó de los dos Plinios, de Cicerón, de Vitruvio y de Séneca. Aprovechó, dentro de la tradición patrística, algún pasaje de san Gregorio Nacianceno. Y acudió a algún autor más moderno como Justo Lipsio. El elenco no era un alarde. Pero bastaba para satisfacer una ley no escrita del buen gusto literario de su tiempo.

Un diccionario solvente le resultó mucho más útil. Afortunadamente, lo tenía. Veitia fue un lector entusiasta del *Tesoro de la lengua* (1611) de Sebastián de Covarrubias en el propio siglo XVII[52]. Él, que vio muchos tesoros, se dio cuenta de que el de Covarrubias también lo era. En aquel tesoro no había oro ni plata, sino papel y palabras; y no enriquecía la bolsa de quien lo abría, sino su espíritu y su intelecto. Veitia se dio cuenta de que no podía escribir un libro tan extenso y complejo como el *Norte* sin recurrir al diccionario. Aunque conocía de primera mano el vocabulario común entre los hombres del comercio y la navegación, siempre quedarían tecnicismos y términos confusos que necesitasen alguna aclaración. Solo *el Covarrubias* podía ayudarle, a sesenta años de la publicación del *Diccionario de Autoridades*. Lo empleó para explicar etimológicamente palabras tan propias del argot marinero como galeón[53], o para ilustrarlas con alguna comparación curiosa, como cuando equiparaba la

---

51. Me refiero, lógicamente, al inefable prólogo de la primera parte del Quijote.
52. Covarrubias (1611).
53. Veitia (1672: II, 23): «Como dize Don Sebastian de Covarrubias en Tesoro de la lengua Castellana, *Galeaza*, y *Galeon* tomaron el nombre de la Galera, aunque son Navios mas fuertes, y menos ligeros, pero q[ue] sufren los golpes del agua por ser de alto bordo».

quilla de los barcos a una columna vertebral[54]. Incluso encontró ocasión para criticar el uso cotidiano de algún término si no coincidía con el sentido erudito que le atribuía Covarrubias. Fue el caso de los «navíos arribados». Según razonaba, la gente daba ese nombre a los barcos que por cualquier circunstancia no llegaban al destino que tenían fijado, «que rigurosamente no significa aquello», decía Veitia, «supuesto que como refiere Don Sebastian de Covarrubias sobre la explicacion desta voz, se dixo *arribar quasi arripar*, que es llegar a la orilla, y consequentemente al Puerto, de que resulta que se deviera dezir quando vn Navio llegó a salvamento al Puerto de su derecha descarga»[55]. Covarrubias enseñó a Veitia, o Veitia dedujo leyendo a Covarrubias, que el navío arribado no había llegado al puerto inesperado sino a aquel que perseguía.

Además de un diccionario, el *Norte* demandaba la consulta de un buen atlas. Veitia alude alguna vez, bastante de pasada, al *Theatrum orbis terrarum* de Abraham Ortelius y a las *Civitates orbis terrarum* de Georg Braun[56]. Sin embargo, la referencia más recurrente remite a los *Novus orbis seu descriptionis Indiae Occidentalis libri XVIII* (1633) de Johannes de Laet[57]. La entrada posee cierto perfil de rareza dentro de la bibliografía veitiana, en su mayor parte integrada por obras españolas editadas en Madrid o Sevilla. Posiblemente, la explicación resida en la influencia de Villaumbrosa, que tenía un ejemplar de Laet en su biblioteca (aunque Solano sitúa otro ejemplar entre su colección propia)[58]. Fuera como fuese, la cuestión bien puede tomarse como un reconocimiento de la superioridad alcanzada por la cartografía neerlandesa en la Europa seiscentista. Lo paradójico es que Laet bebía profusamente de autores castellanos y lo reconocía sin tapujos en extensa relación. Citaba a Cieza de León, Herrera, Acosta, Argensola, Ercilla, el Inca Garcilaso o a López de Gómara, entre varios otros[59]. Pese a ello, nada puede encontrarse en el XVII español que se asemeje a tan soberbio trabajo.

---

54. Veitia (1672: II, 184): «La *Quilla*, que es la longitud de la parte inferior del Vaxel, y el fundamento, ó cimiento de aquel náutico edificio; la qual comparò Don Sebastian de Covarrubias al espinazo del hombre, porq[ue] della van como costillas saliendo las maderas».

55. Veitia (1672: II, 216).

56. Ambas obras contaron con varias ediciones, sin que haya sido posible determinar cuál de ellas manejó Veitia durante la redacción del *Norte*.

57. Jorink (2015).

58. Solano (1981: XLVI).

59. Debe aclararse que Laet no solo utilizó a autores españoles, sino también a franceses, ingleses, flamencos y holandeses, demostración evidente de la riqueza bibliográfica y la diversidad de las noticias que se disfrutaba entonces en las Provincias Unidas: Lesger (2006).

Laet, como Veitia, no era ajeno al mundo comercio. De hecho, fue uno de los fundadores de la Compañía de las Indias Occidentales, en la que ocupó puestos de responsabilidad. Por tanto, para Laet, la escritura tampoco tenía solo el sentido del placer personal, sino la utilidad práctica del profesional vinculado al comercio. La primera edición de aquel libro apareció en neerlandés y la segunda también; sin embargo, la tercera se tradujo al latín, haciéndola asequible a un público mucho más amplio. Veitia fue uno de los lectores conquistados por la edición latina. Se le puede imaginar repasando las páginas de aquella maravilla, admirando la calidad de las ilustraciones y reconociendo la exactitud de las descripciones, óptimas para los cánones de la época. Reconoció a Laet su exhaustivo conocimiento de la literatura hispánica y aplaudió su mérito.

* *

La preferencia veitiana por la literatura hispánica incluía la admiración por varias obras redactadas en América. A todos los efectos, deben considerarse fruto de la cultura indiana, a pesar de que varias de ellas se imprimiesen en Europa. A excepción de la *Histórica Relación del Reino de Chile* (1646), publicada en Roma, donde su autor, el P. Alonso de Ovalle, compareció ante el padre general de la Compañía de Jesús[60], las demás se entregaron a la imprenta en España, singularmente en Madrid. Así el *Arte de los metales* (1640) de Álvaro Alonso Barba, fruto de los conocimientos de minería aparecidos en Potosí[61], o en cierta medida el *Espejo en que se debe mirar el buen soldado* (1664), en el que Juan Márquez Cabrera volcó su experiencia militar entre Europa y las Indias[62]. No obstante, tampoco faltaban los escritos redactados e impresos en América. Al menos, puede incluirse ahí *Excubationes semicentum ex decisionibus regiae chancellariae Sancti Dominici insulae* de Juan Francisco Montemayor de Cuenca (quien después adquiriría mayor notoriedad por su edición de los *Sumarios de la Recopilación* de

---

60. Ovalle (2003 [1646]).
61. Alonso Barba (1640). Sobre este personaje fundamental: Barnadas (1986).
62. Márquez Cabrera (1664). El recurso de Veitia a Márquez Cabrera fue apreciado en Agustín Laurencio de Padilla Altamirano, *Compendio del origen, antigüedad y nobleza de la familia y apellido de Márquez*, Sevilla, Juan Francisco de Blas, 1689, p. 217: «aquel *Espejo en que se debe mirar el buen Soldado*, libro, que imprimió el año passado de 1664 dirigido al Real Consejo de las Indias, tan docto, como digno de toda estimacion, à quien cita Don Joseph de Veitia en su Norte de la Contratacion de las Indias».

Aguiar)[63]. Veitia lo evocó como «vn tratado de decisiones, que D. Iuan Francisco Montemayor de Cuenca, Oydor de Mexico, imprimió en aquella Ciudad el año passado de 1667»[64].

Las dos creaciones criollas más presentes en el *Norte* son la *Curia Filípica* de Juan de Hevia Bolaños y el *Gazofilacio regio* de Gaspar de Escalona Agüero. Hevia fue autor de dos obras esenciales publicadas en Lima, la *Curia Filípica* (1603) y el *Laberinto de comercio* (1617), finalmente unificadas a partir de la edición de 1644, aparecida en Madrid[65]. Hevia es una figura medio en penumbra, aún mal conocido y objeto de controversias académicas. Nació en Oviedo allá por 1570, donde parece que estudió en el Colegio de los Pardos; trabajó como oficial de escribanos en las chancillerías de Valladolid y Granada; emigró a América, se estableció en Lima y se ganó la vida en el ámbito de la abogacía. Su obra ha generado desacuerdos. Se la ha ensalzado con generosidad, pero también se han cuestionado sus méritos. Sin embargo, su relevancia histórica es indubitable. La primera gran obra jurídica escrita en los virreinatos alcanzó el mérito de ser la más editada entre las de su género dentro del mundo hispánico de la Edad Moderna[66].

Por su parte, el *Gazophilatium Regium Perubicum* (1647) salió de la pluma del licenciado peruano Gaspar de Escalona. Lo escribió mientras servía diferentes oficios en su tierra natal, aunque finalmente lo publicara en Madrid, dedicado al conde de Castrillo[67]. No sabemos cuánto lo apreció, pero gracias a la dedicatoria su nombre quedó vinculado a una obra que merece figurar por

---

63. Barrientos Grandón (2001).
64. Veitia (1672: II, 62).
65. Apareció bajo el título de *Primera y segunda parte de la Curia Filípica, donde breve y compendiosamente se trata de los juicios, mayormente forenses, eclesiásticos y seculares con lo sobre ellos hasta ahora dispuesto por derecho, resuelto por doctores antiguos y modernos y practicable. Útil para los profesores de entrambos derechos y fueros, jueces, abogados, escribanos, procuradores, litigantes y otras personas. Y de la mercancía y contratación de tierra y mar, útil y provechoso para mercaderes, negociadores, navegantes y sus consulados, ministros de los juicios, profesores de derechos y otras personas*, Madrid, Carlos Sánchez, 1644. Este librero llamado Carlos Sánchez fue quien tuvo la idea de unir ambos libros, dedicando la edición a don Juan Chumacero, presidente del Consejo de Castilla. Dentro de la presentación del volumen la primera parte era la *Curia Filípica* propiamente dicha y la segunda parte, el *Laberinto de Comercio*. Más allá de eso, ambos libros mantuvieron su independencia e incluso aparecen con paginaciones distintas.
66. Muñoz Planas (2001); Coronas (2007).
67. Había una primera dedicatoria al rey Felipe IV, pero inmediatamente después llega la dirigida al «Excellentissimo D. D. Garciae de Haro Avellaneda, comiti de Castrillo, eqvuiti Calatrauensis, & Commendatario de la Obreria, â Consilijs Potentissimi Hispaniarum Regis Catholici Philippi IV in Supremis Senatibus Iustitiae, Camerae, Belli & Status, Praesidis Consilij Indiarum, sacri cubiculi Praeposito, Regalis Patrimonij Custodi, Auctori, Propagatori omnibus virtutibus praeclaro».

derecho propio entre lo mejor de la literatura oficial indiana. Su riqueza procede de la formación jurídica adquirida por su autor en la Universidad de San Marcos[68], así como de la experiencia práctica del gobierno en Jauja y Castrovirreina. El curioso título aludía al célebre arca del tesoro del Templo de Salomón, rememorado como metáfora de la Real Hacienda del Perú, *Arca Limensis*, origen de muchas de las remesas de plata que llegaban a España a través del Atlántico. La materia de aquel *Gazofilacio* giraba en torno a la fiscalidad indiana, según confirmaba el precioso grabado de Juan de Noort que servía como portada. En medio de una densa simbología, Felipe IV ocupaba el lugar central, sentado en un trono que se sostenía literalmente sobre el arca del tesoro limeño y sus provincias tributarias.

No era casual la preferencia de Veitia por el *Gazofilacio*. Ya tuvimos ocasión de ver cómo la Casa de la Contratación podía entenderse como la yuxtaposición de una caja real y una real audiencia[69]. Pues bien, Escalona explicaba con el mayor pormenor alcanzado hasta entonces cómo funcionaban las cajas reales, bien de manera general o considerando uno por uno los diferentes oficios que las formaban, especialmente los contadores, los tesoreros y los factores. Estos eran similares, por no decir idénticos, a los jueces oficiales de la Casa, de manera que Veitia encontró un sinfín de paralelismos a los que recurrir. Por otro lado, Escalona también daba cuenta del juego de transferencias que unía las diferentes cajas reales. Prestaba atención, por ejemplo, al pago de situados militares como el de Chile, que se abonaba entonces desde la caja de Lima[70]. Y, desde luego, al envío de remesas a Panamá con destino final a Castilla. Es decir, Escalona desvelaba cómo se formaban en América aquellas rentas reales que luego administraba en España la Casa de la Contratación y, particularmente, los tesoreros como el mismo Veitia. Allí donde terminaba el *Gazofilacio* empezaba el *Norte*. La secuencia fiscal implicaba unas conexiones literarias que Veitia no desaprovechó. Realmente, aquel gazofilacio encerraba un tesoro que engrosaba el caudal de los escritos indianos.

* * *

---

68. Como han señalado sus estudiosos, allí fue condiscípulo de Antonio de León de Pinelo, al que siempre le unió una buena amistad. Se ha planteado con buen criterio que su buena disposición hacia los miembros del Consejo de Indias vendría favorecida por la actuación de Pinelo.

69. Véase el capítulo II.

70. Vargas Cariola (1984); Rodríguez Ridao (2017).

Por su naturaleza, el *Norte* se nutrió preferentemente de estudios jurídicos, institucionales e históricos. No todos se encuadraban en el marco de la literatura oficial indiana, como *Disputationum Iuris* de Tomás de Carleval, la *Política para corregidores* (1597) de Jerónimo Castillo de Bobadilla, la *Historia natural y moral de las Indias* (1590) del P. José de Acosta o los *Anales de la Corona de Aragón* de Jerónimo Zurita[71]. Debe reconocerse que varios de ellos tan solo aparecen de manera episódica en el texto, citados acaso una vez o dos. Eso ocurre incluso con la bibliografía relativa a Sevilla, a pesar del fuerte componente local de la obra, al que nos referiremos más adelante. Veitia tan solo se acuerda en una ocasión, y de manera superficial o indirecta, del *Recibimiento* (1570) de Juan de Mal Lara, de la *Historia de Sevilla* (1587) de Alonso Morgado o de las *Antigüedades de Sevilla* (1634) de Rodrigo Caro[72].

Lo cierto es que la bibliografía veitiana se caracteriza por un contraste entre obras utilizadas muy ocasionalmente y otras a las que se recurre de manera constante. Incluso dentro de la literatura oficial indiana se aprecia esta dicotomía. Algunos autores clásicos apenas se encuentran representados, incluyendo a varios de los que convirtieron el reinado de Felipe IV en el período dorado de este género literario. Juan de Palafox, por ejemplo, apenas puede ser rastreado, quizás a causa de la estrepitosa caída en desgracia en la que culminó su carrera política[73]. Gil González Dávila tampoco es una referencia frecuente, algo comprensible, puesto que su *Teatro eclesiástico* no guarda casi ninguna correspondencia con la Casa de la Contratación y la Carrera[74]. Y Diego Saavedra Fajardo, desde luego, aunque perteneciera al Consejo de Indias[75], nunca escribió sobre materias indianas, así que aunque se perciba una veneración sincera hacia las *Empresas políticas*, era de esperar que Veitia solo pudiese traerlas a colación en contadas ocasiones. Lo más difícil de comprender es por qué le prestó una atención tan escasa a la obra colosal del gran Antonio de León Pinelo.

Esta observación tal vez podría discutirse, dado que no hay obra más presente en el *Norte* que los *Sumarios de la Recopilación*, cuya autoría ha sido atribuida a Pinelo por los especialistas. No obstante, eso no lo sabía Veitia.

---

71. Estas obras tuvieron varias ediciones antes de 1670, no habiendo sido posible identificar con total certeza la que empleó Veitia durante su investigación.

72. Mal Lara (1992 [1570]); Morgado (2007 [1587]); Caro (1998 [1634]. En todos los casos, Veitia utilizó las ediciones originales, todas las cuales cuentan actualmente con ediciones digitales en internet.

73. Álvarez de Toledo (2011).

74. González Dávila (2001-2004).

75. Schäfer (2003 [1937-1945]: I, 343).

Los *Sumarios* estaban a nombre de Rodrigo de Aguiar y él no tenía la menor razón para dudar sobre la cuestión. Había otros libros en el *corpus* pineliano, casi todos relacionados con el gobierno indiano. Veitia no ignoraba el valor de su copiosa producción. En el primer párrafo del *Norte* lo celebró como «meritissimo Oidor» de la Casa[76] y aquilató el valor del *Epítome a la Biblioteca Oriental y Occidental, Náutica y Geográfica*, como depósito en el que hallar noticia de «quantos han escrito de aquel nuevo Mundo»[77]. Cabría esperar una reflexión frecuente sobre Pinelo después de leer esa página inicial. Sin embargo, solo volvió a ser citado al final del libro primero y de manera casi obligada. Al repasar la nómina de ministros reales en la Casa, Veitia no tuvo más opción que recordarle como oidor supernumerario que fue de la Audiencia. Tampoco entonces mostró ignorancia de los méritos de Pinelo, que aparece como responsable de la «prolixa obra de la recopilacion de las leyes de Indias […] con tan gran credito de erudito en todas buenas letras como le adquirieron sus muchos escritos»[78]. Esos muchos escritos, sin embargo, quedaron fuera del *Norte* sin que pueda explicarse muy bien la razón, si es que había alguna.

En el extremo contrario hallamos a Antonio de Herrera y, sobre todo, a Juan de Solórzano Pereira; uno, el gran historiador y, otro, el gran jurista de la literatura oficial indiana. Para Veitia, constituyen la referencia principal, a mucha distancia de las demás con la única excepción, quizás, del *Gazofilacio* de Escalona. Herrera y Solórzano eran los dos autores más afectos entre los poderosos de Madrid. La elección no era casual, pero tampoco obedecía solo a conveniencias políticas. Veitia albergó una admiración muy sincera hacia ellos. Lo último que escribió en su libro[79] fue una disquisición sobre los nombres de América en la que ambos eran propuestos como las autoridades más fiables. En cierto modo, los elogió y homenajeó así, consciente de cuánto les debía: «omitiendo el citar varios Autores podrán verse el coronista Antonio de Herrera, y Don Iuan de Solorçano»[80].

* * * *

---

76. Se trataba de una oidoría puramente honorífica en la Casa de la Contratación, que le permitía residir en Madrid y cobrar el salario: *Ibid.*, p. 368.

77. Veitia (1672: I, 2).

78. Veitia (1672: I, 295).

79. Exceptuando una dedicatoria final necesaria por la infortunada caducidad de la dedicatoria original, tal como se explica *infra* capítulo v. Salvando este fragmento de circunstancias, el último contenido conceptual está centrado en una referencia directa a Solórzano y Herrera.

80. Veitia (1672: II, 263).

Antonio de Herrera y Tordesillas fue un historiador realmente privilegiado por su talento, su infatigable capacidad de trabajo, cierta experiencia administrativa y la posición dominante que adquirió como cronista regio. Escribía sin parar y tuvo facilidad para publicar. Entre 1589 y 1600 sacó varios libros sobre historia europea reciente, que agradaron en los círculos oficiales por su actualidad y comprometido patriotismo[81]. A partir de 1596 consiguió el cargo de cronista mayor de Indias y recibió el beneplácito para escribir dos historias generales, trabajos cumbres a los que debe la parte principal de su reputación. La primera apareció bajo el aparatoso título de *Historia general del mundo de XLVI años del tiempo de Felipe II, el prudente, desde el año de 1554 hasta el de 1598*. Salió en tres volúmenes entre 1601 y 1612 y, como el título indica bien a las claras, aspiraba a una mirada global, mundial en el sentido europeo del siglo XVII, en la que sus bien conocidas Indias ocupaban un papel justamente relevante[82].

La segunda historia era más específicamente americana. La famosa *Historia general de los hechos de los castellanos en las islas y Tierra Firme del Mar Océano* fue pronto conocida como las *Décadas*, expresión que remitía de manera transparente a las *Décadas* de Tito Livio. Las *Décadas* de Herrera se convirtieron en algo parecido a una versión autorizada y oficial de la delicada historia de las Indias, sobre la que no era fácil opinar. Su éxito fue arrollador y se convirtió en uno de los libros españoles que más interés levantó en Europa. A lo largo de los siglos XVII y XVIII, se publicaron diversas traducciones en Ámsterdam, París, Frankfurt, Londres o Amberes, que ofrecían el texto en latín, francés, neerlandés, inglés o alemán. Uno de sus muchos lectores fue Veitia, que leyó las *Décadas* con gran interés y las utilizó como una de sus principales fuentes literarias.

A pesar de toda la relevancia que quepa reconocerse a Herrera, la relación intertextual más densa del *Norte* conduce a la *Política Indiana* (1647) de Juan Solórzano Pereira. Veitia acudió alguna vez a otras obras de Solórzano, pero tan solo de manera puntual[83]. El mismo *De Indiarum Iure* apenas aparece citado en raras ocasiones[84]. En cambio, la *Política Indiana* menudea entre los

---

81. Entre ellos, *Historia de lo sucedido en Escocia y Inglaterra, en treinta y cuatro años en que vivió María Estuardo, reyna de Escocia*, Madrid, 1589; *Cinco libros de la Historia de Portugal y la conquista de las islas de los Azores*, Madrid, 1591; *Historia de los sucesos de Francia desde 1585, que comenzó la liga católica, hasta fin de 1594*, Madrid, 1598; *Comentarios de las alteraciones de Flandes*, Madrid, 1600.

82. Publicada en Madrid, Imprenta Real, 1601, 1606 y 1612. Kagan (2010: 208-213).

83. Veitia (1672: I, 97-98).

84. Por ejemplo, Veitia (1672: I, 230 y 237).

márgenes del *Norte*. De hecho, es la referencia más frecuente, exceptuando los códigos legales, de los que hablaremos más adelante. Pero no se trata solo de eso. Hay cosas que no pueden contabilizarse ni ponderarse enumerando citas textuales. Veitia dedicaba a Solórzano las alabanzas que no dirigía a ningún otro autor. La forma más sencilla de decirlo es que quería emularlo. Hasta donde sus habilidades llegasen, Veitia pretendió escribir un libro que representase en el ámbito de la Casa de la Contratación lo que la *Política Indiana* significaba para el Consejo de Indias. El *Norte* tenía que ser en Sevilla lo que la *Política Indiana* era en Madrid.

Al hablar de Solórzano, no hacen falta grandes presentaciones. Veitia no era el único que lo admiraba. Su obra representaba la cúspide de la literatura oficial indiana, circunstancia que lo ha hecho merecedor de una justa atención historiográfica. Aquel jurista extraordinario, educado en Salamanca, desarrolló una envidiable carrera política en Perú, donde fue oidor de la Audiencia, y después en Madrid. El conde de Castrillo –aunque todavía no disfrutaba del título– le abrió las puertas de la corte. Había sido discípulo de Solórzano en los años universitarios y en 1626, durante una primera y fugaz etapa en el Consejo, se acordó de su maestro y lo hizo volver. La rápida salida de Castrillo dificultó su acceso a la institución y Solórzano se colocó como fiscal del Consejo de Guerra. Sin embargo, la presa no se le resistió demasiado. En 1629, tras el regreso de Castrillo al gobierno del Consejo, ocupó la fiscalía de Indias y pocos años después recibió un merecido sillón de consejero, que cuidó bien hasta su jubilación[85].

En sus años limeños, Solórzano concibió la preparación de obras jurídicas que explicasen la recopilación de leyes de Indias que se preparaba –después volveremos sobre esta cuestión crucial–. Aunque no se encargase directamente del código, nunca abandonó el proyecto de aquellas obras personales. Lentamente, mientras se lo permitían sus numerosas ocupaciones, fue dando a luz una obra abundante y de impresionante calidad, que demostraba una capacidad de trabajo fuera de lo común. Entre otros escritos muy diversos, merecen destacarse *De Indiarum Iure* (1629), *De Gubernatione* (1639) y, a modo de colofón, la *Política Indiana* (1648)[86]. Esta sintetizaba las obras

---

85. García Hernán (2007). Además, toda la densa bibliografía sobre las recopilaciones de Indias abunda en el estudio de su figura, a causa del papel que desempeñó en su gestación.

86. Las dos obras latinas se publicaron en Madrid, en la imprenta de Francisco Martínez, 1629 y 1639. La *Política Indiana* también se publicó en Madrid, pero en la imprenta de Diego Díaz de la Carrera, 1648. García Hernán (2007: cap. 6).

latinas anteriores, añadía capítulos nuevos y volcaba los contenidos al castellano, para que pudiesen ser mejor leídos y conocidos en España y América. El uso de la lengua vulgar se imponía en la Europa del XVII como vehículo de buen gobierno[87] y la *Política Indiana* resulta un ejemplo clarísimo en España. Solórzano ensalzaba el castellano en los mismos términos que la tradición de pensamiento que comenzaba en Nebrija; aquilatando su perfección formal y alabando su capacidad para servir al imperio del rey[88].

La *Política Indiana* es la obra cumbre de la literatura indiana oficial del XVII[89]. La edición príncipe no podía prescindir de la dedicatoria a Felipe IV, aunque a continuación incluía unas páginas de homenaje a la persona con la que Solórzano había contraído más deudas de gratitud. Se trataba del conde de Castrillo, su alumno salmantino, su mentor cortesano y, a fin de cuentas, figura dominante de la política indiana en Madrid. En realidad, Solórzano no olvidaba al conjunto del Consejo de Indias. Se enorgullecía profundamente de pertenecer a aquel tribunal, al que no consideraba inferior a ningún otro de los consejos del rey, pues tenía bajo su jurisdicción todo un mundo nuevo, tan extenso o más que el que se había conocido antes de 1492. Si había podido escribir aquel libro, lo debía a lo mucho que había aprendido como ministro del Consejo de Indias[90].

La apología del Consejo y de los consejos en general tenía sentido dentro de una visión política bastante tradicional. La *Política Indiana* tuvo impacto en tanto que sistematización de un conocimiento amplio y disgregado, pero ya existente. No fue la forja de ideas nuevas. La filosofía que había en su base era realmente antigua. Solórzano no la había inventado, desde luego. Era la filosofía del Buen Gobierno, sustentada sobre los cimientos de la Piedad y la Justicia. Solórzano seguía la «opinion de los que bien sienten», para quienes

prestan poco las vitorias con que se expugnan, i adquieren, aunque excediendo los limites de la tierra, puedan igualar los del cielo, si despues de adquiridos, se vive en ellos con relaxacion de costumbres, se carece de entereza, justicia, i respeto en sus Curias, i Tribunales, ò se falta à la Religion, culto, i veneracion de las cosas sagradas, que es el principal apoyo de los Imperios[91].

---

87. Fumaroli (2008).

88. Solórzano (1648: s. p.), dedicatoria a Felipe IV.

89. Malagón y Ots Capdequí (1965). Muchas obras han analizado su amplio pensamiento, entre las cuales destacaremos por su carácter monográfico: Hierro Aníbarro (2008); Sánchez Maíllo (2010).

90. Solórzano (1648: s. p.), dedicatoria a Felipe IV.

91. *Idem.*

La Casa de Austria se había guiado siempre por tan alto principio; había hecho del Buen Gobierno su «Blason hereditario». A despecho de lo que pudieran afirmar autores como Las Casas, la buena praxis política se había cuidado especialmente en las Indias, tal como reconocían muchos autores extranjeros a los que Solórzano citaba con su portentosa erudición: Botero, Bozio, Stapleton, Borrell, Mártir de Anglería…

La idea del Buen Gobierno, tal como se presentaba en la dedicatoria a Felipe IV, era la espina dorsal de toda la *Política Indiana*, una mole impresa de más de 1000 páginas[92], desparramadas por dos tomos, seis libros y 137 capítulos en total. La amplitud de pensamiento era mayor aún que la del propio texto. Condensaba todo el *De Indiarum Iure* en el primer libro y dedicaba los cinco restantes a reproducir con mayor generosidad los contenidos del *De Gubernatione*, a pesar de lo cual el conjunto resultaba armónico y equilibrado[93]. Tres libros descubrían el territorio americano y sus gentes, y otros tres explicaban los sistemas institucionales que los gobernaban. La obra empezaba con la posición de las Indias Occidentales y Orientales en el mundo cuatripartito del siglo XVII[94]. Inmediatamente, otorgaba un lugar privilegiado a los indios, pobladores originarios del Nuevo Mundo, cuya «salud, amparo, i defensa temporal» debía cuidarse con especial responsabilidad[95]. Mientras, los españoles eran estudiados sobre todo desde la óptica de la encomienda, que al fin y al cabo era otro tema estrechamente ligado a los indios. La cuestión indígena era, sin la menor duda, una cuestión primordial entre los contenidos de la *Política Indiana*.

Una vez contemplados la tierra y sus habitantes, Solórzano abordaba el estudio de las instituciones. Esa era su gran especialidad. No en balde había servido al rey en sus tribunales de América y Castilla desde 1610 hasta su jubilación en 1644. El libro cuarto se ocupaba de la Iglesia de Indias, desde el Patronato Regio hasta cualquiera de los niveles de la jerarquía, mientras el quinto y el sexto explicaban el gobierno secular. Solórzano ofrecía una visión completísima de sus diferentes instancias. Expresada en términos característicamente jerárquicos, comenzaba por los cabildos locales y culminaba en el Consejo y la Junta de Guerra de Indias[96]. Por último, la *Política Indiana*

---

92. La última página numerada se correspondía con la 1040, a las que había que sumar los extensos paratextos e índices, que colocan la obra en el entorno de las 1200 páginas.
93. García Hernán (2007).
94. Pérez-Amador Adam (2011: 226-231).
95. Solórzano (1648: s. p.), dedicatoria a Felipe IV. Los indios eran objeto del libro 1.
96. Solórzano (1648: lib. 5, caps. 15-18).

terminaba con un análisis de la Real Hacienda. Quizás no fuera casualidad que aquel compendio genial acabase explayándose en la materia que más angustiaba a la Monarquía a mediados del XVII. La crisis hacendística se había agudizado hasta extremos indecibles durante el reinado de Felipe IV y buena parte de ella se debía al descenso imparable de las remesas de metales preciosos americanos. Nada era más necesario de comprender en aquellas fechas que los mecanismos fiscales, técnicos y logísticos que habían permitido a España contar con aquellos recursos.

Veitia encontró en la *Política Indiana* el mejor modelo posible, presumiblemente bajo el asesoramiento de Suárez de Mendoza. Desde los cimientos, mimetizaría su género literario. La obra de Solórzano era un libro jurídico, claro está. Pero tenía una inclinación hacia lo histórico tan marcada que no puede decirse que este aspecto fuese un simple complemento de lo anterior[97]. El *Norte* sería igual. Su perfil se identificaría con el análisis jurídico institucional. Sin embargo, al explicar la naturaleza y el funcionamiento de la Casa, se le haría imposible evadir la perspectiva del cambio temporal. Ahí entraría lo histórico y, de modo más preciso, la ligazón inextricable entre lo histórico y lo jurídico que caracterizaría tanto el *Norte* como la *Política Indiana*. El espíritu de ambos libros es el mismo.

Solórzano abrió a Veitia las puertas hacia otros libros y otros autores. Ejerció de consejero literario de una manera que podría compararse a la de Suárez de Mendoza o Villaumbrosa. Esto no sorprenderá a los conocedores de la *Política Indiana*. Solórzano era un prodigio de erudición literaria. Intimida leer sus notas marginales y ponderar la dimensión de sus lecturas. En eso Veitia ni se le aproximaba. Inevitablemente, llegó a buena parte de la bibliografía que citaba a través de la *Política Indiana*. No es necesario realizar demasiadas elucubraciones, pues ni siquiera se molestaba en ocultarlo y con cierta frecuencia sacaba a colación autores explicitando que eran citas indirectas. En todo caso, la comparación de las referencias no deja lugar a dudas: mucho antes que Veitia, Solórzano ya había hecho uso de los autores principales de Veitia, si bien la inspiración bibliográfica se observa con mayor nitidez en el recurso a los autores menos habituales. La rara referencia a Tomás Carleval procedía de las citas previas de Solórzano, quien apreciaba mucho al consejero napolitano porque había sido discípulo suyo en Salamanca[98]. Cabría

---

97. Malagón y Ots Capdequí (1965: 43); García Hernán (2007: 87-95), que define a Solórzano como «licenciado y doctor en Leyes, con ribetes de historiador».

98. Malagón y Ots Capdequí (1965: 12).

decir lo mismo de Johannes de Laet. El recurso al autor holandés puede explicarse por la presencia del *Novus Orbis* en la biblioteca de Villaumbrosa o la del propio Veitia, como ya hemos explicado. Pero también por aparecer citado en la *Política*.

El *Norte* se descubre también como cierta forma de continuación de la *Política*. Solórzano terminó su obra atendiendo una materia de la que no se había ocupado en sus trabajos latinos: la Casa de la Contratación. La *Política Indiana* se cerraba con un capítulo íntegro dedicado al organismo sevillano[99], que hasta entonces solo había sido objeto ocasional de estudio. Salvo en los *Sumarios de la Recopilación*, se lo mencionaba de pasada aquí y allá, pero nadie se había detenido a narrar sus grandezas con detenimiento. Tenía que ser el admirado Solórzano quien tomase consciencia de la necesidad de ensalzar literariamente a la Casa y a quienes trabajaban allí. Veitia encontró en la *Política Indiana* palabras que luego citó con orgullo incuestionable en su *Norte*: «Tribunal de gran autoridad, que entiende en todos los negocios que resultan de los iajes, contrataciones, i negocios de las Indias, i dependiente dellos, sin que ninguna persona ni justicia se pueda entrometer en cosa que à ellos toque»[100]. Aquel capítulo hallaba la esencia, pero sus dos breves páginas distaban muchísimo de agotar la materia. Veitia debió de ver en aquel capítulo algo parecido a una invitación. Y la aceptó. En el punto en el que su autor favorito había detenido la pluma, él continuaría escribiendo.

Lo haría, además, tal como lo hacía él. Solórzano, como ya se ha mencionado, hablaba enfáticamente del Consejo de Indias. Es una maravilla leer sus orgullosas loas a la institución a la que pertenecía. Se le perdona sin demasiado esfuerzo el margen de exageración que contienen sus halagos, una licencia retórica de la que eran conscientes tanto el autor como el lector en el siglo XVII. En una época de patriotismos, llamaremos a esta actitud «patriotismo institucional». No era una posición baladí ni rara, sino todo lo contrario; se daba con bastante frecuencia. Es más, no puede entenderse el *Norte de la Contratación* sin tenerse presente este patriotismo institucional. Más adelante, cuando abordemos la redacción del libro, volveremos sobre la cuestión y la escudriñaremos con mayor detalle[101].

---

99. Solórzano (1648: lib. 6, cap. 16).

100. Solórzano (1648: 1 037), citado por Veitia (1672: I, 8), aunque con algunos descuidos que debían de importar poco a Veitia. El pasaje original de Solórzano estaba inspirado, a su vez, en un comentario de Antonio de Herrera.

101. Permítasenos enunciar el concepto sin profundizar demasiado en él. Como decimos, será objeto de un análisis más detenido en el capítulo v.

De la literatura al documento: los códigos legales

A pesar de todo lo dicho, ninguno de estos tratados es la obra más citada por Veitia. Si se analizan las fuentes veitianas desde una perspectiva eminentemente cuantitativa, entonces ni Escalona ni Herrera, ni Solórzano siquiera, ocupan el primer lugar. Lo que Veitia utilizaba con mayor asiduidad era, sin lugar a dudas, los códigos y repertorios legales. Es decir, los volúmenes impresos que sistematizaban, publicaban y compendiaban las leyes que se habían aprobado de manera descoordinada a lo largo de décadas. No hay que confundirlos con una reflexión o un comentario académico sobre la ley. Eran la ley en sí. Por tanto, una buena manera de definirlos –no es sencillo definirlos– es considerarlos el punto intermedio entre los textos manuscritos de los archivos institucionales y los textos creados con una voluntad literaria. De hecho, eran documentos, cuyos originales se conservaban en los archivos de la Monarquía, pero que se imprimían ordenadamente y resumiendo sus contenidos por el bien de la información pública.

¿De qué tipologías hablamos? En este capítulo pueden incluirse las ordenanzas de instituciones particulares como el Consejo de Indias o la Casa de la Contratación. Mas, sobre todo, cabe referirse a la mayor empresa literaria de la política indiana en los siglos XVI y XVII, la preparación de una recopilación de leyes de Indias. La recopilación fue un sueño forjado en tiempos de Felipe II, pero no se hizo realidad hasta el reinado de Carlos II, más de un siglo después. Veitia tuvo un papel en esta historia desconcertantemente prolongada. Como autor del *Norte*, aprovechó los textos que precedieron a la *Recopilación* y, como ministro en Madrid algunos años después, contempló y promovió la difusión de aquella versión definitiva. Veamos, de momento, cómo el Veitia escritor se sirvió de aquellos volúmenes, acaso tediosos, pero esenciales.

*

Veitia consultó varias ordenanzas para escribir el *Norte*. Algunas de ellas –como las de la Contaduría de Averías– nunca llegaron a imprimirse. Veitia las manejó en los archivos de la Casa de la Contratación, por lo que forman parte más bien de la materia que estudiaremos en el siguiente capítulo. Otras, en cambio, se imprimieron y esas son las que consideraremos aquí. Se trata de textos normativos tan relevantes como las ordenanzas del Consulado o las del propio Consejo de Indias, de las que Veitia utilizó las ediciones de 1604 y 1636 (que eran diferentes)[102]. No obstante, ninguna tuvo tanto peso en el *Norte* como las ordenanzas de la Casa, lógicamente. La Casa se había gobernado por sucesivos códigos normativos desde su fundación en 1503. Pueden recordarse, después de las primeras ordenanzas, las de 1510, 1511, 1531 y 1552[103] Estas últimas fueron, seguramente, las más importantes. Estuvieron vigentes durante la segunda mitad del siglo XVI y la primera mitad del XVII, y en 1647 se convirtieron en la base de las que se publicaron bajo los auspicios de Juan de Góngora. Estas ordenanzas son las que Veitia leyó, consultó y citó.

Ya hemos hecho alguna mención a Góngora. Ahora podemos detenernos un poco más en su figura, que bien merece ser recordada. Juan Jiménez de Góngora, o Juan de Góngora simplemente, encarna cierto prototipo de los ministros que triunfaron en el sistema polisinodial durante el siglo XVII. Estudió Derecho en Salamanca y convirtió su formación jurídica en un sensacional capital político gracias a su brillantez personal y, una vez más, a la amistad con el conde de Castrillo. Góngora desarrolló una envidiable carrera que culminó con la presidencia del Consejo de Hacienda y su acceso al Consejo de Castilla. En el medio de su *cursus honorum* pasó por Sevilla, donde sirvió en la Audiencia de Grados, pero sobre todo como visitador de la Casa de la Contratación (que también presidió) [104]. La visita de Góngora fue uno de los hechos más determinantes para la Casa y para el Consulado a lo largo de todo el siglo XVII[105]. La actividad del visitador, receptor de amplias competencias, fueron muy variadas y entre ellas se contó, en efecto, la preparación de unas nuevas ordenanzas para la institución que auditaba.

Estas ordenanzas de 1647 no han tenido buena prensa, al menos desde que Ernst Schäfer las reprobara con dureza. Las consideró un «modelo de la ligereza y del desorden que fueron costumbre en la Casa de la Contratación durante aquella época»[106]. No se le puede negar al historiador alemán que Góngora y sus colaboradores no realizaron un esfuerzo muy intenso de renovación textual –algo que casi podemos agradecer, puesto que en tal caso Veitia se habría quedado sin razones para escribir el *Norte*–. No obstante, cabe preguntarse si realmente lo pretendían. Lo cierto es que Góngora describió perfectamente el objetivo de aquel trabajo, encargado al oidor Rodrigo Serrano y Trillo, y el resultado se

---

102. Las más importantes son las de 1636: Schäfer (2003 [1935-1947]: I, 229-237); Manzano Manzano 1991 [1950-1956]: II, parte 2, cap. 4); Moranchel Pocaterra (2001 y 2002).

103. García-Baquero (1992: 59-64).

104. Fayard (1982: 36).

105. Heredia López (2021).

106. Schäfer (2003 [1935-1947]: I, 329-330).

ajusta razonablemente al planteamiento. El ya presidente de la Casa reconocía la «falta de Libros de Ordenanças impressas de la dicha Casa» y los perjuicios que eso producía. Por tanto, ordenó que se hiciera una «nueva impression del cuerpo principal de las dichas Ordenanças». Y justo eso hizo Serrano: reeditar las ordenanzas de 1552, pero con el añadido de varios textos adicionales, «leyes, Cedulas, y Ordenanças que parecieren mas necesarias para el buen govierno de la dicha Casa y Tribunales della», nuevamente según indicaciones de Góngora[107]. Así se incorporaron diferentes estatutos sobre la navegación de las flotas, los jueces letrados o el Consulado de Cargadores. Se trataba de desarrollar lo que había quedado desfasado o cubrir lo que a mediados del siglo XVI no existía o nadie se planteaba. Nadie se propuso otra cosa en 1647. Con las urgencias políticas del momento, resultaba utópico realizar un esfuerzo como el que Veitia afrontó durante los años sesenta, invirtiendo una década de trabajo o más.

Las ordenanzas de Góngora salieron a la luz como *Ordenanzas reales para la Casa de la Contratación de Sevilla y para otras cosas de las Indias y de la navegación y contratación de ellas*[108]. Veitia se refería a ellas como las «ordenanzas comunes» y así las citaba en las notas marginales del *Norte*[109]. Como Schäfer, también les dedicó alguna opinión desfavorable, sabedor de que su investigación superaba con creces la de Góngora y Serrano: su «quaderno contiene vna minima porcion de las [leyes] expedidas», decía, «y entre ellas muchas que están derogadas», remataba[110]. Pese a todo, recurrió a ellas con bastante abundancia, tal como puede comprobar cualquiera que repase las notas marginales. Por una parte, no podía eludirse su utilización, habida cuenta de que constituían la referencia legal vigente allá por 1670. Pero puede sospecharse de manera razonable que Veitia supo apreciar aquel texto mejor de lo que reconocía abiertamente. Tal vez, subrayaba sus carencias para acentuar la necesidad y las excelencias de su propio trabajo. Resulta indudable –aunque eso no lo dejara por escrito– que le interesó mucho la dualidad entre contratación y navegación que plantean las ordenanzas, así como algunos conceptos que se repetirían más adelante en el *Norte*.

* *

107.	La cita procede de un auto firmado por Juan de Góngora e impreso al principio de las Ordenanzas. Está fechado en Sevilla, 3 de septiembre de 1647.

108.	Impresas en Sevilla, por Francisco de Lira, 1647.

109.	Por ejemplo: «Ord. com. n. 73-74-75». Veitia (1672: s. p., «Advertencias») explica: «Quando se citan las Ordenanças que andan impressas, se pone ord.com.».

110.	Veitia (1672, s. p. «Al lector», n. 10).

No es fácil encontrar adjetivos que expliquen el proceso de creación de la recopilación de leyes indianas. Los historiadores del Derecho, Juan Manzano o Ismael Sánchez Bella entre ellos, se han encargado de diseccionarlo con un detallismo magistral. Y, sin embargo, todavía cuesta entender cómo y por qué pudo prolongarse tanto la publicación de una obra que se encontraba ya finalizada en la década de 1630, pero que no se llevó a la imprenta hasta 1680. Evidentemente, Veitia no pudo consultarla para escribir el *Norte*. Pero sí se benefició de la ayuda de otros textos previos que se habían preparado a lo largo de décadas de labor recopiladora. Empleó sobre todo dos: el conocido como *Cedulario de Encinas* y los *Sumarios de la Recopilación*, antiguamente atribuidos a Rodrigo de Aguiar y ahora reconocidos a León Pinelo.

La idea de la recopilación surgió en el reinado de Felipe II, durante el período en el que Juan de Ovando gobernó el Consejo de Indias[111]. El planteamiento era sencillo y lógico: diseñar un equivalente ultramarino de la *Nueva Recopilación de Leyes de Castilla* aparecida en 1567[112]. Llegó a definirse una estructura general para esta recopilación primigenia, desarrollada por escrito en lo que ha dado en llamarse la *Copulata de Leyes de Indias* (1569)[113]. Constaría de siete libros, que abarcarían todas las grandes parcelas del gobierno indiano, desde la dirección espiritual hasta la navegación y la contratación. Estos siete libros quedaron lejos de redactarse por completo. Solo se terminó el primero, dedicado a la Iglesia del Nuevo Mundo, pero la labor recopiladora se aprovechó para producir varios textos legales que se sancionaron durante los años siguientes: las ordenanzas del Consejo de Indias en 1571 o las ordenanzas de Descubrimientos y Nuevas Poblaciones en 1573[114]. En 1575, Ovando falleció y con él, las esperanzas de una pronta terminación de la recopilación.

A comienzos de la década de los noventa, la empresa había quedado estancada y a medio hacer. Nadie dudaba de su importancia, pero ninguno de los ministros principales del Consejo se hacía cargo de su desarrollo. Así, su preparación se confió sucesivamente a oficiales de mediana jerarquía. En primer lugar, se escogió a Diego de Encinas, un veterano oficial de la escribanía de Cámara de Justicia, que había servido en el Consejo desde 1556. Encinas tenía a su favor un inmejorable conocimiento práctico de la institución, así como

---

111. Martínez Millán, dir. (1998).
112. *Nueva Recopilación de las Leyes de estos Reinos*, Alcalá de Henares, Andrés Angulo, 1567.
113. Peña y Cámara (1941: 93-115).
114. Manzano Manzano (1991 [1950-1956]: I, segunda parte); Peña y Cámara (1941); Muro Orejón, ed., (1957 [1571]).

una merecida fama de honradez personal. Sin embargo, no era letrado y por tanto carecía de la formación jurídica adecuada para confeccionar una obra de altos vuelos. Ni siquiera se esperaba de él que continuase el proyecto expresado en la *Copulata*. No se le pedía más que hiciera lo que pudiese, con una considerable rebaja de ambición respecto al proyecto ovandino[115]. Al menos, Encinas cumplió ese cometido y la obra conoció la imprenta en 1596, aunque fuera en una tirada bastante corta[116]. Aparte de hacer economía, seguramente se pretendía que las leyes fuesen conocidas solo por unos pocos. El Consejo aspiraba a brindar una herramienta útil a los ministros de España e Indias, no a conquistar librerías y bibliotecas.

Esta edición impresa ignoraba el nombre de Encinas. El viejo oficial fue bien retribuido económicamente, pero se le denegó el reconocimiento editorial de su paternidad literaria. Posteriormente, la historia volvería a repetirse. Los textos legales promovidos por el Consejo aparecían a nombre del Consejo, que tenía el poder para darle validez legal y costeaba la edición. En todo caso, podía destacarse individualmente al consejero de turno que tuviera comisionada la preparación de la obra. Los oficiales que hacían el trabajo duro eran vistos como subordinados que realizaban un simple trabajo particular. Se les pagaba por su labor, pero solo con dinero. Treinta años después, Aguiar dio noticia de la autoría de Encinas en los *Sumarios de la Recopilación*, pero al mismo tiempo ocultaba que le correspondía a León Pinelo esa obra para atribuírsela a sí mismo[117]. De hecho, Pinelo fue el mayor damnificado por esta actitud, puesto que además se obvió durante siglos su paternidad sobre la mayor parte del texto definitivo, la *Recopilación* que se publicó en 1680. La autoría se confundía con la capacidad legal para sancionar.

Veitia, que no sabía nada de esto, protestó contra el anonimato de Encinas y lo atribuyó por error a una modestia mal entendida –según su criterio–: «con tan poca ambicion del que tomò el trabajo de juntarlas, y hazerlas imprimir, que ni aun su nombre se contiene en ellos […] y no seria justo que por su modestia desmereciesse». Siguiendo a Aguiar, Veitia reveló que «fue Diego de Encinas Oficial mayor de la Escrivania de Camara, el que trabajò estos quatro tomos, ò libros, de los quales se siente la misma falta, que del sumario, sin aver en Sevilla otros, que los que se guardan en la Contaduria»[118]. A todas

---

115. Manzano Manzano (1991 [1950-1956]: I, 325-364).
116. Encinas (1990 [1596]).
117. Manzano Manzano (1991 [1950-1956]: II, 116).
118. Veitia (1672: s. p. «Al lector», n. 12).

luces, Veitia apreciaba el *Cedulario* y le preocupaba que no hubiera en Sevilla otro ejemplar más que el que poseía la Casa de la Contratación. Su valoración no es de extrañar. La obra de Encinas era un corpus extenso y meritorio, fruto de un trabajo concienzudo, intelectualmente por debajo del ideal óptimo de la recopilación, pero, sin embargo, útil. Para Veitia lo fue, y mucho. Por eso llenó las páginas del *Norte* con notas marginales en las que el trabajo de Encinas era citado bajo la abreviatura de «libros impresos»[119].

Para el Consejo también resultó satisfactorio. El *Cedulario* colmó sus aspiraciones inmediatas, pero dejó pendiente una vez más el reto de una verdadera recopilación. El siguiente intento se encargó a un letrado salmantino, el licenciado Diego de Zorrilla, que se encontraba en la corte pretendiendo en negocios propios. Zorrilla trabajó durante varios años y lo hizo bien, avanzando bastante en el proyecto, por lo que se le premió con una oidoría en la Audiencia de Quito. Llegado aquel punto, se consideró que debían continuarlo los propios ministros del Consejo, pero estos no fueron capaces de dedicarle la suficiente atención. Varios se inmiscuyeron de una forma u otra, pero todos dejaron inconclusa la labor, especialmente Rodrigo de Aguiar, sobre quien se habían descargado las responsabilidades principales[120].

La flema inaudita de los ministros llevó a una conclusión inevitable: haría falta recurrir de nuevo a algún oficial de menos graduación. Era difícil resistirse a la tentación, cuando los pretendientes llamaban a las puertas del Consejo ofreciéndose para llevar a término la recopilación con la esperanza evidente de hacer méritos. El destino quiso que se inmiscuyesen los dos máximos representantes de la literatura indiana oficial del Seiscientos: Juan de Solórzano Pereira y Antonio de León Pinelo. Solórzano se encontraba todavía en Lima. Desde tiempo atrás venía anunciando su deseo de participar en la labor recopiladora y, finalmente, entregó un avance de su propuesta en 1622. Hizo llegar al Consejo de Indias el esquema completo que planteaba, estructurado en seis libros, y nada menos que todo el libro primero, ya completamente redactado. Dicho manuscrito, verdadero tesoro, se ha conservado. Refleja toda la maestría y rigor de su quehacer, y contiene significativas conexiones con sus tratados jurídicos. De hecho, Solórzano los concebía en estas fechas tempranas como explicaciones razonadas del código que soñaba

---

119. Veitia (1672: s. p. «Advertencias»), explica: «donde citando libro se pone despues del numero la abreviatura imp. se entienden por los tomos impressos, que son quatro, y según el numero que se pone se conocerà el que se ha de buscar».

120. Manzano Manzano (1991 [1950-1956]: II, primera parte, cap. 1).

preparar. Hubiera sido realmente impresionante contar con una recopilación completa de Solórzano que se complementase con el *Indiarum Iure* o la *Política Indiana*[121].

Eso no llegó a suceder nunca, porque otro jurista se cruzó en el camino. Si alguien podía igualar intelectualmente a Solórzano, era el licenciado Antonio de León Pinelo. Pinelo era castellano, nacido en Valladolid; pasó muy joven a Indias, se estableció en Lima con su familia y estudió Derecho en la Universidad de San Marcos, donde también ejerció la docencia. Permaneció en las aulas hasta que, él también, comenzó una carrera política que no tenía visos de llegar muy lejos. Inspirado presumiblemente por el deseo de potenciarla, Pinelo se entusiasmó con la idea de componer una recopilación indiana y entró en evidente competencia con Solórzano, al que sin duda conocía y que se afanaba entonces en lo mismo[122]. Para los consejeros de Indias, que deseaban la gloria de la recopilación pero temían el esfuerzo titánico que conllevaba su creación, alguien como Pinelo no tenía precio. Sin duda, era preferible a Solórzano, que trabajaba en Perú, siguiendo su propio criterio, desde una posición institucional más elevada que la de Pinelo, planteando exigencias que este no podía permitirse. Le abrieron las puertas del Consejo, le consiguieron un puesto menor, el de relator, y le dejaron trabajar durante años en silencio al servicio de Rodrigo de Aguiar[123].

Los frutos de su esfuerzo han ido saliendo a la luz gracias al minucioso esfuerzo de especialistas que han reivindicado su portentosa labor intelectual, parcialmente opacada por la astucia taimada de políticos oportunistas y otros mil avatares. Pinelo traía las ideas claras respecto a su obra. En 1623 ya pudo preparar un *Discurso sobre la importancia, forma y disposición de la Recopilación de Leyes de las Indias*, que contenía una idea global de la materia tan acabada como la del propio Solórzano[124]. Durante los siguientes años realizó una extraordinaria labor de investigación, que dio consistencia al proyecto y

---

121. El manuscrito de Solórzano Pereira fue hallado en Estados Unidos y dado a conocer en Altamira (1940). Al poco, fue publicado en Juan de Solórzano Pereira, *Libro primero de la Recopilación de las cédulas, cartas, provisiones y ordenanzas reales*, Ricardo Levene, ed., Buenos Aires, 2 vols., Instituto de Historia del Derecho Argentino, 1945. Véase también García Gallo (1951).

122. Pese a tal circunstancia, nunca dejaron de tener una buena relación y Solórzano siempre admiró públicamente la obra de León Pinelo.

123. Increíblemente, la única biografía de una figura determinante como la de Antonio de León Pinelo sigue siendo el magnífico trabajo de Lohmann Villena, «Estudio preliminar», a León Pinelo (1953).

124. Manzano Manzano (1991 [1950-1956]: II, parte 1, cap. 3); León Pinelo (1953: LII-LIII).

posibilitó una publicación de destacada importancia: los *Sumarios de la recopilación general de Indias* (1628)[125].

Los *Sumarios* requieren una reflexión particular, pero, antes de proceder
con ella, acabemos con Pinelo. ¿Conquistó la cúspide de la recopilación? Durante mucho tiempo, la respuesta a este interrogante estuvo condicionada por
la ausencia de un texto. Evidentemente, había avanzado mucho en la labor y
gracias a su esfuerzo pudieron publicarse textos importantes, como las ordenanzas del Consejo de Indias de 1636 o las de la Junta de Guerra de Indias de
ese mismo año[126]. Pero ese 1636, tan señalado para la literatura indiana oficial, también trajo la finalización de la recopilación pineliana. El texto estaba.
Lo que no hubo fue publicación y, al no llegar a la imprenta, el manuscrito
se extravió y se convirtió en un enigma para los investigadores. El problema
no terminó de solucionarse hasta que Ismael Sánchez Bella localizó el escrito
y lo editó[127]. Entonces no quedó duda acerca de que la obra fue enteramente
concluida. Además, pudo comprobarse de modo fehaciente la estrechísima
deuda de la recopilación de 1680 con la de 1636, que tampoco le fue reconocida a Pinelo. Incluso después de su muerte, se le escamotearon méritos al
gran polígrafo[128].

La publicación frustrada de la recopilación pineliana estuvo relacionada
con razones de índole económica. En 1635, Francia y España entraron en guerra directa y si los apuros de la Hacienda ya habían sido agobiantes en años
anteriores, mucho más lo fueron a partir de entonces[129]. Desde un primer momento, el Consejo de Indias buscó medios económicos para afrontar la cos-
tosa impresión de aquella obra monumental. El conde de Castrillo intentó

---

125. Después de la *princeps* de 1628, contaron con una edición mexicana de 1677, editada por el
oidor Juan Francisco de Montemayor y Cuenca, empleada a su vez como base para otra edición más moderna en México, UNAM, 1994.

126. Ambas publicadas en Madrid, Viuda de Juan González, 1636. Schäfer (2003 [1935-1947]: I,
229-237); Manzano Manzano (1991 [1950-1956]: II, parte 2, cap. 4); Moranchel Pocaterra (2001 y 2002).

127. León Pinelo (1992). Dio cuenta del descubrimiento Sánchez Bella (1987). El profesor Sánchez
Bella encontró el maravilloso manuscrito pineliano entre los papeles de Palafox en el Archivo del Duque
de Infantado. Sin duda, se trató del mayor hallazgo documental en el campo del Derecho Indiano durante
la segunda mitad del siglo xx, objeto de merecidos elogios entre los que pueden rescatarse las palabras de
su maestro Juan Manzano en la segunda edición de la clásica *Historia de las recopilaciones de Indias*: «De
aquí en adelante sí se podrán formular las conclusiones definitivas sobre esta importante cuestión de nuestra historia jurídica indiana. Ismael: recibe mi más cordial enhorabuena por tu importante descubrimiento»:
Manzano Manzano (1991 [1950-1956]: II, 14).

128. Cuestión ya apuntada en Manzano Manzano (1991 [1950-1956]: II, parte 3, cap. 2), y confirmada por la obra de Sánchez Bella citada en la nota anterior.

129. Domínguez Ortiz (1983 [1960]); Gelabert González (2001).

beneficiar efectos desde España y Juan de Palafox reunió el mayor dinero posible en México. Sin embargo, todos los fondos se derivaron hacia el esfuerzo bélico[130]. Las mencionadas ordenanzas de los organismos supremos, muchísimo más breves y baratas de imprimir, pudieron salir. Pero el gran proyecto, extenso y complejo, se quedó lejos de los tórculos. Pinelo nunca dejó de pulir su obra. Conforme la legislación se modernizaba, él incorporaba nuevos materiales. Trabajó toda su vida en aquel proyecto que nunca vio coronado[131].

Pinelo no publicó su recopilación, pero escribió, publicó y recopiló un nutrido repertorio de trabajos que lo convierten en figura central de las letras indianas del Barroco. Algunas tenían cierta relación con la recopilación y la mayoría estaba vinculada con el gobierno indiano. Se quedó en ciernes una historia del Consejo de Indias que en 1659 afirmaba tener «casi acabada». La muerte le sorprendió en 1660 antes de que el «casi» desapareciera y, hasta la fecha presente, nadie ha sido capaz de encontrar el avanzado borrador, si es que todavía existe. Pese a ello, su dominio sobre las materias relativas al Consejo fue parcialmente desvelado en varios opúsculos de inapreciable valor: *Política de las grandezas y gobierno del Supremo y Real Consejo de las Indias* (1625), *Tratado de confirmaciones reales* (1630), las *Tablas cronológicas* (1645), el *Aparato político de las Indias Occidentales* (1653), los *Autos, acuerdos y decretos de gobierno* (1658) o el *Bulario Índico* y *El Gran Canciller de Indias*, que quedaron manuscritos[132]. No solo se convirtió en un insuperable conocedor de la documentación indiana, sino también de su bibliografía, tal como demuestran el famoso *Epítome de la biblioteca oriental y occidental, náutica y geográfica* (1629) o los curiosos volúmenes misceláneos que reunió[133]. Pinelo leyó, investigó y escribió, aunque solo el tiempo ha podido hacernos entender la magnitud silenciosa de sus afanes.

* * *

---

130. Manzano Manzano (1991 [1950-1956]: II, 233-244).

131. Manzano Manzano (1991 [1950-1956]: II, 244-261); León Pinelo (1953: LXI).

132. León Pinelo (1953: caps. 3 y 4). Aunque la faceta principal de León Pinelo se relacionaba con lo indiano, otras obras suyas surgieron de su amor por la villa y corte o de su devoción mariana, como la *Oración Panegírica a la presentación de la Sacratísima Virgen y Madre de Dios, María* (1650) o los *Anales de Madrid*.

133. Por ejemplo, BNM, R/17270, que incluye impresos variados e interesantísimos coleccionados por Pinelo en Madrid, entre los que pueden resaltarse los relacionados con la guerra de Chile y el P. Luis de Valdivia o el *Memorial sobre el trato de la China* de Horacio Levanto.

Volvamos pues a los *Sumarios*, el último pilar bibliográfico del *Norte de la Contratación*. Como ya sabemos, fueron un ejemplo característico de la rapacidad de los consejeros sobre el esfuerzo del modesto relator. En la portada se atribuye su autoría a Aguiar, pero la realidad es que se trataba de una obra pineliana, tal como se ha demostrado con seguridad[134]. Sin duda, se trata de un trabajo capital, no solo por sus depurados valores intrínsecos, sino por la funcionalidad que le otorgaron los acontecimientos posteriores. Para la recopilación del siglo XVII, vino a significar lo mismo que la *Copulata* para la de Juan de Ovando. Los *Sumarios* eran un avance, un compendio de la recopilación más acabada que después debía llegar. Pero como esta recopilación más acabada no se acabó hasta 1680, los *Sumarios* permanecieron como principal referencia legal durante más de medio siglo. El *Norte* es un ejemplo óptimo, precisamente. Veitia sentía constantemente la necesidad de acogerse a la legislación general indiana y en 1670 solo podía hacerlo a través de los *Sumarios*. Evidentemente, a nombre de Aguiar[135].

Los *Sumarios* son, probablemente, la referencia bibliográfica más citada en el *Norte*. Más que Escalona, Herrera o que su admirado Solórzano. Como en el caso de la *Política Indiana*, la influencia no se deja reducir a una mera cuestión de estadística. A pesar de tratarse de un repertorio legal, no de un tratado con una concepción literaria más desarrollada, los *Sumarios* ofrecieron a Veitia un compendio de ideas sobre cómo escribir su libro. El impacto se debía a la minuciosa atención que Pinelo dedicó a la Casa de la Contratación, toda condensada en el libro tercero de la obra. De hecho, si se observan las notas marginales en las que aparecen los *Sumarios*, puede percibirse con facilidad que la mayoría –por no decir todas– conducen a ese libro. Veitia citaba los *Sumarios* especificando primero la ley; luego, el título en el que esa ley figuraba; y, finalmente, el libro que incluía dicho título[136]. La precisión en la localización de los pasajes era óptima. Pues bien, mientras que los títulos y las leyes varían continuamente, los libros referenciados se reducían siempre al mismo. El mencionado libro tercero.

---

134. Sánchez Bella (1983).

135. Veitia (1672: s. p. «Al Lector», n. 11), hace referencia a los «Svmarios de la Recopilacion de las Leyes de las Indias Occidentales, que imprimió Don Rodrigo de Aguiar y Acuña, del Consejo Supremo de las Indias».

136. Por ejemplo: L. 23. Tit. 30. Lib. 3, que significa: ley 23 del título 30 del libro III. Veitia, 1672: s. p. «Advertencias», explica: «Quando se cita ley, se entienden las del sumario de las de la Recopilacion de las Indias».

Este libro es uno de los más extensos de los cuatro que forman el conjunto de los *Sumarios* –aunque estaban planificados ocho–. Ocupa desde el folio 134 al 320, de modo que sus 374 páginas suponen casi la mitad de todo el volumen[137]. Veitia se sintió impresionado ante la calidad y la prolijidad del trabajo. Tal como era habitual en él, no evitó la pequeña crítica, pensando quizás en justificar la obra posterior de su mano. Así le afeó el «estilo tan sucinto, que se omite en algunas [leyes] lo muy importante». Sin embargo, tampoco deseaba esconder la admiración ante la excelencia de los *Sumarios*. Ni se lo podía permitir si deseaba asegurarse el agrado del Consejo. Por tanto, alabó la importancia del volumen, reconoció que «causa grande luz y noticia», protestó la escasez de ejemplares y detalló cómo se procuró un ejemplar manuscrito para su uso particular:

> Es tan dificultoso de hallar, por los pocos cuerpos que se imprimieron, que por muchas diligencias que he hecho, no he podido descubrirle, ni sè que aya en Sevilla mas que el que se halla en la Sala de Iusticia de la Audiencia de la Contratacion, el qual manuscrivi, para que sin sacarle de donde debe estâr, me sirviesse à este fin[138].

Los *Sumarios* de Pinelo, igual que las ordenanzas de Góngora, invitaban a estudiar la Casa de la Contratación junto al sistema jurídico de la Carrera de Indias, a pesar de que no efectuaran ninguna división formal como los libros primero y segundo del *Norte*. Ambas realidades, se sostenía implícitamente, eran indisociables. La primera gestionaba la segunda y la segunda justificaba la existencia de la primera. Por tanto, los índices del libro III de los *Sumarios* y el *Norte de la Contratación* no se parecen solo porque las obras traten de lo mismo. La circunstancia obedece también a una verdadera influencia, asumida por Veitia en el enfoque de su investigación, innegable a pesar de que también se registraran algunas divergencias inevitables. Veitia, como es lógico, ofrece un detalle mayor y se extiende más en los oficios de la Casa que Pinelo. Sin embargo, Pinelo tenía una visión más amplia y no se olvidaba de

---

137. Como es bien sabido, cada folio consta de dos páginas, de manera que los 187 folios del libro suman las mencionadas 374 páginas.

138. Veitia (1672: s. p. «Al lector», n. 11). Se ha localizado un ejemplar en la biblioteca de Domingo de Urbizu (AHPSe, PNS, leg. 13065, f. 1169r) y otro en la de Gaspar Esteban de Murillo, probablemente heredado del mismo Veitia (AHPSe, PNS, leg. 13082, f. 983v). No obstante, la cronología tardía de la documentación (1701 y 1709) impide saber a ciencia cierta si se trata de la edición original o la mexicana que publicó Juan Francisco de Montemayor.

temas relacionados con la navegación del Pacífico, desde la Armada del Mar del Sur al Galeón de Manila y la conexión con Filipinas y China, pasando por los consulados de México y Lima. Por lo demás, la familiaridad de los modelos salta la vista, la coincidencia de los temas e incluso, hasta cierto punto, el orden de la exposición.

Cuadro 3.1. Equivalencias temáticas *Sumarios-Norte*

	Título *Sumarios*	*NC*
1.	De la Casa de la Contratación de las Indias que residen en la ciudad de Sevilla	I.1-2
2.	Del presidente y jueces oficiales de la Casa de la Contratación de Sevilla	I.3-4-5-10-11-13
3.	De los jueces letrados y fiscales de la Casa de la Contratación de Sevilla	I.4-6-7
4.	De la administración de los bienes de difuntos en las Indias y en la Casa de la Contratación de Sevilla	I.12
5.	Del juez oficial que residen en la ciudad de Cádiz	I.25
6.	Del prior y cónsules y Universidad de los mercaderes de la ciudad de Sevilla	I.17-18
7.	Del juez oficial y cónsul que van a Sanlúcar al despacho de las flotas y armadas	I.9
8.	Del correo mayor de la Casa de la Contratación de las Indias que reside en la ciudad de Sevilla	I.32
9.	Del escribano mayor, escribanos y repartidor de la Casa de la Contratación de Sevilla	I.26
10.	De la cárcel y carceleros de la Casa de la Contratación de Sevilla	I.28
11.	De los alguaciles, porteros, procuradores, contraste y otros oficiales de la Casa de la Contratación de Sevilla	I.28
12.	De los fabricadores, fábrica y arqueamiento de las naos	II.14-15
13.	De las armadas, flotas y navíos de la Carrera de las Indias	II.4
14.	De los generales, almirantes y gobernadores de las flotas y armadas de la Carrera de las Indias y su navegación y viaje	II.1

	Título *Sumarios*	*NC*
15.	Del veedor, contador, proveedor, pagador y tenedor de bastimentos de las armadas y flotas	II.3
16.	Del escribano mayor de las armadas y flotas de la Carrera de las Indias	I.27
17.	De los soldados de las armadas y flotas de la Carrera de las Indias	II.2
18.	Del artillero mayor de Sevilla, artilleros y artillería de las armadas y flotas de la Carrera de las Indias	II.24
19.	Del piloto mayor y cosmógrafos de la Casa de la Contratación de Sevilla y de los pilotos de la Carrera de las Indias y su examen	II.11-12
20.	De los maestres de plata, dueños y maestres de naos y raciones de la Carrera de las Indias	II.9
21.	De los marineros de la Carrera de las Indias	II.2
22.	De los pasajeros que van a las Indias y vienen de ellas	I.29-30
23.	De los extranjeros que pasan a las Indias y su composición y naturaleza que en ellas pueden adquirir para tratar y contratar	I.31
24.	De los registros y descaminos de las naos que van y vienen de las Indias	II.17
25.	Del aforamiento y fletes, carga y descarga de las naos que van y vienen de las Indias	II.16
26.	De los visitadores y visitas de las naos que van y vienen de las Indias	I.24 / II.18
27.	De los navíos y barcos de aviso que van y vienen de las Indias	II.21
28.	De los jueces oficiales de registros, navegación y comercio de las islas de Canaria	II.25
29.	De la navegación y comercio de las islas de Barlovento y provincias adyacentes	II.13
30.	De la avería que se reparte en lo que se lleva y trae de las Indias y su cobranza y administración	I.20
31.	De los contadores de la avería que residen en la Casa de la Contratación de Sevilla	I.21

	Título *Sumarios*	*NC*
32.	Del asiento de la avería y condiciones del que, sin embargo de lo ordenado por esta recopilación, se ha de guardar por el tiempo que está otorgado	I.20
33.	De los riesgos y seguros que se hacen de ida y vuelta de las Indias	II.19
34.	De los navíos y armadas de la Mar del Sur	
35.	De los consulados de mercaderes de las ciudades de Lima y México	
36.	De la navegación y comercio de las islas Filipinas, China, Nueva España y Perú	
37.	De los puertos de mar de las Indias	II.22
38.	De los navíos arribados, derrotados y perdidos	II.20

Fuente: elaboración propia. Los títulos en el cuadro son los de los títulos del mencionado libro III de los *Sumarios*. La columna NC expresa la numeración de los capítulos del *Norte*: en números romanos el libro y en arábigos el capítulo

Podría discutirse si, además del qué, Veitia se inspiró en los *Sumarios* para definir el cómo escribir su libro. Como le ha sido reconocido, Pinelo fundamentaba sus obras en una exhaustiva investigación documental que llevó a término en los archivos del Consejo de Indias, así en Madrid como en Simancas. Los *Sumarios*, lejos de ser una excepción, retratan su manera de trabajar. Cada página estaba diseñada a doble columna –la edición es sumamente atractiva, por cierto–; una de las columnas presentaba las leyes reales, mientras que la otra identificaba la fuente documental de la que se habían extraído. Esas fuentes eran reconocibles para el lector gracias a una especie de apéndice colocado en las páginas finales de los *Sumarios*. Se trataba de la célebre relación de los *Libros reales de gobierno, gracia y partes que se hallan en las dos secretarias del Supremo Consejo de las Indias: de cuyos originales se sacò su Recopilacion de Leyes*, un elenco de todos los cedularios del Consejo que existían a la altura de 1620, de los que Pinelo se sirvió como fuente para su trabajo recopilador[139].

---

139. León Pinelo (1960).

En efecto, Pinelo escribió todo aquel libro III sin consultar siquiera los archivos de la Casa de la Contratación. Solo trabajó con los materiales del Consejo. Aquel detalle no pudo pasar desapercibido para Veitia. Él no pudo consultar los papeles empleados por Pinelo (irónicamente, algunos años después se convertiría en su custodio como secretario de gobierno de la Nueva España)[140]; pero sí tuvo a su disposición tanto como quiso los archivos de la Casa. Y quiso mucho. Estudió con vehemencia los escritos allí conservados, los empleó como fuente fundamental del *Norte* y desarrolló un sistema de citas que era más preciso aun que el de Pinelo. Veitia se dio cuenta de que la mejor manera de escribir una *Política Indiana* para la Casa de la Contratación no consistía en mimetizar la metodología de la *Política Indiana*, sino la de los *Sumarios*. Esto nos lleva a la última reflexión de este capítulo.

* * * *

La base bibliográfica del *Norte* no es despreciable en absoluto. Veitia leyó bastante y extrajo ideas e información de un conjunto importante de obras entre las que, como ya sabemos, cabe destacar el *Gazofilacio* de Escalona, las *Décadas* de Herrera, la *Política Indiana* de Solórzano, el *Cedulario* de Encinas y los *Sumarios* de Aguiar-Pinelo. Un repertorio relativamente heterogéneo en el que brilla con luz propia la literatura oficial indiana del reinado de Felipe IV. Los años del Rey Planeta acotaron la que puede tenerse por edad dorada de aquel género, cuyos principales representantes ya eran considerados autores clásicos en el siglo XVIII, cuando fueron reeditados por estudiosos como Francisco Ramiro de Valenzuela, Francisco María Vallarna o Mateo Pablo Díaz de Lavandero, marqués de Torrenueva, secretario del Despacho Universal[141]. Tras las muertes de Solórzano y Pinelo, acaecidas entre 1655 y 1660, Veitia se contó durante los años sesenta entre los primeros lectores capaces de apreciar el valor de esta literatura. Se inspiró en ella y, con la perseverancia y la ambición que caracterizaban su espíritu, transformó esta admiración en una pulsión creativa de la que surgió otra joya erudita del siglo XVII.

Sin embargo, también debe reconocerse que la bibliografía no es el punto fuerte del trabajo de Veitia. La estructura del *Norte* no reposa sobre la erudición literaria. Se eleva sobre la consulta directa de las fuentes primarias, fueran impresas o manuscritas. Así se explica que las obras más repetidamente

---

140. Véase capítulo VI.
141. Solórzano (1736, 1776-1779 y 1777); León Pinelo (1737).

citadas dentro de la bibliografía sean los códigos y repertorio legales, aunque estos no supusieran necesariamente las obras más inspiradoras. Y, en último término, así se comprende que la mayoría de los datos del *Norte* procedan de los documentos investigados en los archivos de la Casa de la Contratación. No hay que suponer nada. El mismo Veitia lo reconoció sin ambages: los «libros peculiares [son] los mas q[ue] apoyan el contenido deste tratado»[142]. Por «libros peculiares» entendía los manuscritos archivísticos, de los que no existían más que uno o dos ejemplares originales en manos de sus escribientes y custodios, los ministros y oficiales de la Casa y el Consulado, que los conservaban en sus respectivos despachos. Veitia evitó repetir y comentar lo que otros habían sentenciado antes. Intentó, en la medida de lo posible, crear conocimiento nuevo. Eso siempre es difícil, pero él se convenció de que podía conseguirlo arrebatando al olvido las noticias que yacían sepultadas bajo el secreto de los archivos.

---

142. Veitia (1672: s. p. «Advertencias»).

Capítulo iv

EL SECRETO DE LOS ARCHIVOS (LA INVESTIGACIÓN DE LAS FUENTES DOCUMENTALES)

El Estado moderno, como toda construcción política de cierto rango, precisa una burocracia organizada; y esta burocracia, unos archivos.

José María de la Peña y Cámara (1958)

Varias décadas después de que esta historia terminara, los frailes del convento de la Orden Tercera colocaron una lápida conmemorativa junto a la fachada de su iglesia[1]. La piel de la piedra fue arañada para que durante siglos celebrara una espléndida gracia concedida por Benedicto XIV. Los religiosos que dijesen misa en el altar mayor podrían sacar del Purgatorio el alma de la persona por quien se dedicara la oración. «Su decreto es de 14 de diciembre de 1748», concluía el epígrafe en garantía de verdad, y «está en el archivo del convento». Tres siglos después, ya no hay quien se acerque al templo para impetrar tanta bondad. Pero la piedra sigue erguida sobre el muro, pregonando su dádiva, aunque nadie la aprecie.

A lo mejor deberíamos prestarle más atención. De ella pueden aprenderse varias cosas que resulta útil saber. En especial, nos ilustra muy bien sobre el concepto de archivo que sobresalía en la Edad Moderna, dominado por la idea del *secreto*. El archivo era algo oculto a lo que generalmente se denegaba el acceso, porque cobijaba cosas demasiado valiosas para permanecer expeditas. Las joyas del cofre eran los documentos. Los papeles escritos y sellados.

---

1. http://www.iaph.es/patrimonio-inmueble-andalucia/resumen.do?id=i17245

Figura 4.1. Lápida conmemorativa. Iglesia de los Terceros (Sevilla)
Fuente: Sergio Serrano Hernández

Papeles que probaban títulos de propiedad, derechos o privilegios. Papeles que fueron necesarios para coordinar decisiones colectivas o comunicar a personas alejadas entre sí. En la mayoría de los casos, ejemplares únicos que en manera alguna podían extraviarse. Desaparecería con ellos la posibilidad de demostrar todo aquello que legalizaban o testimoniaban. Sin embargo, su contenido tenía que ser de dominio público con mucha frecuencia. Debía conocerlo todo el mundo. ¿Cómo se solucionaba esta contradicción entre conservación y difusión? De una manera sencilla. Creando medios a través de los cuales la información se sacaba a la plaza, mientras el documento se guardaba en el armario. Medios como los epígrafes callejeros; había muchos, además de aquel del convento de los Terceros[2]. Como los pregones públicos. Como los libros. Otra forma de dar publicidad a lo oculto era escribir libros.

José de Veitia Linaje concibió el *Norte de la Contratación* como una suerte de lápida de papel con epígrafes de tinta. Los archivos de la Casa de la Contratación eran secretos. Al igual que cualquier otro archivo real. Ahí no

---

2. Las puertas de las ciudades eran lugares típicos para colocarlas. Para la Sevilla moderna nos quedan ejemplos en la puerta de la Macarena.

entraba nadie salvo los ministros de su Majestad. Y no todos, cabría apuntar; solo aquellos a cuya jurisdicción competía la administración de la Casa. Sin embargo, al mismo tiempo, era necesario que se tuviera conocimiento público del contenido de aquellos documentos ocultos. Al fin y al cabo, eran la fuente de la legislación por la que se regía la Carrera de Indias. La que tenía que seguir todo el que participara en ella. Había que dominarla bien, pero solo podían sacarla a la luz algunas personas. Veitia se dio cuenta, lo entendió y se puso a trabajar.

El *Norte de la Contratación* es el fruto de la primera investigación literaria realizada entre los documentos de la Casa. En cierta medida, todos los historiadores que estudian la sección Contratación en el Archivo de Indias son herederos o continuadores de José de Veitia –y, como veremos en el capítulo VII, algunos fueron perfectamente conscientes de ello–. Este capítulo intenta reconstruir los pormenores de aquella investigación pionera. El ejercicio cabría ser definido como una «metainvestigación», esto es, como una investigación que trata sobre otra investigación previa y sobre cómo se investigaba en archivos durante el Siglo de Oro. Los historiadores estamos muy familiarizados con el concepto de metahistoria[3]. Nos interesa la historia del propio pensamiento histórico. Su desarrollo debería comprender la metainvestigación, pero rara vez lo hace, pues preferentemente nos inclinamos por los aspectos teóricos y filosóficos de la disciplina antes que por sus diferentes dimensiones prácticas. Posiblemente, deberíamos aventurarnos más por esos lares. Ha sido apasionante rastrear en el Archivo de Indias los senderos del Veitia investigador, que en el siglo XVII diseñó una estrategia de trabajo coherente con la concepción literaria del *Norte*, enlazando problemas y soluciones como el secreto archivístico, el registro documental, la patrimonialización de papeles, el archivo institucional y la verificación de las fuentes de información.

COFRE Y PRISIÓN: LOS ARCHIVOS DE LA CASA DE LA CONTRATACIÓN

Sevilla estaba llena de archivos en el siglo XVII. De hecho, los archivos constituyen una parte esencial de la herencia patrimonial que hemos recibido de la Edad Moderna. Tal vez sea un legado menos funcional para la exposición museística y el consumo cultural de masas, pero es tan hermoso e importante

---

3. Dentro de la amplia bibliografía, la expresión conduce inevitablemente a la influyente y polémica obra de White (1992 [1973]).

como el que han dejado las artes plásticas. La ciudad del Barroco nos ha transmitido, además de inefables obras de arte, un patrimonio archivístico de valor equiparable. Los historiadores del siglo XXI excavamos a diario en esta mina inagotable de fondos documentales y debemos ser conscientes de que no siempre hemos sido los primeros en apreciar sus filones. En el siglo XVII se leía mucho el documento archivado, aunque generalmente no se hacía con intereses literarios ni académicos. Lo que solía buscarse en los archivos eran datos útiles en circunstancias concretas, tanto para particulares como para el gobierno[4]. En ese sentido, la investigación de Veitia ocupa un lugar particular y minoritario. Pero no por ello debe desvincularse de su contexto. La decisión de construir el *Norte* sobre una pesquisa archivística sistemática no puede explicarse sin tener presente la cultura de los archivos que había triunfado en la Europa Moderna.

Sería un placer pasear con paciencia entre los archivos de Sevilla. Lamentablemente, eso nos ocuparía un espacio superior al recomendable. Pensemos, al menos, qué formidable elenco formaban los archivos de las instituciones monárquicas[5], los de la curia diocesana, los archivos parroquiales[6], los conventuales, los de los gremios y las hermandades, los del Cabildo secular, el del Consulado de Cargadores[7] o los de las escribanías del número[8]. Estos últimos eran –y son– los de mayor volumen y, hasta cierto punto, sirven para llenar el vacío dejado por la destrucción masiva de los archivos privados. Considerar esto último nos llena de más asombro. En realidad, el patrimonio archivístico actual solo constituye un fragmento de lo que alguna vez existió. Se nutre de archivos institucionales y le falta casi todo el papel que hubo en manos de particulares, si bien la frontera entre ambos ámbitos no debe trazarse con excesivo rigor, puesto que muchos fondos la atravesaban con cierta ambigüedad: los mismos protocolos notariales[9]; los grandes archivos nobiliarios,

---

4. Veamos un ejemplo de la misma Casa de la Contratación, solucionado con fuentes que el propio Veitia manejó, como después veremos. A mediados del XVII, se abrieron discusiones sobre la provisión de la cátedra de cosmografía de la Casa y en determinado momento al Consejo le interesó «saber qué actos literarios hizo el maestro Rodrigo Zamorano cuando se le dio la cátedra para demostrar su ciencia», a lo que la Casa respondió «habiendo reconocido los libros de títulos de esta Casa»: AGI, IG, leg. 2 012; la Casa a Felipe IV, Sevilla, 1 de septiembre de 1648.

5. Algunos de ellos desgraciadamente perdidos, como el de la Casa de la Moneda, destruido en un incendio que asoló el Archivo de General de la Administración de Alcalá de Henares en 1940: Pérez-Sindreu (1992: 13 y 17).

6. Morales Padrón (1982).

7. Heredia Herrera (1983).

8. Pardo (1992); Ostos Salcedo (2014); Rojas García (2015); Domínguez Guerrero (2019).

9. Rojas García (2004).

cuyo carácter familiar no desdecía la relación con una forma de poder como era el régimen señorial[10], o los archivos de instituciones con jurisdicciones especiales como entender sobre quiebras, que tenían capacidad para incautar los legajos de los insolventes[11].

La cultura de los archivos no era solo cuestión de cantidad y volumen. También se mostraba en el cuidado con que se dictaban normas para regular el funcionamiento de los repositorios y las responsabilidades de los archiveros. Puesto que Veitia participó en su redacción, acudamos a corroborarlo a la *Regla* de la hermandad de la Caridad. El capítulo XXVII estaba dedicado al *Archivo de Papeles*, cuya existencia era necesaria «para el concierto, custodia, y guarda» de la notable variedad de escrituras que una hermandad como la Caridad podía llegar a recopilar. La responsabilidad de los libros y los legajos quedaba a cargo del contador, cuya instrucción se explicaba en el capítulo XXXIV, aunque el hermano mayor y el tesorero también tenían llaves del archivo. El contador tomaba cuentas a los mayordomos tesoreros y los solicitadores de pleitos, actualizaba el libro de libranzas aprobadas en cabildo y se aseguraba de que el archivo estuviese completo, procurando la restitución de los documentos que faltasen, entre otros menesteres similares. «Toda la conservacion, y acrecentamiento de esta santa Hermandad consiste en la buena quenta, y razon de su Contaduria»[12], cuyo parecido con el estilo de gestión y archivo de instituciones como la Casa de la Contratación no ofrece dudas[13].

*

La Carrera de Indias potenció los archivos de Sevilla como tantas otras riquezas de la ciudad. No solo florecieron los archivos de los mercaderes, cuya pérdida dibuja el límite más arduo para la historización del comercio atlántico. También nacieron o crecieron nuevos archivos institucionales en la Universidad de Mareantes, el Consulado de Cargadores y la Casa de la Contratación.

---

10. El gran archivo señorial establecido en Sevilla era el de los Enríquez de Ribera, duques de Alcalá, integrado desde el siglo XVII en el patrimonio de los duques de Medinaceli, razón por la cual terminó trasladándose a Madrid en la primera mitad del XVIII: Sánchez González (2014).

11. En el caso de Sevilla, la jurisdicción sobre quiebras la tenía el Consulado, lo que explica que la sección Consulados del AGI custodie numerosos papeles privados de importantes familias de comerciantes: Heredia Herrera (1979).

12. BUS, FA, A180/071, *Regla de la muy humilde hermandad de la hospitalidad de Santa Caridad de Nuestro Señor Jesucristo*, Sevilla, Juan Cabezas, 1675, ff. 32v-33v y 53v-56r.

13. Siguiendo lo que ya se planteó en el capítulo II, ¿por qué no relacionar la revisión de estos capítulos más prácticos con el experimentado Veitia antes que con Mañara?

Veitia realizó su investigación en estos archivos, como enseguida veremos, aunque los dos primeros le brindaron más bien datos puntuales[14]. Centrémonos, por tanto, en el archivo de la Casa, la cantera documental más pródiga con el *Norte de la Contratación*.

La primera dificultad para entender las indagaciones de Veitia surge cuando nos damos cuenta de que ese archivo, tal como él lo conoció en el siglo XVII, ha dejado de existir en buena medida. En un primer momento, podemos imaginar su estructura a partir de la sección Contratación del Archivo General de Indias. Al fin y al cabo, tal fondo se define comúnmente como el conjunto documental generado por la Casa de la Contratación, incorporado al gran archivo histórico en calidad de sección institucional[15]. Se incurriría en un exceso de rigor si se afirmase que esa noción es errónea. La definición habitual es cierta en términos generales y, a efectos prácticos, resulta funcional para que los historiadores nos orientemos en el marasmo de legajos donde trabajamos. No obstante, la incorporación de los papeles de la Contratación al Archivo de Indias no fue un proceso aséptico. La transición de un archivo administrativo a un archivo histórico dejó marcas. Por el camino, este colaboró a la ocultación de aquel.

La adaptación archivística supuso una reordenación de los fondos. Probablemente, la reestructuración era inevitable e incluso necesaria. En el archivo de la Contratación determinadas personas utilizaban los documentos para unos fines concretos en unos espacios coyunturales. En el Archivo de Indias otras personas consultan los mismos documentos, pero con fines diferentes y en espacios que ya son otros. Un archivo administrativo y un archivo histórico son distintos. Estamos tentados a decir que una organización absolutamente respetuosa con la constitución primera del archivo de la Contratación era imposible. En todo caso, hubiera requerido un conocimiento extraordinariamente minucioso de la Casa entre quienes la efectuaron.

La fundación del Archivo de Indias, con su justificación y sus circunstancias, es muy conocida. Se trata de una historia venerable, que nos transporta al reinado de Carlos III en el Siglo de las Luces[16]. El Absolutismo Ilustrado

---

14. Ya veremos por qué. No por la escasez de fondos, al menos en el caso del Consulado, cuyo archivo apenas ocupaba un arca de tres llaves en la segunda mitad del XVI: AGI, Consulados, lib. 46. En cambio, a mediados del XVII, la visita de Juan de Góngora reveló que el archivo había crecido bastante y ocupaba ya varias alacenas: AGI, Consulados, leg. 102; «Inventario de papeles de la Lonja y Consulado que están en su archivo», 1644-1647.

15. Heredia Herrera (1992: 93).

16. Romero Tallafigo (1995).

concedía a las Indias una trascendencia enorme. España jamás había dominado una porción tan amplia del continente, circunstancia que permitía contrapesar el retraimiento de la Monarquía en la Europa del XVIII[17]. Las críticas que arreciaban contra el imperio, alimentando lo que luego se denominó *Leyenda Negra*, eran muy peligrosas[18]. Mal podrían confundirse con simples quimeras literarias. La Ilustración radical, tal como ha sido definida, vigorizó el pensamiento anticolonialista con pretensiones sinceras de influir en la vida política[19]. El peligro que representaba quedó demostrado en 1776, cuando los colonos ingleses, vecinos del México español, se alzaron contra el rey de Gran Bretaña, considerado tirano. Así que lo que escribían autores como William Robertson en su *Historia de América* (1777) no podía tomarse a la ligera[20]. Eso pensaron Carlos III y José de Gálvez en 1778, cuando encargaron a Juan Bautista Muñoz una réplica literaria[21]. Según su criterio, la reescritura de la epopeya castellana en las Indias se beneficiaría de la creación de un magno archivo que centralizase la documentación del gobierno español en América. En términos efectivos, tal propósito se hizo realidad agregando los archivos de las instituciones peninsulares del ramo, especialmente el Consejo de Indias y la Casa de la Contratación.

Así nació en 1785 el Archivo General de Indias, que la Corona instaló en la vieja Casa Lonja levantada por la Universidad de Cargadores[22]. Los papeles de la Contratación no se encontraban entonces en Sevilla. Habían viajado a Cádiz, acompañando a la Casa, y de allí regresaron. Fue entonces cuando la sección Contratación se gestó como tal, a través de un proceso laborioso que se puso bajo la responsabilidad de Juan Agustín Ceán Bermúdez, el renombrado político y pensador, autor del *Diccionario histórico de los más ilustres profesores de las Bellas Artes en España* (1800)[23]. El equipo de Ceán, dirigido después por José Acevedo y Antonio de Tariego, trabajó casi diez años en el proyecto, entre 1792 y 1801[24]. El resultado final de su esfuerzo, que ya han valorado especialistas mejor cualificados, no ha sido modificado con

---

17. Stein y Stein (2005).
18. Sobre el famoso concepto acuñado por Julián Juderías, véase García Cárcel (1992) o Perez (2009).
19. Israel (2015).
20. Cañizares Esguerra (2007: 297-318).
21. Bas Martín (2000).
22. La adaptación del edificio, que a lo largo de los siglos ha sido profundamente transformado, corrió a cargo de Lucas Cintora: Heredia Herrera (1992: 70-71); Campos Alcaide (2017).
23. Álvarez Moro, coord. (1999).
24. *Inventario analítico de los papeles que vinieron de la Contratación de Sevilla a este Archivo General de las Indias*, Sevilla, 1793-1801, cuatro tomos manuscritos, accesibles en la Sala de Investigación

posterioridad[25]. La sección Contratación, tal como la contemplamos doscientos años después, es prácticamente igual que en 1800, con las virtudes y las limitaciones de su confección dieciochesca. Por tanto, entre el archivo de la Casa de la Contratación y la sección Contratación mediaron varios traslados de residencia entre Sevilla y Cádiz, y un proceso de reordenación sobre el que nadie ha vuelto a intervenir de manera significativa.

Si Veitia hubiera trabajado con los cuatro tomos del *Inventario Analítico* de Ceán, le habría llevado algún tiempo hacerse una visión de conjunto e identificar ciertos fondos documentales. Determinadas piezas solo habría podido hallarlas abriendo legajos al azar y topándose fortuitamente con ellas. Los historiadores del siglo XXI tenemos menos capacidad aun para orientarnos, aunque a menudo no nos demos cuenta o sencillamente no nos importe. Desde la perspectiva actual, sobresalen dos aspectos a través de los cuales la visión de Ceán puede llevarnos a engaño. Primero: puede sugerirnos la idea de que existía un archivo único, susceptible de definirse como *el* archivo de la Casa de la Contratación. Y segundo: el abigarramiento de la información puede inducirnos a suponer una conservación plena de los fondos. Sin embargo, ni lo uno ni lo otro es cierto. No existía un archivo monolítico, sino diferentes archivos vinculados a diversos oficios de la Casa; y no se ha conservado toda la documentación que esta generó, sino tan solo una parte. Una parte que solo podríamos mensurar si hubiera modo de cuantificar las pérdidas. En cierto modo, ambas cuestiones se hallan relacionadas. Pues entender la estructura atomizada de aquel sistema archivístico permite aportar algunas explicaciones –aunque sean incompletas– sobre las pérdidas documentales.

* *

Veitia nos ofrece un testimonio inconfundible. ¿A qué se refería cuando declaraba que había realizado indagaciones en el archivo de la Contaduría Mayor? ¿O cuando advertía que había frecuentado los papeles de la Contaduría de Averías?[26] Quería decir, simplemente, que había inspeccionado diferentes archivos, producidos y custodiados por oficinas diferentes de la Casa de la

---

del AGI y base de las catalogaciones publicadas en PARES. Vuelto Ceán a Madrid, el último volumen se terminó bajo la coordinación de Antonio de Tariego y Somoza.

25. Peña y Cámara (1958: 53). Califica a Ceán de «sujeto de gran ilustración, pero no el más idóneo para el propósito» y aclara: «bajo su dirección se formaron, de 1791 a 1797, dos inventarios de desigual mérito: el de Contaduría, excelente y útil, y el de Contratación, desordenado y confuso».

26. Veitia (1672, s. p. «Al lector»).

Contratación. El P. Juan de Aguirre remitía al mismo contexto, al admirarse por que Veitia hubiese sacado tantas leyes y noticias «de los Archivos de aquella Real Casa»[27]. Ese sistema polinuclear fue lo que Veitia conoció. Lo que había en el siglo XVII.

Partiendo de esta premisa, el concepto de «registro» funciona como clave del sistema. Asociamos tanto esta palabra a las mercancías y los metales preciosos que se nos puede olvidar que en el siglo XVII su auténtico ámbito pertenecía a la cultura escrita[28]. De tan obvia como es, podemos pasar por alto esta realidad y sus implicaciones prácticas: todo registro era un registro escrito en la España moderna. Registrar plata significaba escribir un documento sobre la plata que se embarcaba, y registrar mercancías significaba hacer lo propio respecto a las mercancías que se subían a bordo. No un documento cualquiera, claro está. Un documento oficial, donde se manifestaban todos los datos cuyo conocimiento institucional demandaba la ley. Un documento donde se *tomase la razón* para que algún día se pudiera *dar la razón* a partir de él cuando fuera necesario. El registro funcionaría como memoria pública en cualquier ocasión futura: tendría carácter probatorio en un posible pleito, se consideraría el original para certificar copias o se utilizaría como información de referencia para calibrar la gestión de los oficiales reales –generando las receptas de los expedientes de Hacienda–. Evidentemente, para que desempeñara tales funciones en tiempos futuros, el registro debía conservarse. Esto es, tenía que archivarse. Por tanto, la «obligación registral» implicaba la obligación archivística institucional.

Todos los oficiales de la Casa generaban documentación en el desempeño de sus funciones. Ahora bien, no toda la documentación tenía carácter registral. Por ende, no era obligatorio archivar todos los papeles, a pesar de que todos fueran un producto de procedimientos oficiales. La documentación sin carácter registral se consideraba documentación particular. Frecuentemente, encontramos mencionados en la documentación del XVII los *libros particulares* de tal o cual ministro[29]. No debemos entender que esos libros

---

27. *Ibid.*, «Censvra del rever[endísi]mo P. Ivan de Agvirre de los Clerigos Menores, Predicador de su Magestad, Examinador Synodal del Arçobispado de Toledo», Madrid, 15 de julio de 1671.

28. Real Academia Española (1984), voz *registrar*: «Vale assimismo copiar y notar à la letra, en los libros del registro algún despacho, cédula, privilegio, o carta dada por el Rey, Consejo, Chancilleria, Audiencia, ò Juez de su Casa y Corte»; voz *registro*: «Se toma por lo mismo que Protocolo»; «Se toma assimismo por el assiento que queda de lo que se registra»; «Se aplica tambien al libro no impresso en que se nota lo que se registra»; «Se toma tambien por la cédula ò albalá en que consta haber registrado».

29. Entre los ejemplos posibles, AGI, Contratación, leg. 4 990b; *Libro de autos de gobierno*, Sevilla, 1616-1670, sobre el que trataremos a continuación.

hablasen de la vida personal y familiar del individuo en cuestión. No se trataba de eso. La documentación daba cuenta de sus actividades públicas. Solo que la responsabilidad de aquellos ministros no estaba ligada al registro y el archivo de papeles.

Esto nos conduce al complejo fenómeno de la patrimonialización documental. El fenómeno sucedió abundantemente en la Casa de la Contratación, algo que no debe verse como una rareza. En general, fue algo muy frecuente en el Antiguo Régimen[30]. Tal vez existe en nosotros una tendencia a condenar por instinto el acaparamiento particular de documentos que hablan sobre actividades institucionales. Sin embargo, los hombres del siglo XVII no lo veían así. Incluso nosotros mismos, a pesar de lo dicho, si nos detuviéramos a razonar sobre ello, también caeríamos en la cuenta de cuánta documentación generan actualmente los trabajadores públicos y luego se pierde, porque no hay la menor obligación de archivarla/conservarla. Por tanto, no nos extrañemos tanto de que en el siglo XVII los oficiales de la Casa se llevasen a casa sus libros particulares y los poseyesen como cosa suya. Sucedía a menudo y no constituía necesariamente una transgresión de la norma. A todas luces, este era el camino que conducía más temprano que tarde a la pérdida y la destrucción. Porque los archivos privados domésticos, antes o después, perecían. Eran y son mucho más vulnerables y efímeros que los archivos institucionales. Podían pasar del oficial a la siguiente generación. Pero rara vez duraban más[31]. Por esa razón, las últimas noticias de muchos de estos archivos de la Casa se encuentran en testamentos y registros notariales afines.

Veamos algún ejemplo contemporáneo de Veitia que pueda ilustrarlo. Fernando Esteban de Pineda fue otra sombra fugitiva de aquella Sevilla barroca. Pineda sirvió como pagador de armadas y de artillería en la Casa de la Contratación[32]. Vivía en la plazuela de Santo Tomás[33], en el tramo de edificios que iba desde el Arquillo de la Plata hasta la Casa de la Moneda y, para aproximarlo más a Veitia, también fue hermano de la Santa Caridad. De hecho, se

---

30. Un ejemplo muy destacado son los famosos papeles del marqués de Montesclaros, conservados en el Archivo de los Duques del Infantado, que conservan numerosa documentación oficial de su etapa como virrey en América. Latasa Vassallo (1997). Otro caso de gran relevancia habrían sido los papeles del Consejo de Castilla que el presidente Diego de Riaño se quedó y permanecieron durante años en el Archivo de los Condes de Villariezo, donde los consultó Domínguez Ortiz para escribir sus *Alteraciones andaluzas*.

31. No obstante, siempre cabe esperar buenas noticias, como la comunicada por Alonso Santorio (2010), donde se revela la existencia de papeles del pagador Diego de Cazalla en el archivo privado de los condes de Mollina.

32. Díaz Blanco (2017a).

33. APS, Padrones, lib. 5; padrón de 1677.

enterró en la Caridad[34], a la que legó en su testamento una manda para distribuirla «entre sus pobres a la orden y disposición del señor don Miguel Mañara, hermano mayor de ella»[35]. El hogar de Pineda nos semeja cierta síntesis del siglo XVII[36]: la plata estaba presente por doquier; la pinacoteca sumaba lienzos de Van Dyck, Herrera el Mozo y Roelas; los objetos cotidianos lo mismo venían de Francia que de Génova; le gustaba el cacao de Venezuela; y el servicio doméstico era atendido por un par de esclavos negros. Pineda pasaba mucho tiempo escribiendo y tenía dos riquísimos escritorios de carey y ébano, además de varios bufetes. Antes de su muerte, «declaró que tenía libros cuenta y razón en ellos con partidas claras, que declaró son ciertos y verdaderos». Sus albaceas pudieron comprobarlo y dieron especial importancia a un «libro de ambas pagadurías, en el cual consta las cuentas de cargo y data de ellas que se está ajustando»[37]. Libros como estos son los que han desaparecido, afectados por la concatenación de factores como la patrimonialización y la destrucción documental.

Téngase presente que había muchos oficios carentes de obligación registral. A pesar del crecimiento institucional de la Casa, que ya vimos en el segundo capítulo, solo unos pocos ministerios estaban sometidos a este particular deber. Fundamentalmente incumbía a las escribanías y las contadurías. Igual que los libros particulares llevaban a la patrimonialización y, después, a la pérdida documental; el registro conducía al archivo institucional y, finalmente, a la conservación archivística. Por supuesto, nada de esto debe imaginarse como una realidad rígida. No lo era. Los archivos nunca lo son. Tienen una lógica –o deben tenerla– y continuamente aspiramos a comprenderla para movernos mejor entre los legajos. Pero al mismo tiempo esa lógica –cuando existe– adolece de mil excepciones e imperfecciones, que nos recuerdan que no hablamos en ningún caso de una matemática exacta. Se conserva un precioso documento sobre el archivo del oficio de los contadores-diputados de averías, que nos demostrará muy a las claras cómo la inexorable ley de la imperfección archivística se cumplía en la Casa de la Contratación. Se trata de una descripción completa de los volúmenes de este archivo, efectuada en la

---

34. APS, Defunciones, lib. 19, f. 186r; partida de Fernando Esteban de Pineda, 21 de febrero de 1680.

35. AHPSe, PNS, leg. 10266, ff. 218 y 269; testamentos, uno revocado y otro válido, Sevilla, 20 de octubre y 22 de noviembre de 1675.

36. AHPSe, PNS, legs. 13011, f. 822 y leg. 13017, f. 251; inventario y capital de Fernando Esteban de Pineda, Sevilla, 6 de enero de 1678.

37. AHPSe, PNS, leg. 10278, f. 426; poder para testar, Sevilla, 18 de febrero de 1680, y leg. 10281, f. 356; testamento e inventario de bienes *post mortem*.

década de 1650. La relación es impresionante y contiene 162 números, la mayoría de ellos libros de cargo o de data –iban por separado– de los receptores de averías y los pagadores de armadas. Es incuestionable el carácter registral de esta documentación que, entre otras cosas, servía para dar razón ante la Contaduría de Averías de las receptas de aquellos oficios de gestión tan relevantes[38]. Sin embargo, a mediados del XVII ya faltaban algunos volúmenes. Aquel catálogo mencionaba los papeles que «tan solamente se hallaron en la dicha sala y alacena», la llamada Sala de la Avería, unos «en el escritorio que está junto al arca de tres llaves del avería» y otros «en la alacena debajo de la imagen de Nuestra Señora»[39]. Resulta turbador contemplar el contenido individual de todos y cada uno de los volúmenes de aquella formidable colección. Conocemos hasta su localización física a mediados del XVII. Pero, en algún momento, les perdemos la pista. Siglo y medio después, a fines del XVIII, todos aquellos libros estaban ya perdidos. Ninguno llegó jamás al Archivo de Indias. Ni siquiera alcanzaron a ser catalogados por Ceán.

* * *

Pese a estos reveses, no cabe duda de que los archivos registrales fueron el origen fundamental de la sección Contratación. Solo un estudio monográfico podría dar cuenta por extenso de todos ellos y explicar su presencia en la sección actual del Archivo de Indias. Esa preciosa historia queda para otra ocasión. A los efectos presentes, nos limitaremos a analizar el archivo del que Veitia obtuvo el grueso de su documentación, el de la Contaduría Mayor. Este archivo era uno de los más importantes de la Casa, generado por aquel que posiblemente fuera el oficio de mayor jerarquía entre todos, si se obvia la presidencia. Esta contaduría no era la de los contadores de cuentas, los contadores de armadas ni los contadores-diputados. Era la contaduría del contador juez oficial, el compañero del factor y el tesorero en la Sala de Gobierno. Se adjetivaba como mayor precisamente para distinguirla de esas otras contadurías y resaltar su jerarquía sobre ellas y, en general, sobre casi todos los demás oficios. Dentro de la propia Sala de Gobierno, el contador tenía más peso que el factor y, respecto

---

38. Pueden encontrarse en las series documentales de cuentas de la pagaduría y la receptoría, respectivamente en AGI, Contratación, legs. 3310-3629 y 4339-4535. Las receptas generalmente acompañan a las cuentas de la Contaduría de Averías.

39. AGI, Contratación, leg. 4476; *Inventario de los libros del oficio de contadores diputados de la avería hecho por el contador Francisco de Ibarzábal*, Sevilla, 1654.

al tesorero, se encontraba exento de responder económicamente ante nadie por la gestión colectiva de la Real Hacienda[40]. En 1634, cuando se estrechaba el cerco a la plata en la Casa de la Contratación, el dinero peruano decidió comprar la Contaduría. La casa bancaria de Bernardo de Villegas, una de las dos más importantes de Lima, abonó 50 000 ducados y puso el empleo en cabeza de un hermano de Bernardo, Diego de Villegas[41].

El máximo atractivo de la Contaduría residía en su especial relación con un bien tan preciado como la información. La información oficial, en este caso. Los contadores eran los preservadores de la memoria. Incluso podría argumentarse que generaban esa memoria. Los contadores administraban el registro en muchas de las operaciones más relevantes confiadas a la Casa: registro de mercancías, registro de navíos, registro de pasajeros... Oficialmente, existía lo que figuraba en sus libros. Y no existía lo que no figuraba en ellos. Las posibilidades que dimanaban de ese poder eran enormes en el mundo comercial de la Carrera de Indias, en el que las relaciones con el registro eran tan sumamente ambiguas y complicadas. A no dudarlo, eso fue lo que los Villegas pagaron a precio de oro o, por ser más exactos, de plata. Eso junto a la dignidad institucional, el salario, las tasas cobradas a particulares por cada fe de registro, las posibilidades de patronazgo y las oportunidades de negocios ilícitos.

Ningún oficio de la Casa aportaba más oportunidades de generar relaciones clientelares directas que la Contaduría. El tesorero y el factor podían nombrar un oficial mayor. Pero el contador nombraba varios oficiales y a cada uno de ellos subdelegaba el cuidado de uno o varios libros de cuantos custodiaba el archivo. Así, al llamado oficial de difuntos le correspondía vigilar los libros de bienes de difuntos, ausentes y depósitos. Otro oficial tenía bajo su cuidado los célebres registros de navíos (hechos célebres por los Chaunu)[42]; otros, los registros de pasajeros; y otro los de la plata en pasta y los libros de correspondencia[43].

---

40. Veitia (1672: I, cap. 10); *Recopilación de Leyes de los Reinos de Indias*, lib. 9, tít. 2 (con algunas leyes específicas como las 28-29 o 31-39). Hay varios impresos preciosos sobre las obligaciones del oficio, preparados por el contador Antonio López de Calatayud, en AGI, IG, leg. 2 009, especialmente *Relación de las obligaciones que tiene el contador de la Casa de la Contratación de las Indias* […], Sevilla, 20 de mayo de 1612.

41. Schäfer (2003 [1935-1947]: I, 365); Suárez Espinosa (2001). Una aproximación a la figura de Villegas, centrada en sus comportamientos corruptos, en Heredia López (2019).

42. En el capítulo VII tratamos la aportación historiográfica de Chaunu y su valoración de los registros.

43. Veitia (1672: I, 68-69).

Entre todos los oficiales había uno que contaba con más jerarquía que los demás. Era aquel al que más con más propiedad podía definirse como oficial mayor, que con frecuencia recibía consideración de teniente. Veitia se deshacía en elogios hacia esta figura. Esto, además de la evidente dimensión institucional, tenía también una explicación personal, la de elogiar al amigo que ocupaba entonces el puesto. Veitia no lo mencionaba, pero era el contador Manuel Fernández Pardo, un personaje poco conocido en la actualidad, a pesar de que por sus manos pasaron durante bastantes años muchos de los papeles más relevantes de la Casa de la Contratación[44]. Según leemos en el *Norte*,

> conviene que [el oficial mayor de la Contaduría] sea persona que tenga muchas noticias, y experiencias de los negocios, y materias, que se tratan en la Casa de la Contratacion, por que siendo el inmediato que ha de cuidar de la venta, beneficio, y quenta de la Real hazienda, y quien dispone los informes que por vna, y otra Sala de Gobierno, y Iusticia le mandan hazer, para poder tomar resolucion en los mas de los negocios, que en ella se determinan, bien se reconoce quan aventajadas prendas necesitan tener, y que de los Oficiales que en la Contaduria se crian deverà ser elegido para este puesto el que mas inteligencia, cuidado, zelo, y desinterés huviere mostrado.

El puesto no debía recaer en personas ambiciosas. Si no, arruinarían el Real Patrimonio aquellos que precisamente estaban llamados a ser su «muralla incontrastable». Por supuesto, Veitia declaraba que hasta entonces la oficialía mayor había correspondido a candidatos más que dignos. Varios de ellos luego habían tenido oportunidad de ascender a juez oficial[45]. Con astucia genuina, eso le daba pie para desear que siguiera sucediendo en el futuro, aunque aquella suerte no cupo a Fernández Pardo, que murió siendo todavía oficial[46]. Los trabajos del oficial mayor coincidían con las responsabilidades más elevadas de la Contaduría Mayor. Llevaba los libros de caja de la Real Hacienda, donde se apuntaban los cargos y datas del Tesoro Americano; así como

---

44. La amistad entre ambos no excluyó alguna discrepancia profesional, como la registrada en: AGI, Contratación, leg. 1 005; memorial de José de Veitia, Sevilla, s. f. [1657]. Evidentemente, este tipo de desencuentros no empañaron la buena relación entre Veitia y Fernández Pardo, mantenida durante toda la vida.

45. Veitia (1672: I, 67).

46. AGI, Contratación, leg. 5 785, lib. 1, ff. 249v-250r; título de contador mayor, 10 de abril de 1646. Hay relación de sus méritos en un expediente formado en la Casa de la Contratación, donde se transmite la frustración tardía de que «no ha tenido ascenso ni adelantamiento, cuando justamente juzgamos ocuparía una plaza de juez oficial» (Veitia se hallaba entre los firmantes del informe). Finalmente, solo se le aprobaron algunas ayudas económicas: AGI, IG, leg. 2 013; varias cartas de la Casa a Mariana de Austria, 1675.

los libros de ventas de plata en pasta, con los intercambios comerciales entre la Sala de Gobierno y los compradores de oro y plata. Revisaba y aprobaba todas las certificaciones y copias expedidas por los demás oficiales, sobre quienes se le reconocía jerarquía; y sustituía al mismo contador cuando este se encontraba ausente en las firmas colectivas, especialmente si se relacionaban con la plata del rey[47]. En definitiva, estaba tan volcado en el trabajo cotidiano de la Contaduría como el oficial mayor de la Tesorería en su oficina respectiva. Manuel Fernández Pardo y Andrés Rubio de Sotomayor eran los hombres de confianza, a la sombra y a la luz del día, de sus superiores, Villegas y Veitia.

Veitia no albergaba dudas respecto a la superioridad archivística de la Contaduría. Consideraba sus fondos el «Archivo General de todo el Gobierno desta Audiencia». Quería decir que se trataba del archivo fundamental de la Sala de Gobierno, superior a los archivos particulares que formaban el tesorero y el factor, y cuyos papeles daban cuenta de las actividades colectivas de todos los jueces oficiales. Evidentemente, no custodiaba la documentación de la Sala de Justicia ni tampoco de los oficios ajenos a las dos salas. Pero tampoco hacía falta para reconocer su subida relevancia, que resultaba evidente ante la «diferencia de libros, que ay en ella»[48].

Debido a la importancia cualitativa de estos fondos, no había posibilidad de moverlos de la Contaduría[49]. Frente a los archivos particulares de los demás oficios de gobierno, este contenía el registro oficial. De tal modo, no se permitía la patrimonialización usual en los otros. Veitia lo expresa muy bien: «en fuerça de ser la Contaduria principal archivo el mas importante de los papeles de gobierno, y administracion de la Real hazienda, y publicos intereses, està prohibido el que se saquen de ella originales»[50]. La fuerza de esta prohibición fue experimentada por el visitador Juan de Góngora, a quien se negó la posibilidad de extraer determinados papeles de la Contaduría en tanto no se contara con una orden directa del propio rey[51]. También Veitia, con toda su

---

47. Veitia (1672: I, 67-68). Otra relación apologética de las obligaciones del oficial mayor de la Contaduría lo escribió el propio Andrés de Munive cuando ocupaba el cargo: AGI, IG, leg. 2009; expediente con memoriales y cartas de Munive y la Casa de la Contratación, 1608.

48. Veitia (1672: I, 69).

49. Aunque, evidentemente, a veces resultaba inevitable. AGI, IG, leg. 2009; *Relación de las obligaciones*, ofrece un testimonio concreto: se menciona un «libro de licencias de esclavos que se despachan por el asiento de Gonzalo Váez Coutiño», del que se anota al margen «que al presente lo tiene Antonio Fernández de Elvas». El apunte revela el control que solía llevarse sobre los volúmenes que se sacaban de la Contaduría.

50. Veitia (1672: I, 72).

51. AGI, IG, leg. 2010; la Casa a Felipe IV, Sevilla, 29 de agosto de 1642. Góngora no quedó satisfecho y multó al oficial mayor Diego Ruiz de Villegas.

condición de tesorero, debió someterse a estas limitaciones. Ni siquiera pudo disponer libremente del raro ejemplar de los *Sumarios* de Aguiar conservado en la Contaduría, «el qual manuscrivi, para que sin sacarle de donde debe estâr, me sirviesse à este fin»[52].

Esta legislación ha contribuido decisivamente a la preservación de los libros. No cabe duda de que la Contaduría fue un núcleo fundamental en el conjunto de legajos que Ceán Bermúdez ordenó a fines del xviii. De hecho, muchos de sus fondos son reconocibles para el historiador que haya frecuentado la sección Contratación, como los libros de cargo y data de la Real Hacienda, los de caja y manual, los de la Cruzada, los de ventas de plata y oro, los de bienes de difuntos, los de penas de cámara y gastos de justicia, los de pasajeros, los de cartas, los de títulos[53]… Basta leer las descripciones de Veitia para identificar muchos legajos leídos en las fructíferas mañanas del Archivo de Indias. Otras veces, cuando la descripción no sugiere nada, la búsqueda *ad hoc* permite la localización. Y otras, cuando las indagaciones no conducen a nada concreto, cabe plantearse si todavía se conservan. Siempre guardamos la esperanza de que permanezcan ocultos en alguna carpeta, donde puedan hallarse en el futuro.

Del archivo al libro: la investigación documental de José de Veitia

El historiador de nuestros días está habituado a manejar estos fondos. Desde fechas relativamente recientes, incluso puede consultarlos en cualquier lugar del mundo a través de las digitalizaciones que se han subido a internet[54]. Lo cual, paradójicamente, ha sumido a los originales, retirados de consulta, en una especie nueva de secreto archivístico[55]. La información se encuentra bastante disponible. Por eso nos cuesta mucho imaginar (a mí por lo menos) que antes no era así. Entrar en los archivos de la Casa y consultar aquellos libros era prácticamente imposible en el siglo xvii. Estaban protegidos por la muralla del secreto, al igual que sucedía en muchos otros archivos de la Monarquía.

---

52. Veitia (1672: s. p. «Al lector», n. 12).

53. Veitia (1672: I, 69-71. Otras valiosas descripciones de fecha más temprana en los impresos sobre la Contaduría de López de Calatayud: AGI, IG, leg. 2009.

54. A través del célebre PARES: http://pares.mcu.es/

55. Pérez-Mallaína (2005: 60-61).

El cerco a los papeles se mantenía con tanto celo que incluso los ministros más encumbrados requerían licencias especiales para romperlo. Si los archivos pertenecían a organismos tan elevados como los consejos del sistema polisinodial, podía suceder que solo la firma del rey bastase para franquear el paso. Matías de Novoa jamás experimentó esa suerte mientras escribía su *Historia de Felipe IV Rey de España*; antes exclamó con humor resignado: «¿cómo me habían de conceder a mí los decretos, los archivos y consejos, sin cuando los fuera a pedir se riyeran de mí y me respondieran si deliraba, y qué estudios o partes tenía yo para empresa tan grande[56]?» Todo un Francisco Ramos del Manzano, inquilino habitual en el corazón del poder real, necesitó el pase regio cuando Felipe IV le encargó que escribiese la historia de su reinado[57]. Es la voz del monarca la que imperiosamente se dirige a José González, presidente de Indias, y le impone:

> Os ordeno que desde luego y sin alguna dilación se le vayan entregando [a Ramos del Manzano] los avisos, consultas y papeles referidos que se hallaren en los archivos y secretarías que hubieren pasado al de Simancas para cuyo efecto y que pueda reconocer los que hubiere menester se le muestre el inventario de los papeles que hay en cada secretaría o archivo o se han remitido a Simancas[58].

El hecho de que se entregase a Ramos del Manzano el gobierno del Consejo de Indias en 1662[59] contribuye a que nos provoque mayor perplejidad aun la obligación de recabar esa licencia apenas un año antes.

El secreto archivístico preservaba el secreto de Estado, dogma de la cultura política del Barroco, que fue una cultura de la disimulación y la ocultación[60]. El secreto archivístico escondía el soporte físico de papel, evitando su destrucción, pero también camuflaba los contenidos escritos, evitando su difusión. Aquella política tenía sus buenas razones, cimentadas en la creencia de que los *arcana imperii* eran necesarios[61]. No obstante, la inteligencia práctica de Veitia le permitió entender que el secreto también podía producir consecuencias indeseadas. Mal gestionada, la inaccesibilidad de los archivos

---

56. Bouza (2005: 146).
57. Bouza (2005: 22-24).
58. AGI, IG, leg. 630; decreto a José González, Madrid, 10 de julio de 1661. Otros consejos recibieron órdenes iguales o similares. Las del Consejo de Castilla están localizadas en AHN, Consejos, legs. 7 171 y 13 209 por Bouza (2005: 22 y 25).
59. Schäfer (2003 [1937-1947]: 335).
60. Villari (2003); Rodríguez de la Flor (2005).
61. Ginzburg (1994: 94-116).

podía provocar la ignorancia de normas que debían conocerse para el funcionamiento cotidiano de las instituciones. El secreto de Estado se bastardeaba entonces en olvido puro y duro. Y el papel, aunque se conservara materialmente, sufría una extraña suerte de destrucción simbólica. Cuando la situación tocaba su extremo, el archivo se convertía en una herramienta útil al fin contrario para el que estaba destinado. Antes que conservar la memoria, la sepultaba.

Las primeras palabras del *Norte*, solo precedidas de la dedicatoria al conde de Peñaranda, pensaban esta realidad como un problema:

> Sintiendo la falta que hazia, y los inconvenientes que ocasionava estar cerradas en Archivos las leyes, ordenanças, y cedulas dadas para el gobierno de la Real Audiencia de la Contratacion de las Indias, propuse hazer vna memoria, Epitome, ò Reportorio dellas[62].

¡Qué bonitas son estas reflexiones! Veitia imaginaba los archivos como prisiones donde cumplían encierro las cédulas y leyes de su Majestad. De alguna forma, el propio rey era un reo retenido en aquellos archivos.

La belleza de estos pensamientos no se agota en sus propios razonamientos. También resulta hermoso contemplar a Veitia pensando como un investigador. Lo hacía con una lucidez y claridad características en él, las mismas que podrían exigirse a cualquier usuario de archivos de nuestro tiempo, tres siglos y medio después. Puesto que se planteaba la situación de los archivos en términos problemáticos, también era capaz de entender su labor como una solución práctica. Lo expresaba con algunas metáforas navales y marítimas, que le encantaban: «Ha sido mi intento manifestar los tesoros que navegando por tan poco cursados golfos, y sondando escondidas Baìas, y Caletas ha podido descubrir mi trabajo»[63]. Si las leyes estaban encerradas, él las encontraría en los archivos y las sacaría al exterior para que fueran conocidas por todos.

*

La investigación comenzaba, entonces, con la obtención de permisos. A diferencia de Ramos del Manzano, Veitia no necesitó el respaldo del monarca. De hecho, no debió resultarle muy complicado acceder al papel. Era ministro del rey en la Casa de la Contratación y contaba con un motivo más que

---

62. Veitia (1672: s. p. «Al lector», n. 1).
63. Veitia (1672: s. p. «Al lector», n. 23).

legítimo. Por tanto, los custodios de aquellos archivos le franquearon la entrada por puertas que permanecían cerradas para la mayoría[64]. Fernando de Villegas, buen amigo suyo, le brindó acceso al archivo de la Contaduría Mayor. No es la primera vez que nos cruzamos con este singular personaje. Fernando era hijo de Diego de Villegas, el primer contador propietario, sobrino de Bernardo de Villegas, el banquero peruano, y yerno de Simón de Gaviola; por tanto, miembro de la red familiar de Jerónimo de San Vítores, que abrió a Veitia las puertas de la Casa. A cambio, Veitia colaboró fielmente con Villegas[65] y la reciprocidad profesional se fortaleció coincidiendo en lugares característicos como la hermandad de la Caridad. ¿Cómo iba a negarle al tesorero la revisión de los papeles de la Contaduría?

Veitia trabajó en ocho archivos institucionales de Sevilla, seis de los cuales pertenecían al sistema archivístico de la Casa de la Contratación. El *Norte* es una fuente insustituible para su conocimiento, como acabamos de ver. Sin embargo, Veitia nos dejó algo todavía más personal. Más precioso para quien intenta comprender su obra intelectual. Identificó y describió con particular hincapié los libros que le resultaron más útiles durante su propia investigación, conservados casi todos en la Contaduría. Estas anotaciones más concretas, que pueden compaginarse con esas otras más generales, nos encandilan. Nos conducen, junto a otros elementos, a la identificación individual de las fuentes originales del *Norte*, aún preservadas en el Archivo de Indias. Quien tiene la posibilidad de realizar ese ejercicio de metainvestigación se siente fascinado al leer a Veitia y darse cuenta de que sus palabras coinciden con las características físicas y textuales de volúmenes que todavía puede hallar. Qué emoción saber con certeza que uno pasa las manos sobre los mismos libros que Veitia tuvo entre las suyas allá por 1670. Leemos los manuscritos que él leyó y observamos cómo aprovechó la información para elaborar un escrito coherente.

---

64. No es descartable que en algún auto se registrara por escrito la concesión de estos permisos, aunque la presente investigación no ha deparado ningún hallazgo en este sentido. Las búsquedas al respecto se hicieron en los legajos de peticiones a la Casa en AGI, Contratación, legs. 1005-1007.

65. Villegas y Veitia enviaban juntos a Madrid los expedientes sobre la administración de la Real Hacienda, por ejemplo; Villegas remitía las receptas y Veitia se responsabilizaba de las relaciones juradas, a fin de que la Contaduría del Consejo diese su aprobación: véase capítulo II. También se dieron algunas reciprocidades, como que Veitia admitiese como oficial mayor de la Tesorería a Andrés Rubio de Sotomayor, que antes había servido como oficial de la Contaduría con Villegas. Este nombramiento no se encuentra en los libros de provistos, quizás por tratarse de un oficio de escaso nivel jerárquico. No obstante, el servicio de Rubio como oficial de la Contaduría se hace presente en las datas de los libros de penas de cámara y gastos de justicia; por ejemplo, en AGI, Contratación, leg. 4551b.

Cuadro 4.1. Archivos consultados por José de Veitia

Archivos de la Casa de la Contratación	Contaduría Mayor
	Contaduría de Armada de Indias
	Contaduría de Averías
	Escribanía de Armadas
	Escribanía de la Contaduría de Averías
	Escribanías de Cámara
Otros archivos institucionales	Consulado de Cargadores a Indias
	Universidad de Mareantes
Archivos privados	José de Veitia Linaje

Fuente: elaboración propia

La pieza donde encontramos las observaciones archivísticas es el prólogo «Al lector», uno de los paratextos más importantes del *Norte*, que ofrece una sorprendente sensación de modernidad que también experimentamos ante otros elementos complementarios, como la página de «Advertencias» o el aparato de notas marginales, sobre los que hablaremos próximamente. El prólogo «Al lector» posee una estructura que bien podría homologarse a los prefacios de monografías de investigación humanística actuales, dando cuenta de los planteamientos temáticos del *Norte de la Contratación*, de lo que ese título significaba y de muchos de los diferentes aspectos formales de la obra. Sin embargo, se escribió en el siglo XVII, no en el XX ni en el XXI. Que la aridez de una literatura técnica como la del *Norte* no nos prive de la consciencia de estar ante una auténtica pieza maestra en su género.

* *

Las explicaciones archivísticas comenzaban con los que «vulgarmente» se llamaban «libros de ordenanzas», que Veitia prefería definir como «libros de Cedulas, Provisiones, Instrucciones y Cartas manuscritas»[66]. En efecto, dichos volúmenes reunían todas esas tipologías de órdenes reales. Para los ministros

---

66. Veitia (1672: s. p. «Al lector», n. 13).

de la Casa venían a significar algo así como unas ordenanzas manuscritas, que es como Veitia se refería también a ellos. Aquellas ordenanzas manuscritas contenían muchos de los textos legales que definían la normativa interna. Por tanto, señalaban el inicio obvio para cualquiera que deseara explicar el funcionamiento de la institución. Eran el primer complemento documental para las ordenanzas y recopilaciones legales ya impresas.

Dada su peculiar naturaleza, los libros de ordenanzas se usaban con bastante asiduidad. La investigación de Veitia reveló el mal estado en el que se encontraban los dos volúmenes más antiguos a causa de las numerosas consultas. Dos autos de gobierno de 1669 lo reconocieron y tomaron medidas en el asunto:

> Dichos libros se llaman el primero y segundo de las ordenanzas manuscritas [y] se hallan tan maltratados por el transcurso del tiempo y continuación con q[ue] se manejan que, para q[ue] no se deterioren más y se caiga en el inconveniente de que se rasguen o pierdan algunas hojas, conviene q[ue] se trasladen con todo cuidado[67].

La tarea se encargó a Baltasar de Cárdenas, oficial de pasajeros, que terminó su trabajo con relativa rapidez[68]. En noviembre de 1670, los nuevos libros ya estaban terminados, consiguieron la aprobación de la Sala de Gobierno y se sumaron a los fondos documentales de la Contaduría[69]. De hecho, ambos son los que actualmente cuentan con mayor visibilidad en el Archivo de Indias. Los jueces oficiales mandaron que los deteriorados originales se guardaran «en el cajón de la mesa de la Sala de Gobierno, cuya llave tiene el señor presidente». Aparentemente, permanecieron bajo custodia, pero ya fuera de la Contaduría. Una vez más, eso pudo haber tenido consecuencias sobre la conservación. Porque ¿dónde se encuentran hoy esos libros?

Muchas buenas investigaciones tienen la capacidad de influir positivamente en los archivos donde se llevan a término. La de Veitia es un caso paradigmático. No solo porque generara el impulso para retirar de consulta documentación en mal estado y sustituirla por copias autorizadas nuevas. Analizando otras series documentales, Veitia descubrió que había muchas órdenes reales fuera de los libros de ordenanzas, a pesar de que por su valor

---

67. AGI, Contratación, leg. 4 990b; *Libro de autos de gobierno*, f. 691.
68. AGI, Contratación, leg. 5 785, lib. 2, contiene varios de los títulos recibidos por Cárdenas dentro de la Casa de la Contratación.
69. AGI, Contratación, leg. 4 990b; *Libro de autos de gobierno*, f. 750.

deberían encontrarse allí. Notificó los hallazgos a sus compañeros y nadie dudó de la idoneidad de añadirlos a los nuevos ejemplares «procurando, que ya que no en la serie que conviniera, se les restituya aquello de que se hallavan defraudados»[70]. Precisamente, al final del tomo tercero –que no requirió estos cuidados– se garabateó un listado de adiciones a los libros de ordenanzas que aparentemente data de hacia 1670, por lo que probablemente se trate de un testimonio escrito de las correcciones auspiciadas por Veitia[71].

Él trabajó con estos tres volúmenes. Los ejemplares citados en el *Norte* son las copias de los dos primeros libros y el original del tercero, cuya conclusión se situaba en 1670, momento aproximado en el que Veitia cerró sus indagaciones. El cuarto tomo arrancaba en 1671, fuera de la cronología que podría haberlo convertido en una fuente significativa para la investigación.

Cuadro: 4.2. Los «libros de ordenanzas» de la Casa de la Contratación

Contaduría	Cronología	Naturaleza	Signatura AGI
Libro 1	1560-1612	Copia	Contratación, leg. 5091
Libro 2	1612-1643	Copia	Contratación, leg. 5091
Libro 3	1644-1670	Original	Contratación, leg. 5092

Fuente: elaboración propia

Veitia analizaba las fuentes con detalle minucioso. Estudiaba sus formas y se hacía preguntas sobre las cuestiones y problemas que la lectura suscitaba. Como investigador, le obsesionaban los vacíos documentales. El interrogante que cualquiera se haría ante los datos resumidos en el cuadro 4.2 ya se lo planteó él en el siglo XVII. ¿No se habían recopilado ordenanzas manuscritas antes de 1560[72]? Según Veitia, la solución aparecía cuando se conectaban las ordenanzas manuscritas con los llamados «libros de títulos», es decir, los volúmenes donde se registraban los nombramientos de los oficiales de la Casa. De ser

---

70. Veitia (1672: s. p. «Al lector», n. 13).

71. AGI, Contratación, leg. 5092, lib. 1, f. 338r.

72. Actualmente, tampoco han aparecido volúmenes anteriores a 1560. El *Inventario Analítico* de Ceán (1801: IV, 369) hace preceder los legajos 5091 y 5092 de otros dos, los números 5089 y 5090, a los que cataloga de manera idéntica, construyendo una serie («libros de registro de reales cédulas y órdenes»), cuya cronología inmediatamente anterior (1508-1519 y 1520-1587) puede llevar a engaño. No son libros de la Casa de la Contratación, sino registros de cédulas relativas a territorios americanos y a la flota de Hernando de Magallanes.

así, existiría entre las dos series un supuesto vínculo de genealogía documental, en virtud del cual los libros de ordenanzas procederían de los libros de títulos. En estos se habrían copiado al principio una mayor variedad de órdenes reales, hasta que el incremento del volumen documental obligara en 1560 a separar las series, inaugurar los libros de ordenanzas y reservar los libros de títulos solo para los nombramientos. Él lo explicaba así:

> Aquel libro [el primer libro de títulos] contiene, ademas de los Titulos, algunas Cedulas, y Ordenanças concernientes a la forma del primitivo gobierno; y en el segundo libro [de títulos] están escritas algunas de las despachadas hasta el año de 1560, q[ue] es desde quando se empeçaron a escrivir con division los Titulos de las Cedulas, Provisiones, y Cartas.

Esta respuesta podría someterse a una revisión moderna[73], pero denota la seriedad de Veitia a la hora de afrontar exigencias metodológicas con las que los historiadores siguen lidiando varios siglos después.

* * *

Estos «libros de títulos» han perdido su designación original a favor de la que Ceán utilizó a fines del XVIII: «libros de provistos», terminología que se ha consolidado en los instrumentos de catalogación del Archivo de Indias. Se trataba de los volúmenes donde «se hallan escritas las Provisiones, y Cedulas Reales, por las quales los señores Reyes han hecho merced de las plazas de Iuezes, y de los demas oficios de la Real Audiencia de la Contratacion», según definición del propio Veitia[74]. En 1670 había cuatro libros de títulos en la Contaduría. Hoy todavía enriquecen los anaqueles de la sección Contratación[75], incluido el primero de ellos, a pesar de que en 1749 se le sacó copia en Cádiz,

> con el motivo de no estar inteligible, así por ser mucha parte de letra antigua, que se usa ni comprende lo que explica sin alguna práctica de sus caracteres como

---

73. La datación se aproxima bastante a la impresión de las ordenanzas de la Casa de 1552. Por tanto, cabría defender la idea de que las ordenanzas manuscritas fueran una continuación, donde se apuntaran los nuevos textos normativos aprobados a partir de esa fecha, que podría servir para actualizar una nueva edición de las ordenanzas. Eso, como ya sabemos, no sucedió hasta 1647, cuando Juan de Góngora y Rodrigo Serrano imprimieron su recopilación. Véase el capítulo III.

74. Veitia (1672: s. p. «Al lector», n. 14).

75. La serie completa abarca AGI, Contratación, legs. 5 784-5 786, aunque Veitia solo conoció la parte que llegaba hasta 1670.

por haber perdido la tinta su color con el transcurso de tantos años [… y] se encontró con el defecto de estar descompuesta su encuadernación, diferentes testaduras y la falta de algunas hojas, según la ninguna coordinación de su narrativa y folios en algunos parajes.

Muchas manos y miradas habían pasado por encima de aquellos folios. Y otras más lo harían a pesar de estas advertencias, pues, en 1784, Juan Bautista Muñoz requirió aquel primer libro de títulos con el que ya había trabajado Veitia Linaje. Se lo llevó, con la confianza de que quedaba en su lugar la copia autorizada de mediados del XVIII[76]. Las incautaciones de Muñoz a veces desembocaban en la pérdida de los originales[77]. Pero en este caso el valiosísimo libro primero de títulos regresó al Archivo de Indias junto a los que lo continuaban en la serie.

Cuadro 4.3. Los «libros de títulos» (provistos) de la Casa de la Contratación

Período	Contaduría Mayor	Archivo de Indias
1503-1579	Libro 1 de títulos	AGI, Contratación, leg. 5 784, lib. 1
1579-1615	Libro 2 de títulos	AGI, Contratación, leg. 5 784, lib. 3
1615-1649	Libro 3 de títulos	AGI, Contratación, leg. 5 785, lib. 1
1650-1679	Libro 4 de títulos	AGI, Contratación, leg. 5 785, lib. 2

Fuente: elaboración propia

* * * *

Veitia también resaltó los «libros de acuerdos», aquellos «que haze la Sala de Gobierno para remissiones de condutas, embios de Azogues à las Indias, y declaración del Iuez, y ministros que deven ir à los recibos de los Galeones, y Flotas»[78]. Bajo esta etiqueta, Ceán archivó volúmenes de diversa

---

76. AGI, Contratación, leg. 5 784, lib. 1 (el libro 1 original) y lib. 2 (la copia dieciochesca, en cuyas páginas iniciales se explican todas estas circunstancias).

77. Así le ocurrió al manuscrito de la historia de la guerra de Chile que dejó inconcluso el cronista Luis Tribaldos de Toledo, según nos explica en su excelente estudio introductorio la profesora María Isabel Viforcos: Tribaldos de Toledo (2009).

78. Veitia (1672: I, 70).

naturaleza, rompiendo un poco la continuidad de la serie documental original en la Contaduría, tal como había sido en el siglo XVII. Eso les ha restado alguna visibilidad en el Archivo de Indias, pero no tanta como para no poder localizarlos. O casi. El *Norte* refiere la existencia de seis tomos, el más antiguo de los cuales empezaba en 1540. Por tanto, en el siglo XVII ya se encontraba extraviada la documentación previa a esa fecha, que teóricamente debería haber sido generada por la Sala de Gobierno. Sin embargo, el volumen de 1540, que no se cerró hasta 1578 y abarcaba un largo período de veintiocho años, parece no constar en la sección Contratación. Es un misterio qué sucedió con él. Los siguientes son todos reconocibles en la actualidad, hasta llegar al sexto, del que Veitia solo consignó un inicio aproximado, entre fines de 1646 e inicios de 1647, y el aviso de que «desde entonces sigue el corriente»[79]. Hoy sabemos que el volumen se concluyó mucho después, en 1711.

Cuadro 4.4. Los «libros de acuerdos» de la Casa de la Contratación

Período	Contaduría Mayor	Archivo de Indias
Antes de 1540	—	—
1540-1578	Libro 1 de acuerdos	—
18/6/1578 - 26/9/1603	Libro 2 de acuerdos	Contratación, 4989a
23/10/1603 - 11/5/1612	Libro 3 de acuerdos	Contratación, 4989b
15/5/1612 - 19/6/1626	Libro 4 de acuerdos	Contratación, 4989b
18/11/1626 - 1/10/1646	Libro 5 de acuerdos	Contratación, 4990b
10/2/1647 - 9/4/1711	Libro 6 de acuerdos	Contratación, 4990a

Fuente: elaboración propia

* * * * *

La denominación de *libro de autos de gobierno*, tal como la empleó Veitia, no coincide con ninguna entrada del catálogo de Ceán. No obstante, el volumen aún se conserva. Es uno de los que se mezclaron con los libros de

---

79. Veitia (1672: s. p. «Al lector», n. 15).

acuerdos, a pesar de no guardar ninguna relación administrativa con ellos. Cuando se encuentra[80], puede reconocerse con seguridad gracias a la exhaustiva descripción veitiana. Es más, el pasaje del *Norte* nos permite apreciar caracteres formales que, si no contáramos con él, seguramente nos pasarían desapercibidos. Nos dice que estaba compilado «al estilo de los protocolos», entendiendo por tal la escritura sobre papel sellado y de encuadernación progresiva. El libro de autos de gobierno no era un libro sobre el que se hubiese escrito poco a poco y en el que, si no se hubiese escrito, habrían quedado hojas en blanco, como a menudo se ve en los archivos. Era un libro que se había compilado a base de coser en él los diferentes autos, gestados en su momento como expedientes individuales. Cuando analizamos el volumen, nos damos cuenta de que efectivamente es así; y no solo eso. Observamos también una coincidencia en la cronología: comenzado en 1616[81], la documentación abarca hasta 1670, tal como Veitia indicaba[82]. En última instancia, los documentos «comprehenden algunos aprovados por el Consejo, y otros concernientes a la mejor observancia en los Ministros para el cumplimiento de sus obligaciones»[83]. Todo cuadra.

* * * * * *

Uno de los filones principales del *Norte* fueron las cartas de la Casa a los reyes de España. El mismo Veitia recordaba el inicio de sus lecturas como un hito importante en la investigación:

> Aviendo leído los libros, y papeles referidos, y confrontado las cedulas y ordenanças, cartas, è instrucciones, con las leyes del sumario, di principio â leer los libros, que en la Contaduria se guardan de las cartas que el Presidente, y Iuezes escriben à su Magestad[84].

---

80. AGI, Contratación, leg. 4990b; *Libro de los autos de gobierno de esta Casa de la Contratación de Sevilla que empezó desde ocho de enero de 1616*, Sevilla, 1616-1670.

81. Este libro no pertenece a ninguna serie. Tiene un cierto carácter único y empezó a formarse por iniciativa del presidente Francisco de Tejada y Mendoza en el reinado de Felipe III: Díaz Blanco (2009: II, 127-139).

82. Alguna ligera discrepancia no invalida la identificación. Veitia dice que al libro «se dio principio el año de 1616 y se continuò hasta fin de Diziembre de 1670», mientras que el libro en sí señala su límite cronológico en 15 de noviembre de 1670.

83. Veitia (1672: s. p. «Al lector», n. 16).

84. Veitia (1672: s. p. «Al lector», n. 18).

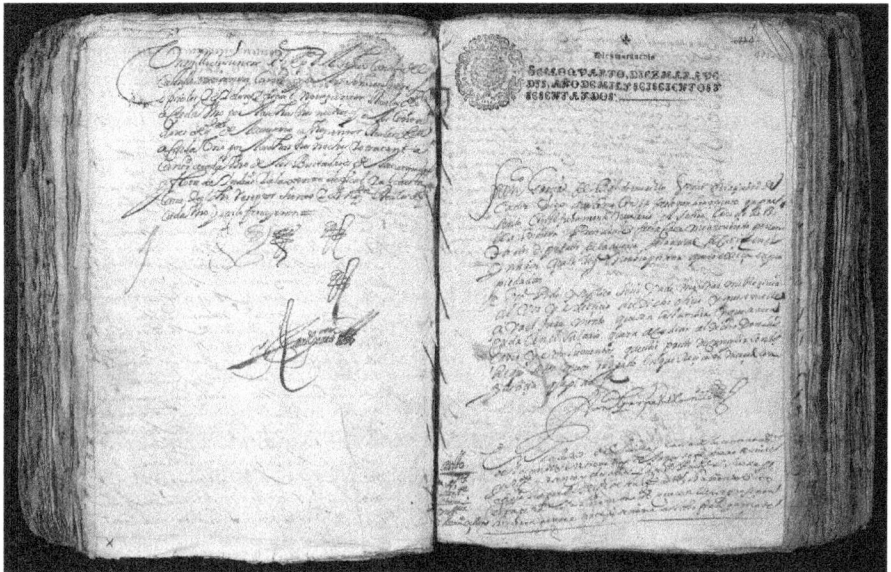

Figura 4.2. El *libro de autos de gobierno* de la Casa de la Contratación
Fuente: Archivo General de Indias

Hasta aquel momento, Veitia había consultado las mismas tipologías documentales que habían priorizados los investigadores del Consejo de Indias,
como León Pinelo o Rodrigo de Aguiar. Si estos habían trabajado esencial-
mente con los cedularios, Veitia empezó su trabajo consultando la documentación equivalente en la Casa. Hasta contrastó sus resultados con los contenidos
publicados en los *Sumarios*. Puesto que se trataba de explicar la legislación
vigente, se privilegiaba el análisis directo de los textos con fuerza normativa.
Era una estrategia lógica *a priori*, pero sus conocimientos prácticos ayudaron
a Veitia a comprender que podía hacerse mucho más:

> Como el estilo del Tribunal sea en todas las ocasiones, en que se dà respuesta
> à Cedula, ô Carta de su Magestad, ô del Consejo, referir â la letra todo el contexto
> de la orden, he encontrado muchas que siendo dignas de averse escrito en los libros
> de ordenanças no lo estavan; algunas de las quales se han copiado en ellos, y otras
> que por antiguas no han podido hallarse, resolvi citarlas en los libros de cartas, los
> quales aprovecharân juntamente para los exemplares de muchos negocios[85].

---

85. *Idem.*

Veitia era consciente de que los volúmenes recopilatorios de la Casa no eran tan completos como los cedularios del Consejo. Lo sabía por experiencia y lo confirmó repasando la documentación. En ellos solo quedaba una parte de las órdenes que se recibían de Madrid. Por el camino, mucha documentación importante se perdía. Sin embargo, había otras series donde buscar. Los epistolarios eran mucho más abundantes. Contenían copias de todas o casi todas las cartas escritas a la corte[86]. Y resultaba que en esas cartas, al responderse al rey y al Consejo, se explicaban sus órdenes originales. Se *hacía recordatorio* de ellas, como se decía en la época. Por tanto, aunque el ejemplar original de una orden se hubiese extraviado en los archivos de la Casa, quedaba el resumen que se escribió en la carta respectiva de respuesta. El precio a pagar por una documentación más profusa y variada consistía en renunciar a la consulta directa del texto normativo. Pero los resúmenes de la Casa estaban bien hechos. Veitia sabía que eran completamente fiables, por lo que no dudó en utilizarlos.

Veitia llegó a aquella conclusión porque como juez oficial participaba a diario en la redacción de esas cartas. Si recordamos, en el capítulo II explicamos cómo la gestión y la transmisión de la información se contaban entre las obligaciones principales de la Sala de Gobierno, materializadas en la creación de documentación escrita. Por tanto, Veitia definía su estrategia de investigación partiendo de su experiencia como miembro de la Sala. Lo hacía siempre, dicho sea de paso, pero en ninguna ocasión se hizo más explícito ni resultó de mayor provecho que en el caso de la correspondencia. El caso es un ejemplo purísimo, rarísimo, del ideal metodológico de todo investigador del Archivo de Indias o de cualquier archivo público del mundo. Ningún historiador desconoce la máxima de que el conocimiento de una institución supone el conocimiento de su archivo y viceversa, dado que todo archivo público es una emanación material de los mecanismos formales de funcionamiento. Pero nadie entre los estudiosos del tiempo presente puede aspirar a un conocimiento como el de Veitia. El nuestro es inevitablemente teórico y literario. Nunca hemos visto funcionar la Casa de la Contratación. Veitia sí. Por tanto, la condición de ministro no solo resultó importante por permitirle un acceso a documentación secreta que de otro modo se le habría negado. Una vez en el laberinto, también le ayudó a orientarse en su interior.

---

86. Veitia (1672: I, 71): «los libros de cartas, en que se copian à la letra todas las que se escriven por el Tribunal».

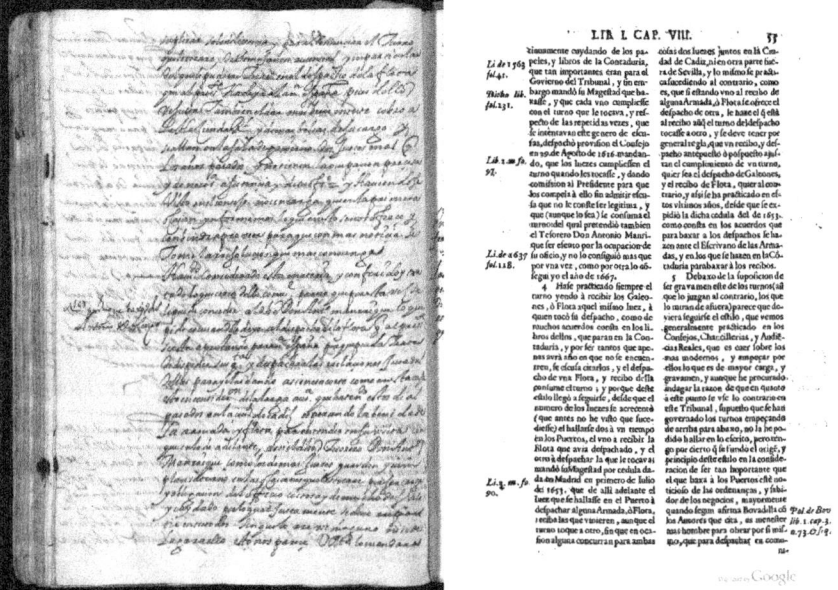

Figura 4.3. Los libros de cartas y el *Norte de la Contratación*: un ejemplo de 1637[555]
Fuente: Archivo General de Indias / Google Books

Tal vez hasta pudo llevarle a tomar decisiones que, a diferencia de las anteriores, no explicó en el prólogo «Al lector». Al conocedor del Archivo de Indias, puede no cuadrarle por qué Veitia no utilizó los legajos de cédulas, es decir, la documentación exactamente contraria a la que prefirió. No la correspondencia de salida, sino la correspondencia de entrada. Que en este caso concreto abundaba en reales cédulas y provisiones. Veitia empleó las cartas como alternativa a las ordenanzas manuscritas e impresas, que consideraba insuficientes. Sin embargo, los legajos de cédulas recibidas eran, y son todavía, muy

---

87. La figura 4.4 reproduce un ejemplo de las cartas de la Casa (AGI, Contratación, leg. 5174, lib. 1637, f. 118v) y su reflejo en Veitia (1672: I, 55), en el fragmento correspondiente a la cuarta nota marginal, donde se refleja: «li. de 1637, f. 118». Dice la carta: «Habiendo considerado esta materia y conferido y tratado lo que cerca de ello conviene, parece que por esta vez se le puede conceder al dicho don Antonio Manrique lo que pide, excusándole por ir al despacho de la flota que al presente se está aprestando para Nueva España para que pueda tratar de disponer sus cuentas y despachar las relaciones juradas de ellas». Y dice el pasaje del *Norte*, abordando el problema del servicio en Cádiz para despachar los convoyes de la Carrera: «del qual pretendió tambien el Tesorero Don Antonio Manrique ser esento por la ocupacion de su oficio, y no lo consiguiò mas que por vna vez».

generosos[88]. ¿Por qué no los utilizó? ¿No se encontraban entonces disponibles para consulta? ¿Le situaron ahí los límites en la consulta documental? Si leemos con atención sus explicaciones, se observa la curiosa coincidencia de que Veitia consultó libros de registro. Casi nunca trabajó con legajos de documentos sueltos archivados en las escribanías o en la misma Contaduría. Evidentemente los había –él mismo los mencionaba genéricamente bajo la nomenclatura de «despachos»–, pero evidentemente eran más vulnerables a posibles pérdidas. ¿Le hicieron ver que sería oportuno reservarlos un poco más? No llegamos a comprenderlo bien, aunque tal vez el enigma se explique por consideraciones como las que cierran este capítulo.

Ya llegaremos allí. De momento, quedémonos en los epistolarios y en la querencia de Veitia hacia ellos. Hace casi cien años, en la década de 1920, llamó la atención de un viajero llegado desde los Estados Unidos. El análisis de Veitia lo impresionó hondamente. Pocos como él, tal vez nadie, se han sentido seducidos por el poder cautivador que el *Norte* ejerce sobre un lector con cierto grado de experiencia. Lo que leyó le hizo pensar. La exquisita ponderación del valor de las cartas lo inspiró, y tomó decisiones. Ideó un método de investigación basado en el de Veitia y escribió una obra maestra de la literatura histórica del siglo XX. Aquel norteamericano, como es fácil suponer, se llamaba Earl J. Hamilton, y su historia y la de sus famosos descubrimientos deben al *Norte* mucho más de lo que generalmente se recuerda. Es tentador continuar por aquí la exposición. Pero esa materia debe reservarse para el último capítulo[89].

Sigamos con Veitia de momento. Las explicaciones dedicadas a las cartas culminaban con algunas precisiones cronológicas. Al convertir los epistolarios en herramientas de investigación, su ausencia puntual se tornaba un desafío. Plenamente identificado con su faceta investigadora, Veitia problematizaba la quiebra de la serie ordenada que había escogido como fuente. Lamentaba que la Contaduría no conservase libros de correspondencia previos a 1563, removió los estantes buscando esa documentación temprana y el frustrante fracaso en las pesquisas lo obligó a pensar una explicación. Según Veitia, aquellos papeles debieron haber existido y, sencillamente, desaparecieron a causa de algún hecho fortuito pero desafortunado, como pudo haber sido «el incendio que padeció la Casa de la Contratacion»[90]. No hace falta notar otra

---

88. AGI, Contratación, legs. 5009-5088, con documentación entre 1485 y 1782.
89. Véase capítulo VII.
90. Veitia (1672: s. p. «Al lector», n. 18).

vez la madurez investigadora que estas actitudes denotan, siempre fruto de su experiencia laboral en el *ministerio de papeles*. Sin embargo, no es posible darle la razón a Veitia en este punto, puesto que sí existían algunos libros copiadores de cartas previos al más temprano que encontró, que era el de los años 1563-1567. Después apareció uno al menos, el del período 1558-1562. No sabemos por qué Veitia no localizó esta documentación anterior, pero a fines del xviii ya figuraba entre la masa de papel catalogada por los archiveros de Indias[91].

La presentación de otras fuentes carece de tantos detalles. Esta ausencia denota un menor conocimiento y una consulta menos asidua, que el propio Veitia nos confirma de distintas maneras. Sin salir de la Contaduría, hace alusión a una retahíla integrada por los «libros, del Cargo, y Data de la Real Hazienda, los de esclavos negros, de passageros, de juntas de la administracion de la Haberia, de apeos de los quartos de la casa, y algunos de relaciones». Prácticamente todos pueden localizarse actualmente en la sección Contratación, aunque es lícito preguntarse si merece la pena el esfuerzo –ocasionalmente arduo–, cuando el propio Veitia advertía que solo los había «reconocido». Lo mismo cabe pensar sobre los archivos de las escribanías de Armadas, Cámara y Contaduría de Averías, de los que Veitia se limitó a declarar que no había «omitido reconocer» sus papeles. O sobre los archivos de la Contaduría de Averías, la Universidad de Mareantes y el Consulado de Cargadores, que apenas había «recorrido»[92]. Ante aquella variedad de archivos dentro y fuera de la Casa, la inteligencia investigadora de Veitia se ciñó a una estrategia de trabajo localizada, que pudo abarcar sin verse sobrepasado ni trabajar en balde más de la cuenta.

Del libro al archivo: las notas marginales del *Norte*

El reflejo de la investigación de Veitia en el texto del *Norte* no se limitaba a las explicaciones generales sobre los archivos y las fuentes consultadas. Estas, siendo interesantísimas, apenas constituían la parte más superficial.

---

91. Ambos libros se encuentran en AGI, Contratación, leg. 5 167. El epistolario de 1558-1562 también contiene el cedulario correspondiente de los mismos años. Tal vez en el siglo xvii el libro estuviera catalogado como cedulario y no como correspondencia de salida y por eso Veitia no lo halló entre los demás volúmenes de la serie. Pero solo es una hipótesis.

92. Veitia (1672: s. p. «Al lector», nn. 17, 20 y 22).

El esfuerzo principal quedó reflejado en el aparato de notas marginales, donde Veitia apuntó, como cualquier investigador de nuestro tiempo, las referencias archivísticas de los documentos que iba leyendo para construir su texto. Este aparato de notas merece una reflexión amplia. Se trata de una pieza de destacable modernidad metodológica y enorme valor intrínseco. Estamos seguros de que Veitia lo concibió como el colofón de su investigación archivística.

¿Hasta qué punto fue una creación original? ¿Contaba Veitia con algún modelo concreto en la cabeza? Si así fuera, no lo dejó consignado en el *Norte* –él, que tan cuidadoso era para los comentarios metodológicos–. Evidentemente, muchos libros se publicaban en los siglos XVI y XVII con abundantes notas marginales. Sin embargo, usualmente se trataba de notas bibliográficas, no de notas archivísticas, cuya exposición requería algunas preocupaciones diferentes. Veitia también citaba libros en las notas marginales. Ya sabemos: Solórzano, Herrera, Escalona... Pero también, y sobre todo, citaba los documentos que había recopilado afanosamente en los archivos de la Casa. Cuesta encontrarle precedentes y ninguno que se hallara pondría en discusión que, en cualquier caso, la creación veitiana obedeció a una concepción literaria muy personal, largamente meditada para servir a fines particulares.

Las notas marginales del *Norte* reproducen una jerga propia que, al principio, puede resultar un tanto críptica. Sin embargo, no lo pretendía. Al contrario, Veitia se esforzó por brindarnos las claves que la hicieran inteligible. Su objetivo era arrojar luz, no ocultar ni sembrar confusión. Por tanto, preparó el equivalente a nuestros listados de abreviaturas actuales. La página de «Advertencias», que así la llamó, seguía inmediatamente al prólogo «Al lector». El primer párrafo resulta elocuente de la intención pragmática que la justificaba:

> Porque se lea con menos embaraço, resolvi, aunque las citas no son muchas, ponerlas a las margenes, y como quiera q[ue] sean libros peculiares los mas q[ue] apoyan el contenido deste tratado, he considerado necesario referir aquí como se han de entender las abreviaturas, a saber, las que no son comunes, como libro, folio, y ley[93].

---

93. Veitia (1672: s. p. «Advertencias»).

La extraña redacción de las notas marginales era el resultado de compendiar las referencias documentales, cuya cita completa se habría extendido demasiado en el escueto espacio reservado a los márgenes. Veitia era consciente de la originalidad del lenguaje que empleaba, consecuencia directa de la originalidad de aquellos «libros peculiares», que nadie había utilizado para escribir una obra literaria como la suya. Por tanto, los siguientes párrafos especificaban las abreviaturas una a una, incluyendo también las de sumarios de leyes y ordenanzas publicados:

Cuadro 4.5. Las abreviaturas del *Norte de la Contratación*

Advertencias	Desarrollo	Localización
imp.	Impreso	Encinas, *Cedulario*, 1596
m.	Manuscrito	AGI, Contratación, legs. 5 091-5 092
ac.	Acuerdos	AGI, Contratación, legs. 4 989a-b y 4 990a-b
aut. de go.	Autos de gobierno	AGI, Contratación, leg. 4 990b
lib. + año	Libro	AGI, Contratación, legs. 5 167-5 181
Ley		Aguiar, *Sumario*, 1628
Recop.	Recopilación	Nueva Recopilación
part.	Partidas	*Partidas* de Alfonso X (ed. de Gregorio López, 1555)
ord. com.	Ordenanzas comunes	Serrano, *Ordenanzas reales para la Casa*, 1647
ord. de cont.	Ordenanzas de Contaduría	Ordenanzas de la Contaduría de Averías
ord. milit.	Ordenanzas militares	—
ord. del Occ.	Ordenanzas del Océano	Ordenanzas de la Armada del Mar Océano
Supra		Pasaje anterior del *Norte*
Infra		Pasaje posterior del *Norte*

Fuente: elaboración propia

No contento con listar las abreviaturas empleadas en la obra, Veitia refería los detalles del sistema de citas que había empleado. Por ejemplo, la expresión *m.*, que abreviaba la palabra «manuscritas», en referencia a las ordenanzas manuscritas, siempre iba antecedida de una abreviatura de libro y una numeración que especificaba cuál de los tres volúmenes de la serie estaba citando. Los libros de correspondencia, al usarlos con tanta frecuencia, solo necesitaban la abreviatura común del ejemplar usado y el registro del año. Y todavía se cuidaba de advertirnos que en este y otros casos el volumen en cuestión no se reducía solo al año mencionado, sino que lo comprendía.

Veitia se expresaba con el mismo preciosismo que podríamos esperar en el orfebre que termina una filigrana, el mecánico que explica los resortes de alguna compleja maquinaria o el juguetero embelesado por los prodigios de su nuevo entretenimiento. Tanto pormenor lo llevaba a reflejar la foliación de las referencias documentales, abriendo así más posibilidades de metainvestigación. Si resulta emocionante identificar los libros que manejó, parece increíble que incluso podamos rastrear en ellos los pasajes exactos donde se inspiró. En efecto, las notas marginales permiten un viaje extraordinario a los investigadores del Archivo de Indias. Un regreso a la palabra original de la que germinó el *Norte de la Contratación*, a los renglones concretos donde Veitia halló la novedad desconocida y olvidada por el tiempo, alimento para el libro que tomaba forma.

Pongamos el ejemplo de una página cualquiera, pues todas son susceptibles de la misma interpretación, desde la primera a la última. La página 54 del primer libro puede resultar interesante por la abundancia y variedad de las notas archivísticas y bibliográficas. El cuadro 4.6 las recoge tal como las encuentra el lector del *Norte*, las desarrolla y, en lo necesario, precisa su localización. Las referencias bibliográficas son relativamente sencillas de encontrar. Se reducen a los conocidos libros de Solórzano y Herrera, los repertorios legales de Encinas o Aguiar-León Pinelo y las ordenanzas de la Casa impresas en 1647. El mayor reto se plantea ante las referencias archivísticas. No obstante, gracias a la identificación de los volúmenes y la indicación de los folios, no hay problemas para encontrar lo que se busca. Veitia nos conduce a fragmentos concretísimos de la correspondencia, los libros de acuerdos o el libro de autos de gobierno, entre otras series documentales de la Contaduría Mayor, que se citan abundantemente en páginas diferentes.

Cuadro 4.6. Localización de las fuentes del *Norte*.
Ejemplo particular: lib. I, p. 54

Abreviatura	Desarrollo	Localización
L. 26 tit. 3. lib. 3	Ley 26, del título 3, del libro 3	Aguiar, *Sumarios*
Li. de 1638 f. 218	Libro [de cartas] de 1638, folio 218	AGI, Contratación, leg. 5 174
Lib. de aut. de gov. f. 54.79	Libro de autos de gobierno, folios 54 y 79	AGI, Contratación, leg. 4 990b
li. de ac. de 1623 f. 153	Libro de acuerdos de 1623, folio 153	AGI, Contratación, leg. 4 989b
[li. de ac.] de 1638 f. 111	Libro de acuerdos de 1638, folio 111	AGI, Contratación, leg. 4 990b
Ord. com. n. 71	Ordenanzas comunes, número 71	Ordenanzas de 1647
L. 12 ti. 11 lib. 3	Ley 12, del título 11, del libro 3	Aguiar, *Sumarios*
Herr. in descrip. ind. p. 91	Herrera, en *Descripción* [*de las*] *Indias*, p. 91	—
Solorç. Poli. Ind. Li. 6 ca. 17. f. 1037	Solórzano, *Política Indiana*, libro 6, capítulo 17, folio 1 037	—
Or. com. n. 191	Ordenanzas comunes, número 191	Ordenanzas de 1647
lib. 4 im. pa. 156	Libro 4 impreso, página 156	Encinas, *Cedulario*
l. 1. ti. 7. li. 3	Ley 1, del título 7, del libro 3	Aguiar, *Sumarios*
Lib. 4. imp. pag. 157	Libro 4 impreso, página 157	Encinas, *Cedulario*

Fuente: elaboración propia

A quien tiene la posibilidad de recorrer con frecuencia este intrincado circuito de documentos, libros y archivos le surgen de vez en cuando algunos detalles encantadores. Algunos revelan con relativa claridad la lectura de Veitia.

Por ejemplo, cuando el pasaje citado en el *Norte* se encuentra subrayado. No puede descartarse que algunas de estas marcas sean posteriores o anteriores. Tal vez las hiciera alguien que comprendiera el sistema de Veitia, buscase los fragmentos y se atreviera a resaltarlos. Ciertamente, la posibilidad existe, pero no nos parece probable. La opción más sencilla y lógica conduce al propio Veitia, que no veía tesoros históricos en la Contaduría, sino documentos administrativos creados por él mismo y sus compañeros o sus antecesores inmediatos. Posiblemente, subrayaba de vez en cuando los pasajes que le interesaban, para no perderlos de vista y utilizarlos más adelante en la redacción de algún capítulo[94].

Esta fluidez entre la obra literaria y sus fuentes nos produce un gozo insoslayable. Sería fácil incurrir en el error de reducirlo a un ejercicio que se justificara por su propia sofisticación. Contentarnos con sabernos capaces de encontrar en el Archivo de Indias las referencias archivísticas del XVII. En ese caso el análisis podría volverse un juego algo pueril, pese a la habilidad técnica que demanda. No tiene sentido si no nos cuestionamos por qué se tomó Veitia tantas molestias. ¿Qué finalidad tenía aquel trabajoso aparato de notas, al que tantas horas debió dedicar? Desde luego, no la de divertir a futuros investigadores, solazados en la consecución de sus pequeños hallazgos. Era otra. ¿Pero cuál? Tal vez fuera esto lo único sobre lo que no escribió Veitia. Es de temer, por tanto, que nuestras respuestas se resientan por el inevitable recurso a la especulación. Sin embargo, debemos hacer el esfuerzo, porque aquí se hallan las últimas claves para entender la naturaleza de la investigación y su conversión en literatura.

Un aparato de notas sirve para conducir a la fuente, claro está. Su composición, trabajosa a menudo, no es una operación lúdica. Lo que pretende es ofrecer garantías de comprobación. Veitia escribió todas aquellas notas imponiéndose la exigencia de que todas sus afirmaciones pudieran someterse a crítica recurriendo a la fuente original. Tal como hacemos nosotros hoy en día –excuso repetir otra vez la modernidad metodológica de la investigación seiscentista–. Esta afirmación casi obvia choca un poco con las circunstancias que ya conocemos. Veitia sabía de sobra que nadie ajeno a la Casa tendría ocasión de entrar en los archivos secretos. Ahora bien, si surgían dudas prácticas respecto a algún pasaje del *Norte*, siempre habría un

---

94. La figura 4.4 reproduce un ejemplo cualquiera entre tantos otros posibles. Se trata de un fragmento del año de 1623 procedente del libro 4 de acuerdos (AGI, Contratación, 4989b), que tiene un reflejo literario, aunque algo episódico, en Veitia (1672: I, 54).

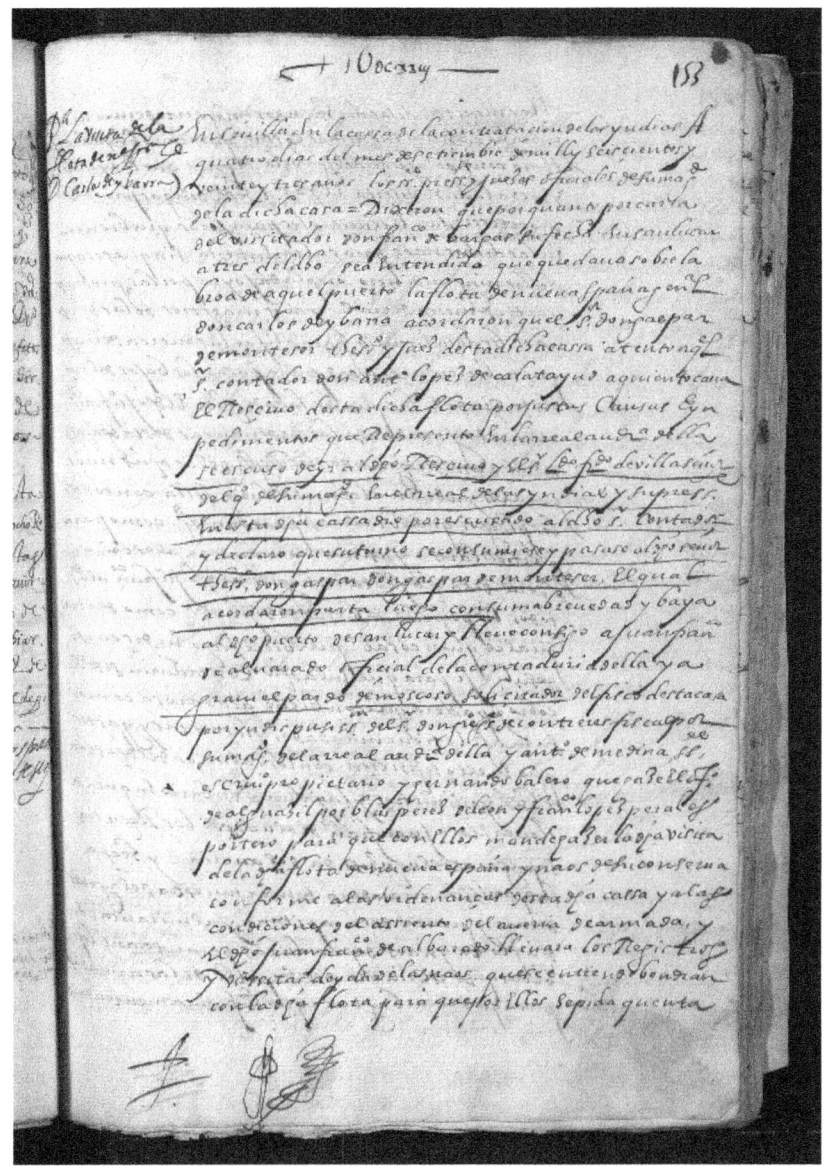

Figura 4.4. Los párrafos subrayados en la documentación de la Contaduría Mayor
Fuente: Archivo General de Indias

número reducido de personas capacitadas para localizar el pasaje en cuestión, leerlo y ratificar si la interpretación del documento original era correcta. Era lo máximo que podía hacerse para salvar esa última frontera del secreto archivístico. Pero no era poco.

Desde esta perspectiva, el aparato de notas desvela su utilidad como herramienta de trabajo, coherente con la concepción del *Norte* como obra eminentemente práctica. Abundaremos sobre esto en el próximo capítulo. Veitia escribió su libro para facilitar a las personas de su tiempo el conocimiento de lo que debían hacer para dirigirse a la Casa de la Contratación y participar en la Carrera de Indias. El *Norte* pretendía aportar a todos el conocimiento de la norma, pero no era él mismo el texto normativo. ¿Qué sucedía entonces si alguien formulaba reproches razonables a su contenido? Pues, como decimos, que la duda podía resolverse escrutando la fuente original, cuyo lugar en el archivo podía averiguarse gracias al aparato de notas y a las explicaciones archivísticas del prólogo «Al lector» y la hoja de «Advertencias».

Esta idea de volver a la fuente ilumina fragmentos importantes de la estrategia investigadora y la concepción literaria de la obra. Si recordamos, Veitia fue reacio a la utilización de archivos que no tuvieran un marcado carácter registral. Desechó completamente los legajos de «despachos» y los libros particulares, incluidos los suyos propios. Hubiera sido muy cómodo utilizar los materiales que él mismo tenía en su casa, pero solo ocasionalmente se permitió traerlos a colación[95]. Ni siquiera recurrió mucho a los archivos de las escribanías. Buscaba sobre todo el documento de registro y, a ser posible, el de la Contaduría Mayor. Todo porque sabía que el documento registral de la Contaduría era el que tenía más probabilidades de permanecer archivado en su sitio. La exigencia de volver a la fuente implicaba la necesidad de emplear documentos perennes, de los que se tuviera la certeza de que seguirían allí años después si hacía falta su consulta. Los libros particulares que se patrimonializaban y se destruían no podían cumplir esa función. Ni siquiera los de las contadurías pequeñas cumplían a veces con las exigencias más estrictas. Así se ha demostrado en el oficio de los contadores-diputados, que tal vez Veitia desechara con conocimiento de causa, previendo pérdidas. Las máximas garantías las aportaba la Contaduría Mayor regentada por su amigo Villegas. Allí trabajó Veitia la mayor parte del tiempo.

---

95. Veitia (1672: I, 119). Hemos dado algún detalle del fragmento en cuestión en el capítulo II.

La hermosa idea de sacar a la luz las leyes ocultas nos desvela así sus dimensiones completas. De entrada, es lógico suponerle una naturaleza unidireccional, que recorriera el camino que iba de lo oculto a lo público. Pero en realidad se trataba de un pensamiento circular, en el que el camino de salida del archivo tenía que complementarse con un camino de vuelta. La gran vía de comunicación necesitaba carriles abiertos en ambos sentidos. Si no, no podría garantizarse del todo la veracidad del texto. Cualquiera podría poner en tela de juicio sus afirmaciones. El libro perdería credibilidad y, sin credibilidad, no serviría para los fines prácticos que justificaban la obra. Todo el norte del *Norte* apuntaba hacia tal intención pragmática. O eso quería aparentar Veitia. Pero ese ya es otro problema, que discutiremos mejor en el siguiente capítulo.

Capítulo v

EL LABERINTO DE LA ESCRITURA: REDACCIÓN, APROBACIÓN Y SENTIDO TEXTUAL DEL *NORTE*

Un laberinto es una casa labrada para confundir a los hombres.

Jorge Luis Borges (1949)

Para acompañar la *Alegoría de la Salvación*, Valdés Leal también trazó una *Alegoría de la Vanidad*. Todos sus detalles nos seducen, pero uno en especial reclama nuestra atención: la experiencia literaria, a la que el anterior lienzo atribuía un carácter ejemplar, es deplorada en este entre los demás espejismos de la vida mundana. Después de consumida la llama de la existencia al ritmo invencible del reloj, ninguno servía para nada y todo se deshacía como desaparece una pequeña pompa de jabón. Contemplamos, despreciados sobre un alféizar, la corona del rey, la mitra del obispo, la tiara del papa, los tesoros del rico, la delicia fragante de la flor… y los libros de los sabios que no sabían nada. Sobre uno de ellos reposaba una calavera con laureles, que en el pasado habría sido la cabeza de algún vano plumífero. La lección se extraía con facilidad: la lectura y la escritura eran cosa de santos y vidas ejemplares solo a veces. En la España barroca no existía una percepción monolítica sobre el saber. En vez de una forma de cultivar la virtud, también podía verse como una encarnación más de la vanidad, insistentemente condenada por la moral contrarreformista[1].

Cuando escribió su libro, Veitia evitó por todos los medios que su obra pudiera interpretarse desde ese prisma. El *Norte* se presentaba como la puerta a un conocimiento nuevo y riguroso, que fuera útil a la comunidad. Su objetivo

---

1. Valdivieso González (1988).

declarado se orientaba hacia el bien público o, por decirlo con las palabras de Veitia, hacia el Buen Gobierno. Así lo afirmó en las páginas del libro y en varios memoriales que presentó en Madrid, y así lo corroboraron los censores que valoraron la publicación del manuscrito –según veremos en la primera parte y en la segunda de este capítulo–. Sin embargo, él sabía en su fuero interno que aquel libro sí estaba inspirado por la vanidad. Lo utilizó para reforzar la imagen pública de sí mismo como noble ministro de la Contratación que había construido –aun a costa de deformar su explicación literaria de la institución– y, con mayor ambición aun, para escalar hasta puestos más elevados y seguir medrando. Ese éxito lo lograría cinco años después, cuando se trasladara a Madrid para trabajar en el Consejo de Indias. Veitia disimuló sus ambiciones, pero no las reprimió. Algunas podían sospecharse leyendo el *Norte*, pero las más intensas se agazapaban fuera del texto y solo podían desvelarse a través de la documentación de archivo. Todo ello es el objetivo final de nuestra reflexión.

UN «LIBRO TOCANTE AL BUEN GOBIERNO»

No resulta sencillo precisar el momento en el que Veitia comenzó el proceso creativo del *Norte*. Si sus colegas de la Casa estaban en lo cierto, entonces debió de empezar el trabajo hacia 1660, escaso tiempo después de conquistar la Tesorería, y le llevó unos once años terminarlo[2]. El plazo de la década no resulta exagerado. Piénsese en las largas lecturas que Veitia tuvo que completar y en la ardua investigación archivística a la que decidió enfrentarse. Todas requerían tiempos generosos por su propia naturaleza, que tenían que ampliarse en el caso de una persona tan ocupada como el tesorero de la Casa de la Contratación. Finalmente, un texto de semejante extensión no podía escribirse en breve plazo. Los cientos de folios impresos en el *Norte* se correspondían con un manuscrito que abarcaba 167 pliegos[3].

Veitia reconoció que el proceso de escritura fue difícil y que se sintió tentado a abandonar más de una vez. Lo increíble habría sido más bien lo contrario, como pensará cualquiera que haya emprendido alguna vez cualquier aventura literaria. «Confiesso que estuve varias vezes en gran perplexidad

---

2. AGI, IG, leg. 1491 y Contratación, leg. 5181, lib. de 1671, ff. 64.v-65v; la Casa a Mariana de Austria, Sevilla, 28 de julio de 1671.
3. Veitia (1672: s. p., suma de la tasa).

sobre la continuación deste intento, y resuelto algunas â desistir dèl, considerando lo dificultoso de la empresa, y de que mi corto talento pudiesse conseguir su fin»[4]. La inmediata alusión a Séneca, cuya sabiduría le habría reconfortado en los momentos de duda, puede parecer más tópica en aquel tiempo de amor por los clásicos. En cualquier caso, fuera o no gracias a la inspiración de la literatura estoica, lo importante para nosotros es que Veitia logró vencer las adversidades que encontró y acabó su obra.

Aquella década de investigación y lectura finalizó a principios de 1671[5]. El logro tuvo que causarle una satisfacción inmensa, aunque cabe suponer que no se recreó demasiado tiempo en ella. Terminar el manuscrito había supuesto un éxito considerable, pero aquel punto solo podía considerarse una parada intermedia. El final del camino no podía alcanzarse más que con la publicación de la obra. Ese último tramo no era menos arduo que el que había superado ya. Para publicar un libro en la España barroca había que reunir los permisos pertinentes[6] y, desde luego, conseguir financiación. Empecemos por lo primero que, si ya obligaba fuertemente a cualquier particular, no digamos a los ministros del rey, forzados por precepto a adoptar actitudes ejemplares en público. Veitia tenía que someter su texto a autoridades temporales y eclesiásticas que determinarían la conveniencia de editarlo o no. En caso de una censura negativa, todas sus quimeras literarias podrían esfumarse para siempre. No habría sido ni el primero ni el último a quien le ocurriera. Evidentemente, nada de eso sucedió. Antes al contrario, el molesto y costoso trámite le sirvió para entablar amistades que, después, le prestarían un valioso auxilio. Compensación nada pequeña.

Veitia se desplazó a Madrid[7]. Salió de Sevilla hacia primeros de mayo y no regresó hasta finales de agosto. En total, estuvo unos cuatro meses de viaje[8]. Dada la temática de su obra, sometió el manuscrito al dictamen del

---

4. Veitia (1672: s. p., «Al lector», n. 26).

5. Veitia (1672: II, 263). La fecha también se colige de las censuras, el grabado de Marcos de Orozco y la documentación archivística generada durante la revisión del manuscrito. Todos estos materiales serán examinados en las siguientes páginas.

6. Bouza Álvarez (2012), especialmente el capítulo 2.

7. El objeto del viaje era la publicación del libro, aunque Veitia aprovechó la estancia en Madrid para tratar otras cuestiones. Véase, por ejemplo, AGI, Contratación, leg. 5 128; Veitia a la Casa, Madrid, 26 de mayo de 1671, que refiere detalles sobre la procesión de san Fernando, recién canonizado, y deja entrever las típicas disputas institucionales de prelación.

8. AGI, Contratación, leg. 5 181, 1671. La última carta que firma en Sevilla lleva fecha de 28 de abril y la primera donde reaparece tras el viaje, de 24 de agosto. Los últimos documentos firmados en Sevilla llevan fecha de 5 de mayo: AHPSe, PNS, leg. 4 463, f. 406; poder a Tomasa Josefa Murillo y Bartolomé Pérez Ortiz. Antes de marcharse a Madrid, Veitia confió sus asuntos en Sevilla a su esposa y al primo de esta, el racionero de la Catedral.

Consejo de Indias. Se lo presentó junto a un memorial dirigido a Mariana de Austria, breve como cualquiera, pero valioso como pocos, porque explicó en él qué era su libro y cómo deseaba que fuera entendido[9].

> Señora. José de Veitia Linaje, caballero de la orden de Santiago, juez oficial por vuestra Majestad de su Real Audiencia de la Casa de la Contratación de las Indias, dice que ha compuesto un libro tocante al Buen Gobierno de la dicha Audiencia, administración de la Real Hacienda, despachos y aprestos de galeones y flotas, y obligaciones de todos los ministros políticos y militares que en la Casa y en la Carrera de las Indias sirven a vuestra Majestad, el cual se intitula *Norte de la Contratación de las Indias*[10].

Todas las palabras merecen alguna atención y sobre algunas de ellas tendremos que volver más adelante. La presentación personal ilustra el personaje que Veitia había construido a fuego lento durante sus años sevillanos. El glosario de materias, pese a la apretada síntesis, condensa a la perfección el contenido del libro y, más que eso, las dimensiones fundamentales de la Casa, tal como ya las conocemos: la gestión del tesoro americano, el apresto de los Galeones de Tierra Firme y las flotas de Nueva España y, en fin, la concurrencia de numerosos ministros del ramo político y del militar. La mención del título, finalmente, es el registro documental del mismo más antigua que se conserva, más que la del propio libro impreso.

Sin embargo, la sugerencia clave del memorial es probablemente la que describe el *Norte de la Contratación* como un «libro tocante al Buen Gobierno». He aquí la idea central, el principal argumento de Veitia para justificar la redacción de su manuscrito y el mérito por el que merecería llegar a la imprenta. La obra estaba pensada para el servicio del rey y para contribuir al bien público. Orientaría a quienes necesitaran aprender el mundo de la Carrera de Indias –quizás no solo a los principiantes, sino también a otros más avezados– y auxiliaría en su deber a los ministros de su Majestad.

El Consejo sopesó la solicitud de Veitia, pero los ministros no sabían muy bien qué hacer –no les solían presentar este tipo de súplicas–. Requirieron a una de sus secretarías que les explicara cómo se habían tramitado casos similares en el pasado[11]. Tras deliberar, acordaron que el licenciado don Tomás

---

9. Bouza Álvarez (2012: 31 y ss.).

10. AGI, IG, leg. 1491; memorial de José de Veitia, Madrid, mayo de 1671. Lo transcribimos y reproducimos en el apéndice 3.1.

11. AGI, IG, leg. 1491; acuerdo del Consejo, Madrid, 20 de mayo de 1671, en el sobrescrito del memorial.

de Valdés se llevara el manuscrito y se responsabilizara de su estudio[12]. Es probable que Veitia conociera entonces a Valdés. De manera previa, pudo haber tenido alguna referencia literaria en torno a él, habida cuenta del intenso intercambio epistolar que mantenían la Casa y el Consejo. Pero lo más posible es que ni siquiera hubiera escuchado pronunciar su nombre. En cualquier caso, empezó entonces una relación de afecto y admiración mutua entre ambos, que terminaría cuajando en una buena amistad. El aprecio de Valdés hacia Veitia comenzó aquel día en el que tomó el mamotreto del *Norte* y se lo llevó a su casa.

No cabe duda de que la elección del Consejo era más que correcta. Valdés lucía una licenciatura en Derecho que había ganado en la Universidad de Salamanca, una notable experiencia previa en puestos como el de alcalde de corte y una posición bastante consolidada en el Consejo, donde había recalado siete años atrás, en 1664[13]. Por su formación académica y por su probada capacidad de trabajo, Valdés era la persona idónea para recibir aquella tarea. Sin duda, apreció la oportunidad privilegiada de ser uno de los primeros lectores del *Norte de la Contratación*, antes incluso de que el libro apareciera impreso. Valdés estudió el texto durante algo así como un mes, un tiempo que parece razonable conociendo su grosor, la minuciosidad del análisis que requería y la agobiante cantidad de asuntos que cada día tenía que atender cualquier consejero de Indias. A primeros de julio redactó su parecer sobre el mismo memorial de Veitia y se mostró más que satisfecho[14].

Valdés ponderó la justicia del título, «porque con dificultad podrá errar el que se valiere de sus noticias y documentos». En su opinión, el *Norte* realmente llevaba al norte que buscaba, gracias al conocimiento del autor y las fuentes que había recabado. Alguien acostumbrado al trasiego incesante de la burocracia podía calibrar con facilidad el enorme mérito de la investigación que Veitia había realizado en los archivos de la Contratación. Alguien consciente de la inmensa variedad de ministros y oficiales del rey también podía celebrar, «en concurso de tan diversas profesiones, [que] cada una parece propia del autor, según la inteligencia y acierto con que la trata». Pocas alabanzas mejores pueden dirigirse a un investigador que la que Valdés reconoció a

---

12. AGI, IG, leg. 1491; acuerdo del Consejo, s. f. [fines de mayo-principios de junio], en el sobrescrito del memorial.

13. Schäfer (2003: I, 345).

14. AGI, IG, leg. 1491; parecer de Tomás de Valdés, Madrid, 5 de julio de 1671, al sobrescrito del memorial de Veitia.

Veitia. El autor había realizado una pesquisa tan brillante que la reconstrucción literaria se confundía con la experiencia real y cualquiera diría que había desempeñado en persona cualquiera de los oficios de los que trataba.

Por ende, el dictamen tenía poco misterio. El *Norte* «es obra de grande utilidad pública y que conviene se dé a la estampa para instrucción y conocimiento común de materias tan importantes. Así lo siento». Valdés no utilizaba la expresión «Buen Gobierno», pero hablaba de utilidad pública, que al fin viene a significar lo mismo. En resumidas cuentas, aceptaba el razonamiento de Veitia y concluía que el *Norte* era un libro que podía hacer bien a todos. Así pues, debía llegar a todos, algo que solo podía lograrse entregando el original a un editor. El Consejo no tuvo nada que objetar al informe de Valdés. Lo dio por bueno y en una segunda reunión acordó que se le concediera la licencia de impresión a Veitia, «poniéndose la censura del sr. D. Tomás de Valdés por cabeza»[15]. La condición expresada por los consejeros se respetó con el máximo escrúpulo. En efecto, aquellos elogiosos renglones se publicaron entre las piezas preliminares del *Norte*. Justo antes de la fe de erratas, en un folio sin paginación, encontramos la versión impresa del párrafo de Valdés y, a continuación, el decreto aprobatorio del Consejo de Indias[16].

Repasando estos paratextos, resulta sencillo comprobar cómo Veitia tuvo que recabar varias licencias más. De hecho, la del Consejo de Castilla era mucho más importante que la del propio Consejo de Indias, una condición *sine qua non* si deseaba editar su tratado en el territorio de la Corona de Castilla. Por tanto, Veitia preparó otro memorial y lo dirigió al presidente del Consejo Real, que no era otro sino su viejo colega Pedro Núñez de Guzmán, el conde de Villaumbrosa[17]. La relación entre ambos se había mantenido[18],

---

15. AGI, IG, leg. 1491; acuerdo del Consejo de Indias, Madrid, 10 de julio de 1671, en el sobrescrito del memorial.

16. Veitia (1672: s. p.), «Censvra del señor don Tomas de Valdès del Consejo de su Magestad en el Supremo de las Indias», que reproduce milimétricamente la opinión de Valdés en el manuscrito de Indiferente General (ver apéndice 3.1). En la misma página «Svma de la licencia, y privilegio del Real, y Supremo Consejo de las Indias», Madrid, 10 de julio de 1671 (la fecha, como puede observarse, reproduce la del acuerdo del Consejo).

17. AHN, Consejos, leg. 47043; memorial de Veitia, Madrid, junio-julio de 1671. La localización del documento fue posible siguiendo los enfoques de investigación expuestos en Bouza Álvarez (2012), que ha evidenciado las enormes posibilidades de las series de escribanías de cámara del Consejo de Castilla para el estudio de la literatura del Siglo de Oro. Lo reproducimos en apéndice 3.2.

18. AHPSe, PNS, leg. 4463, f. 407; carta de poder, Sevilla, 5 de mayo de 1671. Protocolizado justo antes de salir para Madrid, Veitia traspasó a Bartolomé Pérez Ortiz el poder que el conde de Villaumbrosa y un hijo suyo le habían extendido para representarle en Sevilla. La relación continuó con posterioridad: AHPSe, PNS, leg. 4465, lib. 2 de 1673, f. 99; carta de pago, Sevilla, 2 de agosto de 1673; f. 731, registro

así que puede tenerse por seguro que el reencuentro en Madrid resultó cordial, máxime en las circunstancias que motivaban el viaje de Veitia. Villaumbrosa, aquel culto protector de ingenios en Sevilla, tuvo que sentirse fuertemente intrigado por la propuesta editorial, nada menos que una explicación histórica-jurídica del organismo que él mismo había presidido en su época hispalense, escrita por un antiguo compañero al que había favorecido en su acceso a la Tesorería en 1659. Veitia dedicó un elogioso –y agradecido– párrafo a Villaumbrosa, todo un compendio panegírico de su decisivo gobierno sevillano:

> […] el Conde de Uillavmbrosa, Marques de Quintana, y Castronuevo, del Consejo Real de Castilla, que lo avia sido del de Indias, y se hallaba Assistente de Sevilla, donde se juntaron en su persona (demás destos dos puestos) todas las superintendencias, y administraciones de Aduanas, Millones, y demás rentas Reales, dando de cada cosa tan particular cobro, como si tuviesse solo aquella de que cuidar, y aviendose ofrecido en mas de diez años que estuvo en Sevilla muy arduas empresas de aprestos de Armadas, socorros de exercitos, levas de cavalleria, è infantería, prestamos, negociaciones, y asientos, altas, y baxas de monedas, y alteraciones dellas, obrò con tal acierto, y entereza de animo, que mostrò en todo su gran talento, comprehension, zelo, inteligencia, y magnanimidad, conque aviendosele hecho merced del Consejo de Camara de Castilla, passò a Madrid à fines de el año de mil y seiscientos y sesenta y dos, el de mil y seiscientos y sesenta y seis con retencion desta plaça fue nombrado por Presidente de Hacienda, y oy con vniversal aplauso lo es su Excelencia del Consejo Supremo de Castilla, y vno de los Governadores del Reyno[19].

Villaumbrosa había colaborado a la estabilidad profesional de Veitia, pero ahora Veitia ponía su grano de arena en la posteridad literaria de Villaumbrosa. ¿Cómo dudar que se sintió halagado? ¿Cómo dudar que apoyó sin reservas la publicación del *Norte*?

Siguiendo el procedimiento habitual, el Consejo encomendó a uno de sus consejeros la revisión del manuscrito[20]. A primera vista, la elección puede producir asombro, pues se trataba de aquel licenciado Antonio de Riaño y

---

de testimonio, 14 de noviembre de 1673 (ff. 732-733, traslado autorizado del testimonio de Villaumbrosa) y f. 737, carta de pago, Sevilla, 16 de noviembre de 1673. Más adelante, la relación continuó con un hijo de Villaumbrosa: AHPSe, PNS, leg. 4468, f. 455.

19. Veitia (1672: I, 288-289). Se trata de otro fragmento del capítulo 37 del libro primero, ya citado en ocasiones anteriores. El perfil de Villaumbrosa es uno de los más desarrollados, junto a otros pocos como el del marqués de Fuente el Sol, lo cual evidentemente tiene poco de casual.

20. Bouza Álvarez (2012: 83-104), que localiza tres maneras de referirse a estos consejeros: encomendero, encomendante y señor de la encomienda.

Salamanca que había entorpecido con tanto desagrado sus probanzas para el hábito de Santiago[21]. ¿Habían limado sus asperezas los ilustres paisanos burgaleses? ¿O acaso Villaumbrosa pretendió mortificar a Riaño, mostrándole la valía del hombre al que había intentado abatir en balde? Sea como fuere, Riaño manejó la situación con prudencia y hasta con elegancia, encargando la censura a otro viejo amigo de Veitia, el P. Juan de Aguirre, de los clérigos menores, cuyo dictamen resultó tan elogioso como cabía esperar. Pasado el trámite, Riaño no tuvo el menor inconveniente en aprobar la licencia y conceder a Veitia privilegio para imprimir su obra durante los siguientes diez años[22].

Merece la pena detenerse en este P. Aguirre y en su magnífica censura al *Norte de la Contratación*[23]. El escrito venía animado por la amistad y Aguirre no lo negaba. Más bien pregonaba sin disimulo que el «afecto al Autor y el conocimiento de sus prendas, y estudios, me rinde gustoso à èl, por concurrir en sus letras, en su prudencia, y experiencias, todos aquellos titulos, y motivos de estimacion, que en su amigo Ariston venerò Plinio el Menor». ¿Quién era este clérigo menor, predicador del rey y examinador sinodal del Arzobispado de Toledo, según se presentaba? ¿Cómo y de qué conocía a Veitia? La relación entre ambos hombres había comenzado en Sevilla, donde Aguirre residió un buen número de años en el convento del Espíritu Santo. Los testimonios de esa época, más bien escasos y notoriamente imparciales, resaltan su generosa entrega durante la peste de 1649, a la que sobrevivió a pesar de haber sufrido una landre. El convento se encontraba en la collación de Santa María y estaba estrechamente relacionado con la comunidad mercantil de Sevilla, por lo que no tiene nada de extraño que surgiera una amistad duradera entre uno de sus clérigos y un oficial de la Casa de la Contratación[24].

En algún momento, como después haría el propio Veitia, Aguirre pasó a Madrid. Allí le fue francamente bien. Visitó la provincia de España de los clérigos menores, se asentó como predicador real y ganó fama de buen teólogo y excelente orador. Sus sermones se publicaban y se acudía a él con cierta

---

21. Véase capítulo II.

22. AHN, Consejos, leg. 47043; acuerdo del Consejo de Castilla, Madrid, 4 de julio de 1671, decreto de Antonio de Riaño, Madrid, 7 de julio de 1671 y concesión de licencia y privilegio, Madrid, 17 de julio de 1671. Los tres documentos en el sobrescrito del memorial de Veitia.

23. Veitia (1672: s. p.): «Censvra del rever[endísi]mo P. Ivan de Agvirre de los Clerigos Menores, Predicador de su Magestad, Examinador Synodal del Arçobispado de Toledo», Madrid, 15 de julio de 1671.

24. Villafranca (1706: I, lib. 3, 638 y, en general, caps. 16-20), para la casa de Sevilla y Aguirre. Una visión actual desde la perspectiva de la Historia del Arte en Fernández Rojas (2006 y 2009).

frecuencia para censurar obras literarias[25]. Aguirre se reconocía poco versado en las materias del *Norte*, pero aceptaba el encargo de su lectura como signo de aquella amistad militante. Fue por esa razón que aquel «docto y practico libro» orientó «su derrota en derechura del retiro de mi celda». El manuscrito del *Norte* salió del Alcázar Real y se trasladó a la carrera de San Jerónimo, al solar donde se levantó el Palacio de las Cortes en el siglo xix, que en 1671 albergaba la casa del Espíritu Santo de los menores. Allí lo acogió el silencio de una celda, cuyo inquilino se sumó al selecto elenco de los primeros lectores de la obra.

Después de justificarla, la amistad impregnó toda la censura de Aguirre. El clérigo imaginó a Veitia, no solo como tesorero del erario regio, sino como el tesorero «que con llave de oro abre, y franquea el tesoro de sus noticias, hasta darla de aquella Cathedra de oro de su enseñança». Lo colmó de elogios trufados de imaginación barroca y erudición; y, sobre todo, avaló la apreciación de aquellas riquezas literarias, «sacadas todas con inmenso trabajo de los Archivos de aquella Real Casa». Dando por sentado que el *Norte* no contenía nada contrario a la Fe, recomendó su impresión por la «vtilidad, y conveniencias que se puede prometer la causa publica en estos escritos», por la «publica causa, y común vtilidad» y por el «vniversal beneficio». O, como Veitia había afirmado, por el «Buen Gobierno». Las páginas de Aguirre, en el fondo, venían a expresar la misma idea, reiteración a la que se confiaba la aprobación del manuscrito.

La de Aguirre no fue la única aprobación eclesiástica que Veitia recabó. El vicario del arzobispado de Toledo en Madrid, canónigo Francisco Forteza, también solicitó la opinión del P. Alonso de Andrade, SI (1590-1672)[26]. Andrade era otro ingenio singular, uno de los que daban brillo al famoso Colegio Imperial de la Compañía de Jesús. Fue discípulo, entre otros, de Juan Eusebio Nieremberg y Francisco Aguado, tradujo al cardenal Bellarmino, comentó a santa Teresa, añadió dos tomos a las hagiografías jesuitas de Nieremberg y compuso una prolija obra propia que no dejó de cultivar hasta el año mismo de su muerte, con títulos como *El buen soldado católico* (1642), el *Itinerario historial* (1648) o el *Arte de bien orar* (1672)[27]. Se trataba, sin duda, del tipo de persona a la que podía confiarse una revisión como aquella.

---

25. Aguirre (1664).

26. Betrán Moya (2014).

27. No es fácil aportar una relación completa de las obras del P. Andrade. No obstante, un listado muy representativo puede consultarse a través del *Catálogo Colectivo del Patrimonio Bibliográfico Español*.

Andrade no mantenía ninguna relación de amistad con Veitia, al menos que sepamos. Pero el resultado no parece muy distinto a como habría sido en tal caso. Comparada a la de Aguirre, su censura era más breve, pero no le faltaban los elogios, las exageraciones y la erudición latina características de la retórica barroca. Andrade también hacía constar que no había nada injurioso a la fe ni a las buenas costumbres en las páginas del *Norte*. Y valoraba con entusiasmo que, en cambio, sí pudieran hallarse «mucha erudición, luz, y noticias importantíssimas para el govierno, trato, y comercio de las Indias». Aquel libro serviría, corroboraba él, de norte para la contratación y, engolosinado con la metáfora del título, remató su discurso con estilo de buen escritor, al que no renunciaba ni cuando escribía reseñas e informes: «puedo afirmar, que el Norte de este libro haze ventaja al del Cielo, el qual solo influye en la mar, y dà luz à los que surcan sus aguas; pero este influye, y dà luz igualmente en los mares, y en la tierra, para los importantes aciertos del contrato de las Indias»[28].

Al leer las censuras de Aguirre y Andrade, resulta sencillo olvidar que son piezas de circunstancias; en puridad, escritos administrativos útiles para determinar si alguien como Veitia podía o no publicar su manuscrito en la Corona de Castilla. Sin embargo, quienes las preparaban no las veían solo de esa manera. Eran conscientes de que se publicaban en las obras y, por tanto, no resistían la tentación de convertirlas en otra manifestación de sus habilidades literarias. En aquellos tiempos, la literatura y la oratoria pública se contaban entre los principales entretenimientos públicos y privados del pueblo[29]. El público adoraba a los buenos escultores de la palabra, como Andrade y Aguirre, y ellos no querían fallar nunca. Los censores, antes jueces, se transformaban en apologistas y sus informes se sublimaban formalmente hasta parecerse a las demás piezas laudatorias que pudiera haber. No obstante, no debe olvidarse en ningún caso que, pese a la fantasía de las musas, las censuras siempre fueron censuras y jamás dejaron de desempeñar su papel original. La de Andrade suscitó la aprobación del canónigo Forteza y la de Aguirre, junto con la aprobación del ordinario, propició el visto bueno de Antonio de Riaño. El Consejo de Castilla, al igual que el de Indias, consentía y aplaudía la publicación del *Norte*[30].

*

---

28. Veitia (1672: s. p.): «Censvra del P. Alonso de Andrade de la Compañia de Iesvs, Calificador del Consejo Supremo de la Santa, y General Inquisicion», Madrid, 2 de julio de 1671.

29. Núñez Beltrán (2000).

30. Veitia (1672: s. p., «Suma de la Licencia, y Privilegio del Consejo»). Lleva fecha de la real cédula resultante del proceso administrativo descrito con anterioridad, esto es, el 5 de agosto de 1671.

Después de requerir los permisos para publicar el *Norte*, Veitia empleó su estancia en Madrid para solicitar dinero. Dinero para él mismo y dinero para imprimir la obra. El primer aspecto se relacionaba con una situación a la que ya se hizo mención páginas atrás: el hecho de que a los tesoreros de la Casa se les había encomendado, además de sus tareas originales, la administración de los bienes de difuntos. Ahora bien, sin establecer con claridad la retribución salarial que los recompensara. Veitia llevaba bastantes años experimentándolo y pensó que podía aprovechar aquellos meses en la corte para mover la cuestión.

Hacia fines de mayo de 1671, presentó ante el Consejo de Indias un memorial en el que puede percibirse la erudición y la comprensión que había logrado gracias a la investigación archivística y literaria del *Norte*[31]. Fue entonces cuando definió que «el instituto de la dicha tesorería es recibir y pagar los caudales de la Real Hacienda y Cruzada que se traen de las Indias». A continuación, explicó cómo la quiebra de los depositarios de los bienes había conllevado aquel trabajo adicional para los tesoreros de la Casa, cómo se les había obligado a presentar otros 15 000 ducados de fianzas –sobre los otros 30 000 que exigía su oficio– y cómo habían tenido que rendir cuentas aparte por el manejo de aquella bolsa fiscal. Sin embargo, semejante esfuerzo se les había retribuido de manera aleatoria e incluso errática. Apenas se les reconocía el derecho a percibir un salario de 600 ducados, «que es lo más moderado que por este trabajo y ocupación se puede hacer por él». Además, aquella cantidad no se cargaba a las cuentas generales de la Casa, de modo que continuamente había que indagar y suplicar cómo se produciría el cobro. Veitia podía referir la solución que había conseguido cada uno de sus predecesores en la Tesorería, parafraseando buena parte de lo que él mismo había dejado por escrito en el *Norte de la Contratación*[32].

El Consejo, consciente de la complejidad de la materia, solicitó el parecer de la Casa y esta respondió por partida doble. Por una parte, Juan Tello de Guzmán, oficial mayor de la Contaduría, emitió un informe sobre las retribuciones económicas de los tesoreros que avalaban las explicaciones aportadas por su amigo Veitia[33]. Por otra, sus compañeros en la Sala de Gobierno

---

31. AGI, IG, leg. 2013; memorial de Veitia, Madrid, mayo de 1671.

32. AGI, IG, leg. 2013; acuerdo del Consejo, Madrid, 30 de mayo de 1671, escrito sobre el memorial citado en la nota anterior.

33. AGI, IG, leg. 2013; informe de Juan Tello de Guzmán y Medina, Sevilla, 8 de junio de 1671.

redactaron una carta en la que dieron por buenas sus pretensiones[34]. Sin embargo, el Consejo seguía sin tenerlo claro –a la hora de hablar de dinero, había menos amigos que en otras ocasiones–. Tras recabar la opinión de la Casa, pidió la de su propio fiscal, que a la sazón era el licenciado Sancho de Villegas. Este tampoco se atrevió a responder de primeras y pidió primero que se pusieran a su disposición todos los papeles que pudieran relacionarse con el problema. Cuando pudo estudiarlos, llegó a una conclusión contraria a las pretensiones de Veitia. Entendía que si no se había señalado salario fijo a los tesoreros cuando los bienes de difuntos sumaban cantidades de dinero muy elevadas, no era legítimo hacerlo entonces, cuando aquella bolsa, como la mayoría de las que gestionaba la Casa, había menguado tanto[35].

De haber escuchado solo al fiscal, el Consejo habría tumbado la solicitud de Veitia. Sin embargo, ante la diversidad de opiniones que coincidieron sobre la mesa, los ministros se solidarizaron con él y tomaron una decisión que satisfacía más o menos sus aspiraciones. En la consulta que elevaron a Mariana de Austria, resumieron la carta de la Casa, silenciaron el informe del fiscal y sugirieron que podía concederse a Veitia el 1% de las cantidades que gestionara, a condición de que la recompensa no excediera el límite de 400 ducados. Seguramente, eso no le importó demasiado a Veitia. Para que existiera una demasía, los bienes de difuntos deberían rebasar un montante global de 40 000 ducados, cosa que no era habitual en aquellos años. Más bien debía temerse que no alcanzaran la cota. Veitia no disfrutaría entonces de esa remuneración fija que deseaba, pero su bolsillo se llenaría en proporción al esfuerzo que realizara, lo que no dejaba de ser justo para un trabajo secundario[36].

A los efectos presentes, nos interesa más la segunda petición económica que Veitia realizó en Madrid. Como ya contaba con los permisos de publicación del *Norte*, indagó qué posibilidades había para que se le ayudara a costear la impresión. Él sabía mejor que nadie que no podía esperarse de la Real Hacienda que le librara cantidades de dinero muy importantes. Sin embargo, había otras fórmulas de financiación indirectas, que a la larga podían resultar incluso más rentables. En concreto, tenía en mente la concesión de una nao de permisión en alguna flota de Nueva España o Tierra Firme, que consideraba

34. AGI, IG, leg. 2013; la Casa a Mariana de Austria, Sevilla, 16 de junio de 1671. Firman el marqués de Fuente el Sol, Sánchez de Berrospe, Ochoa de Chinchetru y Alonso de Baeza y Mendoza.

35. AGI, IG, leg. 2013; acuerdo del Consejo, Madrid, 10 de julio de 1671, y respuesta del fiscal, Madrid, 13 y 27 de julio de 1671.

36. AGI, IG, leg. 782; consulta del Consejo de Indias, Madrid, 30 de julio de 1671. Respondía a un acuerdo tomado el día de antes.

justificada por el hecho de que su obra tratara sobre materias vinculadas con el gobierno real y útiles al Buen Gobierno. Así se explicaba:

> Éste es un tratado de materias peculiares tocante al Buen Gobierno de aquella audiencia [de la Contratación], administración de la Real Hacienda, despachos y aprestos de galeones y flotas y cumplimiento de las obligaciones de los ministros políticos y militares que en la Casa y en la Carrera sirven a vuestra Majestad, con que no tendrá salida entre los que no tuvieren estos empleos ni podrá costearlo[37].

Los primeros renglones nos resultan familiares porque son prácticamente idénticos a los del memorial anterior con el que solicitó la publicación del *Norte*. La sorpresa llega al final, cuando Veitia reconoce o exagera la exigüidad de su público potencial, así como la práctica imposibilidad de que el proyecto pudiera salir adelante por sí mismo en el mercado. Apenas interesaría a los ministros de la Casa y la Carrera. Por tanto, hacía falta alguna ayuda financiera.

La Cámara de Indias sopesó esta segunda solicitud y, también en este caso, no fue capaz de tomar una determinación inmediata. Una vez más, pidió a la Casa de la Contratación que iluminara la cuestión[38]. Los colegas de Veitia estuvieron encantados de volver a respaldarle. De hecho, escribieron una carta preciosa, en la que recordaban la relativa frecuencia con la que se habían recompensado sus servicios a diferentes personas con naos de permisión. Recordaron al duque de Maqueda, al de Nájera, al marqués de Fuentes y, entre otros, a «Juan Martínez Montañés, escultor, […] en contemplación del viaje que hizo a esa corte», referencia a la merced que recibió el *Lisipo andaluz* en 1636, cuando acudió a Madrid para tallar la cabeza de Felipe IV y contribuir al gran retrato ecuestre del monarca. Fuente el Sol, Sánchez de Berrospe y Ochoa de Chinchetru, firmantes de la respuesta, no consideraban inferior el esfuerzo y el servicio que había realizado Veitia preparando aquel libro –según ellos, durante once años–. Por tanto, dando por sentado que la permisión no perjudicaría a nadie, la avalaron como justo galardón a los sobresalientes méritos del tesorero[39].

---

37. AGI, IG, leg. 1 491; memorial de Veitia, Madrid, julio de 1671.

38. AGI, IG, leg. 1 491; acuerdo de la Cámara, Madrid, 13 de julio de 1671 y Contratación, leg. 5 043; Gabriel Bernardo de Quirós a la Casa, Madrid, 14 de julio de 1671 (dentro incluye los apuntes y minutas para la preparación de la respuesta).

39. AGI, Contratación, leg. 5 181, lib. de 1671, ff. 64v-65v e IG, leg. 1 491; la Casa a Mariana de Austria, Sevilla, 28 de julio de 1671.

Poco podía oponerse a la fineza de aquel texto. A los camaristas no les quedó mucha más labor que la de definir el detalle de la concesión. Lo hicieron con cierta rapidez, en poco más de una semana, de modo que a mediados de agosto ya estaba preparada una consulta en la que se recomendaba a Mariana de Austria que diera curso al privilegio de una nao de 250 toneladas y «fábrica natural» dentro del buque de alguna flota comercial de la Carrera de Indias, la que le tocase según el orden establecido entre las demás personas a las que se les había admitido una gracia similar. No olvidaron recalcar la justicia de la prerrogativa «teniendo presente lo mucho que conviene se imprima y salga a luz el libro que ha compuesto don José de Veitia, por ser en orden al mejor gobierno de la navegación de las armadas y flotas de Indias en que interesa tanto el común y Hacienda Real»[40]. La regente no tuvo nada que oponer y Veitia recibió una cédula real que le ratificaba la resolución[41]. Desde luego, podía sentirse satisfecho por la cálida simpatía que habían recibido sus ruegos en Madrid.

* *

Veitia regresó a Sevilla, bien sonriente, a finales de agosto[42]. Traía las licencias de publicación y un par de buenas concesiones económicas. En teoría, no le faltaba nada para lanzarse de inmediato a la impresión del *Norte*. Por eso puede resultar difícil de entender que, antes de eso, sometiera su obra de nuevo a la censura eclesiástica. En este caso, la del Arzobispado de Sevilla. ¿Por qué, si ya contaba con la del ordinario de Madrid? No parece que fuera necesario. En la corte había superado todos los requisitos exigidos en el siglo XVII. Lo hizo porque quiso. En el detalle encontramos un gesto muy revelador del carácter y las maneras de Veitia, siempre atento a la dignidad del poder y de los hombres que lo tenían, siempre dispuesto a agradar.

En septiembre, nuestro protagonista se personó en el palacio arzobispal hispalense y puso su manuscrito a disposición de Gregorio Baztán y Aróstegui, vicario y provisor general de la archidiócesis[43]. Este, a su vez, lo envió al colegio agustino de San Acacio para que lo leyera y enjuiciase fray Juan de San Agustín (O.S.A.). No es mucho lo que sabemos del fraile ni tampoco

---

40. AGI, IG, leg. 782; consulta de la Cámara de Indias, Madrid, 13 de agosto de 1671.
41. Montoto (1923: 25-26); Solano Pérez-Lila (1981: doc. 2).
42. AGI, Contratación, leg. 5181.
43. Veitia (1672: s. p.).

demasiado lo que su censura podía aportar de nuevo respecto a todo lo que Valdés, Aguirre o Andrade habían escrito antes en Madrid. Seguramente, lo más reseñable sea el refuerzo a las últimas predicciones de Veitia, relativas al carácter minoritario de los lectores potenciales del *Norte*. Según San Agustín, la obra –en la que seguía sin encontrar nada contrario a la fe católica– debía ser alabada por «vn zelo Christiano de dar noticias à todos, y à cada vno de por si de las obligaciones que corresponden à su puesto» y, más adelante, por enseñar «à cada vno, junto con la autoridad de su puesto, la obligacion que le corresponde»[44]. Reducir, como se deduce de los renglones del P. San Agustín, que el *Norte* solo atañía a los ministros y oficiales de la Casa parece excesivo. No obstante, resulta indicativo de la concepción especializada con la que nació el libro, cada vez más abiertamente reconocida o comentada.

La censura positiva de San Agustín allanó el trabajo de Baztán, que solo un día después extendió a Veitia la licencia que solicitaba[45]. Entonces, y solo entonces, podemos imaginárnoslo implicándose en la publicación. Veitia confió su obra a Juan Francisco de Blas, el heredero de una preeminente empresa editorial que había dominado la escena sevillana durante las décadas anteriores. Su padre, Juan Gómez de Blas, había recibido el nombramiento de impresor mayor de la ciudad; aquella posición convirtió su imprenta en la plataforma de expresión de los poderes urbanos y a él, en un pionero de la prensa periódica, con la publicación de la primera gaceta hispalense durante la década de 1660[46]. El hijo heredó aquel privilegio de impresor mayor y lo mantuvo hasta comienzos del siglo XVIII. Durante aquel extenso período conservó el liderazgo del sector y se caracterizó por una indiscutible profesionalidad en los trabajos que realizaba. Veitia no lo dudó. Lo quería a él para dar forma al libro que soñaba.

La elección, una vez más, se demostró acertada. De Blas creó un libro muy bello. Un volumen infolio a doble columna –excepto al transcribir

---

44. Veitia (1672: s. p.): «Censvra del padre maestro Fr. Ivan de S. Agustin, de la Orden de S. Agustin», Sevilla, 25 de septiembre de 1671.

45. Veitia (1672: s. p.): «Licencia del Ordinario de Sevilla», Sevilla, 26 de septiembre de 1671.

46. Es más conocido el padre, Juan Gómez de Blas, pionero de la actividad periodística y primero que recibió el título de impresor mayor (González Fandos, 2015). Sobre este personaje: AGI, Contratación, leg. 1005; memorial de Juan Gómez de Blas, Sevilla, s. f. [mayo de 1657], en el que recuerda los títulos oficiales de impresor que había recibido del Cabildo y de la Real Audiencia de Grados y solicita a la Casa una consideración similar bajo el «título de impresor de esta Real Audiencia de la Contratación», ofreciéndose a «dar los traslados que v.s. fuere servido de los pronósticos, almanaques, villancicos, relaciones y demás cosas que se imprimieren cada año en mi casa y se hubieren de vender por las calles de esta ciudad, de los cuales traslados ha de gozar v.s. antes que lleguen a venderse públicamente».

cédulas reales–, lleno de recovecos y con algunas curiosidades en las que es divertido indagar. Un objeto cuya calidad material hacía justicia al trabajo de Veitia durante más de diez años. Al conocimiento acumulado a lo largo de décadas como oficial del rey, a la lectura y el estudio de modelos literarios, a la sofisticada investigación en los archivos secretos de la Casa de la Contratación y a la prolongada, ardua, dubitativa, redacción de los cientos de páginas contenidos en el *Norte*[47]. Podemos imaginarnos cómo se sintió Veitia en aquel momento en que, por primera vez, tuvo el libro entre sus manos. Cuando leyó, en letra impresa, *Norte de la Contratación de las Indias Occidentales*. Tuvo que ser un instante de felicidad extrema.

LA SUPERFICIE DE LAS PALABRAS

La idea de utilidad pública había centrado las discusiones en torno a la publicación del *Norte* y había justificado la concesión de las licencias. Preguntémonos, pues, si era realmente útil el libro de Veitia. ¿Podía considerarse de verdad un «libro tocante al Buen Gobierno», tal como lo definió –interesadamente– ante el Consejo de Indias? Ya es hora de que nos adentremos en el texto y nos detengamos en aquello que Veitia estuvo escribiendo durante tanto tiempo. Hoy en día la descripción formal del volumen no resulta tan necesaria como podría haberlo sido algunas décadas atrás. Además de las dos ediciones que se realizaron en el siglo XX[48], relativamente minoritarias, cualquier persona tiene ya a su disposición varias digitalizaciones de la prínceps de 1672 en internet[49]. No obstante, me parece adecuada, al menos, una mínima presentación de los contenidos, siquiera para no romper la lógica discursiva de esta investigación.

El *Norte* es un gran díptico –si se me permite expresarlo así–. Presenta una estructura dual, a través de la cual el conjunto de la obra se divide en dos

---

47. La impresión no estuvo exenta de anécdotas, que ocasionalmente se reflejan en las páginas de la obra. Un caso se nos advierte al final del libro primero, tras acabar el capítulo XXXVII (en la p. 299), en un añadido llamado «Adiciones a algunos capítulos deste libro primero», que informa que en la p. 72 se confundió a Pedro de Ursúa y Arizmendi con Martín Carlos de Mencos (dos marinos de la Carrera que llegaron a generales de Galeones). Veitia se dio cuenta a mitad de la tirada, así que advirtió que en algunos pliegos se había corregido y en otros no. Efectivamente, si se cotejan diferentes ejemplares, pueden distinguirse unos que mencionan a Ursúa y otros que incluyen a Mencos.

48. Veitia Linaje (1945 y 1981 [1672]).

49. Hay varias en el amplio repositorio Google Books y una de referencia ofrecida por la Universidad de Sevilla a partir de sus propios fondos.

libros principales, precedidos de los paratextos y culminados por el índice analítico. Veitia explicó que este orden no era casual: «Pareciome que aunque la obra se aya de contener en vn Tomo, se dividiesse en dos Libros, con animo de que en el primero se escriviesse todo lo Politico, y juridico desta Real Audiencia, y sus Tribunales. Y en el segundo lo Militar, y naval». La distinción era bastante lógica: por una parte, la Casa de la Contratación en general y, por la otra, la Carrera de Indias. Evidentemente, la frontera exacta no era fácil de trazar y Veitia reconocía abiertamente que no había podido «corresponder[se] la execucion à la Idea con la distincion que yo quisiera»[50]. Aquel microcosmos era tan rico y matizado que algunos oficios no podían incluirse claramente en un sitio y descartarlos en el otro. Pese a ello, aquel diseño literario hizo fortuna e incluso inspiró a autores posteriores tan importantes como Clarence H. Haring[51].

El primer libro, entonces, tenía por objeto «lo político y lo jurídico». Con una precisión –precisión importante, como después veremos–: se refería tanto a la Real Audiencia como a «sus Tribunales». ¿Qué era esta distinción? Una división según la cual existía un núcleo duro de la Casa de la Contratación, formado por el presidente, los jueces oficiales, los jueces letrados y una serie de instancias con personalidad propia, más periféricas, pero también pertenecientes al «cuerpo» de la Casa. Esa es la razón por la que, además de los oficios propios de la Casa y de sus funciones específicas, el *Norte* abordaba las características de otros organismos como el Consulado de Cargadores o la Universidad de Mareantes. El enfoque es debatible, incluso discutible (ya volveremos sobre el tema)[52]. No obstante, no deja de servir como excusa para enriquecer todavía más el abanico temático de una obra que, si solo hablara de la Casa de la Contratación propiamente dicha, ya sería increíblemente diversa. Es verdad que el planteamiento orbita preferentemente alrededor de lo institucional, pero también hay capítulos relativos a los colectivos que había detrás o cerca de esas instituciones, así como a otros enfoques adoptados. De hecho, incluso los capítulos más institucionales abordaban también esos otros aspectos. Lo institucional funciona como perspectiva para el análisis social y económico. Veitia, a su modo, ya lo sabía en el siglo XVII.

---

50. Veitia (1672: s. p. «Al lector», n. 27).

51. Haring (1979 [1918]), sobre cuya estructura doble y su inspiración veitiana se discute en el capítulo VII.

52. Véase *infra* nota 87.

El libro segundo es algo más breve que el primero –264 páginas frente a 299–. Por consiguiente, el número de capítulos también es inferior. Llegan a veintisiete en este caso, pero hay más que suficientes para demostrar una variedad de problemáticas tan compleja como la del libro primero. La tónica dominante seguía siendo institucional, con la mayoría de los capítulos dedicados a uno o varios oficios determinados. Tenían aquí el protagonismo los oficios más relacionados con el mar, es decir, con el gobierno y funcionamiento del sistema de flotas y galeones del Atlántico. No obstante, tampoco faltaban los capítulos que se interesaban por colectivos específicos o actividades características de la Carrera, incluyendo además una dimensión geográfica prácticamente ausente en el libro primero. Se observa en los pasajes dedicados a la navegación oceánica, la navegabilidad por el Guadalquivir o los puertos de América.

El elenco de este índice resulta abrumador para cualquier historiador del presente. Nadie tiene hoy el conocimiento que Veitia despliega en el *Norte*, ni siquiera por aproximación. ¿Cuántos oficios, cuántos conceptos, cuántas realidades, se pasean por los capítulos de la obra sin que jamás hayan vuelto a ser atendidos por ningún estudioso del pasado? Realmente, nos queda mucho trabajo por hacer antes de ofrecer una visión histórica que pueda equipararse al análisis institucional que Veitia acometió hace 350 años. Entonces, ¿cómo negar o discutir siquiera que el *Norte* sea un libro útil? Desde luego que lo es. Lo era en el siglo XVII, cuando Veitia lo concibió; lo fue después, en contextos bastante diferentes; y lo es todavía hoy, cuando se mantiene como la única fuente bibliográfica a la que acudir para averiguar muchas cuestiones sobre la Carrera de Indias. No hay debate posible en torno a algo tan evidente para cualquier persona familiarizada con el tema.

Partiendo de esta premisa, no resulta difícil dar por buenas las afirmaciones de Veitia en sus memoriales madrileños, las alabanzas de los censores o la declaración de intenciones que abre el *Norte*. El prólogo «Al lector» prodiga varias reflexiones al respecto:

> En las particularidades tan vtiles como escondidas que esta [obra] representa, serán pocos los que no hallen algo que les sirva, pues no solamente los navegantes gustan de consultar el Norte; y pues por este se conseguirâ saber quando, como, para que, con que autoridad, y jurisdicion se criò el Tribunal, y Real Audiencia de la Contratacion, que leyes, y ordenanças se le han expedido, y las dadas para el gobierno de las Armadas, y Flotas, empleos, y obligaciones de todo genero de Cabos, Ministros, y Oficiales militares, y politicos, parece que

para ellos serâ vtil, y no fastidiosas las noticias para los demas, deviendo prometerme que por la novedad, sino por la eloquencia serà bien recibido, y que por lo que conduce al buen gobierno, y administración de justicia, y cobro de la Real hazienda debe atribuirse, no solamente a servicio de su Magestad, sino del Reyno por comun beneficio, pues la hazienda de los Reyes (según Iustiniano) es vtil à los Templos, y comun â los vasallos[53].

La esperanza de la utilidad se manifiesta hasta en los últimos renglones que Veitia escribió, entre los que nos lo encontramos agradeciendo al favor divino «lo que se hallare vtil al servicio de Dios, y del Rey, y bien de la causa publica»[54].

Nada expresa mejor la voluntad de servicio del libro que su propio título, la versátil metáfora *Norte de la Contratación de las Indias*. Veitia, en vez de permitir que el lector la interpretara –como tantos escritores prefieren–, se empeñó en destriparla con la misma minuciosidad con la que estudiaba las leyes de la Carrera de Indias. Las dos páginas que empleó desvelan varios niveles de significación, incluyendo unas reflexiones pictóricas que suponemos debidas a su familiaridad con Murillo[55]. No obstante, el sentido fundamental remitía a la estrella del norte, que guiaba a los marineros. Así, el libro sería el norte que marcase el rumbo a los que navegaban entre las normas e instancias de la contratación. El razonamiento tal vez no habría requerido tantas aclaraciones. En realidad, se trataba de una imagen cara a la sociedad del siglo XVII. Un recuerdo sobresaliente ha quedado en la hermandad de la Virgen de la Estrella, fundada en Triana en el siglo XVI. En 1674 se fusionó con la de Jesús de las Penas y aprobó nuevas reglas, manteniendo la advocación mariana como el primero de sus títulos: «estrella del mar, norte seguro de los que navegan llevando su Sagrada Imagen»[56]. La idea de aquellos cofrades de la Estrella era la misma que la de su contemporáneo Veitia.

Este poliédrico simbolismo fue una de las contadas concesiones a la estética barroca que Veitia hizo en su obra[57]. Inmediatamente después, en cuanto comenzó a enunciar sus intenciones, Veitia manifestó la voluntad de escribir de manera sencilla y alejarse de toda afectación y oscuridad:

---

53. Veitia (1672: s. p. «Al lector», n. 26).
54. Veitia (1672: II, 263).
55. Veitia (1672: s. p. «Al lector», nn. 3-8).
56. Hermandad de nuestro padre Jesús de las Penas y María santísima de la Estrella, triunfo del santo *Lignum Crucis*, san Francisco de Paula y santas Justa y Rufina, *Santas Reglas*, cap. 1.
57. Algún otro caso, apoyándose en imágenes marineras: Veitia (1672: II, 2-3).

Aunque tomando el consejo de Iusto Lipsio, estuve resuelto a procurar ador-
narlo de buenas letras, pesò mas en mi estimación el hazer menos crecido el volumen, quando el serlo basta a causar fastidio à los lectores […]. He puesto mayor
cuidado en la claridad para mas facil inteligencia, que en la elegancia del estilo,
porque sea comun à todos, pues comprehendiendo leyes, y ordenanças, es bien
que qualquiera se halle con llave para poder abrir, y manifestar las noticias[58].

La decisión era coherente con el fin que Veitia se había marcado. Para ser
útil –y útil al mayor número de personas posibles–, la lectura debía resultar accesible; y para garantizarlo, el estilo debía amarrarse a una disciplinada sobriedad. ¿Habría sabido Veitia hacer lo contrario y ensayar unas formas más
acordes con las alambicadas tendencias del momento? No lo sabemos ni im-
porta demasiado. En el peor de los casos, hizo de la necesidad virtud y logró
crear un texto que, dentro de su ineludible complejidad, es tan elocuente como
las cartas que escribía como tesorero de la Contratación. Se hacía entender bien.

*

Algunas de las obras ajenas que adornaban el *Norte* incurrían mucho más
en algún barroquismo. No obstante, no pretendían otra cosa que reforzar el
mensaje funcionalista del texto veitiano. Recordemos los dos bellos escritos
laudatorios que lo ensalzan, debidos a Rodrigo Martínez Consuegra y Pedro
Torrado de Guzmán. Ambos, según declararon, eran proclives a Veitia y no
puede precisarse si este les pidió aquellos versos o si fueron ellos quienes
motu proprio le dedicaron sus poemas. El primero se presentó como escribano de cámara de la Casa de la Contratación[59]. Por tanto, era colega de Veitia. Pero también era su amigo, por lo que no dudó en definir el poema como
un «rasgo del afecto» hacia él. Le escribió una espinela, uno de los géneros
más exigentes de la lírica aurisecular, que decía así[60]:

> Si el Norte conduce al Puerto,
> Vaxel que al riesgo se alista;
> Al Ministro mas Realista

---

58. Veitia (1672: s. p. «Al lector», nn. 23-25).

59. AGI, Contratación, leg. 5 785, lib. 2, ff. 233v-235v; título de escribano, Madrid, 30 de julio de 1669.

60. Veitia (1672: s. p.): «Rasgo de el afecto de Rodrigo Martinez Consuegra, Escrivano de Camara de la Real Audiencia, y Casa de la Contratacion».

> Este conduce al acierto:
> Seguro navega, y cierto
> Derrotas de su viage,
> Dando â las dudas vltrage:
> Y es claro, que mas importe,
> Que aquel Linage de Norte,
> Este Norte de LINAGE.

El *Norte* volvía a pensarse, tal como hiciera fray Juan de San Agustín, como una lectura para los ministros de la Casa de la Contratación. A ellos les guiaría aquel norte literario, como la estrella del norte guiaba a los bajeles al puerto. Y, por esa razón, decía el amigo, mayor utilidad tendría aquel norte que este.

Pedro Torrado de Guzmán presentaba un perfil similar al de Martínez Consuegra. La amistad con Veitia también brillaba de manera evidente. De hecho, como ya vimos, Torrado fue su oficial en la contaduría de averías entre 1653 y 1660 y pudo considerarse amigo de la familia, al punto de figurar como padrino de uno de los hijos de Murillo[61]. Torrado se atrevió con el soneto, otra de las especies líricas más complicadas, y le salió este[62]:

> Previsto el genio, y quan innato sea,
> Y digno de ocupar supremas Salas,
> Facil Mercurio te calcò sus alas,
> Y justa te fiò su peso Astrea.
> Del grave Ministerio, en que te emplea
> Digna merced, que â tu virtud igualas,
> Lo antiguo, y nuevo explicas; y señalas
> Modo de hazer feliz la gran tarea.
> Los estatutos, que quizá dormían
> En quien los nuevos deven conciliarse,
> Los suscita tu estudio, y los resuma.
> Con que el difuso Mar (en quien se vian
> Tantas dudas) ya puede navegarse,
> Siendo tu zelo Iman, Norte tu Pluma.

---

61. AGI, Contratación, leg. 5785, lib. 2, ff. 47r-48r; título de teniente de contador, Sevilla, 17 de noviembre de 1653. Para las relaciones con Murillo, véase Hereza (2017: doc. 69).

62. Veitia (1672: s. p.): «Al libro qve compvso el señor don Ioseph de Veitia Linage Cavallero del Abito de Santiago».

Evidentemente, ni Martínez Consuegra ni Torrado de Guzmán merecen figurar entre los vates más inspirados de su tiempo. Sin embargo, ambos supieron honrar al autor, a su obra y a la intención que la movía.

Lo mismo hizo, con mayores méritos estéticos, el grabado que embellecía la portada del *Norte*. Veitia soñaba con algo así, de modo que encargó la obra cuando aún se encontraba en Madrid. Escogió con buen tino a Marcos de Orozco y este agradeció su confianza con una obra bellísima que merece la atención de algunos renglones. Ahora bien, antes de adentrarnos en sus pormenores, conviene preguntarse por las razones de aquella elección. ¿Por qué Veitia no encomendó la estampa a algún buen grabador de su ciudad? La escuela sevillana de pintura se encontraba entonces en el cenit de su creatividad y Veitia mantenía excelentes relaciones con sus mejores representantes, especialmente con Murillo. Es cierto que en ella abundaban más los pintores excelentes que los grabadores, pero no dejaba de haber maestros consumados como Matías de Arteaga[63]. En efecto, Arteaga era probablemente el más brillante, pero si Veitia quería contar con él, debería esperar a que terminarse la profusa y compleja ilustración que preparaba para la obra de Fernando de la Torre Farfán sobre las fiestas de canonización de san Fernando[64]. ¿Pudo ser eso lo que ocurriera?

En todo caso, admirando la obra, caben escasas dudas respecto al acierto de la elección. El presbítero Marcos de Orozco fue un excelente grabador que se mantuvo activo durante las últimas décadas del siglo XVII. En su obra reconocemos con cierta facilidad varios elementos a los que tópicamente relacionamos con el Barroco: el abigarramiento de las composiciones, la densidad simbólica de los diseños y la frecuencia de los motivos eclesiásticos y monárquicos, realidades dominadoras de la España seiscentista[65]. Estas características, muy apreciadas entonces, convirtieron a Orozco en un autor solicitado a la hora de imaginar portadas para obras literarias, como la edición de 1655 de la *Política de Dios* de Quevedo, la *Labor evangélica* del P. Pedro Colín, S. I., o los dos volúmenes de la *Sangre triunfal de la Iglesia* de fray Bartolomé de Villalva[66].

---

63. Gallego (1979: 214-218).

64. Torre Farfán (1995 [1671]). Hay varias ediciones digitales en internet, entre las que destaca la del Fondo Antiguo de la Universidad de Sevilla.

65. Gallego (1979: 177-179).

66. Estas y otras obras suyas pueden contemplarse desde el repositorio de la Biblioteca Digital Hispánica de la Biblioteca Nacional, a cuyos fondos remitimos.

La portada del *Norte de la Contratación* sintetiza muchas de las principales virtudes artísticas de Orozco. Es una obra preciosa, un capricho de Veitia. Probablemente, nunca imaginó que muchos ignorantes se encapricharían de su capricho –capricho pueril y mediocre, esta vez– y lo arrancarían del libro, mutilando la creación de los hombres del XVII. Como si el grabado de Orozco pudiera entenderse fuera del texto de Veitia; o como si el texto de Veitia no valiera nada y pudiera desecharse para conservar la imagen que seduce al iletrado. Ciertamente hay muchos «nortes» sin su portada. No los he contado –prefiero no hacerlo–, pero es posible que sean más que los que se conservan íntegros[67]. La realidad que estudiamos, un libro, es el resquicio de un pasado desaparecido. La división del pasado y el presente es inevitable y compete al historiador mitigarla. Puede hacerlo. La otra es una fatalidad y poco o nada puede hacerse para remediarla. Solo queda lamentarla.

No resulta sencillo explicar cabalmente todo el diseño de Orozco[68]. Lo definiríamos como una estructura que se iba cuartelando sucesivamente, tantas veces como fuera necesario, a fin de crear diferentes espacios conectados entre sí por la idea que se pretendía expresar. Hay un primer patrón de división en sentido horizontal. La imagen queda fragmentada en tres partes, cada una de las cuales tiene un sentido particular: la superior (1) está dedicada a la Monarquía Hispánica; la intermedia (2) hace referencia a la Carrera de Indias; y la inferior (3) presenta al autor y su obra literaria. Lógicamente, se trata de una disposición jerárquica, donde los reyes están arriba, el tesorero de la Contratación abajo y, entre medias, aquello que unía al señor y al vasallo. Ya establecida esta distinción fundamental, las tres franjas podían ser objeto de un segundo fraccionamiento. Orozco procedió a hacerlo en las bandas superior e intermedia, en cada una de las cuales definió tres cuadrículas internas. En el primer caso, el espacio izquierdo (1.1) lo ocupó con las figuras de los Reyes Católicos, mientras el espacio central (1.2) acogió el escudo de armas de la Corona y el derecho (1.3) los fantásticos retratos de Carlos II niño y Mariana de Austria. En la banda intermedia, las áreas laterales (2.1 y 2.3) hospedaron dos representaciones de Cristóbal Colón y Hernán Cortés sobre sendas columnatas. Ambas flanqueaban un ámbito central (2.2) en el que Orozco introdujo

---

67. Tomemos el ejemplo de los volúmenes conservados por la Real Academia de la Historia. Son tres, de los que a dos (14/11610 y 14/618) les falta el grabado y solo uno (5/843) lo conserva.

68. Mínguez (2013: 39). La comprensión íntegra del grabado no debe limitarse solo a las imágenes, sino también a los textos seleccionados y a la interacción entre imagen y palabra. Un análisis de esa envergadura requeriría un trabajo monográfico y más espacio del que aquí puede dedicársele.

Figura 5.1. Portada del *Norte de la Contratación.* Propuesta de análisis
Fuente: Wikipedia

una última partición, planteando un escenario frontal con la costa andaluza y el Atlántico (2.2.1) y otro de fondo, contenido en una circunferencia, América, caracterizada por un indio y el cerro de Potosí (2.2.2).

Todas estas imágenes se ensamblaban en la construcción de una idea. Aunque puedan discutirse los detalles, no cabe duda de que esta apunta hacia una exaltación de la Carrera de Indias como elemento de sustentación de la Monarquía Hispánica y, por ende, una celebración del *Norte de la Contratación* como explicación literaria de aquella construcción imperial. En definitiva, era un trasunto gráfico de lo que Veitia escribió en sus memoriales cortesanos, en los que había repetido cómo su libro abordaba los problemas de la Carrera y cómo esta servía a la conexión oceánica y la movilización de la Real Hacienda. Mi visión personal parte de una interpretación doble de la arquitectura de columnas. Por una parte, remite a las Columnas de Hércules, el *limes* atlántico que rompieron los descubridores como Colón y los conquistadores como Cortés, definitivamente conjurado por la navegación de la Carrera de Indias. Sin embargo, las columnas también nos hacen pensar en una base firme sobre la que se levanta la Monarquía Hispánica, creada por esos descubridores y conquistadores desde la época de los Reyes Católicos y aún sostenida por la Carrera de Indias en el reinado de Carlos II.

Orozco dedicó a la Carrera el centro exacto de la composición. La imagen es esquemática pero precisa: dos franjas de tierra unidas por los galeones. América figura ante todo como manantial de riquezas, ligada a la economía minera. El cerro de Potosí, cristalización de los febriles sueños europeos, promete el oro y la plata que un indio arroja sin moderación sobre las embarcaciones de los españoles. Los barcos procedían de Sevilla y no se habían lanzado espontáneamente a perseguir el horizonte. Las expediciones se organizaban en un lugar que aparece representado en primer término. La Casa de la Contratación, invocada bajo un perfil estilizado, se revelaba como el corazón de aquel sistema de conexión oceánica que unía la Monarquía Hispánica. Las imágenes traducían perfectamente las palabras del *Norte…* y no olvidaban el libro. Porque la Casa, a su vez, tampoco funcionaba de manera aleatoria. Se regía por ordenanzas, retratadas en un libro que les ofrecía corporeidad y cobijo. El volumen trazado por Orozco podía ser cualquiera de las recopilaciones legislativas editadas desde el siglo XVI hasta las de Góngora de 1647. Pero evidentemente lo que cabe ver en él es, antes que cualquier otra cosa, una sombra del propio *Norte de la Contratación*. El libro dentro del libro, espejo y celebración de sí mismo.

Figura 5.2. Portada del *Norte de la Contratación*. Detalle
Fuente: Wikipedia

EL ANHELO DEL «MAYOR GRADO»

A pesar de todo lo dicho hasta aquí, erraríamos si pensáramos que Veitia escribió el *Norte* movido solo por la voluntad altruista de ayudar al prójimo y servir a su rey. Bajo la superficie de las palabras se ocultaban otras aspiraciones.

224

Veitia también deseaba ayudarse y servirse a sí mismo. Conociendo lo que había sido su vida, ¿podríamos dudarlo acaso? Cuanto menos, deseaba que el libro sirviera para apuntalar todo lo que ya había conseguido, que resaltara la nobleza y la dignidad de su persona y el oficio que desempeñaba en la Casa de la Contratación. Sin embargo, deseaba aun más. Su afán más ferviente era seguir progresando. Dejar atrás la Casa y alcanzar círculos todavía más selectos. Consiguió ambas cosas. La cuestión problemática se resume en darnos cuenta de que es muy fácil encontrar la presencia del «Buen Gobierno» entre las páginas del libro, pero que no lo es tanto rastrear las evidencias que nos hablen sobre las aspiraciones más egoístas del autor. Esos aspectos estaban cubiertos por uno de los recursos más habituales en el comportamiento público de los europeos durante la edad barroca: la disimulación[69]. A todas luces, Veitia recurría a ella a modo de máscara para ocultar aquella pasión irrefrenable que sus contemporáneos podían condenar como vanidad del mundo. Ciertamente lo era. Pero Veitia solo estaba dispuesto a esconderla de sus posibles detractores. No a renunciar a ella. Eso jamás.

*

Es el momento de volver a la cuestión que dejábamos en el aire al término del segundo capítulo. Constatábamos entonces que Veitia se presentaba en la portada de su libro con los atributos nobiliarios que había peleado falseando su pasado personal y familiar. Lógicamente, la portada no era el único lugar donde eso ocurría, solo que en el corazón del texto se percibe con mayor dificultad. Nos equivocaríamos si diéramos por hecho que el *Norte* solo reflejaba una experiencia profesional y no tenía nada que ver con la agonía de su creador por convertirse en alguien mejor. Claro, no podemos esperar que Veitia nos lo muestre con las manos abiertas. Al contrario, él jugaba al engaño cuando hablaba de la Casa como cuando hablaba de sí mismo. Por así decirlo, modificaba la personalidad de la institución en la que trabajaba como modificaba la suya propia. Y con similares intenciones, como podrá suponerse. Veitia acrecentaba la distinción política de la Casa igual que amplificaba su propia condición social. Una cosa y otra venían de la mano, y no tenía nada de extraño en el siglo XVII.

Aunque los estudios históricos puedan preferir el análisis de la nobleza personal o familiar, es bien conocido que en la España Moderna existían otros

---

69. Villari (2003).

225

marcos de exaltación colectiva. El más conocido de ellos era el patriotismo local, un fenómeno muy difundido en la época, que exaltaba la grandeza y la antigüedad de ciudades y villas particulares al punto de erigirse en una especie de nobleza informal y colectiva de la que podían enorgullecerse y participar quienes vivían en ellas[70]. Este patriotismo local podía manifestarse institucionalmente ganando reconocimientos como privilegios de villazgo o títulos de ciudad[71]. Pero también podía rendir importantes frutos literarios a través del género de las historias locales, las llamadas corografías, que en los siglos XVI y XVII gozaban de una excelente salud editorial. Estaban de moda, si puede decirse así. Señalaban una manera frecuente de pensar en aquella época[72].

Entre las bibliotecas de los ministros de la Contratación queda algún ejemplo de la afición a la literatura patriótica en aquellos círculos sociales. La fastuosa librería del alguacil mayor Domingo de Urbizu, que poseía todas las obras que fueron importantes para la redacción del *Norte*, contenía también una magnífica colección de corografías[73]. Las había de decenas de ciudades y villas[74], incluso si nos reducimos solo a historias locales de Castilla y

---

70. El concepto de patria en la Edad Moderna equivalía frecuentemente a nuestra idea actual de la «patria chica»: la ciudad, villa o lugares propios, donde se había nacido o donde la vida se había desarrollado. Hay un testimonio precioso en el *Diccionario de Autoridades*, que describe la voz de la siguiente manera: «El Lugar, Ciudad o País en que se ha nacido».

71. Por su aprecio habían venido vendiéndose, como tantos otros oficios y mercedes, desde el siglo XVI: Gelabert González (1997). Por ejemplo, Carmona invirtió 40 000 ducados y Bujalance 80 000 para ganar sus respectivos títulos de ciudad en 1630.

72. Domínguez Ortiz (1994); Kagan (1995); Arias de Saavedra (2015).

73. Ya la hemos mencionado *supra* cap. III. La referencia es AHPSe, PNS, leg. 13065, ff. 1162v-1196r.

74. Repetimos: este elenco, pese a su considerable extensión, solo contiene las obras presentes en la biblioteca de Urbizu y no todas, pues algunas no hemos sido capaces de identificarlas: Alcántara: Jacinto Arias de Quintanadueñas, *Antigüedades y santos de la muy noble villa de Alcántara* (1661); Andújar: Antonio Terrones de Robres, *Vida, martirio, translación, y milagros de san Eufrasio obispo, y patrón de Andújar. Origen, Antigüedad, y excelencias de esta ciudad, privilegios de que goza, y varones insignes en santidad, letras y armas que ha tenido. Ilustrado todo de varia erudición y buenas letras* (1657); Astorga: Pedro Junco, *Fundación, nombres y armas de la ciudad de Astorga* (1635); Ávila: Luis de Ariz, *Historia de las grandezas de la ciudad de Ávila* (1607); Bujalance: fray Cristóbal de San Antonio, *Historia eclesiástica y seglar de la colonia Betis ahora la ciudad de Bujalance* (1657); Cáceres: Juan de Solano Figueroa, *San Jonás, presbítero y mártir, apóstol, predicador y maestro de la muy noble y muy leal villa de Cáceres y otros santos, sus hijos y naturales* (1665); Cádiz: Juan Bautista Suárez de Salazar, *Grandeza y antigüedades de la isla y ciudad de Cádiz* (1610); fray Jerónimo de la Concepción, *Emporio del Orbe, Cádiz ilustrada* (1690); Carmona: fray Juan Salvador Bautista Arellano, *Antigüedades y excelencias de la villa de Carmona, y compendio de historias* (1628); Cartagena: fray Melchor de Huélamo, *Historia de las personas ilustres y notables en santidad, de la santa Provincia de Cartagena, de la orden de nuestro seráfico padre San Francisco* (1617); Córdoba: Martín de Roa, *Flos sanctorum, fiestas y Santos naturales de la ciudad de Córdoba, algunos de Toledo, Granada, Jerez, Écija, Guadix y otras ciudades y lugares de Andalucía, Castilla y Portugal* (1615); Pedro Díaz de Ribas, *De las antigüedades y excelencias de Córdoba* (1627), fray Juan Félix Girón, *Origen, y primeras poblaciones de España. Antigüedad de la Ínclita y Patricia Ciudad de Córdoba* (1686);

Aragón[75]. Las *laudes civitatis* de Sevilla brillaban entre ellas. En la segunda mitad del XVII, el repertorio hispalense estaba alcanzando su plenitud. Alonso de Morgado, Pablo Espinosa de los Monteros y Diego Ortiz de Zúñiga habían reconstruido su historia general[76]; Hipólito de Vergara o Antonio de

---

fray Juan de Rivas Carrasquilla, *Vida y milagros del P. Fray Álvaro de Córdoba, del Orden de Predicadores, hijo del Real Convento de San Pablo de Córdoba* (1687); Cuenca: Juan Pablo Mártir Rizo, *Historia de la muy noble y leal ciudad de Cuenca* (1629); Écija: Écija, *sus santos, su antigüedad eclesiástica y seglar* (1629); Andrés Florindo, *Adición al libro de Écija y sus grandezas* (s. f.); Granada: Diego Hurtado de Mendoza, *Guerras de Granada* [c. 1575]; Gregorio López Madera, *Historia y discursos de la certidumbre de las reliquias, láminas y profecías descubiertas en el Monte Santo e Iglesia de Granada* (1601); Francisco Bermúdez de Pedraza, *Historia eclesiástica, principios y progresos de la ciudad y religión católica de Granada* (1637); Francisco Henríquez de Jorquera, *Anales de Granada* (1646); Huesca: Francisco Diego de Aynsa, *Fundación, excelencias, grandezas y cosas memorables de la antiquísima ciudad de Huesca* (1619); Jaén: Bartolomé Jiménez Patón, *Historia de la antigua y continuada nobleza de la ciudad de Jaén, muy famosa, muy noble y muy leal guarda y defendimiento de los reinos de España* (1628); Francisco de Rus Puerta, *Historia eclesiástica del reino y obispado de Jaén* (1634); León: fray Atanasio de Lobera, *Historia de las grandezas de la muy antigua e insigne ciudad e iglesia de León* (1595); Madrid: Gil González Dávila, *Teatro de las grandezas de la Villa de Madrid, Corte de los Reyes Católicos de España* (1623); Jerónimo de Quintana, *A la muy antigua, noble y coronada villa de Madrid: historia de su antigüedad, nobleza y grandeza* (1629); Alonso Núñez de Castro, *Libro histórico político solo Madrid es corte y el cortesano en Madrid* (1658); Málaga: Martín de Roa, *Málaga. Su fundación, su antigüedad eclesiástica, y seglar. Sus Santos Ciriaco, y Paula Mártires. S. Luis Obispo sus Patronos* (1622); Mérida: Bernabé Moreno de Vargas, *Historia de la ciudad de Mérida* (1633); Murcia: Francisco Cascales, *Discursos históricos de la muy noble y muy leal ciudad de Murcia (1621)*; Pamplona: fray Prudencio de Sandoval, *Catálogo de los obispos que ha tenido la Santa Iglesia de Pamplona desde el año de 80, que fue el primero de ella el santo mártir Fermín, su natural ciudadano* (1614); Plasencia: fray Alonso Fernández, *Historia y anales de la ciudad y obispado de Plasencia* (1627); Salamanca: Gil González Dávila, *Historia de las antigüedades de la ciudad de Salamanca* (1606); Segovia: Diego de Colmenares, *Historia de la insigne ciudad de Segovia* (1640); Toledo: Pedro de Alcocer, *Historia o descripción de la imperial ciudad de Toledo* (1551); Francisco de Pisa, *Descripción de la imperial ciudad de Toledo e historia de sus antigüedades y grandeza y cosas memorables, los reyes que la han señoreado o gobernado y sus arzobispos más celebrados* (1617); Diego de Castejón y Fonseca, *Primacía de la Santa Iglesia de Toledo: su origen, sus medras, sus progresos* (1645); Antonio de Quintanadueñas, *Santos de la Imperial Ciudad de Toledo y su Arzobispado* (1651); Pedro de Rojas, *Historia de la imperial, nobilísima, ínclita y esclarecida ciudad de Toledo* (1654); Tortosa: Vicent Miravall, *Tortosa, ciudad fidelísima y ejemplar* (1641); Tuy: fray Prudencio de Sandoval, *Antigüedad de la ciudad e iglesia catedral de Tuy y de los obispos que se sabe haya habido en ella* (1610); Utrera: Rodrigo Caro, *Relación de las inscripciones y antigüedad de la villa de Utrera* (1620); Valencia: Rafael Martí de Viciana, *Crónica de la ínclita y coronada ciudad de Valencia y su reino* (1564); fray Francisco Diago, *Anales del reino de Valencia* (1613); Vélez Málaga: Francisco de Bedmar, *Historia sexitana de la antigüedad y grandezas de la ciudad de Vélez* (1652); Zaragoza: Luis López, *Trofeos y antigüedades de la imperial ciudad de Zaragoza, y general historia suya desde su fundación después del diluvio universal por los nietos del patriarca Noé, hasta nuestros tiempos* (1639).

75. También había historias de demarcaciones intermedias, guiadas por el mismo carácter de exaltación, como Andalucía, el reino de Jaén, el reino de Navarra, el señorío de Vizcaya, el principado de Cataluña, Cantabria o Galicia, entre otras.

76. Alonso Morgado, *Historia de Sevilla* (1587); Pablo Espinosa de los Monteros, *Historia y grandezas de la gran ciudad de Sevilla* (1627-1630), Diego Ortiz de Zúñiga, *Anales eclesiásticos y seculares de la muy noble y muy leal ciudad de Sevilla, metrópoli de la Andalucía* (1677).

Quintanadueñas habían ensalzado sus devociones[77]; Juan de Mal Lara, Francisco de Sigüenza o Fernando de la Torre Farfán habían festejado algunos de sus acontecimientos más señalados[78]; y Rodrigo Caro se había esforzado por exaltar sus antigüedades[79]. El catálogo, que podría aumentarse, era uno de los más numerosos de la España Moderna, según merecía una de sus mayores ciudades.

Veitia también se hallaba familiarizado con la literatura corográfica. La biblioteca Veitia-Murillo, si bien no podía competir con la de Urbizu, abarcaba bastantes volúmenes dedicados a varias ciudades españolas, como la *Grandeza y antigüedades de la isla y ciudad de Cádiz* (1610) de Juan Bautista Suárez de Salazar; la *Fundación milagrosa de la Capilla angélica y apostólica de la Madre de Dios del Pilar, y excelencias de la imperial ciudad de Zaragoza* (1616) de fray Diego Murillo; los *Discursos históricos de la muy noble y muy leal ciudad de Murcia (1621)* de Francisco Cascales; el *Teatro de las grandezas de la Villa de Madrid* (1623) de Gil González Dávila; la *Historia y anales de la ciudad y obispado de Plasencia* (1627) de fray Alonso Fernández; *A la muy antigua, noble y coronada villa de Madrid: historia de su antigüedad, nobleza y grandeza* (1629) de Jerónimo de Quintana; la *Historia de la ciudad de Mérida* (1633) de Bernabé Moreno de Vargas; la *Historia eclesiástica, principios y progresos de la ciudad y religión católica de Granada* (1637) de Francisco Bermúdez de Pedraza; o la *Historia de la insigne ciudad de Segovia* (1640) de Diego de Colmenares, entre varias otras[80].

Como ya sabemos, no siempre se consigue diferenciar con certeza qué volúmenes pertenecieron al tesorero o al canónigo. No obstante, no cabe duda de que Veitia conoció la corografía hispalense, de la que su biblioteca incluía también la *Historia de Sevilla* (1587) de Morgado; la *Historia y grandezas de la gran ciudad de Sevilla* (1627-1630) de Espinosa de los Monteros; las

---

77. Hipólito de Vergara, *Del Santo Rey D. Fernando y de la Santísima Virgen de los Reyes* (1629), Antonio de Quintanadueñas, *Santos de la ciudad de Sevilla y su arzobispado. Fiesta que su Santa Iglesia Metropolitana celebra* (1637).

78. Singularmente, aquellos que informaban sobre la relación entre la ciudad y la Monarquía, con el consecuente enaltecimiento político: Juan de Mal Lara, *Recibimiento que hizo la muy noble y muy leal ciudad de Sevilla a la C.R.M. del Rey don Felipe N.S* (1570), Francisco de Sigüenza, *Traslación de la imagen de Nuestra Señora de los Reyes y cuerpo de san Leandro y cuerpos reales a la Real Capilla de la Santa Iglesia de Sevilla* (1579); Fernando de la Torre Farfán, *Fiestas de la Santa Iglesia Metropolitana y Patriarcal de Sevilla. Al nuevo culto del señor Rey S. Fernando* (1671).

79. Rodrigo Caro, *Antigüedades y principado de la Ilustrísima ciudad de Sevilla y corografía de su convento jurídico o antigua Chancillería* (1634).

80. AHPSe, PNS, leg. 13 082, ff. 949r-958v y 981v-992r.

Antigüedades y principado de la ilustrísima ciudad de Sevilla (1634) de Caro; y los *Anales eclesiásticos y seculares* (1677) de Ortiz de Zúñiga[81]. La prueba de ese conocimiento se encuentra en el primer capítulo del *Norte de la Contratación*. Veitia lo cerró con un extenso párrafo en el que loaba las grandezas de la Casa citando a varios autores, entre ellos precisamente a Morgado y a Caro. Los pasajes de ambos son muy interesantes y no es difícil comprender por qué Veitia reparó en ellos. Los dos expresaban cómo la riqueza de la Casa había contribuido al esplendor de Sevilla. La hipérbole de Morgado pretendía «que pudieran empedrarse de ladrillos de plata, y oro las calles de Sevilla con los tesoros que han entrado en ella». Y el entusiasmo de Caro proclamaba que, a causa de su presencia, «llaman justamente los Autores à Sevilla Reina del Occeano»[82].

Este fragmento puede pasar desapercibido en las lecturas del *Norte*, más ávidas de discernir los entresijos de la Casa y la Carrera. Sin embargo, quiero defender que se trata de un pasaje fundamental. De hecho, encierra una de las claves de la argumentación que propongo en este estudio: el vínculo entre la exaltación corográfica de Sevilla y la ponderación mayestática de la Casa. La grandeza de la Casa contribuía a la grandeza de Sevilla y viceversa. Una continuaba y encajaba dentro de la otra. La institución donde se servía era, como la ciudad donde se vivía, un marco colectivo digno y susceptible de ensalzarse para mayor honra de sus ministros y de la Corona. Se trataba, simplemente, de reducir un poco más la geografía de la corografía; o de deconstruirla y escoger sus elementos institucionales, respetando sus esquemas elementales. A falta de una expresión más adecuada, definiré esta actitud como *patriotismo institucional* o *corografía institucional*.

Como el patriotismo local o regional, el patriotismo institucional también podía volcarse sobre papeles en blanco y convertirse en literatura. De hecho, ya hemos visto antes un ejemplo relevante, el de la *Política Indiana* de Juan de Solórzano Pereira[83]. Como tuvimos oportunidad de comentar, la gran obra de Solórzano fue una de las máximas influencias que Veitia encontró dentro de la literatura oficial indiana, si no la primera entre ellas. El patriotismo institucional puede proponerse como una de las lecciones más valiosas que aprendió

---

81. *Idem.*

82. Veitia (1672: I, 8). El fragmento de Morgado se encuentra en *Historia de Sevilla*, lib. II, p. 56. Y el pasaje de Caro en *Antigüedades y principado*, lib. II, cap. 5, p. 59 (Veitia dice p. 58, porque cita el inicio del epígrafe dedicado a la Casa dentro del capítulo dedicado a los Alcázares). En los dos casos, Veitia altera el texto original con cierta libertad.

83. Véase *supra* cap. III.

entre sus páginas. Solórzano planteó la *Política Indiana* como un ejercicio de exaltación del Consejo de Indias. Tal enfoque no se reducía a una abstracción literaria. Al contrario, coincidía con las vivencias del autor. Solórzano servía al rey en el tribunal indiano y varias veces defendió sus preeminencias frente a otros consejos como los de Castilla o Flandes. Al ponerse a escribir, siguió haciendo lo mismo. De tal modo, cuando Veitia lo leyó, se dio de bruces con el modelo perfecto de lo que aspiraba a conseguir.

El *Norte* no es una descripción aséptica de la Casa. Es su corografía, apologética como todas. Veitia exageraba las grandezas de la Casa como cualquier historiador de la época exaltaba las excelencias de su ciudad. El elevado tecnicismo del texto puede disimular esta pulsión enaltecedora o dificultar su percepción. Pero no por eso deja de encontrarse ahí. Sí está. Y los contemporáneos, probablemente, eran capaces de darse cuenta mejor que nosotros. Al fin y al cabo, se trataba de una posición bastante habitual en la literatura de la época. Se sabía que era una licencia personal y se consideraba legítimo recurrir a ella. Debía de sonar bastante natural. Ello a pesar de que a los contemporáneos, como a nosotros, Veitia también podía engañarles. Bajo la superficie de las palabras, lo que había era un laberinto de escritura. Estaba diseñado para conducirnos hacia una imagen ennoblecida de la Casa, el lugar adecuado para albergar a don José de Veitia, señor de la casa de Veitia, caballero de Santiago y tesorero de su Majestad el rey de España. ¿Quién no se sentiría confundido?

* *

Esa Casa de la Contratación era una institución única, una especie de consejo real fuera de Madrid. No obedecía a ningún consejo si no era el Consejo de Indias –cuya jerarquía quedaba sutilmente difuminada–; disfrutaba de total autonomía respecto a tribunales cercanos como la Real Audiencia de Grados; y ejercía una posición de dominio respecto a otros como el Consulado de Cargadores o la Universidad de Mareantes. Era el centro de gravedad de la Carrera de Indias y uno de los puntales de la Monarquía Hispánica. La instancia trascendental que merecía que se le dedicara un libro entero como el *Norte de la Contratación*.

El ditirambo se plantea con mayor coherencia en los capítulos que abordan la Casa en su conjunto. En ellos pueden encontrarse fragmentos de entusiasmo desbordado junto a promesas de contención traicionadas. Leamos un párrafo en el que encontramos muchas claves de la visión de Veitia:

Permítaseme pues, que sin passion pondere a todas luzes grande vn Tribunal de tan dilatada jurisdicion, que su territorio es inmenso; de tan grande autoridad, que mereció vezes de Consejo para el gobierno de las Indias, y que lo fue, no solo para este efecto, sino de Guerra, y Hazienda, quando todas las disposiciones corrieron inmediatamente de la Real Persona al Tribunal; de tanta riqueza, que no ha podido aver otro en la Europa que le compita, de tanto crédito, que aun los mas abonados particulares no le igualaban; y de tantos, y tan honrados dependientes como ira enseñando el discurso deste Libro[84].

¿Qué encontramos aquí? Al menos, tres niveles de análisis, mezclados: 1) la entidad individual de la Casa; 2) las relaciones con su entorno; y 3) las que mantuvo con la corte de Madrid. En todos ellos se sobredimensionaba la realidad.

Lo primero era sencillo de magnificar retóricamente. Cómo negar, desde una perspectiva superficialmente geográfica, que se trataba de «vn Tribunal de tan dilatada jurisdicion», cuando resolvía pleitos de conflictos surgidos a lo largo y ancho del océano Atlántico[85]. Ahora bien, detrás de esa afirmación ampulosa no había más que un ámbito de competencias limitado a lo que ocurría en los galeones y naos de la Carrera de Indias, que lógicamente se desplazaban por espacios muy «dilatados», por usar el adjetivo elegido por Veitia... A eso había que añadir lo que se dirimía y decidía en el reino de Sevilla, siempre en relación con la Carrera de Indias. Desde luego, se trataba de un conjunto de responsabilidades de primer nivel institucional, pero tampoco era tanto como las palabras de Veitia sugerían con astucia.

Los equilibrios de poder locales y regionales requieren algunas explicaciones más. Al invocar a aquellos «honrados dependientes» de la Casa de la Contratación, Veitia se refería prácticamente a todo el sistema de la Carrera de Indias, tal como era presentado en el segundo libro del *Norte*. Semejante perspectiva era pretenciosa y en ningún caso lo era más que en el primer capítulo, dedicado a los generales y almirantes, a quienes situaba jerárquicamente por encima de todos los miembros de los Galeones y Flota, pero por debajo de la Casa[86]. Una aseveración que, en caso de habérsela propuesto, no es probable que ningún general del XVII hubiese aceptado como cierta.

No obstante, el razonamiento de Veitia implicaba singularmente a los organismos explicados en el libro primero. El discurso se articulaba en torno a

---

84. Veitia (1672: I, 7).
85. Lo ha confirmado la historiografía posterior: Trueba (1988).
86. Veitia (1672: II, cap. 1, especialmente n. 4).

la distinción veitiana entre la «Real Audiencia» y sus «Tribunales»[87], que definía –una vez más– una relación jerárquica. La Real Audiencia comprendía restrictivamente al presidente, los jueces oficiales y los jueces letrados. Esta enumeración era sorprendente, pero no más que la de los Tribunales:

> Teniendo subordinado à si esta Audiencia al Tribunal del Prior, y Cónsules del comercio de Sevilla, y su Reinado, el de los Contadores de Haberias, el Iuzgado de Indias de la Ciudad de Cadiz, los Iuezes de Registros de las Islas de Canaria, y otros muchos Ministros, y personas sugetas à la dicha jurisdicion[88].

El párrafo no puede menos que dejarnos perplejos. Mucho más al darnos cuenta de que no expresa una idea marginal en la obra. Al contrario; si repasamos el índice, no es difícil percibir que esa jerarquía se corresponde en buena medida con el orden de los capítulos. También aquí podemos imaginar que, si algunos de los aludidos hubieran sido preguntados, habrían negado categóricamente. Los historiadores, como poco, debemos matizar.

La aplicación de los términos *audiencia* y *tribunal* a la Casa de la Contratación aparece con frecuencia en la documentación del siglo XVII. Pero no es exactamente como lo hace Veitia en el *Norte*. La Casa, ciertamente, tenía una audiencia. Era la Sala de Justicia. Es verdad que, a partir de esta referencia particular, se generalizó la costumbre de llamar audiencia a toda la Casa, rebautizada como Audiencia de la Contratación. Sonaba mejor. Sin ir más lejos, el propio Veitia empleó esta opción en sus memoriales madrileños. En ellos se presentó como «juez oficial por vuestra Majestad de su Real Audiencia de la Casa de la Contratación de las Indias» y afirmó que la obra estaba dedicada «al Buen Gobierno de la dicha Audiencia»[89]. Evidentemente, no se refería solo a la Sala de Justicia, a la que él no pertenecía y a la que no se limitaban los capítulos del *Norte*. Aludía a la Casa de la Contratación en su conjunto. En la obra impresa volvía a recurrir a aquel término de uso corriente, pero alterando su significado de una manera consciente y sutil, inventando esa versión intermedia que excedía a los jueces letrados pero que no integraba a todos los oficios de la Casa.

El término tribunal también oscilaba con sutileza entre sus acepciones cotidianas y literarias. La palabra designaba con cierta frecuencia a la Casa en su

---

87. La hemos mencionado antes. Véase *supra* nota 52.
88. Veitia (1672: I, 9-10).
89. AGI, IG, leg. 1491; memorial al Consejo de Indias, Madrid, 1671. Apéndice 3.1.

conjunto –el «Tribunal de la Contratación»–, pero también a algunas de sus dependencias internas. La intencionalidad del *Norte* se vuelca sobre la segunda acepción, en la que Veitia introdujo un par de consideraciones exageradas o manipuladas. La primera concernía a la supuesta *subordinación* de los tribunales particulares respecto a la Audiencia. La segunda, al propio elenco de los tribunales, que el texto confeccionó de manera sorprendente. Veitia exageró la gradación que pudiera existir entre aquella Audiencia y la Contaduría de Averías, el Juzgado de Indias de Cádiz o los jueces de registros de Canarias[90]. Sin embargo, nuestra extrañeza aumenta cuando nos damos cuenta de que el propio Consulado de Cargadores figura entre los tribunales subordinados.

Adentrarse en el capítulo XVII, el del Consulado, permite comprobar que a Veitia no le temblaba la mano a la hora de defender su enfoque o cargar las tintas a su favor. En primer lugar, incluía al tribunal mercantil en la estructura de la Casa. Por supuesto, no era cierto, pero Veitia se aferraba a la idea aseverando que muchas visitas a la Casa incumbían también al Consulado, que el Consulado participaba en los donativos de la Casa y que, en fin, «en todos los otros actos concurre siempre el Consulado, como miembro del cuerpo de que son cabeça Presidente, y Iuezes». Obviamente, la frase mezcla la pertenencia con la jerarquía. El Consulado pertenecía al «cuerpo» de la Casa, pero era inferior a la «cabeza» formada por el presidente y los jueces oficiales y letrados. Los argumentos recordaban el nombramiento de los jueces de alzadas entre los ministros de la Casa para supervisar las elecciones del prior y los cónsules o para revisar las sentencias mercantiles. A Veitia le parecían demostraciones suficientemente claras de «la subordinación que [el Consulado] la deve tener [a la Casa]»[91].

La posición dominante que Veitia atribuía a la Casa entraba en contradicción con la posición de otros organismos que se encontraban alejados de Sevilla y Andalucía, empezando por la corte de Madrid. Veitia no eludía la cuestión ni se achantaba si tenía que comparar a la Casa con el sistema polisinodial. De hecho, aquella idea suya de que la Casa «mereció vezes de Consejo para el gobierno de las Indias, y que lo fue», requería una explicación que se apresuró a aportar sin el menor escrúpulo:

> No tiene la Monarquia Española, despues de los Reales Consejos, otro más Ilustre Tribunal; y que dignamente les competen à los que en vna, y otra Sala de Gobierno, y Iusticia sirven à su Magestad, todas aquellas preemiencias, y

---

90. Veitia (1672: I, caps. 19 y 25, y II, cap. 25).
91. Veitia (1672: I, 113-114).

prerrogativas, que à los Oydores, y Iuezes de sus Chancillerias, y Audiencias Reales, y no con menos propiedad el ser intitulados de el Consejo de su Magestad, quando por la forma de su institución, por sus Ordenanças, y por otras particulares Ordenes de su Magestad, les està repetido, que en todos los negocios de que se diere quenta dèn su parecer[92].

La Casa, equiparada a las demás audiencias y chancillerías del Reino, era como un consejo, porque también aconsejaba al monarca. Por otro lado, Veitia exclamaba que, entre todos los consejos, la Casa no obedecía más que al de Indias. Ni debía obediencia directa al Consejo de Hacienda ni tampoco siquiera al de Castilla[93]. Lógicamente, tal posición –que en la realidad no se practicaba así– se explicaba mejor por un razonamiento inverso: que solo el Consejo de Indias gozaba de jurisdicción sobre la Casa y dificultaba a los otros consejos que irrumpieran en ella[94]. Sin embargo, también esa superioridad del Consejo pasó por el filtro deformador de la literatura veitiana. En algún pasaje concreto se atrevió a difuminarla fugazmente y a recordar que no siempre se sentía igual de presente[95]. No obstante, resultaba imposible discutir la autoridad de la institución que –no se olvide– iba a censurar el manuscrito del *Norte*. De tal modo, Veitia optó por pasar de puntillas sobre la cuestión. Lo que no se podía negar, sencillamente, podía ignorarse. Los organismos supuestamente subordinados a la Casa merecían capítulos monográficos propios; el organismo que realmente subordinaba a la Casa, no. El Consejo apenas aparece en un lejano telón de fondo. Y se desdibuja.

Mientras Madrid se diluía en las páginas del *Norte*, a la geografía americana de la Carrera y el comercio atlántico les ocurría prácticamente lo mismo. México, Lima, Veracruz, Portobelo, Cartagena de Indias o La Habana apenas eran sino paradas en una ruta de ida y de vuelta donde solo Andalucía importaba realmente[96]. Un decorado de fondo para Sevilla, Cádiz o Sanlúcar. Allí no ocurría nada relevante. No se decidía nada. No se aportaba nada. O eso podía deducirse de lo que se le leía en el *Norte*, a pesar de que Veitia mismo podría

---

92. Veitia (1672: I, 8).
93. Veitia (1672: I, 15-17).
94. Schäfer (2003 [1935-1947]) se estructura desde la premisa de la superioridad del Consejo sobre la Casa, si bien refleja también la autoridad del Consejo de Hacienda (112).
95. El pasaje incluso alude a la autoridad real. Veitia (1672: I, 2): «la mejor administracion de Justicia en el trafico dellos, mientras pierden de vista el influxo de la Real autoridad, y la de su Consejo supremo de las Indias».
96. Veitia (1672: II, cap. 13) es el único capítulo que se adentra con una mínima profundidad en la geografía americana.

desmentirlo con rotundidad. Como ministro de la Casa, tenía acceso a una correspondencia epistolar de la que solo podía concluirse, al igual que de otras fuentes, la enorme influencia ejercida por las instituciones y las comunidades mercantiles americanas sobre la Carrera de Indias. Sin embargo, la Carrera de Veitia se reducía casi completamente a la Baja Andalucía, mientras evitaba todo lo posible las referencias a la corte y a América. Y en esa Carrera de Indias la Casa ocupaba el vértice superior.

Era una Casa retratada con primor en sus detalles –muchísimos más detalles de los que cualquier historiador actual sabría plantear–, pero falseada en la captación de su alma. Aquella Casa literaria era mucho más de lo que realmente fue la Casa histórica. Especialmente en el caso de algunos oficios, entre los que se contaba la Tesorería. Como era lógico, las distorsiones aspiraban a colaborar con la imagen social propia que Veitia pretendía construir. Nuestro protagonista no habla mucho sobre sí mismo en el texto del *Norte*. Una de las escasas ocasiones tiene lugar en el elenco de tesoreros del capítulo XXXVII, tras recordar brevemente a Andrés de Munive, «à quien sucedí YO el año de mil y seiscientos y cinquenta y nueve, siendo el que menos dignamente ha ocupado este puesto»[97]. No nos dejemos engañar por esa humildad impostada a la que nadie podía renunciar. El verdadero Veitia se muestra en ese exultante «YO», en letras mayúsculas –sobre eso va buena parte de esta historia, sobre la edificación insaciable de un yo–. Pues bien, impulsado por el patriotismo institucional, la Casa que escribió era el «NOSOTROS» que requería aquel «YO».

* * *

La falsedad de aquella imagen desproporcionada queda destapada por la voluntad de abandonar la Casa tan rápido como hubiera oportunidad. Veitia la compartía con muchos de sus colegas. ¿No trabajaban ya en aquel tribunal que podía rivalizar con los consejos reales y cuya jurisdicción aventajaba a la de cualquier otro? ¿Adónde iban, entonces? El beneficio de oficios facilitó la diáspora. Fernando de Villegas dejó la Casa para ser gobernador de Venezuela; Juan Bruno Tello de Guzmán cambió Sevilla por el gobierno de Yucatán; y Bernabé Ochoa de Chinchetru, por no citar a más, se marchó a Madrid, al Consejo de Indias[98]. El plan de salida de Veitia también apuntaba hacia la corte y era de una elegancia exquisita.

---

97. Veitia (1672: I, 291).
98. Schäfer (2003 [1935-1947]: I, 365-366).

La pieza clave de su estrategia era el *Norte de la Contratación*. Nada más lo tuvo en sus manos, ya sabía qué quería hacer con él. Lo tenía muy bien pensado. Iba a enviar inmediatamente un ejemplar a Madrid para regalárselo a Mariana de Austria. El gesto era algo más que un signo de buena voluntad. Llevaba implícita una reivindicación personal, que no podía leerse en ninguna página del libro, pero sí en un memorial que requiere que le prestemos mucha atención[99]. Es tan importante como el que presentó ante el Consejo de Indias aseverando que el *Norte* era «un libro tocante al Buen Gobierno». De hecho, solo combinando los dos documentos, aquel y este, puede entenderse lo que Veitia pensaba de su obra y por qué la había escrito.

Aquella vez, en el documento de 1672, escribió sobre sí mismo y sobre cómo había servido a la Monarquía Hispánica. Se presentó como tesorero de la Casa de la Contratación, como si todavía no lo conocieran, y recordó que había trabajado fielmente para los reyes durante treinta años, dieciséis en «diferentes ministerios de papeles» y los catorce restantes como juez oficial. Durante tantos años, había desempeñado las obligaciones cotidianas de su puesto —«cuidando de la correspondencia del tribunal con vuestra Majestad y los de su Consejo Supremo de las Indias»— y había prestado, además, algunos servicios especiales, que exhibió con orden y rigor documental. Siguiendo el procedimiento habitual en muchos memoriales de méritos, los enumeró uno detrás de otro y demostró su veracidad con documentación acreditativa que, en la mayoría de los casos, consistía en copias autentificadas ante escribano[100].

Cuadro 5.1. Servicios de José de Veitia y documentación adjunta

N.º	Méritos	Acreditación
1	Recibimiento de Galeones y Flota de Nueva España (1661)	Testimonio de Andrés Márquez
2	Despacho de la Flora de Nueva España (1662)	Carta de Nicolás Fernández de Córdoba y testimonio de Rodrigo Martínez Consuegra[101]

---

99. AGI, IG, leg. 2013; Veitia a Mariana de Austria, s. f. [1672]. Lo transcribimos íntegramente y reproducimos parcialmente en el apéndice 3.3.

100. La documentación se encuentra también en AGI, IG, leg. 2013.

101. El autor del poema de apertura del *Norte de la Contratación*, como acabamos de exponer.

N.º	Méritos	Acreditación
3	Despacho de los Galeones (1662)	Dos testimonios de Martínez Consuegra y otro de Juan Francisco Pinto
4	Diferentes comisiones del Consejo en Cádiz (1662)	Sin testimonio: autos originales en el Consejo de Indias
5	Provisión de bastimentos para los Galeones y los Azogues de Nueva España (1664)	Testimonio de Juan Francisco Pinto
6	Sondeo de la barra de Sanlúcar con el marqués de Fuente el Sol (1666)	Testimonio de Martínez Consuegra
7	Negociación de un préstamo con el comercio de Cádiz para el despacho de Galones (1666)	Testimonio de Juan Francisco Pinto
8	Recibo de Flota y Galeones, ejecución de la represalia de bienes de franceses y recaudación de su indulto (1667)	Certificación de Juan Tello de Guzmán y Manuel Fernández Pardo
9	Renegociación de los 790 000 ducados de la avería nueva (1666-1667)	Certificación de Juan Tello de Guzmán y testimonio de Antonio de Quesada
s. n.	Recibimiento de Galeones (1667)	Certificación del n.º 8
10	Descubrimiento del fraude del navío San Hermenegildo (1668)	Causa original en el Consejo
11	Despacho de la Flota de Nueva España (1670)	Testimonios de Juan Francisco Pinto y Antonio de Quesada
12	Superintendencia por comisión real de las provisiones de bastimentos para la Armada del Océano (1672)	Testimonio de Antonio de Quesada
13	*Norte de la Contratación de las Indias*	«el mismo Libro»

Fuente: elaboración propia

El último punto llama nuestra atención sobremanera. Es el más significativo para captar la concepción veitiana de su propia obra y de qué manera podía integrarla en el lenguaje político del siglo XVII. Antes he escrito que envió su obra a Mariana de Austria acompañada de un memorial. Pero tal

237

frase define más bien lo que normalmente hacemos en nuestro tiempo: mandar un regalo y acompañarlo de algún breve escrito. Lo cierto es que Veitia hizo exactamente lo contrario; envió un memorial a Mariana de Austria y lo acompañó de su obra[102]. En aquel escrito situó el *Norte de la Contratación* como la culminación de una vida de servicios a la Monarquía, seguramente el mayor servicio que podría prestarle jamás:

> Ha compuesto e impreso con licencia de vuestra Majestad el libro intitulado *Norte de la Contratación de las Indias Occidentales*, cuya estimación y la importancia de él para el gobierno de las materias que en él se tratan resigna en el superior conocimiento de Consejo.

El ejemplar que viajó a Madrid fue así, más que un regalo, la prueba de la veracidad de aquel servicio definitivo, tal como las otras certificaciones y testimonios que acompañaban al memorial daban cuenta de la honestidad de los demás méritos alegados.

Veitia escribió el *Norte* para ser recompensado. Hay poco de especulación en esta afirmación. Las hojas de servicio y los memoriales de méritos tenían una finalidad muy precisa que los historiadores conocen bien: reclamar la contrapartida que cabía esperar en aquella «economía de la merced» que articulaba las relaciones entre señores y vasallos en la Edad Moderna. De tal modo, resulta poco sorprendente encontrar al final del memorial de 1672 una frase tan inequívoca como la siguiente:

> A vuestra Majestad suplica que, en atención a los servicios referidos y al celo, desinterés y aplicación con que los queda continuando, se sirva de hacerle merced de puesto de mayor grado en que pueda adelantarse en el real servicio.

Desde luego, nada de esto puede encontrarse entre las páginas del *Norte*, si no son los halagos del jesuita Andrade: «no solamente juzgo que se le debe dàr al Autor la licencia que pide para imprimirle, sino muchas gracias, y premio por averle compuesto»[103].

En efecto, en el volumen impreso por Juan Francisco de Blas, menudean las referencias explícitas a la retórica del «Buen Gobierno» que Veitia volvió a emplear cuando solicitó las licencias de publicación. Mientras, su ambición

---

102. El libro, a diferencia de los otros documentos acreditativos, no se encuentra en el legajo, lógicamente. De ahí las dificultades para su identificación.

103. Veitia (1672: s. p., «Censvra del P. Alonso de Andrade»).

secreta apenas flotaba alrededor de la dedicatoria al conde de Peñaranda, presidente del Consejo de Indias, aunque jamás llegaba a descubrirse del todo[104]. Se adivinaba a través de la patética reacción a la coincidencia de la destitución de Peñaranda en 1671 y la proto-dedicatoria final –¿cómo definirla mejor?–, improvisada a última hora, a su sucesor, el conde de Medellín[105]:

> Y es también suerte desta obra salir à luz, quando es Presidente del Consejo Supremo de las Indias el Excelentissimo señor conde de Medellin, que entre las grandezas, que su esclarecidissima Casa tan justamente puede blasonar, goza el glorioso esmalte de aver sido su insigne Villa de Medellin patria del famoso Heroe Don Fernando Cortès de Monroy Conquistador de las Indias[106].

Los renglones dedicados a Peñaranda y a Medellín, tanto a uno como a otro, solicitaban protección para el libro. La súplica de protección para su autor debía sobreentenderse. Aunque ya entonces lo reconcomiera el deseo de ese «puesto de mayor grado».

Tal anhelo solo podía contemplarse abiertamente leyendo el memorial dirigido a Mariana de Austria. Durante siglos el documento pasó desapercibido, perdido entre los incontables papeles del Consejo de Indias. Ahora que ya lo conocemos, nos damos cuenta de que sirve a modo de hilo de Ariadna. Con él podemos desentrañar los últimos recovecos del laberinto de escritura pergeñado por Veitia. Entender, en definitiva, cómo aquella apología literaria de la Casa escondía un instrumento de exaltación propio y una plataforma de impulso hacia otro futuro. Aquel libro era todo presunción, como su propio autor. Un libro que Valdés Leal podría haber incluido –claro que sí– entre los volúmenes condenados en la *Alegoría de la Vanidad*.

---

104. La dedicatoria a Peñaranda se expresa en tres lugares diferentes: el grabado de Marcos de Orozco, la portada interior y la dedicatoria propiamente dicha, colocada justo antes del prefacio «Al lector». Las dos primeras dicen prácticamente lo mismo, porque apenas se menciona al personaje debajo del título. No obstante, hay un detalle que nos habla sobre la cronología del proceso de impresión y sobre la incomodidad que supuso para Veitia el hecho de que justo en 1672 Peñaranda abandonara la presidencia de Indias (tras casi ¡veinte años! ejerciéndola) y ocupara la del Consejo de Italia. El grabado de Orozco, creado en 1671, presentaba al personaje como presidente de Indias. La portada interior, en cambio, corrige el dato desfasado y aclara: «presidente antes del Consejo Svpremo de las Indias, ya del de Italia». Resulta legítimo plantearse si esta segunda portada, redundante e innecesaria tras la primera de Orozco, no fue una improvisación de última hora para actualizar la dedicatoria a Peñaranda (que ya no podía retirarse).

105. El cambio en la presidencia ocurrió en el verano de 1671, justo cuando Veitia se encontraba en Madrid. Tuvo lugar en el primer instante en el que a él ya no le quedaba margen de reacción para cambiar esa dedicatoria.

106. Veitia (1672: II, 264).

Capítulo VI
ÍCARO CORTESANO: LA ETAPA MADRILEÑA DE JOSÉ DE VEITIA (1677-1688)

> *Muy cerca tienes el día que te llamará la muerte; y entonces, ¿de qué te aprovecharán estas niñerías, en que ahora te ocupas? ¿Qué te aprovechará en aquella hora ser rico, poderoso, grande o pequeño?*
>
> Miguel Mañara (c. 1672)

El auto de fe de 1680 transformó la Plaza Mayor de Madrid en un compendio de la sociedad cortesana que gravitaba alrededor de Carlos II. En medio de la multitud, se encontraba José de Veitia Linaje, secretario de la Nueva España del Consejo de Indias. ¿Dónde y cómo encontrarlo? La *Relación Histórica* de José del Olmo, protagonista y cronista del acontecimiento, parece invitarnos a buscarle la pista, con sus cuidadas descripciones y las correspondencias con una «planta del teatro» en estampa ejecutada por Gregorio Fosman[1]. Según Olmo, los ministros del Consejo de Indias se aposentaron en una de las gradas que rodeaban el solio del Inquisidor General, en la grada D junto a los consejos de Flandes e Italia. Sin embargo, es más probable que Veitia ocupara un lugar de los bancos centrales del tablado, donde se situaron los secretarios de los consejos y los ministros de la Suprema. Por supuesto, siempre tuvo oportunidad de asomarse a algunos de los balcones reservados a los cortesanos más influyentes del momento. En el «segundo suelo», por ejemplo, encontramos a Jerónimo de Eguía, secretario del Despacho Universal, en el balcón número 42; mientras que el duque de Medinaceli, «Primer Ministro de

---

1. Olmo (1680). Utilizo los ejemplares de la BUS, FA, A186/28 y A204/37, en los que la representación del auto de fe se halla mutilada. El primero, al menos, conserva la portada, grabada por Marcos de Orozco, el mismo artista que realizó la del *Norte de la Contratación*.

la Monarquia Catolica», se hizo con el 32 y el 33. Veitia estaba allí, una figura más en aquel hormiguero humano, pero no podemos distinguirlo.

La obra de Olmo y Fosman inspiró a Francisco Rizi su inefable vista general del auto[2]. La suntuosa obra maestra, cuya contemplación todavía provoca admiración, reúne numerosas virtudes, entre las que no pasa desapercibida la formidable capacidad para representar tanto la panorámica de la escena como los detalles de muchos individuos concretos. En el lienzo de Rizi hay retratos. El de Carlos II con la reina madre y la reina consorte se distingue con facilidad. Cerca de él, hay otros. Pero ¿quiénes son? No lo sabemos. ¿Podría tratarse de Veitia en algún caso? La disposición original de 1680, tal como la relatan Olmo y Fosman, desaconsejaría una respuesta entusiasta. Sin embargo, la tela es posterior a los acontecimientos. No se terminó hasta 1683, cuando algunas cosas importantes habían cambiado. Medinaceli aún conservaba el favor del rey, pero Eguía había fallecido y la secretaría del Despacho Universal había pasado, precisamente, a nuestro Veitia. ¿Los retratos de Rizi se correspondían con los protagonistas de 1680 o con los de 1683? En el primer caso, las expectativas de contemplar en algún sitio el rostro de Veitia se diluyen sin remedio. En el segundo, se fortalecen, aunque no lo suficiente. Una vez más, como cuando evocábamos el retrato perdido de Murillo, la imagen escurridiza de Veitia se nos escapa cuando nos ilusionamos ingenuamente con la posibilidad de aprehenderla.

Aunque Olmo, Fosman y Rizi no nos desvelen el rostro de Veitia, sí nos introducen en el marco donde transcurrieron los últimos años de su vida: la sociedad cortesana de Madrid y la disputada proximidad a la figura suprema del rey. Veitia participó en aquel juego donde el favor y la desgracia se sucedían con naturalidad, convocando el recuerdo ejemplarizante de figuras mitológicas como las de Ícaro o Faetón[3]. En este capítulo contemplaremos cómo Veitia voló hacia Carlos II con nuevas alas de cera y de qué manera estas se derritieron, propiciando su parcial hundimiento: la entrada en el Consejo por la secretaría de Nueva España, entre 1677 y 1682; el éxito como secretario del Despacho Universal y consejero de Indias, entre 1682 y 1685; y la resistencia final, manteniendo las plazas ganadas en el Consejo, la Cámara y la Junta de Guerra de Indias, entre 1685 y 1688, año de su muerte. Cuando se piensa en

---

2. Museo del Prado, P001126. Mínguez (2013: 51-53).

3. Quint (2004); Rabone (2017: 249-263). Recuérdese que la interpretación pictórica más importante de Ícaro y Faetón en la Sevilla del Siglo de Oro se encontraba en los frescos del techo realizados por Francisco Pacheco en la Casa de Pilatos, propiedad precisamente del duque de Medinaceli.

Veitia, se recuerda sobre todo al ministro de la Contratación. Sin embargo, no hay modo cabal de entender el personaje, su obra y su influencia posterior sin tener presente al Ícaro cortesano de sus años finales.

UN NUEVO ESPACIO: EL CONSEJO DE INDIAS

Las puertas de la corte se abrieron para Veitia por el lado del Consejo de Indias. Podría haber sido de otra manera, pero no cabe duda de que era la opción más lógica. De alguna manera, podía entenderse como el ascenso a través de una escala imaginaria del gobierno colonial, donde el Consejo de Indias ocupaba la instancia suprema y, por tanto, un espacio jerárquicamente superior a la Casa de la Contratación, en la que Veitia había trabajado durante los treinta años previos. Cuando se lee el *Norte*, no resulta demasiado obvia esta relación de subordinación. Ya hemos discutido sobre las posibles razones. No obstante, aquella prelación sí existía y Veitia la comprobó y experimentó durante todas sus décadas de servicio en Sevilla. Así que ir a Madrid significaba mejorar. Nada muy distinto a lo que siempre había intentado hacer. A pesar incluso de que en un primer momento debía empezar desde abajo y, a su edad, entrar como secretario, con unas responsabilidades sustantivamente inferiores a las que ejercía como juez oficial tesorero en la Casa.

La secretaría de la parte de Nueva España quedó vacante después de que Carlos II aceptara jubilar a su predecesor, Antonio de Rozas, preocupado por su «crecida edad y achaques»[4]. Antes de enviarlo a su casa, el monarca ya era consciente de quién lo sucedería y por qué: Veitia, «por la inteligencia con que [...] se halla en las cosas de Indias»[5]. La frase es fenomenal. Dirige nuestra atención hacia las virtudes que hacían de él alguien adecuado para un puesto en Madrid. No eran otras que el conocimiento adquirido en los asuntos relacionados con la política indiana; el que le había proporcionado su experiencia profesional, pero también el que había construido como investigador y escritor de su obra literaria. Un lustro después de su publicación, el *Norte de la*

---

4. AGI, IG, leg. 964; real cédula, Madrid, 14 de octubre de 1677. Ciertamente, parece apreciarse un trazo tembloroso en la escritura de la última documentación tramitada por Rozas: AGI, Santo Domingo, legs. 3-5, Guatemala, leg. 3; Guadalajara, leg. 2.

5. AGI, IG, leg. 639; decreto al conde de Medellín, San Lorenzo de El Escorial, 10 de octubre de 1677. La noticia fue inmediatamente transmitida al Consulado por su agente en la corte: AGI, Consulados, leg. 133; José Antonio Martínez al Consulado, Madrid, 12 de octubre de 1677.

Contratación y el memorial que había enviado a la corte, solicitando mayores reconocimientos, rendían sus frutos[6].

Los dos títulos que se le expidieron como secretario del Consejo y de la Cámara mantenían el mismo discurso. Hacía falta una «persona de las partes y suficiencia que se requiere», expresión tópica pero no necesariamente vacua. Veitia daba el perfil como nadie:

> Estas y otras buenas calidades concurren en la [persona] de vos, don José de Veitia Linaje, caballero de la misma orden de Santiago, atendiendo a la inteligencia con que os halláis en las cosas de las Indias y a la satisfacción con que me habéis servido en diferentes ocupaciones, últimamente en la de tesorero juez oficial de la Casa de la Contratación de Sevilla[7].

Este aprecio a las capacidades profesionales e intelectuales de Veitia no eran un efecto aislado de las primeras lecturas del *Norte* –profundamente admirativas, como veremos en el siguiente capítulo–. Hay un detalle en los títulos en el que conviene reparar. Los camaristas que los firmaban eran el conde de Medellín, Tomás de Valdés y Pedro Fernández del Campo. Sin desestimar la relevancia del tercero[8], los dos primeros ministros llaman nuestra atención. Medellín, presidente del Consejo desde 1672, había sido aquel dedicatario improvisado del *Norte*, justo después de la salida de Peñaranda de la presidencia; aquel a quien Veitia había llamado «excelentísimo señor» antes de resaltar sus vínculos con la memoria de Hernán Cortés[9]. El licenciado Valdés, como recordaremos, había censurado el libro. Cinco años antes había ponderado admirativamente la «inteligencia y acierto» de Veitia[10]. Cinco años después seguía pensando lo mismo. Probablemente, él y los demás ministros del Consejo lo valoraban con mayor convicción que entonces, después de haber trabajado con Veitia en el diálogo continuo que mantenían con la Casa de la Contratación.

La documentación solo menciona los méritos personales de Veitia. En ningún momento se hace referencia al pago de dinero a cambio del oficio,

---

6. Hemos tratado de este memorial en el capítulo anterior. Recuérdese que se localiza en AGI, IG, leg. 2013 y que está reproducido en el apéndice 3.3.

7. AGI, IG, leg. 964; títulos de secretario del Consejo y de la Cámara, Madrid, 9 de noviembre de 1677.

8. Que tituló como marqués de Mejorada, se convirtió en secretario del Despacho Universal y entró en el Consejo de Indias: Escudero (1976: I, 270); Schäfer (2003 [1935-1947]: I, 346).

9. Veitia (1672: II, 264).

10. Veitia (1672: s. p., «Censura del señor don Tomás de Valdés»).

a pesar de tratarse de una práctica tan generalizada en aquellos tiempos[11]. ¿Acaso se ocultó? Nunca puede descartarse del todo, pero en esta ocasión no parece la opción apropiada. Aunque la disimulación del beneficio se diera con mayor frecuencia en los documentos públicos, en los papeles internos de la administración rara vez se producía. Se hablaba a las claras incluso de las compras de consejerías[12]. Así que, ¿por qué tener mayor cuidado en el caso de una secretaría? Por otro lado, el momento se antoja poco propicio. Apenas tres meses antes de que se hiciera oficial el nombramiento de Veitia, Carlos II publicó el primero de los tres decretos de reforma del Consejo que firmó durante su reinado[13]. El célebre documento trataba de fosilizar la planta del tribunal y contener su expansión a fin de mejorar su eficiencia administrativa y económica. El espíritu de la ley, por tanto, no amparaba la concesión de plazas venales, sino todo lo contrario, como luego corroborarían las siguientes disposiciones reformistas.

En todo caso, el ascenso de Veitia permitió negociar con el oficio que dejaba libre en la Casa. Siempre causó menos escrúpulos negociar con los puestos de la Casa que con los del Consejo. Cuestión de jerarquía institucional, probablemente. En el mismo escrito en el que se anunciaba la elección de Veitia, Carlos II ya daba a entender que quedaban a su disposición, «vacos a mi provisión los oficios de juez oficial de la Casa de la Contratación de Sevilla y el de tesorero de ella que ejerce»[14]. Aquí estaba la oportunidad, que no tardó en aprovecharse. Rápidamente se supo que un viejo conocido, Andrés Rubio de Sotomayor, el antiguo oficial que ayudaba a Veitia en la tesorería, heredaría su plaza de juez oficial y se reservaba la futura de la tesorería[15], que hasta entonces recaía en José de Fuentes, ya en el ejercicio[16]. No cabe duda de que su esfuerzo de años bien lo merecía. No obstante, tuvo que abrir la bolsa y abonar 5000 doblones de plata, a cuenta de 50 000 pesos que el conde de Medellín tenía que reunir para financiar el frente catalán en la Guerra de Holanda

---

11. Andújar Castillo y Felices de la Fuente, coords. (2011); Sanz Tapia (2009).

12. Fue el caso de Francisco Antonio de Peralta, marqués de Íscar, que benefició su título de consejero sin que se oculte en ninguna de las fuentes internas: Díaz Blanco (2010).

13. AGI, IG, leg. 639; decreto al conde de Medellín, Madrid, 6 de julio de 1677.

14. AGI, IG, leg. 639; decreto al conde de Medellín, San Lorenzo de El Escorial, 10 de octubre de 1677. En el interior, carta de Rozas a Medellín pidiendo aclaraciones, en Madrid, 13 de octubre de 1677.

15. AGI, IG, leg. 639; decreto al conde de Medellín, Madrid, 15 de noviembre de 1677.

16. AGI, Contratación, leg. 5785, lib. 2, ff. 474r-475v; autos de recibimiento de José de Fuentes como tesorero, Sevilla, 26 de noviembre de 1677.

contra Luis XIV[17]. Todo hace indicar que Medellín fue el cerebro y principal artífice de aquella operación, que aceleró la jubilación de Rozas, propició la promoción por méritos de Veitia y liberó las plazas de la Casa con las que se mercadeó ante hombres a los que, como Rubio de Sotomayor, no les faltaban buenas hojas de servicio.

Veitia juró su cargo el 27 de noviembre[18]. No tardó demasiado en aprender lo básico del oficio y empezar a ejercer. Existen evidencias documentales sobre su actividad en la secretaría a partir de los días inmediatamente posteriores[19]. ¿En qué consistía su nuevo trabajo? Veitia ejerció como secretario de la Nueva España durante casi cinco años, desde finales de 1677 a mediados de 1682. ¿Qué responsabilidades le confirió el sonoro destino que entonces le cupo? Para satisfacer este interrogante, vendrá a propósito explicar –o recordar– qué era el Consejo de Indias, y precisar qué lugar ocupaba y qué papel desempeñaban en él los secretarios de gobernación. Ese puesto por el cual Veitia abandonó Sevilla y la Casa de la Contratación un día de noviembre de 1677, sin la menor tentación de compartir la suerte de la esposa de Lot.

*

Las históricas ordenanzas de 1571 habían otorgado al Consejo de Indias la «jurisdicción suprema» del gobierno colonial. Las ordenanzas de 1636 repitieron la rotunda sentencia, que finalmente llegó a la *Recopilación de Leyes de Indias* en 1680[20], en tiempos de Veitia –más adelante volveremos sobre la cuestión de la *Recopilación*–. El Consejo se contaba entre los elementos

---

17. En general, la Guerra de Holanda significó un estímulo fundamental para la venalidad practicada en el mundo indiano. La documentación sobre la comisión de Medellín es abundante, aunque dispersa. Entre las fuentes fundamentales cabría considerar, AGI, IG, legs. 639, 785 y 786.

18. AGI, IG, leg. 964; títulos de secretario del Consejo y de la Cámara, Madrid, 9 de noviembre de 1677. En todos los títulos, incluidos los de Veitia, se apuntaba la fecha del juramento junto a la del documento. La verdadera fecha de comienzo del ejercicio en cualquier cargo era esta segunda del juramento, no la original de la cédula. Veitia había llegado a Madrid algunos días antes: AGI, Consulados, leg. 133; Veitia al Consulado, Madrid, 23 de noviembre de 1677.

19. AGI, IG, leg. 1863; decreto al conde de Medellín, Madrid, 28 de noviembre de 1677 (el 29 y el 1 de diciembre se estudió en Junta de Guerra y en la Cámara con la rúbrica de Veitia en todas las sesiones). AGI, IG, leg. 1878; consulta de la Junta de Guerra, Madrid, 2 de diciembre de 1677 (y otras de diciembre). AGI, IG, leg. 785; consulta del Consejo, Madrid, 9 de diciembre de 1677. AGI, IG, leg. 1190; la Casa a Carlos II, Sevilla, 7 de diciembre de 1677, tramitada por Veitia ante el Consejo en 14 de diciembre. AGI, Santo Domingo, leg. 3, r. 1, n. 23; consulta de la Cámara, Madrid, 20 de diciembre de 1677, y leg. 4, n. 220; consulta del Consejo, Madrid, 14 de diciembre de 1677.

20. *Recopilación de Leyes de los Reinos de Indias*, lib. 2, tít. 2, ley 2: «Es nuestra merced y voluntad, que el dicho Consejo tenga la jurisdicion suprema de todas nuestras Indias Occidentales».

constituyentes del sistema polisinodial de los Austrias. Nacido en 1524 por escisión del Consejo de Castilla, era uno de los consejos territoriales más característicos y, sin duda, el que poseía la jurisdicción de más extensa geografía: todo el orbe indiano, desde Castilla hasta América, al virreinato de Perú y al virreinato de México, que además del solar centroamericano comprendía el archipiélago de las Filipinas[21]. La institución a la que Solórzano Pereira había dedicado su *Política indiana* se convertía en el nuevo hogar de Veitia. Podemos imaginar la emoción y el orgullo que sentiría.

El Consejo, pensado en términos generales, no debe pensarse como una institución monolítica[22]. Lo que también se llamaba, con un sentido más restrictivo, el Consejo, contaba con dos salas, las conocidas Sala de Gobierno y Sala de Justicia. Paralelamente, actuaban la Cámara de Indias, consolidada a partir de 1644[23], y la Contaduría, a las que podría unirse la Junta de Guerra de Indias, aunque teniendo presente que esta Junta era menos una parte del Consejo que un espacio de colaboración entre los consejos de Guerra e Indias, creado a fines del XVI y estabilizado desde principios del XVII por su enorme funcionalidad[24]. Estas unidades principales cubrían las dimensiones más relevantes de la actividad institucional del Consejo que, al igual que otros organismos de la Polisinodia, consistían en: 1) la fabricación de políticas para el ámbito indiano –Sala de Gobierno, para el gobierno generalista; Cámara, para las cuestiones de gracia; y Junta de Guerra, para asuntos militares–; 2) la impartición de justicia –Sala de Justicia–; y 3) auditoría de la Hacienda indiana –Contaduría–. En todos estos casos, el Consejo confirmaba su calidad de autoridad superior. Con un matiz en las competencias gubernativas, respecto a las que compartía su preeminencia con los virreyes, el Consejo era la instancia judicial máxima, a la que venían en apelación los litigios procedentes de las audiencias indianas, y también el agente inspector definitivo al que rendían cuentas las cajas y los tribunales de cuentas.

Una variopinta comunidad política se afanaba en las diferentes salas del Consejo. El presidente y los consejeros eran seguramente los actores más visibles. Los más antiguos, presentes desde la fundación, eran los consejeros

---

21. Es bueno reiterar la importancia y la vigencia actual del clásico de Schäfer, *El Consejo Real*. Pese a los años transcurridos, sigue siendo la única monografía general del Consejo en tiempos de la Casa de Austria con la que contamos. Sin embargo, para las décadas finales del siglo XVII, contamos ya con la tesis doctoral de Antón Infante (2019).

22. Gaudin (2017: 113-119).

23. Escudero López (2002).

24. Schäfer (2003 [1935-1947]: I, 173 y 204).

Gráfico 6.1. El Consejo de Indias. Organigrama básico
Fuente: elaboración propia

letrados, juristas educados en las facultades de Derecho de las mejores universidades de Castilla, Salamanca especialmente, y extraídos entre los miembros de los colegios mayores[25]. Más adelante, ya en el XVII, comenzaron a proliferar los consejeros de capa y espada, carentes de la formación técnica de sus compañeros, pero adornados de una condición nobiliaria que, para expresarnos con mayor propiedad, deberíamos escribir en plural –condiciones nobiliarias– a fin de reflejar su diversidad: desde hijos de los linajes más encumbrados, como el duque de Medinaceli, hasta medradores como nuestro Veitia. Todos los consejeros tenían asiento en la Sala de Gobierno, pero no todos lo tenían en la Sala de Justicia, la Cámara o la Junta. En el primer caso, como es lógico, solo los consejeros letrados podían entender en pleitos y dictar sentencia; ahí había un límite infranqueable para los consejeros de capa y espada. En cambio, en los otros dos no se trataba más que de disponer de un título adicional por parte del rey. Solo los consejeros que también tenían título de camaristas podían asistir a la Cámara y solo aquellos a los que el monarca habilitaba para participar en la Junta podían reunirse en ella con los consejeros de Guerra.

La Contaduría se nutría de un colectivo totalmente diferente. Los contadores de cuentas no tenían carrera universitaria como los consejeros letrados y, en términos generales, procedían de sectores sociales más humildes que los consejeros. Eran otros hombres y se dedicaban a otras cosas. A llevar cuentas y a revisar las que hacían los oficiales de la Real Hacienda en Indias, así como los tesoreros de la Casa de la Contratación, el Consulado y el propio Consejo de Indias. No aprendían la teoría del oficio en ninguna escuela. Aprendían a

---

25. Amadori y Díaz Blanco (2017).

partir de la experiencia práctica, algo que por otra parte era común a toda la estructura administrativa de la Hacienda indiana y, en general, de la Real Hacienda en el siglo XVII[26].

Más allá de estas secciones principales, el Consejo aglutinaba otros oficios que, nuevamente, eran gestionados por individuos diferentes a los consejeros. Además de diferentes subalternos, puede recordarse al menos a aquellos que tenían un cometido institucional de jerarquía media. De uno de ellos ya hemos hablado en páginas previas. Se trata del cronista de Indias, historiador oficial de la presencia española en América, que en decenios anteriores había sido responsabilidad de escritores de la talla de Gil González Dávila. En el reinado de Carlos II, aquella tradición literaria fue dignamente defendida por varias figuras, entre las que cabe recordar la de Antonio de Solís, autor de la interesante *Historia de la conquista de México* (1684)[27]. Otro oficio digno de tenerse presente era la tesorería, cuyo titular tenía a su cargo los ingresos y los gastos del Consejo –incluyendo la nómina de salarios de todos sus colegas–. Durante aquellos años, una dinastía monopolizó ese manejo de caudales, los González de Arce, padre e hijo, que prosperaron en medio de aquel caudal de plata cada vez más seco y agotado[28].

En última instancia, llegamos a los secretarios, garantes de los mecanismos burocráticos que hacían funcionar el Consejo. El de la Sala de Justicia era conocido como el escribano de Cámara y los papeles que generó o conservó dieron lugar a dos secciones del Archivo de Indias: Justicia y, precisamente en su recuerdo, Escribanía de Cámara[29]. Los que trabajaban con la Sala de Gobierno, la Cámara de Indias y la Junta de Guerra, es decir, con las unidades dedicadas al gobierno y la gracia, recibían la designación de secretarios de gobierno. Dada la inmensidad de su tarea, el trabajo se repartía entre dos secretarías de este tipo, la de la «parte» de Nueva España y la del Perú[30]. Un

---

26. Díaz Blanco (2018c).

27. Arocena (1963). La bibliografía reciente sobre Solís ha aumentado mucho. Se encuentra eficientemente recopilada y explicada en http://www.cervantesvirtual.com/portales/antonio_de_solis/, el portal sobre Antonio de Solís que coordina Judith Farré Vidal.

28. Schäfer (2003 [1935-1947]: I, 357).

29. Heredia Herrera (1992: 98).

30. *Recopilación de Leyes de los Reinos de Indias*, lib. 2, tít. 6, leyes 1 y 2. Los ámbitos de la secretaría de Nueva España, que recayó en Veitia, quedan claramente explicados como «las Provincias de Nueva España, [es decir,] Mexico, Guatemala, Filipinas, Nueva Galicia, y Isla Española, en que hay cinco Audiencias, con todo lo que se comprehende debaxo de la jurisdicion y distrito de ellas».

virreinato para cada secretario, creadores ambos de la sección Gobierno, el rubro documental más grandioso del Archivo de Indias[31].

* *

El Consejo, en tanto que institución de gobierno, era un espacio de fabricación de eso que Solórzano Pereira inmortalizó como la *Política indiana*. La producción de este bien inmaterial requería una materia prima esencial –la información– y unos instrumentos –la burocracia–[32]. El tratamiento de la información y su utilización para tomar decisiones dependía de los consejeros y, por supuesto, del rey. Pero la rapidez de movimiento de los papeles se encontraba en manos de los dos secretarios de gobierno.

En efecto, las decisiones de la política indiana recaían en la figura del monarca y en su Consejo de Indias. En la mayoría de los casos, tales decisiones no eran sino una reacción a problemas o estímulos procedentes de fuentes externas al Palacio Real o, en todo caso, otros consejos del sistema polisinodial[33]. Los ministros del sistema imperial – fueran del poder secular o del poder eclesiástico– y cualquier súbdito capaz de permitírselo planteaban cuestiones a la corte y allí se resolvían entre el Consejo y el despacho real. Muchas veces, estos actores se comunicaban de palabra, dejando poco o ningún rastro que nosotros podamos seguir[34]. Muchas otras, sin embargo, se relacionaban a través de la escritura. Esa parte, en modo alguno minoritaria, es la que hemos podido estudiar y comprender su estructura sistémica.

La información exterior llegaba al Alcázar a través de dos vías principales: las cartas y los memoriales[35]. Ambas tipologías documentales no estaban separadas por divergencias formales muy notorias. Sin embargo, su utilización connotaba varios contextos determinados que conviene tener presentes. Las cartas se escribían desde la lejanía, desde fuera de Madrid, y los memoriales se redactaban en la proximidad del rey, entregados directamente en palacio. Las cartas las firmaban los oficiales de la administración indiana o los ministros de la Iglesia, así como cualquier particular dentro o fuera de la Monarquía que deseara hacer saber o suplicar al rey. Los memoriales los escribían

---

31. Moranchel Pocaterra (2007).

32. Brendecke (2012).

33. Gaudin (2017: 87) habla de Madrid, en tal sentido, como «centro de la geografía de la súplica».

34. Algunas de estas prácticas se encontraban relativamente institucionalizadas, como la «consulta a boca». No obstante, estos casos solían estar regidos por la espontaneidad y la informalidad normativa.

35. Real Díaz (1991: 58-63).

personas que rondaban el Alcázar de los Austrias. Personas de cualquier condición que, una vez más, ansiaban elevar su voz ante el soberano o sus ministros y servidores más inmediatos.

En raras ocasiones, algunos de ellos lograban llevar su petición directamente hasta el despacho real o el primer ministro. Normalmente, sus informes, peticiones y arbitrios entraban en palacio por la puerta del Consejo. Muchos no iban a ningún sitio más. El Consejo, en aquel momento avanzado del proceso de burocratización de la Monarquía en la Edad Moderna, contaba ya con una amplia capacidad de decisión. Podía cribar, en primera instancia, qué papeles requerían ser atendidos y cuáles no merecían siquiera una respuesta. A continuación, estaba en posición de determinar qué asuntos podía resolver él mismo y cuáles exigían el concurso de su Majestad. Las materias cotidianas y mecánicas, de pequeña y mediana consideración, no tenían por qué ocupar el tiempo, escaso y precioso, del monarca; de hecho, jamás llegaban a él, a pesar de que las cartas y los memoriales estuvieran dirigidos a su persona. En tal tesitura, el Consejo *acordaba*. Y el acuerdo del Consejo, si bien no estaba adornado con la suprema dignidad de la resolución regia, era de obligado cumplimiento para el destinatario que lo recibía[36].

Otras veces, el Consejo entendía que la cuestión tenía que llegar al despacho real. Los asuntos de mayor trascendencia necesitaban la opinión y la firma de Carlos II. Cuando esto sucedía, cuando se acordaba consultar, el contenido de las cartas y los memoriales conectaba con toda una red de misivas y billetes que articulaba las comunicaciones internas de palacio. En ella destacaban dos especies documentales: las consultas y los decretos. En puridad, las consultas y los decretos podían considerarse cartas que ponían en contacto a un remitente y un destinatario; sin embargo, unas y otros se revestían de circunstancias y características que los hacían bastante especiales. Las consultas eran el instrumento de comunicación del Consejo con el despacho real y seguían unas pautas que explican la naturaleza y los equilibrios de la relación entre ambas instancias. En sentido inverso, los decretos constituían al medio a través del cual el despacho real se dirigía al Consejo y, desde luego, también en este caso sus formas textuales daban cuenta de quién era el rey y con cuánta autoridad podía expresarse.

La consulta es, tal vez, el tipo documental más emblemático del Consejo de Indias[37]. Nada mejor que la lectura de estos papeles para entender lo que los

---

36. Polo Martín (2018: 231): «Los distintos consejos solventaban por sí mismos, sin intervención del rey, abundantes negocios sometidos a su consideración».

37. Real Díaz (1991: 72-91); Polo Martín (2018).

consejos y las juntas podían hacer y lo que no cuando se dirigían directamente al rey. Ante el monarca, un consejo *aconsejaba*[38]. No decidía nada. Por esa razón, los principales escritos que elevaban a su señor solo servían para consultar. A través de la consulta, el Consejo se dirigía al monarca con la característica fórmula de «señor» (dirección); presentaba el elenco de ministros que se dirigía a él (nominilla); le informaba sobre cualquier asunto dado a conocer a través de las cartas, los memoriales o cualquier otra vía (expositivo); y le indicaban las soluciones que parecían más adecuadas, el famoso «parecer» (dispositivo). Antes de que la fecha y las rúbricas de los consejeros la cerraran, la consulta nunca dejaba de contener una frase donde la recomendación sugerida se declaraba inferior a la inminente resolución del rey. Llegados a este punto, solo la resolución del rey, escrita en los márgenes o en el sobrescrito, concluía el debate. El Consejo podía elevar una consulta posterior en caso de albergar reservas justificadas respecto a la decisión del monarca, pero nada más. Aquella palabra tenía un verdadero carácter de ley. Era un decreto, es decir, una orden.

Los decretos también eran cartas, la carta imperativa que el soberano escribía al Consejo. Decretos podían ser, como acabamos de ver, las resoluciones del rey a las consultas, que luego regresaban al Consejo para que este ejecutara la voluntad del monarca. Pero el decreto también tomaba la forma de un documento en sí mismo, que le llegaba al Consejo procedente del despacho real ordenando cualquier cosa. Por ejemplo, que se consultara algo sobre algún memorial que hubiera llegado allí antes que al Consejo. En tales casos, el decreto no respondía a la consulta, sino que la precedía y la impulsaba. Ordenaba formarla. Pues de eso de trataba: de dar órdenes. El Consejo, que mandaba sobre muchos, solo podía aconsejar al rey. El rey, en cambio, le daba órdenes al Consejo, igual que a cualquier otro. En consonancia con tal jerarquía, los decretos solían ser mucho más breves que las consultas. El rey no tenía que perderse en largas explicaciones ni detenerse en formulismos excesivos. Le bastaba con exponer su voluntad y exigir que se cumpliera.

La belleza *sui generis* de las consultas y los decretos, conservados en legajos que los investigadores del Archivo de Indias estudian profusamente, puede llevar a pensar que el modelo de gestión de la información que desarrollaban abundaba más que los demás en la corte. Aunque nunca se ha procedido a un análisis cuantitativo que corrobore cualquiera de las alternativas, parece adecuado defender que tal suposición sea incierta. Como mínimo, el

---

38. Moranchel Pocaterra (2010), que ofrece una síntesis bibliográfica sobre esta cuestión apasionante, a la que remitimos por mayor comodidad.

Consejo acordaba sobre tantos asuntos como los que elevaba a la consideración del rey, cuando no fueran más. O incluso muchos más. La vía acordada del Consejo tenía un peso cuantitativo equiparable a la vía consultiva y formaba parte esencial del gobierno cortesano cotidiano, lo que se hacía todos los días en el Alcázar. No calibrar su importancia equivale a sobrevalorar las consultas y los decretos y, a la postre, formarnos una idea equivocada respecto a cómo se construía la política indiana en Madrid.

La publicación de las decisiones daba cuenta de la variedad en los modelos de gestión. La graduación entre reales cédulas, reales provisiones y cartas acordadas revelaba cómo se habían fraguado las diferentes consignas que, desde palacio, se despachaban a todos los rincones del orbe indiano. Las primeras, encabezadas por el contundente lema «El Rey» y rematadas por el no menos rotundo «Yo el rey», ológrafo y rubricado además, poseían la máxima dignidad y presuponían la participación personal del rey[39]. Solo podían crearse en la corte. Las provisiones, en cambio, aunque hablaran en primera persona desde la posición del rey, podían deberse a él o no. Comenzaban con el nombre del monarca y su fatigosa retahíla de reinos y señoríos, pero eso no implicaba que fuera él necesariamente quien actuaba. Varios ministros en quienes estaba delegado algún fragmento de la soberanía real –un virrey, un gobernador, una audiencia– también podían publicarlas, desde dentro o desde fuera de Madrid[40]. Finalmente, la carta acordada no era sino el reflejo de los acuerdos del Consejo. En ellas, el monarca tenía poca o ninguna intervención.

En perspectiva, la creación cortesana de la política indiana consistía en un sistema de relaciones del rey y el Consejo entre sí y de ambos con actores externos de la corte y toda la Monarquía, a través de diversos instrumentos documentales (gráfico 6.2). Las combinaciones potenciales que tal sistema admitía eran prácticamente inagotables, igual que la conjugación de las siete notas de la escala diatónica permite crear un sinfín de melodías. No obstante, de la explicación anterior se colige que varias secuencias se repetían constantemente, por sí solas, con variantes o integradas en secuencias de mayor duración. Al menos, se detectan tres secuencias básicas –la vía acordada, la vía consultiva

---

39. Real Díaz (1991: 177-184).

40. Real Díaz (1991: 147-176). La obra plantea que la provisión «es el documento más solemne de los emanados de la autoridad soberana», lo que tiene pleno sentido desde una perspectiva formal. No obstante, aquí hemos optado por subrayar la superior jerarquía de la real cédula, desde la premisa de que solo podía emanar directamente de la figura del rey, circunstancia fundamental para el análisis político.

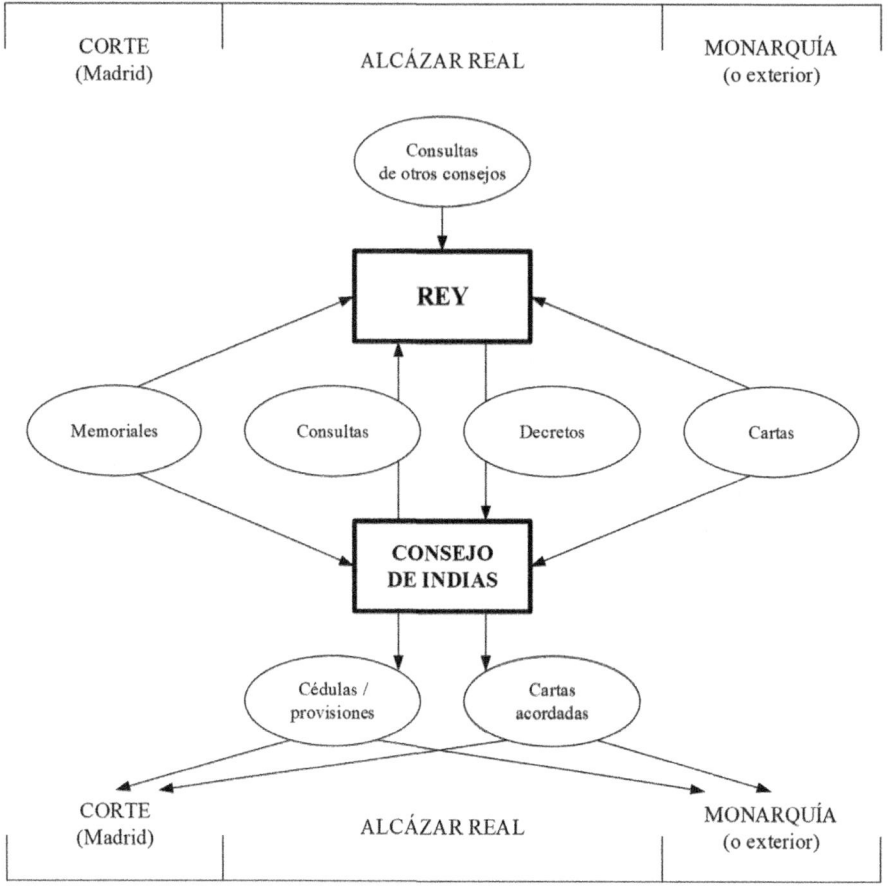

Gráfico 6.2. La creación cortesana de la política indiana. Modelo general
Fuente: elaboración propia

y la vía ejecutiva-consultiva–[41] cuya estructura procesual se explica a continuación en los diagramas del gráfico 6.3.

---

41. Esta nomenclatura no es original, sino una propuesta personal que, eso sí, se basa en elementos comunes del vocabulario institucional y político del siglo XVII. Polo Martín (2018) desarrolla una clasificación compatible a esta en el ámbito del Consejo de Castilla, si bien la terminología subraya la centralidad otorgada al procedimiento consultivo en este estudio: «las consultas iniciadas *a requerimiento del monarca*» y «las consultas iniciadas *de oficio por el Consejo*», previa aclaración de la capacidad del Consejo para resolver por sí mismo en muchos asuntos

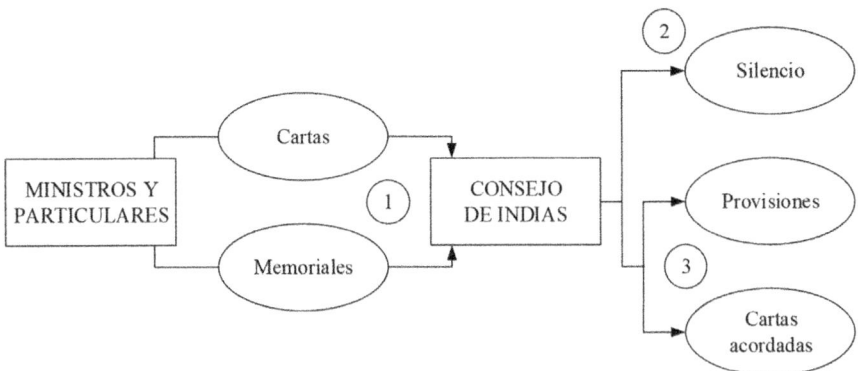

Gráfico 6.3a. La creación cortesana de la política indiana. Variables principales
a) Vía acordada
Secuencia: 1) ministros y particulares envían cartas y memoriales al Alcázar,
2) el Consejo acuerda no responder o, alternativamente, 3) responder a través de
provisiones o cartas acordadas.

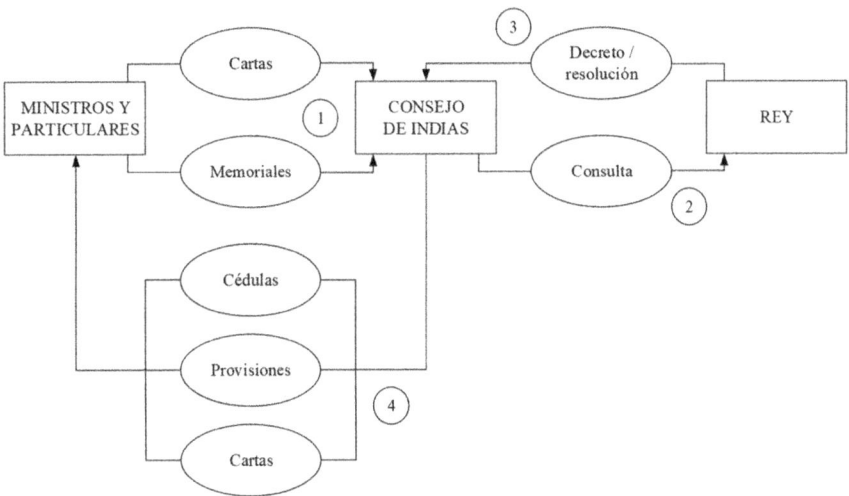

Gráfico 6.3b. La creación cortesana de la política indiana. Variables principales
b) Vía consultiva
Secuencia: 1) ministros y particulares envían cartas y memoriales al Alcázar,
2) el Consejo consulta al rey sobre su contenido, 3) el rey comunica al Consejo
su resolución, 4) el Consejo publica la resolución a través de cédulas, provisiones
o cartas.

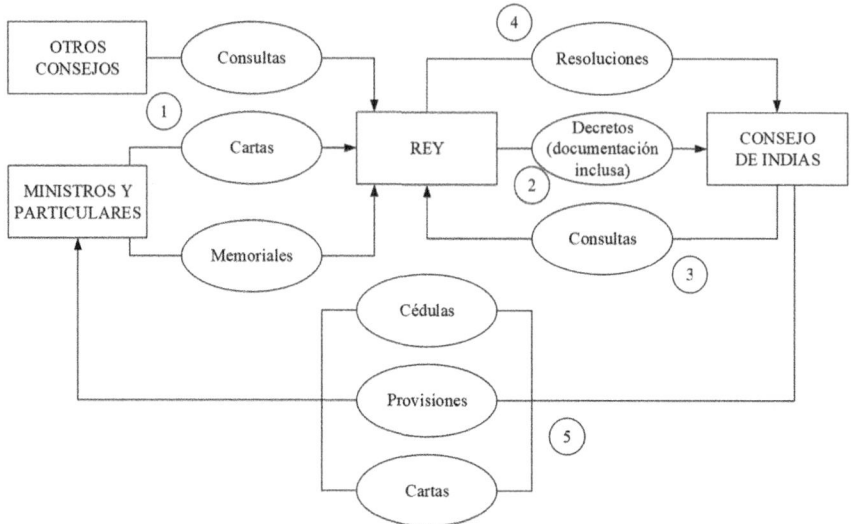

Gráfico 6.3c. La creación cortesana de la política indiana. Variables principales
c) Vía ejecutiva-consultiva
Secuencia: 1) el rey recibe cartas y memoriales de ministros y particulares o
consultas de otros consejos sobre materias en las que entiende el Consejo de Indias,
2) el rey, si lo cree conveniente, envía un decreto ordenando consultar, bien sobre lo
que dicen tales documentos (que reenvía «inclusos») o sobre algún asunto surgido
directamente en el despacho real, 3) el Consejo acata y consulta al rey, 4) el rey
comunica su resolución al Consejo, 5) el Consejo publica la resolución a través de
cédulas, provisiones o cartas.

ALGO MÁS QUE UN SECRETARIO

La máquina de la política indiana jamás se detenía y el combustible que la
movía era de papel escrito. Los secretarios del rey se encargaban de que siguiera siendo así y, entre ellos, los secretarios de gobierno se encargaban de
prácticamente todo. Exceptuando los movimientos burocráticos que se realizaban en el despacho real, responsabilidad del secretario del Despacho Universal –sobre el que después trataremos–, todos los demás recaían sobre su labor[42].
Partiendo de los flujos administrativos esquematizados en los cuadros 6.2

---

42. *Recopilación de Leyes de los Reinos de Indias*, lib. 2, tít.6, ley 1: «los quales [los secretarios]
hagan ydespachen por si, y sus Oficiales, todos los negocios tocantes y concernientes á nuestras Indias, Islas
y Tierrafirme del Mar Occeano, de qualquier calidad que sean».

y 6.3, resulta relativamente sencillo entender esta afirmación. Por tanto, volvamos a la pregunta que nos formulábamos unas cuantas páginas antes: ¿a qué se dedicó Veitia durante aquellos años en los que trabajó como secretario de Nueva España, entre 1677 y 1682? A lo siguiente[43]:

— Dar entrada a las cartas, memoriales y decretos en el procedimiento.
— Asistir a las reuniones del Consejo, la Cámara y la Junta de Guerra, y apuntar el contenido de los acuerdos.
— Efectuar de mediador y proveedor de información durante los procesos de deliberaciones.
— Preparar las consultas y publicar las resoluciones reales cuando volvían del despacho.
— Redactar las reales cédulas, provisiones y cartas acordadas.
— Archivar la documentación generada a través de estos procesos administrativos.

Estas responsabilidades y otras similares y relacionadas con ellas estaban contempladas en el segundo libro de la *Recopilación*, cuyo título sexto trata pormenorizadamente la figura de los secretarios de gobierno[44]. Con un poco de paciencia y atención, su ejecución efectiva también puede percibirse a través de los detalles de la documentación de Gobierno, que los secretarios gestionaron y moldearon, cuando no crearon *ex novo*[45].

El encargo de custodiar las cartas, los memoriales y los decretos, llevarlos a las sesiones del Consejo y registrar los acuerdos en torno a las cuestiones que planteaban se hace evidente sobre estos mismos documentos[46]. Casi en cualquier lugar, al dorso o en el sobrescrito normalmente, encontramos

---

43. Gaudin (2017: 120-121). Los secretarios aprendían el oficio practicándolo, pero también leyendo obras teóricas que estaban presentes en la biblioteca de Veitia: AHPSe, PNS, leg. 13082, f. 986r: Francisco Bermúdez de Pedraza, *El secretario del rey*, Madrid, Luis Sánchez, 1620; Gabriel Pérez del Barrio Angulo, *Secretario de señores*, Madrid, María de Quiñones, 1635.

44. *Recopilación de Leyes de los Reinos de Indias*, lib. 2, tít. 6, especialmente las leyes 5, 9, 10, 11, 13 y 15.

45. El rastro documental dejado por Veitia como secretario de la Nueva España es amplio y se encuentra diseminado por las subsecciones Indiferente General, México, Santo Domingo, Guadalajara, Guatemala y Filipinas. Para esta investigación, he analizado sistemáticamente los legajos de Indiferente General y, posteriormente, he realizado catas aleatorias en los legajos de las audiencias, donde se observan, como era de esperar, los mismos procedimientos de trabajo.

46. AGI, IG, legs. 640-642, 1190-1192, 1494-1495, 1863, 1878. Como se ha explicado en la nota anterior, los patrones observados en el Indiferente se han verificado sin novedades reseñables (entre muchas otras opciones) en AGI, México, legs. 15, 160, 277, 309, 310, 319, 345; Santo Domingo, leg. 8; Guatemala, leg. 5; Guadalajara, legs. 3-4.

unos apuntes muy modestos formalmente, pero que poseen una relevancia conceptual notable. Por una parte, se trata de la única manifestación escrita de los acuerdos del Consejo, que nunca se pasaban a limpio como tales, sino que generaban directamente una carta acordada (gráfico 6.3.a), una consulta (gráfico 6.3.b-c) o una búsqueda de informes internos, como ahora veremos. Por otro lado, nos ofrecen esas claves que buscamos sobre los secretarios. Los acuerdos, al ser frecuentemente ológrafos –en nuestro caso, de puño y letra de Veitia–, demuestran que las cartas y los memoriales estaban en sus manos y que se encontraban presentes en el Consejo mientras los consejeros deliberaban. Veitia, igual que Francisco Fernández de Madrigal[47], su compañero en la secretaría del Perú, asumía las cartas que llegaban de todo el virreinato de Nueva España y de la Carrera de Indias, así como los memoriales presentados en el Alcázar tocantes a su negociado; los llevaba y presentaba en las sesiones del Consejo, a las que asistía regularmente; y garabateaba sobre los mismos documentos las decisiones que tomaban los ministros del rey sobre los problemas de turno.

Así que no hay que dejarse engañar por la aparente insignificancia de esas anotaciones esquemáticas, casi siempre unos escuetos renglones o poco más, que pueden ignorarse fácilmente mientras nos detenemos en el tenor de la carta o memorial que haya llamado nuestra atención. Pese a su brevedad, nos indican en qué sección se estudió el documento –si en el Consejo, la Cámara o la Junta de Guerra– y en qué día exacto, y nos resumen con concisión, pero con claridad, la conclusión de los ministros. Sirva como ejemplo la figura 6.1, uno entre muchos otros. Se trata de una carta escrita desde Manila por el oidor Francisco Montemayor y Mansilla, informando sobre acontecimientos militares en las Indias Orientales[48]. Veitia presentó su contenido en una sesión de la Junta de Guerra de Indias que tuvo lugar el 6 de febrero de 1680 y sabemos por sus apuntes que los ministros decidieron presentar al rey aquellas noticias junto a las de otra carta de Montemayor. Puesto que el acuerdo preveía la redacción de una consulta[49], que confeccionaría su secretaría, Veitia anotó también los nombres de los consejeros reunidos aquel día.

---

47. Gaudin (2017: 65-75), sobre la familia Fernández de Madrigal, emparentada con los Díez de la Calle y sólidamente implantada en la burocracia del Consejo.

48. AGI, Filipinas, leg. 23, r. 17, n. 56; Francisco Montemayor a Carlos II, Manila, 18 de junio de 1678.

49. Evidentemente, la secuencia apunta hacia una vía consultiva para la resolución de aquel asunto: ver gráfico 6.3b.

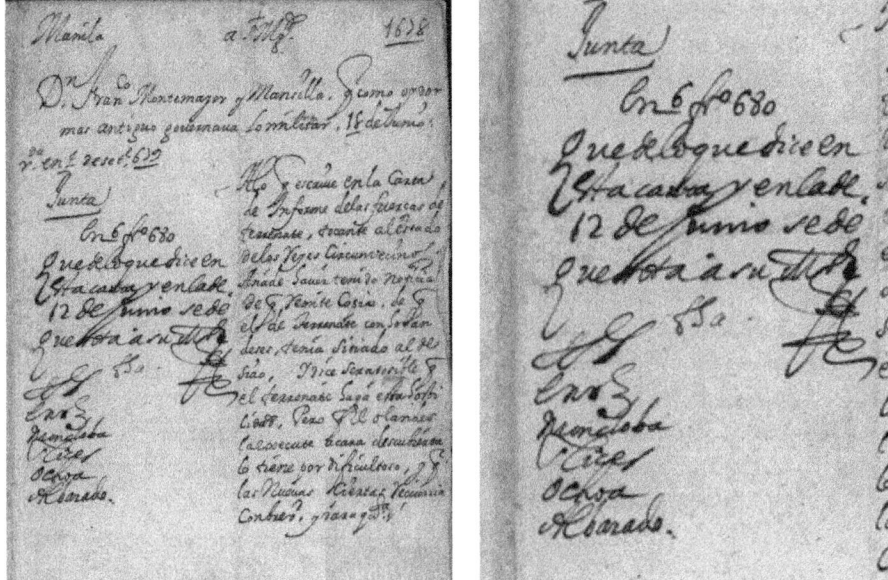

Figura 6.1. La tramitación de la documentación externa en la Secretaría de Nueva España. Fuente: PARES (http://pares.mcu.es/ParesBusquedas20/catalogo/show/421689)

Ocasionalmente, sin que fuera lo más común, pero tampoco algo inusual, los apuntes se alargaban porque el acuerdo requería información adicional. En esos momentos, los secretarios se responsabilizaban de suministrarla. Si los datos que se necesitaban se encontraban en el archivo de la secretaría, encargaban a sus oficiales que los buscaran entre los legajos y libros a su cargo[50]. Si no estaban ahí, o si se trataba de recabar la opinión de algún ministro, el secretario también se preocupaba de la gestión. Era bastante habitual que se solicitaran pareceres o comprobaciones al secretario de la secretaría del Perú, al fiscal del Consejo o a los contadores de la Contaduría. A Veitia le tocó realizar este tipo de gestiones muy a menudo[51]. De ahí que la correspondencia con

---

50. AGI, IG, leg. 640; decreto, Madrid, 16 de octubre de 1678 (con acuerdo: «Consejo, en 19 de octubre 1678, que en ambas secretarías se busque lo que hubiere acerca de don Diego Peñalosa y de su prisión en la Inquisición y se traiga»). AGI, IG, leg. 641; decreto de 28 de febrero de 1680 (con acuerdo: «Informe la secretaría»).

51. AGI, IG, leg. 641; decreto, Madrid, 7 de julio de 1680 (con acuerdo: «Con lo que hubiere al señor fiscal» / informe del fiscal / «Consejo en 18 de julio de 1680, como lo dice el sr. fiscal»); decreto, Madrid,

su homólogo Fernández de Madrigal, aunque no sea sistemática, se encuentre con relativa facilidad entre los legajos del Archivo de Indias[52]. Los fiscales y los contadores, por su parte, redactaban sus respuestas sobre los mismos sobrescritos y devolvían la carta o el memorial a Veitia, quien los presentaba de nuevo ante el Consejo para que, finalmente, resolviera. En efecto, un mismo documento podía contener varios acuerdos del Consejo.

Si el acuerdo derivaba en una consulta (cuadro 6.3.b-c)[53], entonces la secretaría tenía más trabajo. En efecto, la consulta –en su calidad material de objeto de papel– no era la creación de los consejeros de Indias. Esas maravillas que nos deleitan en el Archivo de Indias –pero que se hicieron para un rey, no para nosotros– fueron fabricadas por secretarios como Veitia y por sus infatigables oficiales. Ellos eran los que abrían los pliegos en blanco y se ponían a escribir siguiendo un esquema prefijado que conocían de memoria. El arte de hacer una consulta se demostraba, ante todo, en sus dos partes fundamentales, el expositivo y el dispositivo[54]. El primero, en su obligación de poner en antecedentes al monarca sobre el asunto que se discutía, tenía que reproducir fielmente y con brevedad lo que decían sobre él las cartas, memoriales y cualquier otra fuente de información que hubiera. Y el segundo, como explicación al rey de lo que el Consejo opinaba al respecto, debía reproducir y desarrollar el acuerdo formado entre los ministros. En última instancia, cuando la consulta ya estaba terminada, estos solo tenían que comprobar –si se detenían a hacerlo– que el parecer reflejaba con fidelidad lo que habían determinado y, sencillamente, firmar. Solo firmar con su rúbrica.

---

11 de julio de 1680 (acuerdo: «informe la Contaduría sobre el débito y justificación de la persona y tráigase para responder a su Majestad» / informe de la Contaduría / «Consejo en 24 de julio de 680 [nominilla] que se consulte a su Majestad que [...]»).

52. AGI, IG, leg. 640; Veitia a Fernández de Madrigal, Madrid, 3 de marzo de 1678. AGI, IG, leg. 787; Veitia a Fernández de Madrigal, Madrid, 29 de abril de 1680. AGI, IG, leg. 1495; Veitia a Fernández de Madrigal, Madrid, 15 de junio de 1680 (con respuesta al margen ese mismo día).

53. Algunos acuerdos solían ser algo más extensos y empezaban con expresiones como: «que se represente a su Majestad [...]», «se haga consulta a su Majestad refiriendo [...]» o «que se consulte a su Majestad [...]». Otros incurrían en la brevedad que siempre buscaba la Administración: «Que se consulte como lo pide».

54. La exigencia de una exactitud rigurosa en los contenidos puede comprobarse a través de detalles como el que encontramos en una consulta para la provisión de la plaza de fiscal en la Audiencia de Guadalajara, en la que la secretaría erró en el nombre de uno de los candidatos y Veitia escribió: «Publicada en 26 de septiembre con advertencia de que fue equivocación el poner D. José, que se llama don Pedro el catedrático de 1ª de Leyes de México»: AGI, Guadalajara, leg. 2; consulta de la Cámara, Madrid, 19 de septiembre de 1678.

Nuevamente, no escasean las huellas que delatan la autoría de Veitia y sus oficiales sobre las consultas. Aunque también aquí hay que fijar la mirada en cosas que pueden parecer insignificantes, principalmente en el sobrescrito, que daba cuenta de la sección del Consejo que consultaba, la fecha del acuerdo original, la del informe resultante y un resumen de su contenido. Veitia, tal como hacían habitualmente los secretarios de Carlos II, se acostumbró a rubricar tras el compendio, a registrar su nombre para diferenciarse de la secretaría del Perú y, una vez que el documento volvía del despacho real, a apuntar la fecha en la que se publicaba la resolución real (figura 6.2). Gracias a estos elementos pueden identificarse, sin el menor margen de error, qué consultas salieron de la secretaría de Veitia durante los cinco años de su ejercicio[55].

La publicación del acuerdo o la consulta en la forma de una real cédula, una real provisión o una carta también corría a cargo de Veitia y los suyos. Comencemos por cédulas y provisiones, los documentos de mayor jerarquía de todos cuantos se expedían en la Monarquía Hispánica. El rey habla en primera persona, como el Consejo en la consulta, y resulta impresionante aun para el lector de hoy –no digamos para el del siglo XVII–. Sin embargo, debe advertirse otra vez –y ya no debe sorprender en absoluto– que la fabricación material de la voz del soberano era obra de los secretarios, y que eso se percibe atendiendo a los detalles burocráticos complementarios al texto principal.

El peculiar arte de los secretarios era más necesario aquí que en las consultas, dado que las cédulas y las provisiones eran documentos públicos que circulaban fuera de palacio. La clave consistía, precisamente, en saber identificar y desarrollar la parte del expediente administrativo que convenía sacar a la luz. A veces, no hacía falta más que explicitar lo que su Majestad deseaba; otras, en cambio, se imponía detallar total o parcialmente el *iter* administrativo que había seguido la cuestión. La ficción administrativa convertía al lector en un interlocutor ideal del monarca, pero la impresión duraba hasta que, al final, más abajo del «yo el rey», el secretario escribía «por mandado de su Majestad» y añadía su propio nombre[56]. Veitia firmó por mandado de Carlos II una elevada cantidad de cédulas y provisiones[57]. Muchos hombres en

---

55. AGI, Filipinas, leg. 3, n. 125; consulta del Consejo de Indias, Madrid, 1 de julio de 1681.

56. En las provisiones menudea otra fórmula: «Yo [...] secretario del rey, nuestro señor, la hice escribir por su mandado [rúbrica]».

57. Los cedularios se encuentran ya digitalizados en su gran mayoría, por lo que es fácil comprobar la actividad de Veitia sobre estas copias de registro: AGI, Guatemala, legs. 388 y 397; México, legs. 1072-1073; Guadalajara, leg. 231. Lógicamente, en los libros de registro la estética impresionante de los ejemplares que se difundían externamente queda muy mermada.

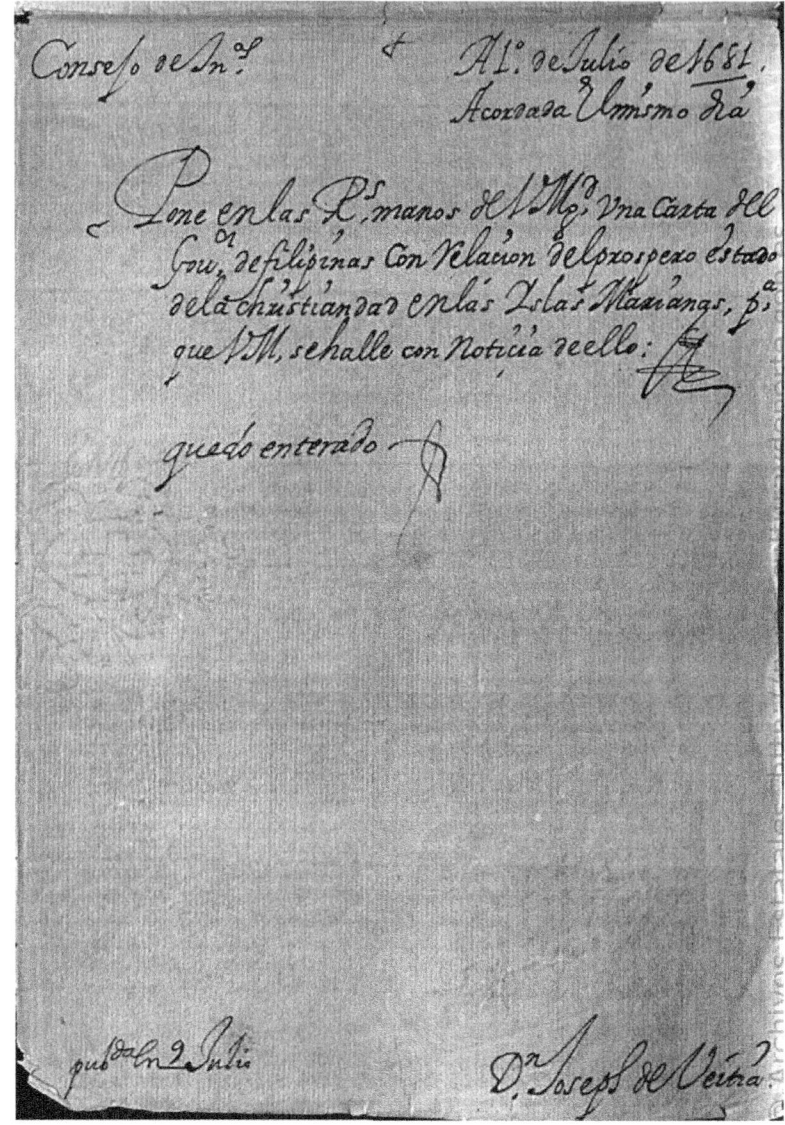

Figura 6.2. Tramitación de las consultas en la Secretaría de Nueva España
Fuente: PARES (http://pares.mcu.es/ParesBusquedas20/catalogo/
show/2596778)[58]

---

58. AGI, IG, legs. 785-788 y 1 878. Puede observarse lo mismo en AGI, Santo Domingo, legs. 3-5, Guatemala, legs. 3-4; México, legs. 7-8; Guadalajara, leg. 2; Filipinas, leg. 3.

México, Castilla o cualquier rincón del mundo hispánico tuvieron la sensación de que el soberano se dirigía directamente a ellos, supuesto jurídicamente cierto, aunque en realidad no hacían sino leer una creación literaria del autor del *Norte de la Contratación*. Pocos honores más singulares cabían a un servidor del rey en el siglo XVII que entonar la voz de su señor. Veitia, entre otros, lo disfrutó[59].

Cédulas y provisiones eran la forma más eminente de comunicar al exterior las decisiones que se tomaban en el Alcázar, pero no la única. En contextos menos formales, podía prescindirse de los preciosismos de estos documentos más elevados y, sencillamente, escribir una carta. La carta podía aludir a algún deseo del rey o del Consejo. Pero, una vez más, su creación material era obra de Veitia, aquí sin ningún disimulo, pues él la firmaba directamente[60]. Una de las instancias que más cartas suyas recibió fue precisamente la Casa de la Contratación. Resulta curioso percibir cómo Veitia había cambiado su posición. Pocas veces puede comprobarse mejor que aquí. Hasta 1677, él y los demás jueces oficiales habían rubricado las cartas de la Casa al Consejo; después de 1677, él redactó las cartas del Consejo a la Casa[61]. La abundancia de ejemplares no debe sorprender. La conexión entre las dos grandes instituciones indianas era tan profunda que la comunicación epistolar fluía a enorme velocidad. Siempre fue así, antes y después del secretariado de Veitia. Por esa razón, los legajos de correspondencia recibida de Madrid en el archivo de la Contratación son una de las mejores opciones para admirar –además de cédulas y provisiones– las cartas firmadas por Veitia como secretario de la Nueva España[62].

---

59. El acto jurídico se llamaba refrendo y no es del todo infrecuente encontrar referencias a cédulas o provisiones en virtud del secretario que las había refrendado. La aclaración del dato permitía la localización archivística del documento, pero no dejaba de ser un signo de reconocimiento al secretario en cuestión. Así, en un memorial que presentó en 1682, Tomás de Valdés hablaba de una «cédula de 6 de junio de 1680 refrendada de D. José de Veitia Linaje»: AGI, México, leg. 277.

60. Estas cartas acordadas no iban firmadas ni rubricadas siquiera por los ministros que habían participado en el acuerdo, como sí ocurría en otras instituciones como la Casa de la Contratación: Fernández López (2018: 276-280). Sencillamente, el origen del acuerdo se hacía explícito en el tenor del texto preparado en la secretaría, bien al comienzo («El Consejo *ha acordado* que […]») o, inmediatamente después del expositivo, abriendo el dispositivo («Habiéndose visto en el Consejo, *ha acordado* diga a v.s. y esos ss. que […]»).

61. El momento de este cambio se encuentra exactamente en AGI, IG, leg. 1 190, que contiene el año 1677. Al principio del legajo, en las primeras cartas del año, Veitia se encuentra entre los firmantes de la correspondencia que la Casa enviaba desde Sevilla. Al final, cuando la documentación se corresponde con los últimos meses, Veitia aparece en los sobrescritos como el secretario que recibía esas mismas cartas en Madrid.

62. AGI, Contratación, legs. 5 049-5 052. En el sentido contrario, las cartas de la Casa –incluyendo las particulares de Juan Jiménez de Montalvo, presidente a la sazón– hacían abundantes referencias a las cartas de Veitia, declarando que las respondían: AGI, IG, legs. 1 190-1 192. Por ejemplo, en la carta del 23 de

La última labor que correspondía a un secretario como él, después de haber participado activamente en los procesos de movilización interna y publicación exterior de la documentación, era el archivo[63]. Archivar bien los papeles era fundamental para la burocratizada monarquía del siglo XVII. Pocas personas lo sabían mejor que el propio Veitia. No solo porque le permitía encontrar la información que necesitaba cuando la tramitación de algún asunto lo demandaba, que era la utilidad más común del archivo. También porque era la clave para construir investigaciones literarias como la que él mismo había trazado en la Casa de la Contratación. Tales investigaciones eran escasas en la Edad Moderna, pero tras la conversión en archivo público del Archivo de Indias se han hecho masivas. Durante décadas los investigadores del Archivo han buceado por los fondos insondables de la sección Gobierno. Pueden hacerlo, precisamente, por el cuidado demostrado por una larga nómina de secretarios de gobierno a la hora de conservar la delicada documentación que se les había confiado. Un volumen nada despreciable de legajos y libros de las subsecciones México, Guatemala, Santo Domingo, Guadalajara, Filipinas e Indiferente General lo debemos a la seriedad que, entre ellos, demostró Veitia[64]. Durante aquellos cinco años, entre 1677 y 1682, Veitia preparó un fragmento de la documentación que ahora estudiamos en el Archivo y que, entre otros posibles usos, nos sirve ahora para conocerle a él mismo. ¿No es justo?

* *

En fin, la actividad en la secretaría de Nueva España no se detenía nunca. La carga de trabajo era agotadora. Y las pilas de papeles, interminables. Demasiado para una sola persona, evidentemente. Pero Veitia no trabajaba solo. Unas secretarías como las del Consejo no eran instituciones unipersonales, sino un equipo de profesionales dirigido por el secretario. Detrás de Veitia, había otros colegas, jerárquicamente relacionados entre sí: un oficial mayor, dos oficiales segundos, dos oficiales terceros y varios oficiales entretenidos[65].

---

diciembre de 1678: «En carta que de orden del Consejo nos escribió el secretario don José de Veitia Linaje en 13 de éste nos dice […]».

63. *Recopilación de Leyes de los Reinos de Indias*, I, lib. 2, tít. 6, leyes 40-52. Las disposiciones hacían referencia tanto a los papeles que los secretarios tenían en Madrid como a aquellos susceptibles de enviarse a Simancas.

64. Heredia Herrera (1992: 95-98).

65. Gaudin (2017: 78-81 y 121-138) para la Secretaría de Nueva España en general, y para la figura del oficial. Los oficiales constituyen uno de los aspectos centrales en la obra de Gaudin, con especial

Este cuerpo de oficiales se debía al secretario, dado que era él quien proponía al rey su nombramiento[66]. Pero, por otro lado, los secretarios solían respetar a los profesionales que ya trabajaban en la oficina y promocionarlos. Veitia, al menos, lo hizo así. De tal modo, el juego de fidelidades profesionales convivía con un modelo continuista que contribuía a evitar que los –frecuentes– cambios en la dirección de las secretarías no afectasen a su buen funcionamiento. Detrás del secretario, había un equipo de expertos que sabían a la perfección lo que tenían que hacer[67].

En cuanto la plantilla disminuía, a causa de la movilidad de personal de la vida cortesana, la carga de trabajo se hacía insoportable, como advertía Veitia a fines de 1681. Según explicó entonces, en los cuatro años que llevaba sirviendo el oficio, se habían consumido tres entretenimientos supernumerarios, el oficial segundo no ejercía por los achaques de una edad avanzada y dos oficiales terceros se encontraban ausentes con licencia para servir en otros puestos. Ante el regreso de la flota de Nueva España, que había arribado con «gran copia de cartas, papeles y despachos», pidió que al menos se le concediera el nombramiento de un oficial entretenido, «para poder dar prontamente curso a los muchos despachos que se expiden»[68].

El oficio estaba muy bien remunerado, aunque debemos cuidarnos de no sobrestimar los beneficios de quienes trabajaban en la Administración. Con frecuencia, detrás de las grandes fachadas no había tanto como pudiera suponerse. El cálculo no resulta sencillo, porque las ganancias de Veitia, al igual que las de sus compañeros, eran el resultado de combinar sus rentas salariales con una enrevesada colección de complementos. La sensación de

---

atención a Juan Díez de la Calle, que fue uno de ellos. Para su comprensión, utiliza el concepto de «infra-letrados», que toma de Jean-Marc Pélorson. Martínez Robles (1987).

66. AGI, IG, leg. 964. Entre los fieles de Veitia, ninguno parece más efusivo en sus declaraciones que Gaspar de Pinedo quien, al tramitar una merced para Juan José de Veitia, no olvidó resaltar que él ejecutó la resolución real y que era «criado del sr. don José de Veitia»: AGI, México, leg. 15; decreto a Gonzaga, Madrid, 7 de junio de 1683. Tras la muerte de Veitia, ayudó a la viuda Tomasa Josefa de Murillo a retirar los últimos cobros abonados a Veitia por su trabajo en el Consejo: AGI, Contaduría, leg. 150.

67. Hay varias maneras de reconstruir la nómina y las dimensiones de la secretaría de Nueva España, aunque siempre con la limitación del continuo cambio de sus integrantes. Una muy efectiva es el análisis de las nóminas del Consejo de Indias, entre las cuales véase por ejemplo AGI, Contaduría, leg. 139, n. 1, ramo 8; «Cargo y data a los administradores de la Tesorería del Consejo del fondo tocante a la ayuda de costa de los oficiales de la Secretaría de Nueva España», 1681-1684.

68. AGI, IG, leg. 788; memorial de Veitia, Madrid, noviembre-diciembre de 1681. El memorial fue consultado por la Cámara con fecha 3 de diciembre y, como era de esperar, logró una resolución positiva. Carlos II aprobó que se nombrara un oficial entretenido con salario anual de 150 ducados de plata, para el que Veitia designó a un tal Francisco de Leiva.

complicación se ve ampliada por la circunstancia de los frecuentes retrasos e irregularidades en el cobro, irritablemente común en aquella época. Antes que nosotros, lectores del siglo XXI, Veitia ya se sintió perplejo por no saber siquiera con qué entradas podía contar en su cuenta personal, mientras se le concedían ayudas de costa que las suplieran provisionalmente[69]. Su confusión llegó al extremo de verse obligado alguna vez a elevar memoriales para solicitar una aclaración sobre cuestiones como cuánto le correspondía por los gajes de la Cámara y la Junta de Guerra. ¿De cuánto se trataba exactamente?[70]

La consulta, probablemente, tenía poco de casual. Su fecha, en la primavera de 1679, coincide con los primeros pagos efectivos que Veitia recibió en Madrid. Realmente tardíos. Llegado a la corte en 1677, las cuentas de 1678 le reconocían el derecho a percibir sumas que no se hicieron efectivas hasta ejercicios sucesivos[71]. Veitia no empezó a ingresar dinero de manera significativa hasta finales de aquel año o, más bien, en 1679[72]. El ingreso individual más voluminoso residía en el salario, complementado por el pago de casas de aposento; sin embargo, cuando Veitia llegó a Madrid, la periodicidad de sus libranzas se hallaba muy deteriorada. La circunstancia era consecuencia del agotamiento hacendístico del Consejo, que no se explica solo como un reflejo de los apuros generales de la Real Hacienda, sino de manera más particular como efecto de la fuerte degradación de las remesas de Indias, su fuente de financiación. De tal modo, el salario se pagaba cuando se podía si se podía; normalmente, cuando una flota llegaba de las Indias con alguna remesa destinada al Consejo y se prorrateaba por *repartimiento* lo que proporcionalmente correspondía a cada uno. Durante el tiempo en el que sirvió como secretario, cuatro años y cuatro meses, Veitia solo se

---

69. AGI, Contaduría, leg. 136, 2ª recepta, data de 1678, pliego 4.

70. AGI, IG, leg. 1494; memorial de Veitia, Madrid, abril de 1679. La petición se estudió en el Consejo el 10 de abril y se acordó remitir el caso a la Contaduría, cuyas recomendaciones, firmadas por Lope Gaspar de Figueroa y Andrés de Peñaranda, fueron aprobadas una semana después.

71. AGI, Contaduría, legs. 133 y 136. Veitia aparece ya en las nóminas del Consejo; sin embargo, las anotaciones marginales sobre las cuentas (no sobre las receptas) constatan que las cantidades especificadas quedaron «satisfechas en la siguiente cuenta». La información de AGI, Contaduría, leg. 132 se corresponde con el año 1677, pero a momentos anteriores a la llegada de Veitia desde Sevilla.

72. Esos ingresos regulares le permitieron pedir a crédito para allegar cantidades de las que, ocasionalmente, seguía sin tener disponibilidad: AHPM, Madrid, leg. 10702, ff. 519-520; obligación de José de Veitia, Madrid, 2 de septiembre de 1681. Veitia recibió 3500 ducados de vellón, que se comprometió a devolver en dos meses a partir de que le fueran demandados. Es probable que solicitara el préstamo pensando en las operaciones inmobiliarias que Veitia se disponía a acometer.

benefició de dos repartimientos, uno efectuado en 1679 tras la coincidencia de varios convoyes y otro a fines de 1681. Sin embargo, la espera merecía la pena, en tanto que ambos le proporcionaron una ganancia mínima cercana a los 6150 pesos.

El Consejo de Indias también abonaba a los que tenía en nómina una variada gama de propinas, dulces o aguinaldos en las pascuas de Resurrección, Espíritu Santo y Navidad, en las fiestas de san Isidro, san Juan y santa Ana o en acontecimientos de renombre como fueron entonces la llegada de María de Luisa de Orleans y su boda con Carlos II, la recuperación de Mesina o la victoria de los ejércitos imperiales ante el Turco en Viena. Estas figuras se financiaban a partir de bolsas como los gastos de estrados o los efectos beneficiables y las penas de la Cámara, procedentes de diferentes orígenes, de manera que su cobro era bastante más regular que los salarios. Sin embargo, tenían la frecuente desventaja de ser ingresos finalistas con un uso comprometido de antemano, por lo que el perceptor no podía disponer libremente de ellos. Cada entrada, individualmente, montaba un escaso volumen. En el fondo, eran complementos de un salario que crecía poco o nada en relación al encarecimiento de la vida en el Madrid cortesano. Sin embargo, se amontonaban tantos pequeños pagos a lo largo del tiempo que la adición de todos ellos producía un resultado final superior incluso al propio salario. La cifra rondaba, nada menos, los 10 500 pesos.

Si el salario y los gajes se contabilizan juntos, resulta que Veitia ingresó en calidad de secretario de la Nueva España, como mínimo, 4 507 019 maravedíes, que hacen algo más de 16 500 pesos, todos cobrados en plata. Sin alcanzar un nivel exorbitante, se trataba de una cifra realmente importante, fuera del alcance de cualquier trabajador medio del momento. Y debe insistirse en su carácter de ponderación mínima, no ya solo por la complejidad técnica de las cuentas de la tesorería, que bien podrían camuflar otras eventuales entradas, sino también porque no puede garantizarse que Veitia no dispusiera de otras retribuciones fuera de las contempladas por el Consejo, ya fueran legales o –por qué no– extraoficiales. Más bien, entraría dentro de lo prudente esperar lo contrario. En todo caso, la precisión rigurosa del cómputo presenta menos trascendencia que la sencilla constatación de que Veitia obtuvo un lucro acorde a la dignidad de todo un secretario del rey católico, aunque no dejaran de afectarle las turbulencias económicas y hacendísticas de aquel tiempo.

Cuadro 6.1. Ingresos salarios y complementos de José de Veitia (1677-1682)

Salarios y casas de aposento (mrs)	
1679 (Azogues de Gabriel de Curucelaegui, Galeones de Enrique Enríquez y flota de Diego de Córdoba Lasso de la Vega)	911 622
Diciembre 1681	758 489
Total	1 670 111
Complementos varios (mrs)	
Efectos beneficiales de la Cámara	1 902 856
Gastos de estrados	750 048
Penas de Cámara	99 333
Mesadas	84 671
Total	2 836 908
Ingresos totales (mrs)	
Salarios + complementos	4 507 019

Fuente: AGI, Contaduría, legs. 134, 137 y 139. Todas las cantidades en maravedíes

Evidentemente, otra recompensa era la formidable reputación y el poder nada desdeñable que el cargo confería. Muchos no iban a la corte a ganar dinero, sino reputación. La que Veitia conquistó puede contemplarse en un intercambio epistolar entre Carlos II y el general de la Compañía de Jesús. El superior jesuita era entonces el P. Gian Paolo Oliva, que recibió en Roma un despacho de su Majestad enviado por Veitia. La comunicación de Madrid no existe ya, a no ser que se guarde en el *Archivum Romanum Societatis Iesu*[73]. Sin embargo, la respuesta de Oliva sí ha llegado a la actualidad, con la interesante peculiaridad de que la carta escrita al monarca venía acompañada de otra dirigida específicamente a Veitia. Los generales de la Compañía se acostumbraron a proteger los intereses de su orden estableciendo buenas relaciones

---

73. Lo que *a priori* no parece probable, habida cuenta del empeoramiento progresivo en las condiciones de conservación de la documentación del siglo XVII en el ARSI, que no se percibe en algunas fuentes como los catálogos trienales, pero que sí es bastante notoria en las series de *Lettere in arrivo* de secciones como la *Provincia Toletana* o *Assistentia Hispaniae*.

con los cortesanos más poderosos[74]. A lo que parece, Oliva consideraba que uno de ellos era aquel secretario de gobernación de la Nueva España, por lo que no perdió la oportunidad de presentarle –de recordarle, según decía– su «ánimo agradecido y pronto a su servicio, cuyas ocasiones me serán de muy singular estimación»[75].

* * *

En todo caso, por prestigioso que fuera el secretariado, Veitia no tardó en dar muestras de que tenía hechuras para algo más. Oliva tal vez lo sabía cuando le escribía tan obsequiosamente. De hecho, Veitia había llegado a Madrid con la fama que le había proporcionado el *Norte de la Contratación*, es decir, con la reputación de ser uno de los mejores conocedores de los asuntos de las Indias, lo que no era decir poco en aquella Monarquía de Carlos II, que luchaba por resistir como potencia en el concierto europeo de la segunda mitad del siglo XVII, cuando la Francia de Luis XIV dominaba los escenarios de guerra y Holanda e Inglaterra pugnaban por la supremacía de los mares. Un burócrata era bien estimado. Pero un sabio lo era aun más.

Un ejemplo casual de la buena consideración que Veitia disfrutaba se detecta en un proceso de reflexión surgido en torno a los compradores de oro y plata[76]. Estos compradores eran hombres de negocios que operaban con el alma misma de la Sevilla del Siglo de Oro, el oro y la plata de América. Los compraban en pasta y trataban de sacar beneficio de su acuñación en las casas de moneda. Sin embargo, el año de 1678, nefasto para los compradores, saltó la voz de alarma al difundirse que algunos de ellos, en vez de acuñar el ensayado en España, optaban por venderlo a agentes extranjeros. Desde luego, era más sencillo y, probablemente, le sacarían márgenes de beneficio mejores. Pero se trataba de una práctica ilegal e incluso podía considerarse una falta grave en una época marcada por el pensamiento mercantilista. Pocas personas se sorprenderían menos que Veitia por saber que los compradores caían en aquella tentación. Él ya había escrito en el *Norte* que aquella actividad

---

74. Lozano Navarro (2005).

75. AGI, Filipinas, leg. 305, r. 1, n. 5; Oliva a Carlos II y Veitia, Roma, 25 de mayo de 1680.

76. Entre otros casos susceptibles de traerse a colación, como el interesante informe sobre el ajuste de la plata ensayada en Indias, fechado en 26 de abril de 1680, todo un alarde de conocimientos técnicos y literarios en el que cita directamente la autoridad del *Gazofilacio* de Escalona (lib. 2, f. 129): AGI, Lima, leg. 286.

«no puede tener quenta cierta»[77], avisando de los limitados beneficios potenciales que ofrecían las operaciones en el mercado de metales preciosos, las abundantes quiebras de compradores que habían tenido lugar durante los decenios anteriores y, al no ser sustituidos por otros, la progresiva desaparición de aquellos negociantes.

Todo ello era materia del capítulo XXXIII del libro primero del *Norte de la Contratación*. Probablemente, el capítulo más técnico y complejo del tratado; una obra maestra que todavía mantiene vigencia como fuente de información y que no fue igualada en más de doscientos años por ninguna investigación histórica hasta fines del siglo XX[78]. Por supuesto, el conocimiento generado por Veitia admiraba tanto a un lector del siglo XVII como a otro de nuestro tiempo. De tal modo, no es de extrañar que los consejeros de Indias, lectores contemporáneos del *Norte*, pensaran en él para valorar la supuesta actividad ilícita en la que estarían incurriendo los compradores. Así, cuando el decreto real sobre la materia se debatió en la Sala de Gobierno, el parecer de los ministros no fue otro que pedir opinión a Bernabé Ochoa de Chinchetru y a Veitia, además de al fiscal[79]. Tras la evaluación de los expertos, casi un mes después, el Consejo estuvo en condiciones de consultar al rey la conveniencia de punir aquella práctica con 2000 ducados de plata la primera vez y hasta con «pena de la vida» en ocasiones sucesivas[80].

La fama de *connoisseur* en materia de Indias abrió a Veitia puertas que rara vez lograba franquear un secretario. Por ejemplo, las de la Junta de Comercio, uno de los espacios institucionales que terminaron confluyendo en la célebre Junta de Comercio, Moneda y Minas[81]. Tras el nombre descansa una de las referencias seminales en la historia del Mercantilismo español, nacida para revivificar la economía española potenciando su productividad y sus estructuras comerciales. Aunque fuera de manera fugaz, Veitia se convirtió en uno de sus pioneros. Según la narración clásica de Eugenio Larruga, ante el retraso hispánico frente a la pujanza de sus rivales europeos, la Monarquía intentó

---

77. Veitia (1672: I, 251).

78. Especialmente por los estudios señeros de Donoso Anes (1992: 115 y 118), donde se refiere a Veitia como «autor de obligada consulta al tratar el tema de los compradores de oro y plata y al que han acudido la mayoría de los investigadores que se pueden citar sobre este particular», y resalta el pasaje del *Norte* citado en la nota anterior.

79. AGI, IG, leg. 640; resolución del Consejo, Madrid, 5 de septiembre de 1678 (en el sobrescrito del decreto de 2 de septiembre).

80. AGI, IG, leg. 640; resolución del Consejo, Madrid, 26 de septiembre de 1678 (en el sobrescrito del decreto de 2 de septiembre).

81. Molas Ribalta (1978); Garzón Pareja (1980).

restablecer el comercio y fábricas por medio de un tribunal destinado a este asunto. Para ello mandó formar esta junta por un real decreto de 29 de enero de 1679, nombrando por ministros de ella a don Lope de los Ríos, don Carlos de Herrera Ramírez de Arellano, don Francisco Centani y don José de Veitia, a quienes mandó que, señalándose día fijo cada semana y llamando y oyendo siempre que se tuviere por conveniente a las personas inteligentes, se confiriese y tratase todo cuanto se juzgase en ella útil para hacer fabricantes e industriosos estos reinos, con la condición de haber de dar cuenta a la majestad de todo lo que se ofreciere en el asunto[82].

Larruga se refería específicamente a la primera Junta de Comercio, bastante anterior al momento en el que entroncó con la Junta de Moneda, ya en el siglo XVIII[83]. Esta Junta de Comercio atravesó una existencia muy intermitente, como era habitual en este tipo de organismos, y se disolvió en breve plazo, por abril de 1680[84]. Poco tiempo después resurgió, pero cuando eso ocurrió, en 1682, Veitia ya no la integraba[85]. Su participación, por tanto, discurrió con brevedad, pero tal circunstancia no desluce el mérito notable de ser llamado a sumarse a una instancia tan elevada y minoritaria, al lado de figuras descollantes como Carlos Ramírez de Arellano o Francisco Centani[86]. ¿Quién mejor había en la corte para hablar de comercio que el autor del *Norte de la Contratación*?

También vemos mezclado el nombre de Veitia con la publicación de la *Recopilación de las Leyes de los Reinos de Indias*, que al fin tuvo lugar entre 1680 y 1681[87]. Aquella magna empresa, culminación de la literatura oficial indiana del siglo XVII, llevaba décadas siendo postergada. El texto de León Pinelo, redactado en la década de 1630, todavía aguardaba en un cajón la hora en la que pudiera consagrarse en tinta impresa. La oportunidad se manifestó

---

82. BUS, FA, A332/144; Larruga (1789: I, 2v-3r). También he manejado el ejemplar de AHN, Consejos, lib. 779 que, tratándose de copias manuscritas, difiere en algunas expresiones y palabras, sin modificar jamás de manera apreciable el contenido.

83. La Junta de Moneda actuó paralelamente a la de Comercio en los años que estudiamos y generó las grandes reformas monetarias del decenio de 1680: Sanz Ayán (2018); De Santiago Fernández (2018).

84. Garzón Pareja (1980:132) relaciona el temprano cese de la Junta con los «muchos intereses [que] se desataron contra el nuevo Organismo».

85. Larruga (1789). La ausencia de Veitia en 1682 se debe, en mi opinión, a que entonces ya servía en la secretaría del Despacho Universal.

86. Sobre Lope de los Ríos y Carlos Ramírez de Arellano: Fayard (1982: 55 y 76). Sobre Centani: Sanz Ayán (1985).

87. La edición original es la famosísima de Madrid, Julián de Paredes, 1681. Empleo la edición facsímil de México, Porrúa, 1987 y remito de nuevo al estudio clásico de Manzano Manzano (1991).

entonces, cuando el reinado de Carlos II sobrepasaba su ecuador, y apenas escasos años después de que Veitia llegara a Madrid. ¿No hubo más que una coincidencia en esa secuencia temporal? El autor del *Norte de la Contratación* –una recopilación jurídica concebida con cierta libertad literaria– se asentó en la capital entre finales de 1677 y comienzos de 1678; y, tras decenios de suspense, en 1680 la *Recopilación* se encontraba preparada y pronta a confiarse a los tórculos. ¿Simple casualidad?

Partamos de la premisa de que Veitia ya conocía la cuestión durante su etapa sevillana. Dejó cuenta en el *Norte*[88]. A continuación, un texto precioso, de la estirpe de las recopilaciones indianas, llama nuestra atención. Se trata de la *Recopilación de todas las consultas y decretos reales que se hallan en la secretaría de Nueva España, elección de las más principales materias desde su principio hasta fin del año de 1678*, manuscrito terminado a comienzos de 1679 por su creador, Francisco Martínez de Grimaldo, oficial segundo de la secretaría de gobernación de Nueva España[89]. El códice había nacido de una iniciativa personal y se nutría de la experiencia profesional que Grimaldo había acumulado a lo largo de casi treinta años. No cabe duda de esto. Sin embargo, tampoco la hay respecto a que el veterano oficial recibió el influjo del pensamiento y la voluntad de su superior, el nuevo titular de la secretaría. Se advierte en la cronología, en el hecho de que un trabajo tan prolongado se rematara apenas un año después de la entrada de Veitia en la oficina; y se percibe en ideas como la que justifica la necesidad del volumen para resucitar lo que «ha quedado sepultado en el olvido» del archivo, incuestionablemente arraigadas en las perspectivas literarias del *Norte*. Finalmente, por si esto no bastara, la responsabilidad de Veitia se hacía manifiesta en la portada. Después de enunciar el título pero antes de presentar al autor, la obra se ofrecía «al Rey nuestro señor, en manos de don José de Veitia Linaje, caballero de la orden de Santiago, del Consejo de su Majestad, su secretario en el Real de las Indias de la parte de Nueva España». Veitia promocionó y enriqueció intelectualmente la empresa literaria de un subalterno al que respetaba[90]. La *Recopilación* de Grimaldo tenía que recordarle su propio proyecto sevillano y cuadraba con esa otra recopilación, la grande, que justo entonces veía la luz.

---

88. Veitia (1672: 296), que evoca la figura de Fernando Jiménez Paniagua y de quien se recuerda que «quando escrivo esto, está entendiendo en el trabajo [de la Recopilación], que tanto se desea ver dado à la estampa».

89. AHN, Códices, lib. 752.

90. AGI, IG, leg. 964; título de oficial segundo, Madrid, 23 de octubre de 1680. El título anterior de oficial tercero lo recibió en 1677, pero Veitia aún no era el secretario.

Pese a todo –pese a la afición y familiaridad con la literatura oficial indiana, pese a la coincidencia de las fechas–, el texto de la *Recopilación* no le debe a Veitia ninguna aportación intelectual. Todo lo que hay en él resulta de la actualización del texto pineliano por Fernando Jiménez Paniagua y su equipo de oficiales[91]. Sin embargo, a partir de que el manuscrito quedara listo para su impresión, la huella de Veitia empieza a hacerse patente hasta tornarse imprescindible, como una quintaesencia de esa situación de secretario casi destinado a abrazar conquistas mayores. El primer rastro responde a la estricta obligación de la expedición documental. La *Recopilación* se abre con una real provisión de Carlos II cuya escrituración corrió a cargo de Veitia. Ya sabemos: «Por mandado del Rey nuestro señor *D. Ioseph de Veytia Linage*»[92]. La oportunidad de estampar allí su nombre parece una recompensa justa por su dedicación a la impresión y distribución que el Consejo le encargó. Tras la pesada labor de redacción, se imponía que las siguientes fases se realizaran con agilidad y eficacia. Así que se las confiaron a Veitia. Veitia negoció con Julián de Paredes las condiciones de la impresión y trabajó de acuerdo con él suministrándole los fondos económicos que la empresa requería[93].

Cuando Paredes terminó la creación de la *editio princeps*, Veitia contribuyó a diseñar su pauta de distribución. Sus opiniones al respecto afloran en una carta fechada en 1682. Antes que nada, había que echar cuentas. Y la primera cuenta desvelaba un desafío arduo: se habían impreso 3500 juegos de la *Recopilación* y cada uno de ellos contaba con cuatro tomos. Por tanto, había que poner en circulación a través de España y América nada menos que 14 000 volúmenes. Veitia quería enviar 500 juegos a la Casa de la Contratación, algunos para venderlos en Sevilla y otros para remitirlos a Nueva España. Pensaba dejar otros 500 en Madrid, útiles para regalarlos a los ministros y magnates de la corte, y comercializar después los que sobraran. Posteriormente, otros mil volverían a hacerse circular en Madrid y Sevilla, además de transportarse en los siguientes Galeones que partieran de Andalucía, suponiendo que en el virreinato del Perú harían falta más ejemplares que en el de México[94].

---

91. Manzano Manzano (1991 [1950-1956]: II, parte III, cap. 2).

92. *Recopilación de Leyes de los Reinos de Indias*, I, s. p., «Ley que declara la autoridad que han de tener las leyes de esta Recopilación», Madrid, 18 de mayo de 1680.

93. Manzano Manzano (1991 [1950-1956]: II, 358), que se basa en AGI, IG, leg. 1 651 y Contaduría, leg. 20. Véase también AGI, Contaduría, leg. 134, que documenta algunos de los ingresos de los que Veitia dispuso para atender estas cuestiones.

94. AGI, Contaduría, leg. 20, n. 4; Veitia al Consejo, Aranjuez, 24 de abril de 1682. El Consulado no esperó tanto para hacerse con un ejemplar, que consiguió a través de su agente en la corte, cuyo testimonio

El Consejo tuvo muy en cuenta su opinión, aunque no la siguiera completamente[95], y lo agasajó con varios ejemplares de la *Recopilación*, como a los demás miembros del Consejo de Indias y a los principales ministros de la corte. De hecho, se contó entre los mejor agraciados, solo por detrás del contador de cuentas Lope Gaspar de Figueroa, a quien se había designado como distribuidor físico de los volúmenes. Según una relación que Julián Paredes presentó algunos años después, Veitia recibió tres juegos al principio y, después, otro más. Al duque de Medinaceli, por ejemplo, se le reservaron cuatro; a Juan Lucas Cortés, dos; y a la gran mayoría de los consejeros de Indias y demás cortesanos agraciados, apenas uno, incluyendo a Vicente Gonzaga, Tomás de Valdés, Manuel Francisco de Lira o Diego de Villatoro[96]. Veitia, por tanto, tuvo un acceso privilegiado a aquel monumento del Derecho indiano. Esto se explica, en parte, por la notoriedad adquirida en los asuntos de Indias, que ya traía de Sevilla y confirmó en Madrid. Pero también porque, para entonces, ya se había convertido en una de las figuras descollantes del teatro de poder que giraba en torno a Carlos II. De hecho, en aquel abril de 1682, las sugerencias sobre cómo repartir la *Recopilación* no procedían de ningún secretario de la Nueva España. El Consejo leía ya al nuevo secretario del Despacho Universal.

EL CORAZÓN DE LA MONARQUÍA

Esta aureola política, en permanente reivindicación de horizontes mayores, provenía en primer lugar de Veitia mismo. Nuestro hombre no se cansaba jamás de solicitar puestos más elevados que aquel en el que se encontraba y, como otras veces en el pasado, lo hizo por escrito. Las palabras fuera del papel, debía pensar, son muy livianas. La oportunidad se la brindó el fenecimiento de sus últimas cuentas como tesorero de la Casa en la Contaduría que, según dijimos en su lugar, se cerró cuando él se encontraba ya en Madrid[97].

---

merece la pena copiar: «Ya salieron a luz y se publicaron los libros de la nueva *Recopilación de las Leyes de las Indias* y he comprado un juego que se compone de cuatro tomos de cuenta de vuestras mercedes, a quienes se lo remito por mano del capitán Manuel Delgado con la recua de Alonso Martínez de la Mata, que ya salió de esta corte pasado mañana», en AGI, Consulados, leg. 138; Martínez al Consulado, Madrid, 26 de mayo de 1682 (conservada por duplicado).

95. Manzano Manzano (1991 [1950-1956]: II, 360-361).

96. AGI, Contaduría, leg. 20, n. 12.

97. Véase *supra* capítulo II.

No podía contener su orgullo, «siendo tan sin ejemplar que cuanto ha que se fundó la Casa de la Contratación ningunos de cuantos han sido tesoreros en ella ha fenecido sus cuentas en vida». Habían pasado por sus manos más de 18 000 000 de pesos de plata pertenecientes a la Real Hacienda y los había justificado todos «hasta el último maravedí». Por tanto, el momento era más que propicio para recordarle a Carlos II que llevaba sirviendo a la Corona desde el año 1643 en el «ministerio de papeles y manejo de Hacienda», un tiempo prolongado en el que había acumulado una impecable hoja de servicios que ya había detallado en 1672 y que ahora repitió de nuevo, añadiéndole el desempeño como secretario de la Nueva España. Por supuesto, no se olvidó de mencionar

lo sólido y fundamental de sus noticias y experiencias adquiridas en el discurso del tiempo que ha que sirve con particular estudio, aplicación y desvelo, de que es buena consecuencia el libro que ha compuesto, intitulado *Norte de la Contratación de las Indias.*

Por merecida y palpable que fuera su fama, no cabe duda de que en buena medida se debía a los propios desvelos de Veitia por fomentarla. Tales esfuerzos venían movidos por la vanidad, siempre presente en su vida, pero también por el deseo pragmático y nunca colmado de perseguir, según sus palabras, los «ascensos que le corresponden»[98].

Carlos II estuvo de acuerdo y manifestó encontrarse «con entera satisfacción y agrado de los méritos y servicios de este sujeto y los tendré presentes en las ocasiones que se ofrecieren»[99]. La cuestión estriba en que, por aquel entonces, año de 1680, el mensaje del rey venía moldeado por las intenciones de don Juan Francisco de la Cerda, VIII duque de Medinaceli. Medinaceli, como es bien sabido[100], fue uno de los grandes protagonistas del reinado de Carlos II. Su venerable abolengo familiar le había permitido acceder a oficios cortesanos como el de sumiller de corps o gentilhombre de la Cámara que, a menudo, facilitaban la conquista de los puestos de gobierno más insignes[101].

---

98. AGI, IG, leg. 787; consulta del Consejo de Indias, Madrid, 12 de agosto de 1680.

99. Resolución a la consulta citada en la nota anterior. La respuesta tuvo que ser rapidísima, detalle bastante indicativo, dado que el secretario Francisco Fernández de Madrigal la publicó en 17 de agosto, escasos cinco días después.

100. Pues figura en todas las historias del reinado. No obstante, resultará oportuno señalar que no existe una obra monográfica sobre esta figura capital y que sería necesario contar con ella.

101. Martínez Hernández (2016).

En 1676 recibió título de consejero de Estado; en 1679 fue agraciado con la presidencia del Consejo de Indias[102]; y, finalmente, la muerte de don Juan José de Austria ese mismo año lo sentó al lado mismo del monarca[103]. Medinaceli heredó la tradición de los validos, que en tiempos anteriores había ensalzado a hombres como el duque de Lerma, el conde duque de Olivares o don Luis de Haro y, en otros más recientes, a Fernando Valenzuela, el P. Nithard o el finado don Juan José. Entre ellos, se distinguió por lucir oficialmente el título de Primer Ministro desde 1680[104].

Medinaceli y Veitia entablaron una fructífera relación que, probablemente, tenía sus bases en Sevilla, donde ambos habían sido correligionarios en la hermandad de la Santa Caridad[105]. Medinaceli, como señor de El Puerto de Santa María[106], capitán general del Mar Océano y heredero del ducado de Alcalá, albergaba unas raíces andaluzas que, en mayor o menor medida, compartía con varios hombres que entonces prosperaron en Madrid, dentro o fuera del Consejo de Indias. Además del propio Veitia, cabe recordar al marqués de Íscar[107], a Juan Lucas Cortés[108], a Bernabé Ochoa de Chinchetru[109], a Carlos de Herrera y Ramírez de Arellano, a Gonzalo Fernández de Córdoba o a Antonio de Monsalve, entre otros. Es muy sugerente pensar en una cierta oscilación de la política cortesana hacia la vertiente indiana de la Monarquía, pergeñada por hombres con experiencia institucional en Andalucía y el Consejo de Indias, con Medinaceli y Veitia como punta de lanza. Sin duda, no faltan mimbres para tejer esta idea. Ya hemos mencionado la publicación de la *Recopilación* o la aparición de la Junta General de Comercio; piénsese también en la reinstitucionalización del puerto de Cádiz en 1679, en el traslado a su bahía de la

---

102. AGI, IG, leg. 640; real decreto, Madrid, 1 de febrero de 1679. AGI, IG, leg. 865; título de presidente del Consejo, Madrid, 4 de febrero de 1679.

103. El ascenso de Medinaceli quedó explicado en la correspondencia del agente del Consulado en Madrid, José Antonio Martínez, desde la muerte del conde de Medellín y el acceso a la presidencia de Indias a la muerte de Juan José de Austria y los rumores respecto a que «el sr. duque de Medinaceli tiene mucho lugar para entrar en la privanza»: AGI, Consulados, leg. 135 (especialmente cartas de 12 y 19 de septiembre).

104. Álamo Martell (2004).

105. Granero (2008 [1963]: 575 y 586, nota 55).

106. Iglesias Rodríguez (2015).

107. Díaz Blanco (2018c).

108. De Andrés (1978). González de San Segundo (2001).

109. Ochoa desarrolló una trayectoria muy parecida a la de Veitia, con quien coincidió tanto en la Casa de la Contratación como en el Consejo de Indias. Hoy es conocido por un público más amplio gracias al retrato que le hizo Juan de Alfaro y que se conserva en el Museo de Bellas Artes de Córdoba (DJ0041P).

cabecera de las flotas en 1680[110], en la fundación del Colegio de San Telmo en Sevilla[111] o en la reforma monetaria de 1680, directamente vinculada a la plata. No obstante, tal como la formuló Manuel Garzón Pareja, la demostración de esta hipótesis requeriría investigaciones monográficas de las que aún se carecen[112].

Cuando Medinaceli tomó las riendas de la Monarquía, mantuvo la presidencia del Consejo y delegó su gobierno en el príncipe Vicente Gonzaga, con quien lo unían lazos familiares estratégicos. Gonzaga, de hecho, estuvo a la cabeza de la consulta favorable a ascender a Veitia, junto a otro viejo amigo que lo apreciaba tanto como Tomás de Valdés[113]. Así que, en cierta manera, Medinaceli estuvo detrás del respaldo que le brindaba el Consejo y del esperanzador asentimiento de Carlos II. Esa buena disposición nunca vaciló, al punto que la parábola vital de Veitia terminó corriendo en paralelo a la de Medinaceli durante aquellos años capitales. Ascendió cuando la fortuna sonrió a su señor y descendió inexorablemente cuando este vio declinar su estrella. En 1685, Medinaceli cayó en desgracia y, entonces, la suerte de Veitia también se truncó.

*

Pero no adelantemos acontecimientos. De momento nos encontramos en 1682, en pleno proceso de publicación y distribución de la *Recopilación*, cuando José de Veitia Linaje recibió una noticia verdaderamente excepcional. ¡Carlos II lo llamaba al despacho! Desde aquel momento, sería secretario del Despacho Universal, lo que le permitiría ocupar la célebre *covachuela*[114] y convertirse en uno de los hombres más poderosos de toda la Monarquía Hispánica. Concretamente, en el hombre que ayudaba al monarca y su primer ministro en la «resolución de consultas y manejo de papeles», según la explicación

---

110. Girard (2006 [1932]; Díaz Blanco (2012).

111. Díaz Blanco (2013). Subraya la colaboración entre Medinaceli, Veitia y Ochoa de Chinchetru, y la influencia de Miguel Mañara y la espiritualidad de la Caridad. Antes de morir, Mañara en persona empleó la influencia de Medinaceli para recabar apoyos institucionales y económicos a la ampliación del hospital de la Caridad: Granero (2008 [1963]: 390-392 y 457-458).

112. Garzón Pareja (1980: 44-45). Según Garzón, «Medinaceli, con la experiencia del Consejo de Indias, volvió su atención a la economía colonial y llamó a su lado a don José de Veitia y Linaje, procedente de la Casa de Contratación y de amplia experiencia».

113. Eran los dos primeros en la nominilla de la consulta del 12 de agosto, cuyos cuatro firmantes se completaban con Juan de Santelices y el marqués de Santillán.

114. Real Academia Española (1984 [fac. *editio princeps*]: I, 647).

clásica de José Antonio Escudero, que colocó aquel oficio en el estadio intermedio de una filiación institucional que comenzaba en el siglo XVI con los secretarios de Estado –es decir, del Consejo de Estado– y terminaba con los secretarios de Estado y del Despacho, protagonistas políticos del siglo XVIII[115].

El cargo se había creado en 1621 con un carácter fuertemente burocrático. Sin embargo, a lo largo del XVII adquirió una notoriedad política que era ya muy notable a fines de siglo, en la época de Veitia. Los observadores extranjeros mejor cualificados no albergaban dudas respecto a la preeminencia de la secretaría del Despacho Universal. En 1688, fecha casi coincidente con el ejercicio de Veitia, el conde de Rébenac, embajador francés en Madrid, daba cuenta a su señor de que aquella secretaría era la primera entre todas y que por eso la llamaban universal[116]. No obstante, es probable que no haya mejor definición de la grandeza del Despacho Universal que la contenida explicación del *Diccionario de Autoridades*: «el secretario con quien el rey despacha»[117].

Hasta 1682 esta secretaría especial se había encontrado en manos de Jerónimo de Eguía[118]; quien, por cierto, también había sido consejero de Indias y había mantenido una relación de cordialidad con Medinaceli, Veitia y otros ministros de aquella cuerda –la relación entre el Consejo de Indias y la secretaría del Despacho Universal fue bastante recurrente[119]–. Después de él, su hijo, también llamado Jerónimo de Eguía, pero más conocido por el título que le concedió Carlos II de marqués de Narros, permaneció ligado a la política monárquica y presidió la Casa de la Contratación[120]. No obstante, en aquel 1682 en que Eguía falleció, la secretaría del Despacho Universal recayó sobre José de Veitia, favorecido por la influencia de Medinaceli.

Este oficio, al tratarse de un cargo de confianza, no se ejercía con título. No obstante, el ascenso puede datarse con bastante exactitud justo después de la muerte de su antecesor, acaecida el 5 de abril. Así lo reflejó, con la mayor presteza, el agente del Consulado en la corte, que escribió a sus representados:

---

115. Escudero López (1976: I, 254-255). La expresión utilizada está extraída de Francisco Bermúdez de Pedraza.

116. Hamer Flores (2016: 144).

117. Real Academia Española (1984 [fac. *editio princeps*]: I, 647), en la voz sobre la covachuela, citada arriba.

118. Escudero (1976): I, 270-271).

119. Hamer Flores (2016: 159).

120. Torrego Casado (2011).

Doy cuenta a vuestras mercedes cómo fue Nuestro Señor servido de llevarse para sí al sr. D. Jerónimo de Eguía y su Majestad ha nombrado por su secretario del Despacho Universal en su lugar al sr. D. José de Veitia Linaje […] Esta mañana a las ocho […] mandó su Majestad subiese a despachar a su real presencia y después fue a besar la mano a la reina nuestra señora, habiendo sido esta elección muy aplaudida de todos, por las grandes prendas que concurren en el sr. D. José[121].

Apenas un día después, las novedades no dejaron de sucederse y Francisco de Altamira Angulo lo sucedió en la secretaría de la Nueva España[122].

En ausencia de título específico, los secretarios del Despacho Universal contaban con el de secretario de Estado. De ahí que se hiciera común la expresión de secretario de Estado y del Despacho Universal. Veitia, al igual que Jerónimo de Eguía, no era secretario de Estado cuando Carlos II le otorgó aquella merced. La solución, que la costumbre solicitaba, fue idéntica a la empleada con su predecesor: «titularle Secretario de Estado en abstracto, es decir, sin la atribución […] de una secretaría concreta», por seguir con el razonamiento de Escudero, para quien se «sentó un precedente al que se habría de acudir una y otra vez en lo sucesivo»[123]. El título que se otorgó a Veitia demostraba varias cosas. La primera era que sus méritos seguían apreciándose tanto como el primer día que llegó a Madrid, lo que explica el ascenso que el rey y Medinaceli le proporcionaron:

> Por cuanto atendiendo a los méritos y servicios de vos, don José de Veitia Linaje, y a la fidelidad, inteligencia y satisfacción mía con que los habéis continuado por el espacio de treinta y nueve años en la Casa de Contratación de Sevilla y Secretaría de Indias de la parte de Nueva España y a la con que asistís al empleo de mi Secretario del Despacho Universal, y esperando que con el mismo desvelo y acierto me serviréis en lo de adelante, he resuelto haceros merced (como por la presente os la hago) de elegiros y nombraros por mi Secretario de Estado, con todos los honores, preeminencias, prerrogativas, gajes y demás emolumentos que corresponden y gozan los demás Secretarios de Estado, y en la misma forma que se hizo y lo fue don Jerónimo de Eguía, vuestro antecesor[124].

---

121. AGI, Consulados, leg. 138; Martínez al Consulado, Madrid, 6 de abril de 1682.

122. AGI, Consulados, leg. 138; Martínez al Consulado, Madrid, 7 de abril de 1682. Siguiendo la recomendación de Martínez, el Consulado felicitó a Altamira y este se lo agradeció en AGI, Consulados, leg. 138; Altamira Angulo al Consulado, Madrid, 21 de abril de 1682.

123. Escudero López (1976: I, 271).

124. Escudero López (1976: III, doc. 33, pp. 661-662): título de secretario de Estado, Madrid, 8 de abril de 1682. Escudero reproduce el ejemplar conservado en Archivo General de Simancas, Quitaciones de Corte, leg. 24.

Uno de los primeros parabienes que Veitia recibió provino del Consulado, de su agente en Madrid y de los propios prior y cónsules[125], a quienes Veitia respondió que se sentía muy honrado por la merced real de la «secretaría de su Universal Despacho», pero que, «si pudiese tener más ocasiones de servir al Consulado y comercio, estimaré más el puesto»[126]. Por supuesto, le llegaron muchas más felicitaciones, entre ellas una que Alonso Carnero le envió desde Bruselas. El escrito de Carnero era notable, rotundo en su primera afirmación: «cuando se busca el mérito para los puestos, florecen las monarquías». No era decir poco en aquel tiempo en que se volvió habitual que los puestos se cubriesen sin muchos más méritos que un servicio pecuniario. Fundándose en tal premisa, Carnero alababa la «acertada elección hecha en vuestra señoría para el despacho universal». Las «ventajosas calidades» y los «grandes merecimientos» de Veitia hablaban por sí mismos y resonaban dentro y fuera de España, proclamados por la fama. Le suplicaba que no le olvidase, mientras él se reafirmaba en la obediencia a su servicio y se definía, con tópica obsequiosidad, como el «más rendido servidor» de Veitia. Remarcables palabras, tanto más por cuanto fueron pronunciadas por alguien destinado a ocupar el Despacho Universal una década después[127].

La entrada de Veitia en el despacho no significó su salida del Consejo de Indias[128]. Antes al contrario, le valió un ascenso dentro de sus filas. De secretario de la Nueva España pasó a consejero, camarista y ministro de la Junta de Guerra. El movimiento, preñado de la férrea ambición de no dejar jamás de crecer, se hizo posible en cuanto Carlos II reconoció en él al burócrata brillante y seductor que se ganaba el aprecio y la confianza de todos sus superiores:

> Teniendo consideración a los muchos méritos y largos servicios de D. José de Veitia, y por la particular satisfacción mía con que los está continuando cerca de mi persona en el puesto de secretario de Estado y del Despacho Universal,

---

125. AGI, Consulados, leg. 138; Martínez al Consulado, Madrid, 21 de abril de 1682, informa que la carta de enhorabuena se la hizo llegar a Aranjuez, adonde Veitia se había trasladado con el rey y con Medinaceli. En la primera carta de 6 de abril ya disculpó a Veitia por no poder escribir tan pronto al Consulado «respecto de las muchas visitas y enhorabuenas que está recibiendo, además de la asistencia en la covachuela».

126. AGI, Consulados, leg. 138; Veitia al Consulado, Aranjuez, 26 de abril de 1682.

127. RAH, SC, vol. K-21, f. 213; Alonso Carnero a Veitia, Bruselas, 6 de mayo de 1682.

128. Excepto unos breves meses entre abril y noviembre de 1682, lo suficiente para que dejara de figurar en algunas nóminas generales del Consejo: AGI, Contaduría, leg. 139.

le he hecho merced de plaza del Consejo, Cámara y Junta de Guerra de Indias, como la han tenido los demás secretarios del Despacho, sus antecesores[129].

Las palabras del decreto recordaban las de aquel otro que le abrió la secretaría de la Nueva España casi cinco años antes. Otra vez, volvían a escucharse alabanzas a los merecimientos ganados por Veitia, ya considerados «largos», pero en esta ocasión el monarca hacía hincapié en el escrupuloso proceder en el Despacho Universal y en la proximidad a su propia persona. El mensaje reverberaba en los títulos que se expidieron a Veitia, uno para la Cámara y otro para el Consejo y la Junta, que justificaban el nombramiento

teniendo consideración a los muchos méritos y largos y agradables servicios de vos don José de Veitia, caballero del orden de Santiago, y a la particular satisfacción mía con que los estáis continuando cerca de mi persona en el puesto de secretario de Estado y del Despacho Universal y atendiendo a vuestra suficiencia, fidelidad y otras buenas partes[130].

Rodaban los días de 1682 y aquel Ícaro sexagenario se aproximaba al punto más eminente adonde jamás lo alzaran sus alas de cera.

* *

No existe un archivo de la secretaría del Despacho Universal, a través del cual puedan reconstruirse sistemáticamente los procedimientos de trabajo, como sí ocurre en el caso de las secretarías de gobierno del Consejo. Lógicamente, la clave del oficio residía en la asombrosa proximidad al rey[131]. En el hecho de asumir la posición del monarca en el entramado burocrático de la corte. Si volvemos a los gráficos 6.2 y 6.3, resultará sencillo formarse una idea general

---

129. AGI, IG, leg. 642; real decreto a Gonzaga, San Lorenzo de El Escorial, 21 de octubre de 1682. En el sobrescrito, Fernández de Madrigal dejó constancia de que el contenido del documento se publicó en el Consejo al día siguiente y en la Cámara, el 26.

130. AGI, IG, legs. 865 y 866, n. 151. En ambos legajos pueden consultarse los títulos de Veitia, aunque el primero solo conserva el respectivo a la Cámara. Los dos títulos llevan fecha de Madrid, 27 de octubre de 1682 y en algunos de ellos se especifica que Veitia juró el día 30. El Consulado tuvo noticia del ascenso poco después: AGI, Consulados, leg. 138; Martínez al Consulado, Madrid, 3 de noviembre de 1682. El Tribunal mercantil felicitó a Veitia y este le respondió agradecido: AGI, Consulados, leg. 138; Veitia al Consulado, Madrid, 17 de noviembre de 1682.

131. Veitia presumía de ella y se presentaba a sí mismo en público como «Don José de Veitia Linaje, caballero del orden de Santiago, de los consejos de su Majestad y su secretario de Estado y del Despacho Universal *cerca de su real persona*»: AHPM, Madrid, leg. 10 704, f. 266.

del asunto. Tal como los secretarios de gobierno se encargaban de la inserción administrativa del Consejo en aquel sistema, los secretarios del Despacho Universal garantizaban la del propio rey, nada menos. La documentación que llegaba al despacho real pasaba por sus manos y también la que salía de él. Resulta paradójico que, después de manejar tantos papeles, cueste tanto esfuerzo rastrear las huellas de aquellos hombres. Los secretarios de gobierno no tenían escrúpulos a la hora de garabatear y dejar su rúbrica o su nombre por todos los documentos que manejaban. Los secretarios del Despacho Universal, no. Ni siquiera los reales decretos que bajaban desde el despacho real llevan ningún tipo de firma que los identifique. La discreción y la sutileza parecen haber guiado su proceder. La de todos, Veitia incluido.

Entre las escasas vías existentes para percibir su actividad, destaca la de buscar sus billetes, entendiendo por tales las misivas que escribían en calidad de secretarios del Despacho Universal comunicando una orden del rey. Los billetes eran, por tanto, paralelos informales de los reales decretos. Su función práctica era la misma: trasladar desde el despacho real un mensaje imperativo al destinatario elegido. Solo que el decreto lo rubricaba el rey, mientras que el billete lo firmaba el gran secretario. Esta técnica administrativa ya había sido empleada por Mateo Vázquez de Leca y Jerónimo Gasol a fines del siglo XVI y provocó agrias polémicas en tiempos del duque de Lerma, que la convirtió en uno de los símbolos de su gobierno. A fines del siglo XVII, los secretarios del Despacho Universal le dieron un nuevo esplendor y la convirtieron en un vehículo de su creciente influencia, tanto Pedro Fernández del Campo, como Jerónimo de Eguía, como Manuel Francisco de Lira. Y, por supuesto, Veitia[132].

Uno de los conjuntos de billetes de Veitia más interesantes se corresponde con los que envió a fray Juan Asensio, obispo de Jaén y presidente del Consejo de Castilla[133]. Todos ellos, frecuentemente breves, seguían una pauta similar. Veitia explicaba a Asensio algo que se había sabido en el despacho real –un memorial que había llegado, una consulta de otro consejo, un papel entregado por Medinaceli– y, a continuación, señalaba que el rey le mandaba –siempre era el rey quien mandaba– comunicárselo para que trabajara la cuestión. Es decir, exactamente igual que un decreto, pero en vez de venir firmado por el rey, llegaba redactado por su secretario particular en su nombre. En el ejemplar reproducido puede comprobarse esta sencilla y efectiva forma de comunicación (figura 6.3). Veitia se dirigía a fray Juan y le daba cuenta de que era

---

132. Escudero López (1976: II, 350).
133. AHN, Consejos, legs. 7193-7194.

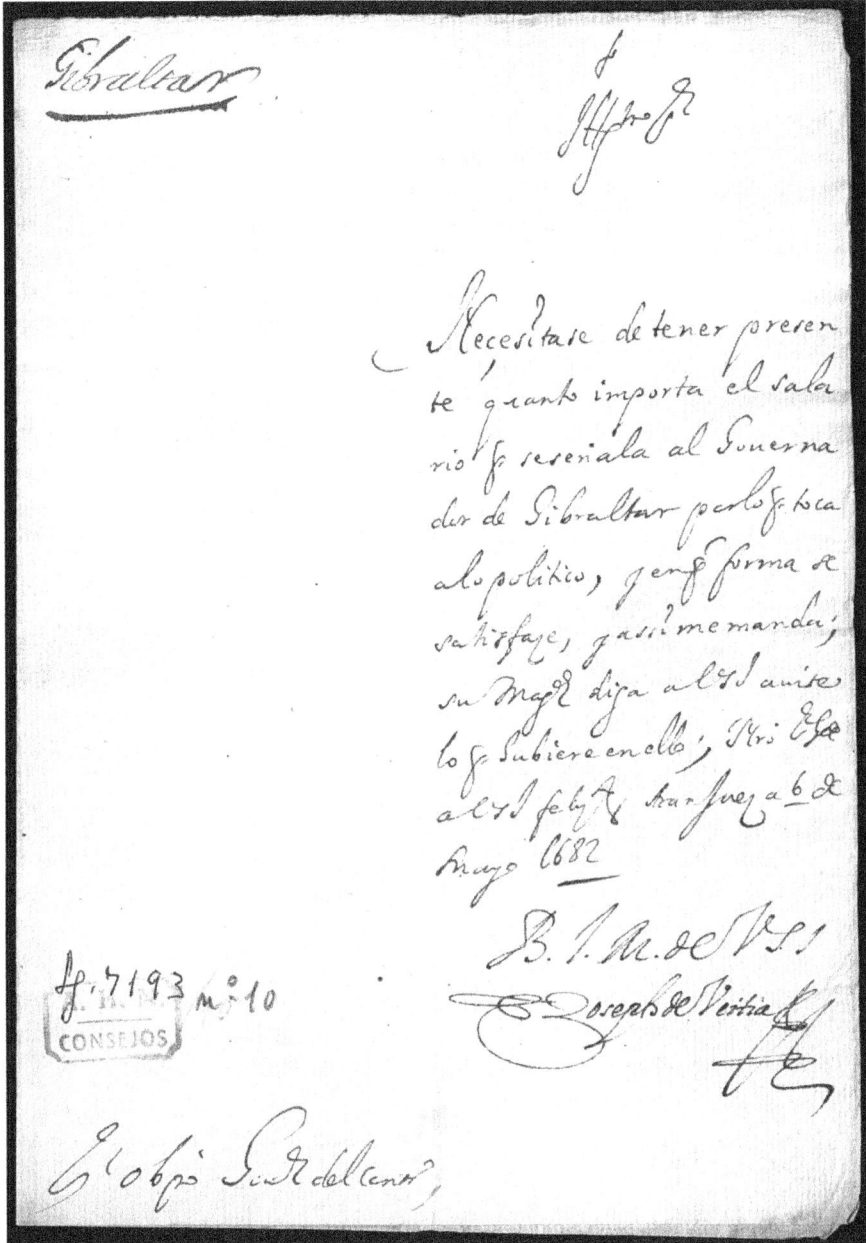

Figura 6.3. La comunicación por billetes de la Secretaría del Despacho Universal
Fuente: Archivo Histórico Nacional

necesario sacar en limpio los emolumentos del gobernador de Gibraltar y con qué se pagaban; «y así me manda su Majestad diga a vuestra señoría ilustrísima avise lo que hubiere en ello»[134].

Pese al interés que suscita el fondo perteneciente al Consejo de Castilla, el del Consejo de Indias se revela de nuevo como uno de los más valiosos y mejor conservados –presumiblemente, debían llegar billetes de Veitia a todo el sistema polisinodial–. Su abundancia revela las diferencias formales entre aquellos que Veitia escribía desde el propio Alcázar, algo más apresurados, y los que preparaba desde fuera de Madrid, mientras acompañaba a Carlos II y Medinaceli en sus salidas de la corte, un poco más solemnes. La mayor parte de los que se conservan estaban destinados a Gonzaga y no diferían en nada de los que escribía a Asensio. Pero, además, existen otros que tenían por remitentes a Diego Ignacio de Córdoba, Diego Manuel de Arce o, todavía, Francisco Fernández de Madrigal. Los billetes tenían por usuarios predilectos a los presidentes, pero todo ministro u oficial de los consejos podía verse interpelado por ellos. Cualquiera podía recibir una orden de su Majestad[135].

Es más, cualquier ministro de la Monarquía, dentro o fuera de la corte, podía recibir un billete de Veitia. El secretario del Despacho Universal se encontraba continuamente en contacto epistolar con unos y con otros. Se han conservado aleatoriamente varios ejemplos, entre los cuales cabe recordar una carta escrita a Jaime de Palafox y Cardona, arzobispo de Palermo en aquel momento, cuando fue designado para ocupar el arzobispado de Sevilla. Desde la posición que ya conocemos, Veitia le informó de que había fallecido el anterior titular de aquella mitra, Ambrosio Ignacio Spinola, «prelado de tan ejemplar vida, caridad y demás virtudes y buenas prendas de que era dotado». Su Majestad le había mandado que se lo advirtiera y que le hiciera saber que había sido elegido para suceder a Spinola. Palafox respondió tan rápido como le llegó aquella «carta de 25 de mayo escrita de su real orden por don José de Veitia»[136]. Agradecía con tono obsequioso la merced y lamentaba las controversias a las que se había enfrentado en la diócesis palermitana. Sin duda, ignoraba los que tendría que afrontar después en Sevilla.

Así pues, una parte esencial del poder de Veitia consistía en actuar como mediador entre los agentes políticos del momento. Era el hombre que

---

134. AHN, Consejos, leg. 7193, n. 10; Veitia a Asensio, Aranjuez, 6 de mayo de 1682.

135. Sin duda, estos billetes fueron muy abundantes, pero se conservan escasos ejemplares porque no preocupaban al sistema de archivo del Consejo. Véanse algunos en AGI, IG, legs. 642 y 643.

136. RAH, SC, vol. N-58, f. 321r.

conectaba a los que querían ser escuchados con los que debían escucharles, el elegido entre un millón para poder entrar en las habitaciones donde muy pocos podían cruzar la puerta. Un poder que no debe ser despreciado, sino todo lo contrario. No obstante, no se limitaba solo a eso. Veitia también participaba en la toma de decisiones, aunque a veces resulte arduo encontrar las pruebas que lo evidencien. Las encontramos, por ejemplo, en los decretos que comunicaban al Consejo el beneficio de algún oficio en Indias, relativamente abundantes, en cuyo interior figuran bastantes memoriales firmados por Veitia y el interesado u otro oficial, que demuestran sin lugar a dudas su participación en las negociaciones por aquellos puestos[137].

A veces, aunque no fuera lo más habitual, Veitia se animaba a razonar sobre sus propias preocupaciones. Un caso digno de tenerse en consideración guarda relación con la saca de esclavos musulmanes de las galeras. No se conoce por qué razón esta cuestión le atribulaba tanto como para escribir un memorial que entregó a Carlos II, haciendo uso de su privilegiado acceso a la persona real. Es lícito especular con la posibilidad de que aquel papel reflejara opiniones formadas a partir de su conocimiento personal y literario de lo que ocurría en las galeras de El Puerto de Santa María. El tema, de ser así, también habría movido el interés de Medinaceli, señor jurisdiccional de la ciudad[138]. En cualquier caso, esos detalles importan menos que resaltar la posibilidad que tenía el secretario del Despacho Universal de entregar un papel político al rey y que este se lo remitiera con un decreto al gobernador del Consejo de Castilla para que se deliberase sobre el tema[139].

* * *

Por otro lado, Veitia se había sumado a las filas de los consejeros de Indias, si bien es cierto que apenas ejerció como tal durante sus años en la covachuela. Jamás se pasó por la Sala de Gobierno ni por la Junta de Guerra y solo se aproximó con cierta frecuencia a la Cámara en las temporadas en las que se encontraba en Madrid. Cuando eso ocurría, el papel administrativo vuelve a convertirse en el mejor registro para entender cómo había cambiado

---

137. AGI, IG, leg. 1863; Santo Domingo, leg. 8; Guatemala, leg. 5; México, leg. 15; Guadalajara, leg. 3; Lima, leg. 18.

138. Contra esta hipótesis debe señalarse que Veitia no mencionaba jamás El Puerto en su escrito. En cambio, recuerda las galeras de Cartagena, Lorca, Murcia y Málaga.

139. AHN, Consejos, leg. 7192; decreto a Asensio, Madrid, 10 de noviembre de 1682. Dentro se acompaña del papel de Veitia, fechado en 1681.

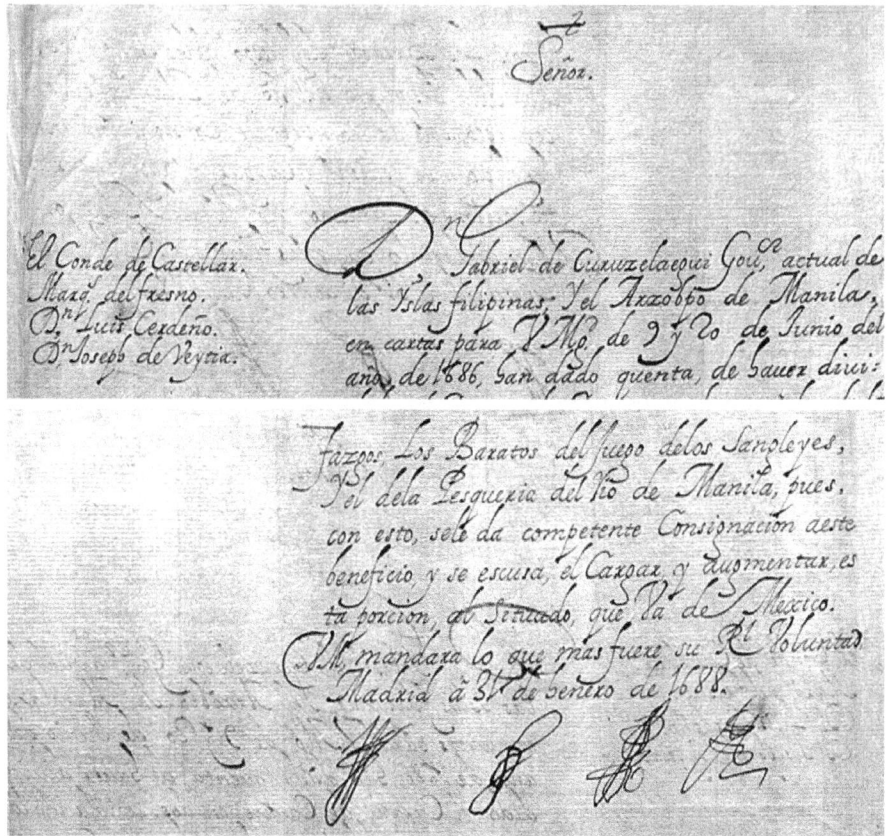

Figura 6.4. La presencia de Veitia en las consultas del Consejo de Indias[140]
Fuente: PARES (http://pares.mcu.es/ParesBusquedas20/catalogo/show/2597435)

su situación. Algo parecido a lo que antes pudo verse con las cartas de la Casa al Consejo, en las que su firma como remitente fue sustituida por su rúbrica como secretario receptor. En esta ocasión, las consultas nos permiten percibir la evolución. Los sobrescritos dejaron de llevar las marcas de su secretaría, ya cedida a Altamira Angulo, mientras que su nombre empezó a formar parte de las nominillas y su rúbrica se sumó a las demás que, tras la fecha, validaban los pareceres (figura 6.4). Por supuesto, en esta nueva etapa era consejero para

---

140. AGI, Filipinas, leg. 3, n. 173; consulta del Consejo de Indias, Madrid, 31 de enero de 1688.

todo el ámbito indiano. Dejó de atender solo a las consultas del virreinato de la Nueva España, como había hecho siendo secretario, y se puso también al frente de las del virreinato del Perú[141].

A la altura de 1682, los títulos de consejero de Indias tenían para él una significación fundamentalmente económica. Le proporcionaban unos ingresos que podía conjugar con los que le llegaban a través del Consejo de Estado, donde no tenía la más mínima responsabilidad práctica cotidiana, pero se le reconocía el derecho a percibir un millón de maravedíes de salarios más los diferentes gajes[142]. Nuevamente, la tabla no tiene mayor voluntad que la de ser una simple aproximación; no obstante, hay varios aspectos generales que refleja razonablemente bien. El primero de ellos es el incremento de los ingresos por salario y complementos de Veitia en virtud de su ascenso desde la secretaría a su consejería. Y el segundo, la confirmación de los efectos beneficiados por la Cámara como el principal ingreso no salarial de cualquier miembro del Consejo de Indias[143].

Cuadro 6.2. Ingresos salariales y complementos de José de Veitia (1682-88)

Salarios y casas de aposento (mrs)	
Octubre 1682 (Galeones del marqués de Brenes)	478 233
Enero 1684	612 245
Agosto 1685 (Azogues de Francisco Navarro)	849 582
Octubre 1685 (remesas de Perú y Panamá)	679 500
Octubre 1686 (Galeones de Gonzalo Chacón)	779 500
Diciembre 1688 (Flota de José Fernández de Santillán)	806 250
Total	4 205 310

141. AGI, IG, legs. 788-790; Santo Domingo, legs. 3-5; México, leg. 8, Guatemala, leg. 4; Guadalajara, leg. 2; Filipinas, leg. 3. En realidad, el cambio también es observable en los legajos de cartas, memoriales y decretos, por cuanto el nombre de Veitia aparece en muchas nominillas de los acuerdos que optaban por consultar.

142. Escudero (1976, III: 661-662, doc. 33): título de secretario de Estado, Madrid, 8 de abril de 1682.

143. En el caso de Veitia, podría ser incluso superior a lo que indica el cuadro, dado que los 660 790 maravedíes que se ingresaron a Veitia el año de 1688 procedían seguramente de esta bolsa, aunque no pueda especificarse con total seguridad por el silencio de la documentación.

Salarios y casas de aposento (mrs)	
Complementos varios (mrs)	
Efectos beneficiables de la Cámara	2 706 959
Gastos de estrados	622 811,5
Mesadas	82 408
Multas	244 800
Obras pías	34 801
Sin especificar (1688)	660 790
Total	4 352 569,5
Ingresos totales (mrs)	
Salarios + complementos	8 557 879,5

Fuente: AGI, Contaduría, legs. 139, 144, 146, 150. Todas las cantidades en mrs[144]

Como de costumbre, el oficio tenía otras recompensas aparte de las meramente económicas. Alguien que aunaba la secretaría del Despacho Universal y una consejería de Indias disponía de una capacidad de patronazgo que Veitia no dudó en aprovechar. Él y su mujer, Tomasa, nunca tuvieron hijos, por lo que se volcó en la promoción de varios de sus sobrinos, al menos de tres: Gaspar Esteban de Murillo, Jerónimo de Ciga Linaje y Juan José de Veitia Linaje[145]. El primero, hijo de Bartolomé Esteban, el pintor, entró en el Cabildo catedral de Sevilla. Aunque le ayudó el precedente de su tío Bartolomé Pérez Ortiz, la influencia de Veitia resultó determinante en aquella buena fortuna[146], según deja entender uno de los billetes que este escribió al presidente de Castilla:

---

144. El recurso a los maravedíes elimina las dificultades contables que plantea el hecho de que, a partir de 1686, muchos pagos se hicieron en pesos escudos de diez reales y no en los pesos de a ocho tradicionales. Debe advertirse que el cambio no fue rotundo y que, lógicamente, después de la reforma monetaria, muchos pagos se hicieron todavía en patacones.

145. En realidad, solo son los casos más notorios: igual abonó la dote de monja de su sobrina nieta Luisa de Veitia Linaje y, al morir esta en plena infancia, tuvo a bien que el padre, su sobrino Lázaro de Veitia Linaje, se quedara el montante (AHPM, Madrid, leg. 10 704, ff. 114-115; poder, Madrid, 5 de marzo de 1683; leg. 10 709, ff. 520-523; donación, Madrid, 5 de octubre de 1686).

146. Angulo Íñiguez (1981: I, 132), que remonta las consideraciones en torno a la influencia de Veitia a la biografía de Palomino.

Su Majestad (que Dios guarde) ha sido servido de hacer merced a D. Gaspar Esteban de Murillo, sobrino de Dª Tomasa de Murillo, mi mujer, de una ración de la Santa Iglesia de Sevilla, y él va a ponerse a los pies de vuestra señoría ilustrísima prometiéndose la honra que V.S.I. ha sido servido siempre hacerme a mí y a los que me tocan y yo estoy siempre con la debida resignación a la obediencia de V.S.I[147].

Como ya sabemos, después heredó otra riqueza de Veitia, su biblioteca, cuyos volúmenes parecen entreverse junto a los demás de aquel canónigo de célebre apellido[148].

Jerónimo de Ciga es, probablemente, el menos conocido de los sobrinos, pero le fue concedida la alcaldía mayor de Tepeaca y Tecali «atendiendo a los servicios y particulares méritos de don José de Veitia»[149]. Probablemente, Juan José de Veitia llegó a México a su lado. Este Veitia, a quien a veces se confunde con su tío, es caso aparte y, sin duda, el sucesor con mayor reconocimiento[150]. Trabajador y brillante como el autor del *Norte*, aprovechó el poder y la influencia de su familiar para impulsar una carrera que supo elevar y consolidar, especialmente en la ciudad de Puebla de los Ángeles, donde dejó arraigado el apellido Veitia en el entramado de las élites locales. Sirva como muestra el decreto por el que Carlos II le concedió una plaza de contador en el Tribunal Mayor de Cuentas, «atendiendo a los muchos méritos, buenos y agradables servicios de don José de Veitia, a la particular satisfacción mía con que los está continuando y a instancia suya». Era una instancia del secretario del Despacho Universal, nada menos, cuyo parentesco se hacía explícito en el decreto[151]. Algunos años después, en 1688, el Consejo concedió a Juan José un pago de 1500 pesos sin mencionar ningún otro motivo que sus propios esfuerzos. No obstante, entre los ministros que aprobaron la libranza, declarando

---

147. AHN, Consejos, leg. 7193, n. 16; Veitia a Asensio, Madrid (palacio), 3 de mayo de 1684.

148. Otros indicios de la buena relación entre tío y sobrino son apreciables en la documentación notarial: AHPM, Madrid, leg. 10705, ff. 565-566 y 612-613; poderes de Veitia y Murillo a Juan García Blanco, Madrid, 1 de agosto de 1684; leg. 10709, ff. 547-548; poder a Gaspar Esteban de Murillo y otro, Madrid, 21 de octubre de 1686. Mucho tiempo después de la muerte de Veitia, cuando Murillo preparaba su testamento en 1709, todavía guardaba unos últimos recuerdos para su tío y dejaba mandas pías por su alma: AHPSe, PNS, leg. 13082, f. 690v.

149. AGI, México, leg. 15; decreto al marqués de los Vélez, Madrid, 5 de marzo de 1686. Hay una hoja de servicios de este Jerónimo en AGI, IG, leg. 160. Debe de identificarse con un Jerónimo de Veitia Linaje que aparece secundariamente en la bibliografía sobre Juan José de Veitia.

150. Bertrand (1995); Alfaro Ramírez (2004); Celaya Nández (2014).

151. AGI, México, leg. 15; decreto a Gonzaga, Madrid, 7 de junio de 1683.

que «no es necesario consulta», se hallaba nuevamente su tío, que todavía conservaba su consejería, aunque había perdido la titularidad del Despacho[152].

* * * *

Las razones que expulsaron a Veitia de la covachuela deben buscarse en las tensiones cortesanas de 1685, que hundieron el gobierno del duque de Medinaceli. Los problemas habían comenzado el año previo, cuando el rey impetró al primer ministro que se reincorporara al ejercicio de la presidencia de Indias[153]. La causa eximida por Carlos II eran los achaques de Vicente Gonzaga, pero resultaba difícil abstraerse de los rumores que empezaban a correr por Madrid. Se sospechaba que aquello era consecuencia del ascenso del conde de Oropesa a la presidencia del Consejo de Castilla y de que, en resumidas cuentas, el viento empezaba a soplar a favor de este y contra la privanza de Medinaceli. Uno de los observadores que captaron mejor el ambiente de aquellos meses fue José Antonio Martínez, agente del Consulado en Madrid, quien ejerció de intermediario ante hombres como Veitia y dejó constancia a sus representados de todo cuanto iba aconteciendo[154].

El Consulado se convirtió así en un espectador espantado de aquel drama cortesano, que definitivamente estalló en abril de 1685. La correspondencia consular presentó con cierto pudor la ruina política del primer ministro, dando por buenas las justificaciones corrientes:

> Lo que hay por acá de nuevo es que el señor duque de Medinaceli pidió a su Majestad licencia para dejar la asistencia de primer ministro, respecto de sus achaques y poca salud y en atención a lo mucho que había trabajado y deseado el buen acierto de los negocios de esta Monarquía, y su Majestad le ha concedido la dejación, honrándole mucho en el decreto que en esta razón expidió.

Pese a las formalidades, todo el mundo daba por hecho que si otro ministro le sucediera en el favor real, Medinaceli sería rápidamente desposeído de los puestos que aún mantenía, esto es, los de caballerizo mayor y sumiller

---

152. AGI, México, leg. 277; memorial de Juan José de Veitia, mayo de 1688.

153. AGI, IG, leg. 644; decreto al duque de Medinaceli, 14 de diciembre de 1684.

154. AGI, Consulados, leg. 140; Martínez al Consulado, Madrid, 27 de junio y 19 de diciembre de 1684. La presencia y los contactos con Veitia en la correspondencia de Martínez es muy abundante. Véanse, en general, AGI, Consulados, legs. 133-144, así como el flujo inverso en AGI, Consulados, libs. 56-57. Sobre los agentes consulares en Madrid, me permito remitir a Díaz Blanco (2016).

de corps y la presidencia de Indias[155]. En efecto, ante la emergencia de Oropesa, el gobierno del Consejo retornó a Gonzaga brevemente y, poco después, a Fernando Joaquín Fajardo, marqués de los Vélez. El conde de Baños recibió la dignidad de caballerizo mayor y el conde de Monterrey, la de sumiller de corps[156]. A Medinaceli no le quedaba nada.

Entre las explicaciones recibidas por el Consulado, hay una que resulta sorprendente. Debió impresionar al prior y los cónsules de Sevilla tanto como impresiona al lector de hoy. Martínez les consiguió una copia del decreto de licencia a Medinaceli y les confirmó que «en el ínterin que no hay primer ministro lo será en todo el sr. don José de Veitia»[157]. ¿Realmente sucedió así? No hay confirmación en ningún otro sitio. Si ocurrió, tuvo que ser raramente efímero, incluso para los mudables vientos de la corte. De inmediato, Oropesa hizo valer su momento ascendente y Veitia no solo no se consolidó en la privanza, sino que tampoco pudo mantener la secretaría del Despacho Universal, que quedó en poder de Manuel Francisco de Lira[158]. Veitia paladeó *in ictu oculi* una forma de poder fuera de cualquier horizonte pensable. Pero antes de que aquel instante hermoso y trágico terminara, Ícaro ya se estaba desplomando.

Sábado, 5 de mayo: el rey no se atrevió o no se molestó en explicarle a Veitia su infortunio. Ambos se encontraban en el palacio de Aranjuez, pero en vez de mantener una conversación franca con él, el monarca prefirió enviarlo a Madrid. Supuestamente, debía participar en una junta acerca del asiento de negros de Coymans. Domingo, 6 de mayo: Veitia asistió a la reunión, que tuvo lugar en la casa de Vicente Gonzaga. Allí coincidió con varios colegas del Consejo de Indias, otros ministros y varias personas de respeto. Su presencia «hizo mucho ruido». Lunes, 7 de mayo: Veitia pensaba volver a Aranjuez para continuar despachando, pero le llegó un decreto real en el que se le advertía que no regresara y que, si el correo le encontraba ya en camino, se diese la vuelta y regresase a Madrid. Probablemente, no le extrañó demasiado. Martínez, en cambio, definió el cese como «cosa que ha hecho mucha novedad» y apuntó, abatido: «dicen que todo esto se ha de revolver lo de abajo arriba y no

---

155. AGI, Consulados, leg. 141; Martínez al Consulado, Madrid, 24 de abril de 1685. Algunas consultas de 1685, más bien pocas, así como algunos decretos, testimonian el regreso de Medinaceli a sus obligaciones como presidente de Indias: AGI, IG, leg. 790 y México, leg. 8.

156. AGI, Consulados, leg. 141; Martínez al Consulado, Madrid, 19 de junio de 1685.

157. Apunte al margen en la carta citada *supra* nota 155 (24 de abril de 1685).

158. AGI, Consulados, leg. 141; Martínez al Consulado, Madrid, 10 de julio de 1685.

se sabe quién hace las influencias a su Majestad, sino que todas parece bajan de su propio motu»[159].

Sin embargo, el día 10, Veitia recibió un segundo decreto de Carlos II. Los hechos consumados eran inapelables, pero podían suavizarse. Eso pretendía aquel segundo escrito. El rey le mantuvo honoríficamente la condición de secretario de Estado, le prometió una renta para su mujer de 2000 ducados anuales si enviudaba y concedió a los dos pajes que le servían sendas plazas en las secretarías de Italia y de Guerra. A él le conminaba a seguir acudiendo al Consejo y la Cámara de Indias, donde podía y debía continuar trabajando normalmente, puesto que mantenía su oficio de consejero. Así se lo comunicó al Consejo de Indias, al que impuso la versión de que era Veitia quien había solicitado la dejación de sus funciones:

> Habiéndome representado don José de Veitia que su falta de salud no le permite continuar en el trabajo de la ocupación de secretario del Despacho Universal, suplicándome fuese servido de jubilarle en este empleo, he venido en ello, quedando con entera satisfacción de su persona, méritos y servicios, que tendré presentes para honrarle y favorecerle; y es mi voluntad que por lo que importa su asistencia en el Consejo, Cámara, y Junta de Guerra de Indias, por la mucha inteligencia con que se halla de los negocios que allí se tratan, concurra a estos tribunales cuando su salud se lo permita[160].

Desde luego, aquella versión era una patraña piadosa. Sin embargo, Veitia la aceptó tácitamente, habida cuenta de que le permitía salvar su imagen y conservar un buen oficio en la corte. Otros también la dieron por buena o, al menos, eso afirmaron en público. «Conque está su señoría muy contento y recibe enhorabuenas de haber llegado el caso de descansar con puesto y honor»[161].

* * * * *

Así pasó todo, con la debida dignidad, mientras se abría paso el tiempo de otros. Veitia lo observó desde el Consejo de Indias, donde efectivamente sirvió durante los últimos años de su vida. Por supuesto, no sufría ningún impedimento de consideración, más allá de los trastornos puntuales de toda persona

---

159. AGI, Consulados, leg. 141; Martínez al Consulado, Madrid, 10 de mayo de 1685.
160. AGI, IG, leg. 644; decreto al duque de Medinaceli, Aranjuez, 10 de mayo de 1685.
161. AGI, Consulados, leg. 141; Martínez al Consulado, Madrid, 10 de mayo de 1685.

de edad avanzada. Se encontraba entonces en la sesentena, pero el amor propio que siempre lo había caracterizado lo empujó a perseverar en su puesto a toda costa, hasta el final de sus días. Sistematizó sus participaciones en los acuerdos de la Cámara de Indias y colaboró con la misma asiduidad en las deliberaciones del Consejo de Indias y la Junta de Guerra[162]. Dado que la burocracia de la covachuela ya no ocupaba sus horas, podía dedicarse en cuerpo y alma a sus obligaciones como ministro en la institución que había glosado y loado Solórzano Pereira. Lo leído en la *Política Indiana* se hacía realidad ante sus ojos ancianos pero incansables.

De hecho, nadie habría dicho que no se trataba de un consejero en plena madurez. Tuvo la habilidad –la había tenido toda su vida y no iba a faltarle entonces– de congraciarse con el nuevo presidente de Indias, el VI marqués de los Vélez, que había sustituido a Gonzaga en 1685[163] y obtuvo la presidencia dos años después[164]. Existen testimonios documentales que reflejan la buena sintonía entre Veitia y el nuevo dirigente[165], último que él conoció, así como la buena reputación que mantenía entre los demás consejeros. Cuando hubo que encontrar una solución a problemas de exportación de vinos de Canarias, por ejemplo, el Consejo acordaba: «entréguese al sr. don José de Veitia para que satisfaga a esto por consulta en la forma que tiene entendido»[166]. Y cuando el Consejo se planteó qué postura tomar ante las disputas territoriales que enfrentaban a ingleses y franceses en Norteamérica, también tuvo claro quién debía sopesar la cuestión: «reconózcase lo que hay en la secretaría de esta materia o símil a ella y, juntándose, pase todo al sr. don José de Veitia para lo que su señoría lleva entendido». Veitia preparó una respuesta escrita de varias páginas en la que recomendaba abstenerse de cualquier intromisión en conflictos

---

162. AGI, IG, legs. 790-792 y 1879; Santo Domingo, legs. 3-5; Guatemala, leg. 4; México, legs. 8 y 9; Guadalajara, leg. 2; Filipinas, leg. 3.

163. Gonzaga había vuelto a gobernar el Consejo después de que Medinaceli abandonara la corte; no obstante, sus achaques obligaron a que el marqués de los Vélez lo sustituyera en breve tiempo: AGI, IG, leg. 1863; decreto a Gonzaga, Madrid, 7 de noviembre de 1685. AGI, IG, leg. 644, especialmente decreto a Francisco de Amolaz, Madrid, 12 de junio de 1685.

164. AGI, IG, leg. 645; decreto al marqués de los Vélez, Madrid, 15 de diciembre de 1687. El ascenso de Vélez se debía a su buena sintonía con el conde de Oropesa. Vélez era primo de este, ¡aunque también era cuñado de Medinaceli!

165. AGI, IG, leg. 1496; Veitia a Francisco de Amolaz, Madrid, 22 de octubre de 1686. La máxima muestra de confianza se encuentra en el primer codicilo madrileño de Veitia, que enseguida estudiaremos, donde se señala a Vélez como albacea: AHPM, Madrid, leg. 10711, ff. 384-388.

166. AGI, IG, leg. 645; decreto al marqués de los Vélez, Madrid, 1 de diciembre de 1686. El acuerdo del Consejo, en el sobrescrito, a 3 de diciembre.

ajenos. Por su fecha, mayo de 1688, tres años después de su salida del despacho, parece tratarse de su último escrito político personal[167].

Entre finales de junio y principios de julio, Veitia va desapareciendo de los acuerdos y las consultas del Consejo. Un guiño del destino, sutil, justo, bello a su manera, quiso que aquella última o penúltima decisión versara precisamente sobre Manuel Fernández Pardo. Veitia tuvo que sonreírse al recordar al viejo oficial mayor de la Contaduría Mayor de la Casa de la Contratación, aquel amigo que le había facilitado la consulta del archivo unos veinte años atrás, principal fuente de información para el *Norte de la Contratación*. ¿Cómo interpretaría nuestro hombre aquella casualidad? Probablemente, desde un punto de vista providencialista. Fernández Pardo, que no se encontraba mucho menos avejentado que el propio Veitia, necesitaba una jubilación, que la Cámara no dudó en otorgarle con las mejores ventajas, «con todo el goce de su plaza». ¿Qué otra cosa cabía esperar? Años después, en cierta manera, Veitia saldaba una deuda añeja e importante[168].

Entonces, sus fuerzas se agotaron. Dejó de acudir al Alcázar y se refugió en su hogar, en la collación de San Sebastián. En 1682, Veitia había vendido la casa del Arquillo de la Plata en Sevilla[169] para adquirir una residencia propia en la capital. La operación inmobiliaria fue de notable magnitud. Con su ambición habitual, adquirió varios inmuebles contiguos en una de las esquinas entre la calle de la Magdalena y la de las Urosas[170]. Presumiblemente, pretendía derrumbarlos para unificar el solar y construir una inmensa morada palaciega, acorde con la dignidad de todo un secretario del Despacho Universal.

---

167. AGI, IG, leg. 646; real decreto, Buen Retiro, 10 de mayo de 1688. El Consejo acordó el día 13 y, semana y media después, recibió el «Informe y parecer del sr. don José de Veitia de 23 de mayo de 688 sobre la carta del sr. D. Pedro Ronquillo, tocante al ajuste de las diferencias de Hudsomboye [*sic*, Hudson Bay] entre franceses e ingleses, que su Majestad remitió al Consejo».

168. AGI, IG, leg. 792; consulta de la Cámara de Indias, Madrid, 22 de junio de 1688. En otra fechada el día siguiente, Veitia aparece en la nominilla, pero ya no firma. Solo he encontrado una consulta levemente posterior a estas en AGI, Santo Domingo, leg. 5; consulta del Consejo, Madrid, 1 de julio de 1688 (acordada en 30 de junio) con Veitia en la nominilla y en las rúbricas. Tal vez sea esta la última consulta en la que Veitia participó, aunque la dispersión de la documentación obliga a afirmarlo con cautela. Por supuesto, es un detalle secundario.

169. AHPM, Madrid, leg. 10 703, ff. 239 y 280.

170. AHPM, Madrid, legs. 10 702, ff. 465-481 y 659-673; 10 703, ff. 477-482; y leg. 10 705, ff. 492-503. La calle de la Magdalena mantiene su nombre hoy en día y la de las Urosas fue rebautizada como de Luis Vélez de Guevara. En definitiva, se hizo con el local que se encuentra enfrente del palacio del marqués de Perales, actual Filmoteca Española, aunque la entrada principal a su vivienda, que parece que no llegó a unificar jamás, se encontraba en las Urosas. Estamos en el barrio de las Letras de Madrid, donde las de Veitia no se recuerdan como las de las figuras principales del Siglo de Oro. No obstante, por allí pasaron también.

No hay constancia documental de que acometiera tal proyecto ni de lo contrario, acaso postergado por la falta de liquidez y finalmente abandonado tras la caída en desgracia. Sea como fuere, el lugar pensado como exaltación de su persona se hallaba presto a convertirse en el primer sepulcro de su cuerpo.

A mediados de julio, firmó dos codicilos que actualizaban el contenido de su testamento, protocolizado en Sevilla quince años atrás[171]. Veitia guardaba cama entonces, vencido por la enfermedad. Sabía que no tardaría en morir. Dejó como albaceas a Tomasa, su mujer, así como al marqués de los Vélez, el conde de Villaumbrosa, el marqués de Fuente el Sol[172], Diego Ignacio de Córdoba y Diego de Villatoro, recientes y veteranos colegas en el Consejo y la Casa de la Contratación, o en sus proximidades. Confiaba en ellos en aquel momento postrero, tal como había hecho durante largos años. Les pedía que cerraran sus deudas, que atendieran a su mujer y sus sobrinos, que encargaran 4500 misas por su alma en Madrid y Burgos y, finalmente, que su cuerpo fuera enterrado en el convento de la Merced Calzada, justo al lado de su casa, en la capilla de Nuestra Señora de los Remedios[173].

El maestro fray Andrés González de San Pablo, un influyente teólogo que se movía entre la Suprema y la Nunciatura de España, lo acompañó en sus últimos momentos. Cuando él ya no era capaz de escribir, fray Andrés le prestó su mano para redactar una memoria de mandas. El último papel después de tantos en aquella vida de papeles. Los beneficiarios no son conocidos. Se trata de personas humildes relacionadas con la vida cotidiana del matrimonio: «dos pajecitos», a los que dejaba 50 ducados, y las «seis mujeres que al presente hay en casa», a cada una de las cuales otorgaba 200 ducados. Todas las mandas ascendían a la suma de 1850 ducados, ciertamente elevada, a pesar de lo cual Veitia se disculpaba: «Quisiera yo andar más liberal, mas no lo permite la consideración de mi caudal». A continuación, firmó con un trazo más seguro que en los dos codicilos, pero con una debilidad innegable, que se manifiesta en un corrimiento de tinta y en el ligero desarreglo de la rúbrica, tantas veces

---

171. Solano Pérez-Lila (1981: doc. 3): carta de testamento, Sevilla, 17 de enero de 1673. La transcripción de Solano ha sido una enorme suerte, dado que el legajo se encuentra ya tan deteriorado que no puede ser consultado íntegramente. Entre las partes cuya consulta se deniega, se encuentra toda la documentación de enero y parte de febrero, incluyendo el testamento de Veitia y su mujer. Desafortunadamente, varios legajos del oficio 6 coincidentes con esta cronología se encuentran fuera de consulta por mala conservación.

172. AGI, Consulados, leg. 144; Veitia al Consulado, Madrid, 20 de enero de 1688, en que solicita la escribanía de nao de la flota de Tierra Firme para un antiguo mayordomo del marqués de Fuente el Sol, «con quien continúo siempre la amistad que mantuve en esa ciudad [de Sevilla]».

173. AHPM, Madrid, leg. 10 711, ff. 384-390; codicilos de José de Veitia Linaje, Madrid, 14 y 16 de julio de 1688.

dibujada con mayor finura en los documentos de la Casa y el Consejo[174]. Era lo último que escribía la misma mano que escribió el *Norte de la Contratación*.

Veitia murió el 20 de julio de 1688, según declara su partida de defunción, breve y concisa, como cualquier otra[175]. La burocracia eclesiástica daba cuenta del final del hombre que había controlado la burocracia real. Sin entusiasmo ni indiferencia, sin dedicarle más ni menos atención que a cualquier otro de los fallecidos en cualquier feligresía. Una partida más entre tantas, sin duda, aunque no pueda parecerlo así a quien ha seguido con paciencia todo el discurrir de aquella azarosa vida. El documento confirma que sus restos se confiaron al cenobio mercedario de Madrid, tal como él deseaba, presumiblemente en la capilla de su preferencia. Por desgracia, el lugar ya no existe. Fue demolido tras la Desamortización de Mendizábal y sometido después a desafortunados avatares. No ha quedado un lugar postrero, si no es la memoria.

Que es, precisamente, lo que nos interesa. La memoria. El Consejo, siguiendo su piadosa costumbre, se hizo cargo de la más inmediata y sufragó las honras fúnebres a petición de doña Tomasa Josefa de Murillo, la viuda:

> Señor. Dª Tomasa Josefa de Murillo dice que ha fallecido don José de Veitia, su marido, que fue secretario de Estado y del Consejo, Cámara y Junta de Guerra de Indias, con tan pocos medios como es notorio, siendo imposible sacar de ellos los costos del entierro y funeral, por lo cual suplica a vuestra Majestad se sirva atender con la especialidad que se promete a esta tan urgente necesidad para mandarla librar la cantidad que fuere servido vuestra Majestad para la satisfacción del entierro, como se ha hecho en ocasiones de haber fallecido ministros de su grado, cuya merced espera de la piedad de vuestra Majestad[176].

---

174. AHPM, Madrid, leg. 10 711, ff. 391-392; «Memoria de las mandas que a voluntad de doña Tomasa Josefa de Murillo, mi mujer, dejo para que las cumpla cuando pueda y fuere su voluntad».

175. Archivo de la Parroquia de San Sebastián, Defunciones, lib. 16, f. 166. El original fue localizado por Solano Pérez-Lila (1981: doc. 8). En el curso de la presente investigación, ha aparecido otra copia en AGI, Contaduría, leg. 150 (se entregó al Consejo de Indias para certificar el fallecimiento y solicitar que se entregaran a la viuda Tomasa Josefa de Murillo los pagos adeudados a Veitia).

176. AGI, IG, leg. 1 497; memorial de Tomasa Josefa Murillo, Madrid, 21 de julio de 1688. Tomasa también se encargó de cobrar los últimos pagos adeudados a su marido por su trabajo en el Consejo de Indias, aunque de algunos se encargó el fiel Gaspar Pinedo: AGI, Contaduría, leg. 150. Tras la muerte de Veitia, Tomasa volvió a Sevilla. Allí vivió en su collación natal de la Magdalena y se confió al canónigo Gaspar Esteban de Murillo, su sobrino, hasta que falleció en 1703: AHPSe, PNS, leg. 13 045, ff. 112-114; primer poder para testar a G. E. de Murillo, Sevilla, 19 de junio de 1691; leg. 13 063, f. 1 284; segundo poder para testar, Sevilla 21 de mayo de 1700; leg. 13 070, ff. 429-430; testamento de Tomasa J. de Murillo a través de G. E. de Murillo, Sevilla, 12 de marzo de 1703. En el testamento apareció de nuevo Gaspar de Pinedo como albacea, quien todavía era oficial segundo de la secretaría de Nueva España en 1703.

La Cámara dio lo mejor de sí y, en otra coincidencia digna de no pasarse por alto, recompensó a Veitia tomando como referencia la libranza concedida en 1685 a la viuda del licenciado Tomás de Valdés, aquel censor del *Norte de la Contratación* y, después, compañero y amigo en Madrid. En total, 4000 ducados de plata, que Carlos II ratificó sin expresar el menor reparo[177].

La muerte fue lamentada entre amigos y compañeros. Diego de Villatoro, siempre perspicaz, siempre afectuoso, compartió con el Consulado su «gran sentimiento» y dedicó a Veitia el epitafio más elocuente. Lo llamó «padre de los comercios»[178]. Villatoro quería decir que, como ministro, había protegido a los consulados del mundo hispánico y a las comunidades mercantiles que ellos representaban[179]. Pero el elogio también contenía una exaltación del servicio literario prestado por el *Norte de la Contratación*, que Villatoro leyó y citó en sus escritos con abundancia y devoción[180]. La memoria humana y sus emociones se entrelazaban así con la memoria literaria, que es hacia la que se dirigen las páginas de este libro. Aunque la primera pudiera diluirse sin remedio, la segunda cruzó el tiempo para confundirse con nuestros pensamientos.

---

177. AGI, IG, leg. 792; consulta de la Cámara de Indias, Madrid, 23 de julio de 1688. Veitia, por cierto, había firmado la consulta que concedió los 4000 ducados respectivos a la viuda de su amigo Valdés: AGI, IG, leg. 790; consulta de la Cámara, Madrid, 3 de octubre de 1685.

178. AGI, Consulados, leg. 144; Villatoro al Consulado, Madrid, 20 de julio de 1688.

179. La afirmación de Villatoro es cierta. La relación de Veitia con el Consulado de Sevilla fue bastante intensa durante todos sus años en Madrid. Atravesó altos y bajos, y fluctuó, tensándose especialmente durante las negociaciones de los indultos, pero, en general, Veitia pretendió ayudar siempre que pudo al Consulado. Él mismo presumió en una carta al Consulado de que «en procurar servir al Consulado y comercio, ninguno me lleva ventaja»: AGI, Consulados, leg. 141; Veitia al Consulado, Madrid, 12 de septiembre de 1685. En general, la relación entre Veitia y el Consulado puede rastrearse en la correspondencia consular citada *supra* nota 154.

180. Lo analizamos en el siguiente capítulo.

Capítulo VII
LINAGE DE NORTE: LA TRADICIÓN VEITIANA Y LOS ESTUDIOS HISTÓRICOS SOBRE LA CARRERA DE INDIAS

Obviamente, no puedo prever todos los usos posibles
que puedan obtenerse del material de esta monografía.
Earl J. Hamilton (1947)

El título de este capítulo se apropia de la espinela de Rodrigo Martínez Consuegra para el *Norte de la Contratación.* Decía el poema que, igual que la estrella que marca el norte conduce los bajeles al puerto, el libro llamado *Norte* guiaría en su camino a los ministros del rey. «Y es claro, que mas importe, / Que aquel Linage de Norte, / Este Norte de LINAGE»[1]. Nuestra apropiación es bastante libre. No se trata de repetir el juego de palabras, sino de continuarlo. Pues nuestro «linage de norte» no es el mismo que Consuegra evocó. La polisemia del término linaje nos conduce a otra acepción, la que define a la familia y la descendencia. Por «linage de Norte» nos referimos aquí a un auténtico linaje literario. Aquel «padre de los comercios», por retomar la certera alabanza de Villatoro, engendró una prole de escritos surgida de los temas y los métodos del *Norte.* Una malla de relaciones intertextuales se tejió durante varias generaciones; comenzó en el Siglo de Oro y entroncó mucho después con el pensamiento histórico del siglo XX.

Este capítulo final se desarrolla cronológicamente para reflejar dicha evolución. Primero trata de la recepción del *Norte* durante los siglos XVII y XVIII, durante el período que hemos considerado el *ciclo original* de la obra. Este

---

1. Veitia (1672: s. p.): «Rasgo de el afecto de Rodrigo Martinez Consuegra, Escrivano de Camara de la Real Audiencia, y Casa de la Contratacion».

ciclo original habría comprendido el momento durante el cual el *Norte* fue leído con los mismos propósitos para los que Veitia lo escribió –servir de manual a quienes participaban en una Carrera de Indias caracterizada por el sistema de flotas y galeones– y finalizaría poco a poco conforme el Reformismo Borbónico y las Guerras de Independencia iberoamericanas modificaran y extinguieran la Carrera. Veitia se quedó desfasado entonces y dejó de ser consultado hasta que el siglo xx le dio otra oportunidad. Una segunda vida. Se la brindó la apertura del Archivo de Indias a la investigación académica, que favoreció la emergencia de la tradición veitiana en los nacientes estudios históricos sobre la Carrera de Indias, nuestro «linage de Norte». No obstante, también dio pie a la aparición de alternativas que corregían sus enfoques explícita o implícitamente. A ambos aspectos se dedican el segundo y el tercer epígrafre de manera consecutiva.

Del éxito al olvido: el ciclo original del *Norte* (siglos xvii-xix)

El lector modelo de Veitia Linaje puede deducirse sin muchos apuros de la concepción del *Norte de la Contratación*. Veitia escribía para los individuos que participaban en la Carrera de Indias, desde los oficiales reales que actuaban en nombre del rey hasta los particulares que aprovechaban la estructura náutica para comerciar o viajar a América. Tenía la esperanza de que su guía jurídica pudiera resultarles útil para solucionar problemas prácticos concretos. Junto a ese lector explícito, es lícito sospechar la presencia de otro lector implícito. Veitia también deseaba que otros autores futuros consultasen su obra, la citasen y la aprovechasen para continuar la red intertextual. Igual que él había leído a Solórzano o a Herrera, esperaba que otros le leyesen a él. Esto era lo que Veitia tenía en mente y parece que sus expectativas quedaron sobradamente colmadas.

Documentar la lectura encierra ciertas dificultades. El hecho en sí no suele dejar más huella que el recuerdo interior de una idea o una emoción. Pese a ello, la recepción del *Norte* en su contexto cultural original puede rastrearse hasta cierto punto, suficiente para constatar la buena acogida que disfrutó. En primer lugar, cabe localizar las bibliotecas que cobijaron algún ejemplar de la edición original. El objetivo no es complicado, porque el rastro de los dueños ha quedado reflejado con relativa frecuencia en los propios volúmenes que se han conservado hasta la actualidad, bien en forma de *ex libris* o de meros apuntes. Por ejemplo, fijémonos en los *nortes* que conserva la Universidad de

Sevilla en su Fondo Antiguo. Hay cuatro, de los que tres proceden de bibliotecas de religiosos. Uno perteneció a los jesuitas de la casa profesa; otro, a los agustinos del convento de San Acacio; y el tercero, a los capuchinos del convento de las Santas Justa y Rufina[2]. Las bibliotecas conventuales se encuentran sobrerrepresentadas en esta pequeña muestra, pues la librería universitaria adquirió forma tras las expropiaciones jesuitas del XVIII o la Desamortización de Mendizábal[3]. Pero que no extrañe su presencia. El *Norte* debía de abundar en los conventos hispalenses. Por ellos pasaban o se alojaban los religiosos que iban a Indias, quienes negociaban con frecuencia asuntos económicos o logísticos con la Casa de la Contratación.

Por supuesto, el *Norte* puede encontrarse en otras bibliotecas. Había un ejemplar en la colección de su amigo el conde de Villaumbrosa, catalogado entre los libros jurídicos[4], y había otro en la del marqués de Narros[5] –recuérdese que ambos fueron presidentes de la Casa de la Contratación–. El insaciable Domingo de Urbizu, juez oficial, también poseía un tomo, que el catálogo de su librería incluía entre los libros de a folio[6]. Pedro Pelarte, cónsul de la nación flamenca y alemana –uno de los focos mercantiles dominantes en la Sevilla de Veitia–, guardaba otro ejemplar en su biblioteca, que era rica en obras técnicas sobre el oficio del negociante[7]. Fuera del mundo del comercio no tiene nada de extraño que hubiera tres *nortes* en la biblioteca de Gaspar Esteban de Murillo; probablemente se trataba de los ejemplares que el propio Veitia conservaba[8]. Sin embargo, su colega el canónigo Alonso Navarro del Corro también contaba con uno dentro de su importante colección[9]. El conocimiento de la obra se reducía a las élites urbanas, pero no se limitaba solo a las gentes del comercio.

¿Se abandonaba el *Norte* en aquellas bibliotecas? Poseer libros no equivale siempre a frecuentar su lectura. Sin embargo, existen varios casos en los

---

2. En el orden expuesto se tratarían respectivamente de los volúmenes de la BUS, FA, A 137/119, A 281/082 y A 178/076. El cuarto ejemplar, A 194/338, procede de la colección de Lorenzo Domínguez Pascual, ministro de Instrucción Pública y Bellas Artes y gobernador del Banco de España a comienzos del siglo XX.

3. *Expobus: fondos y procedencias*: https://expobus.us.es/s/fondos-y-procedencias/page/inicio.

4. Maldonado y Pardo (1677).

5. Torrego Casado (2010).

6. AHPSe, PNS, leg. 13 065, f. 1 168; inventario de bienes de Domingo de Urbizu, Sevilla, 1704.

7. AHPSe, PNS, leg. 13 082, f. 970r; inventario de bienes de Pedro Pelarte, Sevilla 1709. Díaz Blanco y Hernández Rodríguez (2021).

8. AHPSe, PNS, leg. 13 082, f. 982. Todos los ejemplares fueron tasados en 12 reales por Bartolomé de Vargas, maestro librero de la calle Génova.

9. AHPSe, PNS, leg. 13 070, f. 1 350r. El ejemplar fue tasado por Bartolomé de Vargas en 24 reales.

que no hace falta darla por sentada. El lector antiguo, imposible de situar en una cronología acotada, parapetado detrás del anonimato, se detiene, toma la pluma y deja escritas sus observaciones con letras menudas, desparramadas por los márgenes o entre los renglones impresos. En esos raros momentos, el análisis puede avanzar un poco más. Volvamos a uno de los ejemplares de la Universidad de Sevilla, el que se encontraba en la colección de los capuchinos. Alguna vez, alguien lo tomó entre sus manos y creyó encontrar un error en un pasaje del libro II. Repasaba el capítulo 13, relativo a la navegación de las flotas y las armadas, en cuyo undécimo párrafo puede leerse: «La navegacion desde el Puerto de Acapulco à la Isla de Maluco, es de 4V leguas». Nuestro lector se percató de la inexactitud, provocada por la proximidad de otra referencia a Acapulco que Veitia realizó escasos renglones después. Ni corto ni perezoso, tachó Acapulco y escribió en su lugar Sanlúcar. No satisfecho con ello, apostilló por segunda vez en la misma frase y, donde Veitia escribía solamente «Estrecho», él añadió «de Magallanes». El pasaje no era lo suficientemente preciso, en su opinión[10].

La atención al detalle nos sugiere la premisa de una lectura atenta. No obstante, su minuciosidad no podía ni compararse con la de otro caso digno de traerse a colación. Quedó reflejado en un ejemplar del *Norte* preservado en la Real Academia de la Historia. Del lector puede especularse que perteneciera profesionalmente al mundo de la navegación o al del comercio. Subrayaba numerosos párrafos sobre ambas materias, glosaba los comentarios de Veitia y, en alguna ocasión, se animaba a redactar una explicación propia. Estos pasajes más personales nos brindan la evidencia de que, como poco, escribía en 1695 y más bien un poco después, a comienzos del siglo XVIII, cuando arreciaba la polémica portuaria entre Sevilla y Cádiz, que constituía su tema predilecto. Este lector desconocido era partidario de la primera y de Sanlúcar y adversario de los progresos de Cádiz. Así, aunque a veces le enmendara algún error, solía coincidir con los planteamientos pro-hispalenses de Veitia. Incuestionablemente, le gustaba el *Norte*[11].

*

---

10. BUS, FA, A 178/076; Veitia, *Norte*, II, p. 160.

11. RAH, 14/11610. Las anotaciones son abundantes, pero se concentran sobre todo en I, p. 188 y II, pp. 106, 157 y 158. Los otros ejemplares de la Academia también contienen signos de lectura, pero son bastante más tenues: RAH, 5/843 y 14/618.

El *Norte* se empleó con abundancia para resolver pleitos judiciales o discusiones políticas. Una vez más, debe suponerse que la mayoría de estos usos jamás dejó rastro documental. Sin embargo, hay suficientes ejemplos para constatarlos. Uno tuvo lugar en 1684, todavía en vida de José de Veitia. La justicia ordinaria de Sevilla había infringido los derechos de un comerciante y el Consulado los defendió ante el Consejo de Indias. El expediente que envió a Madrid recordaba la legislación conculcada, pero obviaba datos que el fiscal desconocía. Al solicitarlos a Sevilla, el Consulado se extrañó, protestando que «todas las cédulas que están expedidas sobre esta materia las tiene citadas el Sr. D. José de Veitia en su libro *Norte de la Contratación*, que todas las más están recopiladas leyes de dicha Casa, por cuya causa pareció superfluo referir las fechas»[12]. El valor de este pasaje se percibe con inmediatez. No solo demuestra la funcionalidad de la obra en un contexto político real como aquel. La reacción del Consulado también testimonia que el *Norte* era un texto que se daba por conocido, hasta el punto de sorprender que un fiscal del Consejo de Indias no lo manejase con soltura. Apenas habían pasado doce años desde su publicación[13].

No solo el Consulado de Sevilla recurría a la obra veitiana. También lo hacía el Consulado de Lima a través de su procurador en la corte, Diego de Villatoro, quien, como ya sabemos, mantuvo una buena relación de amistad con Veitia. La afinidad entre ambos no se limitaba a la simpatía personal. Incluía asimismo una admiración sincera por el valor literario del *Norte*. Se han conservado, al menos, dos muestras de ello. Una es un memorial del Consulado limeño que Villatoro elevó al Consejo de Indias. Dicho memorial protestaba que los oficiales de Panamá y Tierra Firme obligasen a los comerciantes a contratar los servicios de corredores de lonja. Esa imposición era abusiva, porque el recurso a estos intermediarios para cerrar las compraventas solo era opcional y voluntario. Lo había dispuesto una real cédula fechada en 1537, cuyo cumplimiento se exigía y cuya existencia se recordaba a través de una

---

12. AGI, Consulados, lib. 57, f. 79; el Consulado a José Antonio Martínez, Sevilla, 5 de diciembre de 1684. En la respuesta, Martínez incidió en el mismo comentario: «todas las cédulas que están expedidas sobre esta materia las tiene citadas el señor don José de Veitia en su libro *Norte de la Contratación*»: AGI, Consulados, leg. 140; Martínez al Consulado, Madrid, 12 de diciembre de 1684.

13. AGI, Consulados, leg. 100; «Estante nº 3. Libros, obras diversas», documenta un ejemplar del *Norte* en el archivo del Consulado durante el siglo XVIII, pero es evidente que ya estaba ahí desde mucho antes. Si se trata del mismo volumen, como parece, aún lo conservaban en 1823, cuando quedó incluido en el «Inventario de los libros que de orden del Tribunal del Consulado Nacional de Comercio de esta plaza se hallan colocados en la oficina del actual asesor de dicho Consulado, D. Luis Moreno y Herrera», Cádiz, 18 de enero de 1823 (en el mismo legajo).

referencia literaria que Villatoro apuntó sobre el margen del memorial: «Veitia, libro 1º, capítulo 18, número 11, página 120 / libro 1º impreso 431». No es difícil encontrar el pasaje resaltado por Villatoro, que efectivamente dice:

> Qualquiera puede contratar por su persona, ò por la de vn amigo, sin que se le pueda obligar, à que para los contratos, ò ajustamiento de ventas, ò compras se valga de Corredor de Lonja, sino es que de su voluntad quiera hazerlo, como parece por vna cedula dada en el Escurial à 23 de Março de 537, refrendada de Francisco de Eraso.

La nota marginal que acompañaba este párrafo era idéntica a la que había copiado Villatoro y, como ya sabemos, remitía al *Cedulario* de Encinas. Villatoro era un lector completísimo del *Norte*. Encontró en él la base legal para defender la causa de sus representados e incluso localizó, leyendo y entendiendo las notas marginales, la fuente primigenia de la noticia[14].

En uno de sus escritos más elaborados, Villatoro no podía olvidarse del *Norte de la Contratación*. Se trata de un memorial que entregó impreso en el año de 1684. El memorial exponía algunos reparos del Consulado de Lima hacia un servicio de 100 000 pesos que la Corona solicitaba para fortificar Portobelo. Eran tiempos de confrontación bélica contra Francia, por lo que el asunto debía tratarse con suma delicadeza. Villatoro sintió la necesidad de justificar muchas de sus afirmaciones y, como profesional de la materia, sabía que debía acudir a la literatura oficial indiana y a otros géneros próximos o complementarios. Se acordó del *Gobernador cristiano* de fray Juan Márquez, la *Política para corregidores* de Castillo de Bobadilla, la edición de las *Partidas* de Gregorio López o la *Política Indiana* de Solórzano Pereira. Y, por supuesto, se apoyó con frecuencia en el *Norte* –en el que, por cierto, pudo haber hallado las referencias a todas las demás obras–. Por ejemplo, para demostrar el carácter representativo del Consulado de Lima, copió la definición veitiana de los consulados como «cabeza de los comerciantes»[15]; y, para ilustrar la colaboración financiera de los mercaderes con la Corona, subrayó el conocido pasaje que ordena los servicios económicos del Consulado de Cargadores[16]. Estas y otras referencias provenían de los capítulos 17 y 18 del libro I,

---

14. AGI, Lima, leg. 286; memorial del Consulado de Lima, Madrid, s. f. La referencia apuntada por Villatoro remite a Veitia (1672: I, 120, donde encontramos el pasaje y la referencia mencionada al *Cedulario*.

15. Veitia (1672: I, 117).

16. Veitia (1672: I, 116-117).

dedicados respectivamente al Consulado y a los cargadores a Indias, que Villatoro conocía bien y repasó concienzudamente para la ocasión[17].

El *Norte* no solo era útil para los consulados. Dejemos pasar unos años y trasladémonos a 1692. El Consejo de Indias negociaba entonces varias operaciones económicas con los compradores de oro y plata. En las minutas que se conservan de aquellas discusiones, el *Norte* aparece citado como referencia al menos cuatro veces, con una exactitud que merece la pena recogerse. En una de las ocasiones se detalló: «por el *Norte* libro 1, capítulo 33, folio 256 vuelta, se refiere que [...]». Y en otra se dijo: «Reconocido el libro *Norte*, folio 262, refiere que [...]»[18]. Por supuesto, cuando uno acude a comprobar los pasajes, queda patente el rigor de los oficiales reales al extraer las citas del texto veitiano. Todas procedían del magnífico capítulo que Veitia dedicó a los compradores de oro y plata. Según puede observarse, ya era sumamente apreciado a fines del XVII, al punto que funcionaba como fuente de información en los contratos establecidos entre la Corona y los compradores.

Poco después, otro acontecimiento reiteró el valor de aquel capítulo. Estamos a comienzos del siglo XVIII, cuando se dio la quiebra de la casa Morales, hito que significó el fin de las compradurías de metales preciosos en la ciudad de Sevilla[19]. La quiebra derivó en un pleito complicado. Había muchos acreedores que deseaban recuperar su dinero, en cuya defensa el doctor Eugenio Manuel Carrera preparó un pequeño texto impreso que resumía los sucesos y los derechos que sus afectados podían alegar. En un determinado momento, la discusión jurídica entró en una cuestión muy interesante: ¿las compradurías podían considerarse bancos públicos, susceptibles de responsabilizarse de los depósitos que se les confiaban, o solo eran compañías especializadas en la compraventa y amonedación de metales preciosos? La respuesta era esencial para sostener las esperanzas de los afectados, de modo que Carrera construyó una minuciosa argumentación, entre cuyos recovecos se encontraba el recurso a aquel capítulo del *Norte* sobre los compradores de oro y plata:

> Que los que oy se llaman en esta Ciudad Compradores de Oro, y plata sean Bancos, es la dificultad que sin Norte, que guie el discurso, parece insuperable; pero servirà el de la Contratacion, para vencerla. En este pues, en el libro I,

---

17. AGI, Lima, leg. 286; memorial de Diego de Villatoro, s. f. [1684].
18. AGI, Contratación, leg. 4954; expediente de negociación, 1692.
19. Díaz Blanco (2019).

cap. 33 num. 6 (hablando de los Compradores de plata) diz el Señor Don Joseph de Veitia Linaje, su Autor, estas palabras: *Parece que por lo antiguo no eran Compañias, sino qualesquier particular, segun el credito con que se hallaba, formaba BANCO en su casa y la tenia de mas, ò menos comercio, en comprar oro, y plata.* Y en el mismo num. concluye: *Pero con la representacion, que entonces se hizo, de que convenia fuessen Compañia, y afiançasen 40V Ducados, se executò assi.*

La extensa cita, cuya literalidad es también fácilmente comprobable, contenía la palabra adecuada, la definición clave para probar el derecho de los damnificados por aquella ruidosa quiebra, en la que tanto dinero había en juego. El texto en cuestión reincidía en la idea y su insistencia ratificaba el carácter referencial de la obra de Veitia, abundando en el juego metafórico al que invitaba el título: «Siendo pues la citada autoridad del Norte tan clara, es evidente, que estas Compañias son Bancos, con el nombre de compradores de plata, y fuera summa desgracia, que teniendo los depositos buen Norte, fuera su pretension con mala estrella»[20].

Si de pleitos y negociaciones se trata, pocos más célebres que la pugna entre Sevilla y Cádiz por la centralidad portuaria de la Carrera de Indias. Ya sabemos que Veitia vivió los primeros compases de aquel episodio y optó por una defensa cerrada del sistema tradicional, igual que todos los oficiales de la Casa de la Contratación. Sin embargo, el *Norte* era tan rico en informaciones que los partidarios de una y otra opción encontraron en él argumentos para defender sus posiciones[21]. La defensa hispalense podía extraerse con facilidad del *Norte*. Pero la gaditana también fue capaz de utilizar, no sin cierta ironía, sus argumentos. Incluso sus supuestos cambios de opinión después de marcharse a Madrid. Francisco Manuel de Herrera los celebró en su *Representación* de 1726, en la que podemos leer:

---

20. BUS, FA, A109/117(10); Eugenio Manuel Carrera, *Por don Antonio Bernardo de Autor y don Juan de Aragón* [...], Sevilla, 1708, p. 13.

21. *Recopilación de diferentes resoluciones y órdenes de su Majestad, consultas, informes y dictámenes de tribunales, ministros y generales, representaciones de Sevilla y Cádiz, sondeos y reconocimientos de la barra de Sanlúcar y del río Guadalquivir desde la mar a Sevilla y otros papeles sobre si la Casa de Contratacion, el Consulado y la Tabla y Juzgado de Indias debe residir en Sevilla, Cádiz o en otra parte, si los galeones, gloras y demás navíos del comercio entre España y la América han de cargar y descargar en el puerto de Bonanza, junto a Sanlúcar, o en el de Cádiz, buque y fábrica de navíos para esta navegación, regulación de derechos de aduana en Sevilla y Cádiz y otros puntos concernientes a la referida navegación y comercio*, Madrid-Sevilla, Juan Francisco de Blas, s. f. [c. 1722].

Ninguno mas apassionado por Sevilla, à favor de la Barra de San Lucar, y contra la Baìa de Cadiz, que Don Joseph de Beitia, como se puede ver en su libro, intitulado Norte de la Contratacion, que escriviò el año de 672. y aviendo passado de aquel Tribunal à la Secretarìa del Consejo de Indias, mitigados los ardores de su passion con los desengaños, se diò por convencido[22].

¿Podía haber una prueba mejor de la legitimidad de la causa gaditana? ¿Se atrevería alguien a perseverar en un modelo caduco del que había renegado el mismo Veitia Linaje?

* *

Así pues, Veitia acertó al suponer que el *Norte* se encontraría en boca de mercaderes, consulados, ministros reales, capitulares urbanos o religiosos con intereses en Indias. También vio cumplida su esperanza de que fuera apreciado en determinados círculos literarios. El libro, inspirado por la cultura corográfica, se asentó pronto en la historiografía local hispalense. Un lustro después de su publicación, Diego Ortiz de Zúñiga dio a la imprenta sus *Anales eclesiásticos y seculares de la muy noble y muy leal ciudad de Sevilla, metrópoli del Andalucia* (1677)[23]. Entre el historiador y Veitia existieron significativas coincidencias. Ambos colaboraron en la organización de las armadas de Indias[24], siguieron a Mañara como cofrades en la Hermandad de la Caridad, confiaron sus retratos al pincel de Murillo[25] y disfrutaron de la protección del duque de Medinaceli[26]. Ortiz de Zúñiga leyó a Veitia, cuya solidez documental y archivística debieron contribuir a moldear la técnica investigadora tras

---

22. Ravina Martín, ed. (1984: 18, 114 y 117). Ravina destaca en su «Estudio preliminar» la utilidad del *Norte* como fuente pese a las discrepancias entre Veitia y Herrera y subraya también el cambio de opinión de su referente.

23. Edición original en Madrid, Imprenta Real, 1677. Cartaya Baños (2021).

24. La participación de Ortiz de Zúñiga, bastante fugaz, tuvo lugar como veedor interino de artillería entre la muerte de Francisco Antonio Vidal y la ocupación del puesto por Francisco de Alberro: AGI, IG, leg. 1491; el conde de Medellín a Gabriel Bernardo de Quirós, Madrid, 2 de septiembre de 1671; Contratación, leg. 5785, lib. 2, ff. 300v-302v; título, Madrid, 10 de noviembre de 1671 y Contratación, leg. 1008; memorial de Diego Ortiz de Zúñiga, Sevilla, s. f. [febrero de 1676] (en el auto que deliberó sobre este último informe participó, precisamente, Veitia). Zúñiga, además, descendía de Melchor Maldonado, antecesor de Veitia en la tesorería de la Casa, a quien menciona en su *Discurso genealógico de los Ortices de Sevilla,* Cádiz, Pedro Ortiz, 1670.

25. Hereza (2019: 99).

26. Zúñiga dedicó a Medinaceli los *Anales eclesiásticos y seculares* y cuidó durante algún tiempo su mansión sevillana, la *Casa de Pilatos,* incluyendo el archivo, en el que investigó para preparar su obra histórica: Sánchez González (2014: 69 y 116).

los *Anales*. Ortiz dejó constancia de esa admiración al mencionar la Casa de la Contratación. Evocaba el «docto, y noticioso Norte de la Contratacion de las Indias», el «erudito Norte» o la «curiosidad del Norte»[27], cuya fiabilidad ensalzaba por encima de las *Décadas* de Herrera –comparación que tuvo que hacer las delicias de Veitia–.

El *Norte* también se hizo un hueco en la literatura oficial indiana, al lado de los escritores y las obras que Veitia había admirado e imitado. Puede comprobarse leyendo la *Teórica y práctica de comercio y marina* (1724) de Jéronimo de Uztáriz. Su conocido autor era ministro del Consejo de Indias y de la Junta de Comercio y Moneda, y estaba preocupado por la creación de un comercio útil para la regeneración de España, que solo podía pasar por el desarrollo simultáneo de la manufactura nacional. Para la expresión de estas ideas, que no eran excepcionalmente novedosas, Uztáriz contaba con diversos recursos bibliográficos, entre los cuales el *Norte de la Contratación* ocupaba un puesto de mérito. Las referencias a la obra de Veitia eran tan exactas como las que habían figurado en la documentación de los pleitos[28].

Pero el *Norte* no solo fue citado. También fue traducido. El tratado obtuvo cierto reconocimiento más allá de las fronteras de España. Había muchos ejemplares del *Norte* diseminados en bibliotecas de diferentes países, así que es normal que la obra llamase la atención de otros autores en muchos rincones de Europa. En Francia, por ejemplo, el *Norte* fue citado en la edición de 1772 del *Méthode pour étudier l'histoire* del abate Nicolas Lenglet du Fresnoy[29]. En Escocia, William Robertson tampoco prescindió de Veitia para escribir su influyente *History of America* (1777), que además de difundirse entre el público angloparlante, llegó al francés, el alemán o el italiano, gracias a una excelente serie de traducciones comenzada casi inmediatamente después de la edición original[30]. La bibliografía de la obra de Robertson incluía dos entradas relacionadas con Veitia. Una se correspondía con el *Norte* y la otra, con un libro titulado *The Spanish Rule of Trade to the West Indies*. ¿De qué se trataba? De una versión inglesa del *Norte* que llegó

---

27. Ortiz de Zúñiga (1677: 422 y 559-560).
28. Uztáriz (1757 [1724]: 186 y 206): «Don Joseph de Veytia, en su Norte de la Contratacion de las Indias, lib. 2. cap. 14. dize, que en el año de 1662, se reglaron [...]», y «La Armada, ò Esquadra de Barlovento, servìa (segun refiere Don Joseph de Beytia, en el lib. 2. capit. 5. de su citado Norte de la Contratacion) para recorrer las Islas, y costas de las Indias [...]». Sobre el autor: Fernández Durán (1999).
29. Lenglet du Fresnoy (1772: XIV, 146).
30. Robertson (1780 y 1827).

a conocer tres ediciones, la primera en 1702, la segunda en 1711 y la tercera y última en 1720[31].

La traducción del *Norte* conduce hacia una persona en particular: William Hodges, que fue un comerciante inglés que trabajó en Cádiz durante veinte años, desde 1680 hasta 1700[32]. Por tanto, convivió y faenó con los mercaderes andaluces precisamente durante aquellos decenios en los que el *Norte* se convirtió en un vademécum profesional. Sin duda, fue su lector y aprendió a apreciarlo. De hecho, aún se conserva el ejemplar que le pertenecía, en cuya portada puede leerse en la parte superior izquierda «Wm» y, a la derecha, «Hodges»[33]. Tras su regreso de España, Hodges ennobleció, entró en política y se convirtió en Sir William Hodges, baronet, miembro del Parlamento inglés y del Banco de Inglaterra, pero también dedicatario de *The Spanish Rule of Trade*. Aquel inglés promocionó la publicación de aquel libro que leyó en Cádiz y nunca olvidó.

The Spanish Rule of Trade merece una valoración superior a la que ha recibido en el pasado. Clarence H. Haring, uno de los mejores conocedores del *Norte* durante el siglo XX, apenas lo consideraba un «resumen muy abreviado del original» y lo despachaba con una simple nota a pie de página[34]. Sin embargo, esa brevedad que causaba la indiferencia de Haring formaba parte de la adaptación del *Norte* al público inglés. La obra no se tradujo literalmente, como denota el cambio de título. «I have not, in the Englishing of this Work, confin'd my self to the Rules of Translation»[35], reconocía el traductor. Se trataba del capitán John Stevens, acaso el mejor hispanista británico a comienzos del siglo XVIII, quien actuó como mediador cultural y transformó el texto veitiano para hacerlo más asequible a un público inglés especializado[36].

La clave adaptativa residió, precisamente, en abreviar. En dejar, según palabras del propio Stevens, «what was solid and material, without swelling the Volume to a needless bulk with those things that are no way Beneficial or

---

31. Stevens (1702 [reeditado en 1720] y 1711). Aunque Stevens aparece como autor, realmente es el traductor-adaptador de la obra de Veitia, como él mismo explica.

32. Carrasco González (1996 y 1997).

33. Digitalizado en Google Books. La rúbrica en la portada del volumen está un poco forzada y, por esa razón, varía un poco respecto a la que encontramos en los protocolos notariales de Hodges. Pero no cabe duda de la identificación. Véase, por ejemplo, AHPSe, PNS, leg. 13 082, f. 151.

34. Haring (1979 [1918]: XII, nota 2).

35. Stevens (1702: «The Preface»).

36. Véase su perfil biográfico en *Biblioteca Virtual de la Filología Española*, dirigida por Manuel Alvar Ezquerra: http://www.bvfe.es/autor/10730-stevens-john.html.

Instructive»[37]. Casi todos los paratextos fueron eliminados; muchos capítulos se retiraron también o se les suprimieron diferentes párrafos; y el aparato de notas marginales fue sustituido por otro más sencillo, en el que las referencias bibliográficas y archivísticas dejaron paso a glosas temáticas, que indicaban la materia sobre la que abundaba el texto principal. El resultado era un volumen mucho más liviano que el original, en el que los treinta y siete capítulos del primer libro del *Norte* quedaron reducidos a veinticuatro. Para quien conociera la versión original, las modificaciones saltaban a primera vista. No obstante, al rematar el último capítulo, Stevens resumió cómo había actuado. Así, antes de cerrar el libro, el lector podía leer la siguiente advertencia:

> Much more the Author adds in this Chapter, but the greatest part has been already mention'd under the proper Heads; other things there are of no moment, some foreign from the matter, and several instances of what has been done, which was never a Rule, not practis'd now. I have thought fit not to enlarge too much, and therefore omit all that may not be of some benefit or satisfaction[38].

El resultado final tal vez pudiera resultar menos útil para un historiador del siglo xx. Pero se ajustaba mucho mejor a las necesidades de los comerciantes ingleses del siglo xviii, que pudieron adquirir la obra en la librería londinense de Samuel Crouch, un negocio especializado situado justo enfrente del *Royal Exchange*[39].

Los cambios obedecían a esa finalidad, la de ajustarse a los gustos de un público determinado. No se trataba de corregir a Veitia. Antes al contrario, tanto él como su obra eran ensalzados de una manera que ilustra el aprecio internacional que alcanzaron en el ápice de su fama, a principios del xviii. El autor era presentando en portada como «D. Joseph de Veitia Linage, Knight of the Order of Santiago, and Treasurer and Comissioner of the India-House». Stevens –y Hodges a través de él– fue uno de los primeros en considerar literariamente que la fiabilidad del *Norte* procedía de la experiencia profesional de Veitia:

> The Author of this Book, D. Joseph de Veitia Linage, a Person of Quality, as being Knight of the Order of Santiago, and of the King's Council, and

---

37. Stevens (1702: «The Preface»).
38. Stevens (1702: 367).
39. Sobre la librería de los Crouch: Mayer (1994).

sufficiently inform'd in the Subject he treats of, as being one of the Commission-ers, and Treasurer of the Casa de Contratacion, or India-House[40].

Por tanto, el libro podía consultarse con total garantía. Stevens llegaba a definirlo como

a Work exceedingly esteem'd in Spain, and is the General Guide of all Spanish Traders to those Parts, as being a genuine Summary of all the Laws which that wise Council have in Two Hundred Years time thought fit to establish for the bet-ter Conduct of this profitable Trade[41].

Había algo de propaganda en la recomendación. Había que vender el libro. Pero lo cierto es que el público inglés estuvo de acuerdo. De ahí que la obra se reeditara otras dos veces y alcanzara una suerte editorial superior in-cluso a la del *Norte* original[42].

* * *

La admiración de Jerónimo de Uztáriz, las traducciones inglesas de Hodges y Stevens, y la aplicación práctica en circunstancias tan señaladas como los plei-tos entre Sevilla y Cádiz abarcaban la culminación de la influencia literaria del *Norte* en los primeros decenios del XVIII. No puede decirse que su prestigio se desvaneciera completamente después. Ya hemos mencionado las referencias al *Norte* en las obras de Lenglet du Fresnoy o Robertson, a las que deben aña-dirse las que incluyó Rafael Antúnez y Acevedo en sus célebres *Memorias his-tóricas sobre la legislación y gobierno del comercio de los españoles con sus colonias en las Indias Occidentales* (1797). Antúnez, ministro togado del Con-sejo, justificaba su obra alegando «la ignorancia de la historia de nuestro co-mercio con las Indias», «porque es muy difícil, si no imposible, acertar en las variaciones políticas, cuando se ignoran los antecedentes y motivos en que se fundaron los establecimientos que se trata de alterar». Las *Memorias* se apo-yaban en una importante bibliografía, pero dentro de ella destacaba una tri-logía a la que consideraba «únicos depósitos generales» sobre la materia. La formaban la *Recopilación*, el *Cedulario* de Encinas y, finalmente, el *Norte de*

---

40. Stevens (1702: «The Preface»).
41. Stevens (1711: «To the Reader»).
42. Díaz Blanco (2021).

la Contratación, al que todavía ensalzaba más sobre cualquier otro: «es mucho mas util, y aun necesario, porque ademas de alcanzar hasta el último tercio del siglo pasado, consultó el autor el tesoro manuscrito de los libros de la Casa de Contratacion, examinándolos con infatigable diligencia». La obra de Veitia aparece como un auténtico pilar de la de Antúnez, algo que puede comprobarse fácilmente rastreando las numerosas citas textuales[43].

El *Norte* entró entonces en ese museo de libros célebres que es la *Bibliotheca Hispana* de Nicolás Antonio. Por razón de escasos meses, no pudo entrar en el elenco de autores de la *Nova* original, publicada en 1672. La gran joya bibliográfica y el *Norte* aparecieron el mismo año, pero ambas estaban ya redactadas en 1671, así que en vano se buscará a Veitia entre los registros de Antonio. Sin embargo, un siglo después, cuando se publicó la segunda edición de la *Bibliotheca* en la Tipografía Real de Joaquín de Ibarra, se tuvo cuidado de no olvidar aquel tratado. La entrada correspondiente ofrecía una síntesis biográfica bastante competente, que daba cuenta del paso de Veitia por la Casa, el Consejo y la Secretaría del Despacho Universal, así como una referencia exacta del volumen publicado por Juan Francisco de Blas en 1672[44].

El *Norte* nunca fue olvidado del todo. Sin embargo, es innegable que su influencia mermó conforme avanzaba el siglo xviii y, especialmente, durante el siglo xix. Las razones, como ya adelantamos, residían en la evolución del marco jurídico y político del comercio atlántico. A causa de las Reformas Borbónicas y de las Guerras de Independencia, la Carrera de Indias dejó de ser como había sido en el xvii y, en el tránsito a la Contemporaneidad, desapareció. A medida que la realidad se alejaba de las explicaciones literarias del *Norte*, este perdió vigencia y utilidad y, por tanto, dejó de ser frecuentado por los lectores. A muchas obras del siglo xvii les pasó lo mismo, acaso a la mayoría. Solo la inmensa minoría de clásicos creados por Cervantes, Góngora, Quevedo o Calderón alcanzó de alguna manera el don misterioso de la atemporalidad –y aun entre ellos caben dinstiguir oscilaciones en su recepción–. En los demás casos, al agotarse los contextos en los que surgieron, los escritos dejaron de suscitar interés. Lo que distingue al *Norte* de muchos de sus compañeros de generación es que, por pura casualidad, doscientos años después de publicarse, afloró un nuevo contexto que le dio un sentido diferente.

---

43. Antúnez y Acevedo (1981 [1797]). Todas las citas proceden de la *Advertencia* preliminar.

44. Antonio (1783: II, 822). De hecho, la nota se basaba en los escritos del propio Nicolás Antonio. Esta segunda edición de la *Bibliotheca* fue ampliada por los responsables de la Biblioteca Real de Madrid con el propio material del bibliófilo que conservaba la institución.

EL *NORTE* Y EL ARCHIVO DE INDIAS: LA FORMACIÓN
DE LA TRADICIÓN VEITIANA

Las historias del Archivo de Indias suelen privilegiar el momento de su creación dieciochesca. José de la Peña y Cámara, que dirigió el Archivo entre
1952 y 1967, pensaba que existía un segundo hito al que debía concederse
tanta importancia como a este primero: su refundación como archivo público del Estado a fines del siglo XIX, cuando cesó su dependencia del abo-
lido Ministerio de Ultramar y se puso bajo la administración del Ministerio
de Instrucción Pública. «Fue ello un gran bien en muchos sentidos», argu-
mentaba con legítimo orgullo profesional, «y especialmente porque quedó
desde entonces, al igual que los demás, servido por el Cuerpo facultativo
de Archiveros, Bibliotecarios y Arqueólogos y abierto a la investigación
histórica»[45]. El momento, en efecto, es esencial. El Archivo, nacido como
archivo secreto de la Monarquía, renació como archivo público del Estado
nacional. En el primero investigar era un privilegio que requería licencia.
En el segundo, era un derecho que podía ejercer cualquier ciudadano si demostraba la cualificación necesaria. En el primero se hacía historia oficial,
es decir, propaganda. En el segundo se hace historia académica, pensada
para analizar críticamente el pasado. El archivo en el que entramos hoy no
es exactamente el de los ilustrados del Antiguo Régimen. Es más bien el de
los liberales del siglo XIX. O, con mayor exactitud, el resultado de superpo-
ner todos estos estratos.

La refundación decimonónica produjo la entrada generalizada de los investigadores en el Archivo de Indias. Los resultados no se hicieron esperar y
tuvieron como primeras beneficiarias a las historias nacionales latinoameri-ca-
nas. El caso chileno es uno de los que mejor ilustran la apasionante fecundidad
intelectual de este momento. Sus investigadores sentaron en un corto período
de tiempo las bases de su historia patria desde varias perspectivas. La más evidente es la estrictamente literaria, cuyo corolario reside por antonomasia en la
portentosa *Historia General de Chile* (1884-1902), en dieciséis volúmenes, de

---

45. Peña y Cámara (1958: 57 y 73): «aunque el Archivo de Indias no haya sido archivo público, propiamente tal, hasta que, en igualdad con los demás archivos del Estado, pasó a depender del Ministerio
de Instrucción Pública (hoy, de Educación Nacional) y quedó servido por el Cuerpo Facultativo de Archiveros». Aclara, a continuación, que antes de ese hito podían plantearse consultas al Archivo o incluso re-
cabarse licencias excepcionales para manejar la documentación, entre las cuales una de las primeras que
aparecen documentadas correspondió a Washington Irving.

Diego Barros Arana[46]. Pero no debe pasarse por alto la dimensión archivística en sí, que incluyó la copia masiva de los fondos documentales relacionados con Chile. Nacieron así las colecciones con las que se fundaron los grandes repositorios nacionales, el Archivo Nacional Histórico y la Biblioteca Nacional: el fondo Vicuña Mackenna, el Morla Vicuña, los Manuscritos Barros Arana y, emblemáticamente, los Manuscritos Medina[47]. Estos últimos se hallan custodiados en la sugerente Sala Medina, ese rincón inefable donde el tiempo gotea sin prisas. En la parte superior, un ciclo iconográfico conmemora la odisea investigadora de José Toribio Medina. No podía faltar la representación de Sevilla –vista desde el río, con el muelle en primer término y la catedral y la Giralda dominando la ciudad– y mucho menos la de la Lonja de Mercaderes. En el corazón de Santiago de Chile, a más de diez mil kilómetros de la capital andaluza, la imagen celebra cómo aquel Archivo de Indias refundado, abierto a los investigadores, sirvió de matriz para las corrientes históricas y los archivos de Hispanoamérica.

La historia académica de la Carrera de Indias nació poco después, a comienzos del siglo XX, siguiendo la estela de estas grandes escuelas históricas. Su primera cantera documental se situó en la sección Contratación, es decir, entre los fondos donde Veitia investigó en el siglo XVII –aunque reordenados por Céan Bermúdez, como ya sabemos–. Ese fue el nuevo contexto que posibilitó la segunda vida literaria del *Norte de la Contratación*. La obra había dejado de servir como guía para políticos y mercaderes. Pero se convirtió en una herramienta de trabajo para los primeros investigadores de la economía atlántica en el Archivo de Indias. Tras todo lo que llevamos dicho, no será difícil entender por qué. El *Norte* no solo proporcionó a estos pioneros explicaciones conceptuales sobre casi cualquier tema relacionado con la Carrera. También les dejó una indicación sobre qué series documentales eran más adecuadas, cómo eran y cómo utilizarlas. El minucioso afán veitiano por explicar y detallar sus fuentes –que repasamos en el capítulo IV– se convirtió en una bendición para el pensamiento histórico de comienzos del Novecientos.

*

---

46. Barros Arana (1884-1902). Ahora es mucho más sencilla su consulta gracias a la reedición de Barros Arana (2000-2005).

47. Archivo Nacional Histórico de Chile (2009); Feliú Cruz (1952).

No es sencillo identificar a la primera persona que abrió estas nuevas vías. Si es que hubo tal persona –siempre debe desconfiarse de las narraciones excesivamente lineales–. No obstante, empezaré esta presentación con la figura de José Manuel Piernas Hurtado (1843-1911). José Manuel Piernas puede ser propuesto con buenos criterios como el iniciador de estos estudios en el Archivo de Indias. No es que su trayectoria y obra requieran una reivindicación particular. Fue un notorio catedrático de Hacienda Pública de la Universidad Central de Madrid[48], al que se recuerda por obras como el *Tratado de la Hacienda Pública* (1884) o los *Principios Elementales de la Ciencia Económica* (1903). Sin embargo, también publicó un ensayo titulado *La Casa de Contratación de las Indias* (1907), que suele pasar desapercibido al lado de sus principales tratados técnicos. Es cierto que se trata de una obra tentativa, casi un boceto. Pero acertó a señalar los caminos en los que otros avanzarían más poco tiempo después[49].

Piernas partía de un enfoque bastante avanzado para la España de comienzos del xx. Seguramente, fue de los primeros en asomarse al potencial de las Ciencias Sociales para renovar la praxis histórica. Relativizaba la Historia Política a fin de resaltar la utilidad social de la Historia Económica. Según protestaba, la Historia se había dedicado demasiado a «la cronologia de los Reyes, á la sucesión de favoritos y gobernantes, á los actos de unos y otros y á los sucesos de las guerras civiles ó internacionales». Todo eso no ofrecía más que el «esqueleto de aquellas organizaciones sociales [del pasado], cuando lo que necesitamos es animarlas, reconstituirlas por entero», decía con preocupaciones regeneracionistas características de la España posterior al 98. «Las investigaciones más útiles acerca de lo que [España] fue son aquellas que recaen sobre materias económicas»[50].

Esta premisa dio coherencia a la aproximación de Piernas a la historia americana. Como tantos contemporáneos suyos, que vivieron el cierre definitivo del Imperio, Piernas consideraba el Descubrimiento de América como el «hecho más culminante de nuestra historia en la época moderna»[51]. Sin embargo, su punto de vista le empujó a priorizar los efectos económicos del hito. Los entendía negativos. Retomando la tradición arbitrista, propuso la

---

48. Eloy Fernández Clemente, «José Manuel Piernas y Hurtado», http://dbe.rah.es/biografias/9422/jose-manuel-piernas-y-hurtado.

49. La pequeña obra se había publicado originalmente poco a poco, en diferentes artículos aparecidos en las revistas *La Lectura* y *Ateneo*.

50. Piernas Hurtado (1907: 7).

51. Piernas Hurtado (1907: 8).

hipótesis de que España no se había enriquecido gracias a América, sino todo lo contrario. España se había empobrecido materialmente persiguiendo su afán evangelizador allende el océano[52]. Como buen economista, se planteó construir índices cuantitativos que probaran tales postulados. Nunca terminó ese trabajo, pero sí lo empezó. Fue la razón que lo trajo a Sevilla en 1906, aprovechando una excedencia universitaria a la que llamó «vacación académica forzada».

Cuando llegó al Archivo de Indias, le desagradaron las malas condiciones materiales que había[53]. Sin embargo, se entusiasmó al poder avanzar un paso en su razonamiento. Piernas llegó a una conclusión preciosa: el *quid* se encontraba en el conocimiento de la Casa de la Contratación. «Sirvió como clave á nuestra economía nacional y financiera por espacio de doscientos ochenta y siete años. Si llegáramos á conocer la historia de aquella célebre *Casa* tendríamos hecho el capítulo más importante en los anales de la riqueza española»[54]. Esa historia podía escribirse y quien la afrontara encontraría la herramienta más útil en los legajos de la sección Contratación. Consciente de que no tendría oportunidad de desarrollar toda la investigación, Piernas se esforzó en bosquejar un retrato institucional de la Casa con el que espolear a eventuales continuadores.

¿Cómo concibió Piernas Hurtado estas ideas? Hoy, tras décadas de historiografía, pueden parecernos evidentes, pero a comienzos del siglo XX no había tantas referencias a las que aferrarse. En parte se las inspiraron algunos oficiales del Archivo, Antonio Jiménez Placer y Francisco Javier Delgado, autores al parecer de pequeñas indagaciones sobre los orígenes de la Casa. También los catálogos del Archivo, que él fue uno de los primeros investigadores en repasar con objetivos académicos modernos. Y finalmente un virgilio particular llegado de tiempos pretéritos: José de Veitia Linaje. A Piernas no le deslumbraba conceptualmente su obra. Al juzgarla con criterios contemporáneos, lamentaba que no explicara más que los aspectos formales de la Carrera. Sin embargo, no ignoraba el valor instrumental de este conocimiento:

---

52. Piernas Hurtado (1907: 54-55).

53. Piernas Hurtado (1907: 57-62): «El Archivo de Indias se halla casi abandonado, no está siquiera acabado de formar, no tiene el local bastante, ni el personal, ni la organización, ni los elementos que corresponden á la importancia de aquel precioso depósito que debiéramos mirar como sagrado». Su opinión sobre Simancas era prácticamente idéntica. Resalto el fragmento, entre otros, porque me parece útil recordar las modestas condiciones del Archivo cuando se convirtió en la meca de investigadores que hoy, un siglo después, reconocemos.

54. Piernas Hurtado (1907: 12).

El autor, que sirvió durante treinta años en la *Casa* y fué Tesorero de ella, conocía muy bien su mecanismo, y le expone minuciosamente, citando siempre los textos y documentos oficiales en que se apoya. Utilísima para saber cuál era la organización de aquel famoso Establecimiento, y así hemos de aprovecharla[55].

El *Norte* no encerraba las respuestas que demandaba el análisis económico de 1900. Pero sí mostraba los caminos para hallarlas. Esos caminos llevaban al Archivo de Indias y otros después de Piernas se adentraron en lo más profundo de sus recovecos.

* *

Clarence H. Haring es un autor clave entre los primeros estudios sobre la Monarquía Hispánica de la Edad Moderna en Estados Unidos. Nacido en Filadelfia en 1885, estudió en la Universidad de Harvard, donde un gran modernista, el profesor Roger B. Merriman, le inculcó el «interés inicial por las cosas de España y de la América española»[56]. Fruto de un temprano periplo europeo, apareció su primer libro sobre *Los bucaneros* (1910). No obstante, la obra que realmente lo consagró fue *Comercio y navegación entre España y las Indias en la época de los Habsburgo* (1918), que se benefició de largas estancias de investigación en el Archivo de Indias. Después, en plena madurez, llegaron otros trabajos, especialmente *El Imperio hispánico en América* (1947), que lo confirmó como una de las personalidades más relevantes dentro de su ámbito de conocimiento. Con tal prestigio falleció en 1960[57].

Comercio y navegación, publicado originalmente por la Universidad de Harvard, es uno de los títulos esenciales sobre la Carrera de Indias, acaso la primera gran obra moderna sobre la materia. Un auténtico *capolavoro* que todavía hoy puede leerse con mucho provecho. El siglo transcurrido desde su aparición no lo ha envejecido y eso se debe tanto a la habilidad de Haring como al valor perenne de la información archivística. Haring pudo trabajar cómodamente en el Archivo de Indias durante los años en los que Pedro Torres Lanzas ocupaba su dirección. Nadie mejor que el propio beneficiario podía apreciar el valor de aquella oportunidad: «La meta de todos los que investigan la historia colonial española es la gran colección de documentos oficiales

---

55. Piernas Hurtado (1907: 13-14).
56. Haring (1979 [1918]: VIII).
57. Cline (1960). Las obras citadas: Haring (2003 [1910] y 1966).

317

comprendida en el Archivo de Indias y conservada en la Bolsa de Mercaderes o Casa Lonja de Sevilla». Individuo ciertamente privilegiado, también tuvo ocasión de consultar el Archivo Histórico Nacional y lo que entonces se conocía como la Dirección de Hidrografía. Pero allí no halló más que fuentes complementarias para su estudio. «Se puede estudiar muy bien el comercio colonial de España de los Habsburgos sin visitar Madrid»[58].

Haring llegó a conocer muy bien el Archivo de Indias. Sin embargo, si se analiza pormenorizadamente su trabajo, tanto la gran monografía de 1918 como algún artículo previo de importancia, salta inmediatamente a la vista una marcada preferencia por los fondos de Contratación. La temática elegida podría –o incluso debería– haberle llevado hacia otras secciones. Los papeles del Consejo de Indias le habrían ofrecido un manero inagotable de información, tanto los de Gobierno –especialmente el Indiferente General– como los de la Contaduría. Sin embargo, Haring limitó casi todos sus pasos a los legajos procedentes de los oficiales de la Casa. ¿Por qué? La respuesta apunta hacia el *Norte de la Contratación*.

La influencia de Veitia sobre Haring es evidente y la debía, según reconocía, al «sugestivo ensayo» de Piernas Hurtado. Para Haring el norteamericano, el valor de Veitia como tratadista residía en su conocimiento práctico como tesorero de la Casa, que era paradójicamente la «circunstancia que explica también las principales lagunas de su libro». Una vez más, se deploraba al «funcionario celoso» que había en Veitia, «más interesado en las fórmulas de administración y en las particularidades de precedencia y etiqueta oficiales que en la vida y espíritu de la institución a la cual pertenecía y en su influencia sobre el bienestar común». Con todo, las virtudes pesaban más que los defectos y el *Norte* se convirtió para Haring en el paradigma de la Carrera de Indias, tal como lo había sido antes para Piernas Hurtado. De hecho, el propio Piernas sirvió como modelo intermedio para Haring: «es muy estimulante y exita [*sic*] nuestro apetito para desear algo más del mismo autor distinguido, cuyo libro no excede mucho los límites de un programa para subsecuente desarrollo»[59]. Como ya sabemos, Piernas no desarrolló el programa, así que Haring se encargó de la labor.

Después de los archivos y los repertorios documentales publicados desde el siglo XIX, Haring puso el *Norte* en el primer puesto de sus referencias en la introducción bibliográfica. Lo consideraba una «obra extraordinariamente

---

58. Haring (1979 [1918]: IX-X).
59. Haring (1979 [1918]: XII y XIV).

valiosa y que en todos sentidos constituye una "fuente"», ya que se trataba del «único tratado de la organización del comercio colonial hispánico antes del siglo XVIII», es decir, durante aquella época de los Habsburgo que él se había propuesto estudiar. Dicho de cierta manera, y salvando todas las distancias necesarias, el *Norte* era el único equivalente de lo que él deseaba hacer creado en el período que le interesaba. O, dicho al revés, *Comercio y navegación* sería una versión moderna del *Norte*, con un mismo espíritu, pero confeccionada con criterios y métodos más adecuados a comienzos del siglo XX[60].

El propio título de la obra entroncaba con los contenidos del *Norte*. Dos grandes temas tenían el protagonismo: el «comercio» y la «navegación». En ambos puede reconocerse con facilidad el mismo díptico que daba forma al *Norte*, cuyo primer libro estaba dedicado a la contratación y el segundo a la gestión de las flotas y armadas de Indias. Es más, Haring asumió incluso la estructura macrotextual. Dividió su obra en dos «partes», equivalentes a los «libros» de Veitia, y le dio a cada una un título bien sencillo y preciso. La primera se llamó «Comercio» y la segunda, «Navegación». Imposible concebir una propuesta más eficaz. El paralelismo con el *Norte*, ni que decir tiene, era robusto[61].

El *Norte* se hallaba omnipresente entre las páginas de *Comercio y navegación*. Solo la apertura de la obra era ya una auténtica declaración de intenciones, en tanto que su primer párrafo reproducía el primero del *Norte* con leves variaciones. Inmediatamente a continuación, Haring homenajeaba al autor de aquellas palabras, el «real Consejero Veitia Linaje», cuya «esmerada y erudita obra» era el «único tratado sobre la materia antes del siglo XVIII». Aunque en los siguientes renglones reconociera la necesidad de matizar las palabras del XVII, justificando así la oportunidad de la investigación del siglo XX, el lector percibe de inmediato la importancia del diálogo literario que Haring establecía con Veitia. Si la cuestión no le hubiese quedado clara repasando la introducción bibliográfica, aquel primer capítulo lo proclamaba sin ambages[62].

Tras la primera cita, pretendidamente efectista, venían muchas más. El recurso a Veitia como fuente de información era continuo. No tiene sentido contabilizar cuántas veces aparece citado el *Norte* en el aparato crítico; basta una mirada superficial para percibir la enorme abundancia de referencias.

---

60. Haring (1979 [1918]: XII).

61. Haring (1979 [1918]: 1 y 249). Curiosamente, la terminología no aparece repetida en el índice general (439-442), de modo que puede llegar a pasar desapercibida.

62. Haring (1979 [1918]: 3).

Al mismo tiempo, Haring no dejó de reservarle huecos en el texto principal. Tratando las disputas portuarias entre Sevilla y Cádiz, fue el primero en advertir la preferencia hispalense en la obra de Veitia[63], cuestión sobre la que la historiografía se apasionaría años después. Al explicar el dominio de la producción internacional en las cargazones de los convoyes, Haring admitía que el contrabando era la consecuencia inevitable, pero advertía que el Gobierno «recompensábase a sí mismo imponiendo grandes multas o indultos que a la vez le suministraban eventualmente un medio propicio de represalia contra naciones hostiles». En casos de este tipo, el *Norte* era una fuente de máxima fiabilidad, pues «en su carácter de tesorero de la Casa de Indias, Veitia Linaje tomó parte en procesos de este género»[64]. Veitia ofrecía tantas garantías que a veces servía para corregir las propias fuentes, leyes que a lo mejor habían sido aprobadas en algún momento y que en el siglo XVII ya no tenían ninguna vigencia[65]. La supuesta superioridad del *Norte* sobre la *Recopilación de Leyes de Indias* era una idea atrevida pero defendible. Su propuesta fue, entre tantos adjetivos encomiásticos, la alabanza más sutil al tratado seiscentista que iluminó la obra de Haring[66].

* * *

Otro norteamericano llegó a España algunos años después. Se llamaba Earl Jefferson Hamilton. Al igual que Haring, se había educado en la Universidad de Harvard, pero en vez de decantarse por la Historia General, se especializó en Historia Económica. Recién terminados sus estudios, empezó a trabajar en la Universidad Duke en Durham. La Duke era, y es, una de las universidades privadas más prestigiosas de Estados Unidos y ofreció a Hamilton unas posibilidades privilegiadas para llevar a cabo una investigación excepcionalmente perspicaz y exitosa. Quedó exonerado de docencia durante tres años y tuvo acceso a varias fuentes de financiación procedentes de Harvard, fundaciones privadas y organismos públicos[67]. Gracias a estas afortunadas circunstancias,

---

63. Haring (1979 [1918]: 14).
64. Haring (1979 [1918]: 143).
65. Haring (1979 [1918]: 383).
66. El aprecio de Haring a la *Recopilación* era menor del que cabía esperar. Sorprende el escaso aprecio que le profesaba, más bien: «estas leyes de Indias constituyen muy flaco apoyo para el estudio del desenvolvimiento [*sic*] histórico [...], siempre que me ha sido dable, he desechado las Leyes de Indias como autoridad única y por regla general me he referido a éllas [*sic*] sólo a falta de mejor fuente». Haring (1979 [1918]: XIII).
67. Hamilton (2000 [1934]: 10).

Figura 7.1. Earl J. Hamilton en España con su hija Sita (1929)
Fuente: colección Sergio M. Rodríguez Lorenzo

Hamilton realizó varias estancias de investigación en Europa, en compañía de su mujer Gladys Dallas Hamilton, verdadera coautora del proyecto[68], y de su hija Sita, «que cruzó el Atlántico a la edad de seis semanas y recorrió España durante dos años en busca de papeles viejos»[69].

La odisea de los Hamilton surgió al hilo de una investigación que, como es bien sabido, intentaba encontrar vínculos entre la llegada de metales preciosos americanos y los procesos inflacionarios en la España de los Austrias. Recurriendo a las etiquetas inmortalizadas en la obra, la pregunta era si existía alguna relación entre el «tesoro americano» y la «revolución de los precios». Si el propósito inicial era meramente histórico, la investigación tomó paulatinamente una dimensión más profunda y comprometida con su tiempo. Al incluir en el cálculo de precios el precio del trabajo, es decir, los salarios, Hamilton se aventuró a explicar algunos posibles factores de la decadencia económica de España a partir del siglo XVII. A partir de ahí, los acontecimientos de su propia vida le llevaron a reflexionar sobre otra crisis igualmente terrible y contemporánea a la propia investigación. Hamilton inició su proyecto en los Felices Años Veinte, pero durante el camino estalló el Crack del 29. La Gran Recesión coincidió con los momentos decisivos en la preparación de su obra. Nada de eso le dejó indiferente. La crisis mundial de los años treinta fue el impulso definitivo para la elevación de una Historia Social y Económica que llevaba gestándose desde fines del XIX en algunos de los países más avanzados historiográficamente, como Estados Unidos y Francia[70]. Hamilton fue consciente de las implicaciones del momento; tan economista como historiador, no aspiró solo a la reconstrucción del pasado. También albergó la esperanza de que sus minuciosos datos aportaran información relevante para la construcción de una teoría económica capaz de prever y solucionar en el futuro crisis como la que había desangrado el mundo de Entreguerras.

---

68. «Y por encima de todo debo reconocimiento a mi esposa, Gladys Dallas Hamilton, quien reunió al menos la mitad de los datos sobre las importaciones de tesoro, calculó casi todos los promedios, elaboró todas las tablas, realizó el trabajo intelectual y supervisó las tareas mecánicas inherentes al cálculo de los índices y la preparación de los mapas, y además (mediante críticas al texto) eliminó muchas deficiencias de estilo y contenido. Por si fuera poco, aun fue capaz de hacer incontables sacrificios económicos y sociales en aras de nuestro estudio e investigación, y con ánimo extraordinario ha hecho más de lo que le correspondía en todo lo que hemos emprendido durante los años en que hemos sido uno»: Hamilton (2000 [1934]: 13). El caso de Gladys Hamilton es muy parecido al de Huguette Chaunu, pero si la francesa ha obtenido un reconocimiento justo y figura como coautora de los trabajos «de su marido», la norteamericana, que no trabajó menos, ha quedado completamente eclipsada.

69. Hamilton (2000 [1934]: 7).

70. Vilar (2004: 28-29).

Si esa teoría general no existía, era porque no había podido deducirse de los ejemplos histórico-económicos que se poseían, aún demasiado escasos:

> El curso de los acontecimientos desde 1920 hasta 1933 ha demostrado concluyentemente que los actuales conocimientos económicos son totalmente inadecuados para el control social de las oscilaciones en la actividad económica. [...] Espero que las series de precios relativas a España constituyan una pequeña piedra en los vastos fundamentos sobre los que descansará la futura teoría del ciclo económico[71].

Este anhelo despertó ecos tempranos. Ya antes de la terminación del proyecto, los artículos publicados por Hamilton en 1929 suscitaron el interés de uno de los mayores economistas de la época, John Maynard Keynes[72].

Hamilton presentó sus conclusiones finales en un libro legendario, *El tesoro americano y la revolución de los precios en España, 1501-1650*, que Harvard publicó por primera vez en 1934. El segundo capítulo mostraba las famosas series quinquenales de metales preciosos importados de América, insistentemente reproducidas luego en infinidad de obras históricas. Según Hamilton, el tesoro americano había aumentado durante el siglo XVI hasta su punto cenital en el decenio de 1591-1600, pero después se había desplomado durante la primera mitad del siglo XVII[73]. Tras radiografiar la evolución de los precios españoles en el mismo período, el último capítulo de la obra abordaba al fin la cuestión central. La comparación entre las variables tesoro americano-revolución de los precios se mostraba en el cuadro 20[74], no menos difundido que los cuadros y gráficos del capítulo 2. Contemplándolo, Hamilton formuló una de las teorías más célebres en el campo de la Historia Moderna durante el siglo XX:

> La estrecha correlación existente entre el aumento del volumen de las importaciones de caudales y el alza de los precios de las mercancías durante el siglo XVI, particularmente de 1535 en adelante, demuestra sin lugar a dudas que las ricas minas de América fueron la causa principal de la revolución de los precios en España[75].

---

71. Hamilton (2000 [1934]: 16).
72. Munro (2008).
73. Hamilton (2000 [1934]: 48).
74. Hamilton (2000 [1934]: 316).
75. Hamilton (2000 [1934]: 317).

Después de una afirmación tan rotunda, casi extraña comprobar pocos renglones después que Hamilton, en realidad, sí tenía dudas. Y muchas[76]. No menos de las que tuvieron los historiadores que después se enzarzaron en los debates conceptuales y metodológicos generados por *El tesoro americano*.

La constante revisión no resta ningún mérito a los datos y las ideas de Hamilton. Más bien, confirma que su libro es una obra maestra indispensable, que nadie ha podido pasar por alto durante décadas de feraz influjo sobre los estudios de la economía atlántica. Para escribirlo, Hamilton se benefició de un importante cúmulo de influencias personales y literarias. En las Universidades de Harvard y Duke recibió los estímulos de Abbot Payson Usher (director de su tesis doctoral), Edwin F. Gay, Clarence H. Haring, John Tate Lanning y Robert S. Smith, sobre quien volveremos más adelante[77]. Además, Hamilton conectó en poco tiempo con la historiografía francesa más vanguardista. Tuvo oportunidad de publicar un artículo en la emblemática revista *Annales d'Histoire Économique et Sociale*, y pudo intercambiar impresiones con intelectuales como Lucien Febvre o François Simiand, a quien le unía la preocupación por índices macroeconómicos como los niveles de precios y salarios, estudiados desde modernos enfoques estadísticos[78]. España carecía entonces de un nivel académico equiparable, pero Hamilton no dejó de encontrar un interlocutor brillantísimo en Ramón Carande Thovar, rector de la Universidad de Sevilla y reconocido especialista en la economía castellana y atlántica de tiempos de Carlos V[79].

A las aportaciones que Hamilton recibió de los colegas norteamericanos y franceses, se unieron los consejos prácticos, también valiosísimos, de los facultativos que conoció en los numerosos archivos donde trabajó. Hamilton los recordaba exhaustivamente con respeto. Era consciente de lo mucho que debía a los buenos archiveros. Hamilton y su familia recorrieron toda España buscando archivos con fuentes sobre precios y salarios en «más de cien localidades, de la meseta de León a las playas mediterráneas y de los llanos de Extremadura a las estribaciones de los Pirineos». Sin embargo, las importaciones de metales preciosos «sólo podían obtenerse en los documentos

---

76. Hamilton (2000 [1934]: 317-322).

77. Hamilton (2000 [1934]: 10-13). La tesis de Hamilton, dirigida por Usher, se centró en la *Historia de la moneda y los precios en Andalucía*.

78. Hamilton (1932).

79. Hamilton (2000 [1934]: 12). Nos referimos, por supuesto, a la obra magna de Carande, *Carlos V y sus banqueros* (1943-1967).

contemporáneos depositados en el Archivo General de Indias de Sevilla»[80]. Hamilton pasó meses enteros junto a su esposa en la Casa Lonja. Siempre recordó con cariño aquel noviciado investigador; incluso dejó alguna muestra característicamente sobria de ello, como la dedicatoria escrita sobre la portada de una separata que regaló a la biblioteca, «in remembrance of the days spent in the Archivo General de Indias»[81].

En Sevilla, Hamilton aprendió mucho de Juan Tamayo y Francisco, Cristóbal Bermúdez Plata o José de la Peña y Cámara[82], aunque traía estudiada buena parte de la lección desde Estados Unidos, gracias al contacto personal y literario con Haring, compatriota y predecesor. Hamilton leyó con enorme interés las publicaciones de este, con especial atención a la reputada *Comercio y navegación*. Su sutil lectura no solo extrajo conocimientos directos sobre la época, sino algo extraordinariamente valioso en el momento inicial de la investigación: un modelo metodológico. «El profesor C. H. Haring utilizó los archivos de la Casa de Contratación para determinar el volumen de producción de las Indias [... y] los caudales de la corona -a partir de los registros del tesorero de la Casa de Contratación- traídos de América de 1503 a 1559»[83]. Haring marcaba un camino claro: la sección Contratación. Era el mismo que Piernas Hurtado había señalado antes, pero Hamilton se permitió obviarlo. Piernas empezaba así a ser olvidado, a pesar del papel trascendental que había desempeñado en aquella historia.

El nombre que no pudo ignorar fue el de José de Veitia. Hamilton se percató de inmediato de la profunda relevancia del antiguo autor español del XVII. Acudió al *Norte* tan pronto como pudo y se quedó maravillado. Entre los muchos lectores de la obra, Hamilton ocupa el primer lugar. La estudió tal como estudió la de Haring. No buscaba solo el dato. También perseguía la técnica para trabajar eficazmente en el Archivo de Indias. Se sumergió una y otra vez en las páginas preliminares del *Norte*, donde Veitia explicaba sus fuentes y cómo trabajaba con ellas. Supo comprender mejor que nadie antes o después su extraordinario valor metodológico. Es cierto que también encontró una importante fuente de inspiración en *El ajustamiento y proporción de las monedas*

---

80. Hamilton (2000 [1934]: 9-10).
81. AGI, Biblioteca, Folletos, 96/19. Se trata de un ejemplar en separata de Hamilton (1929) (figura 7.2).
82. Hamilton (2000 [1934]: 11). Mostraba un respeto muy particular hacia Peña y Cámara, «que puso su profundo conocimiento del archivo [de Indias] a mi entera disposición y me ayudó de múltiples formas a comprender y apreciar mejor aspectos y peculiaridades del pasado y el presente español».
83. Hamilton (2000 [1934]: 24, nota 5).

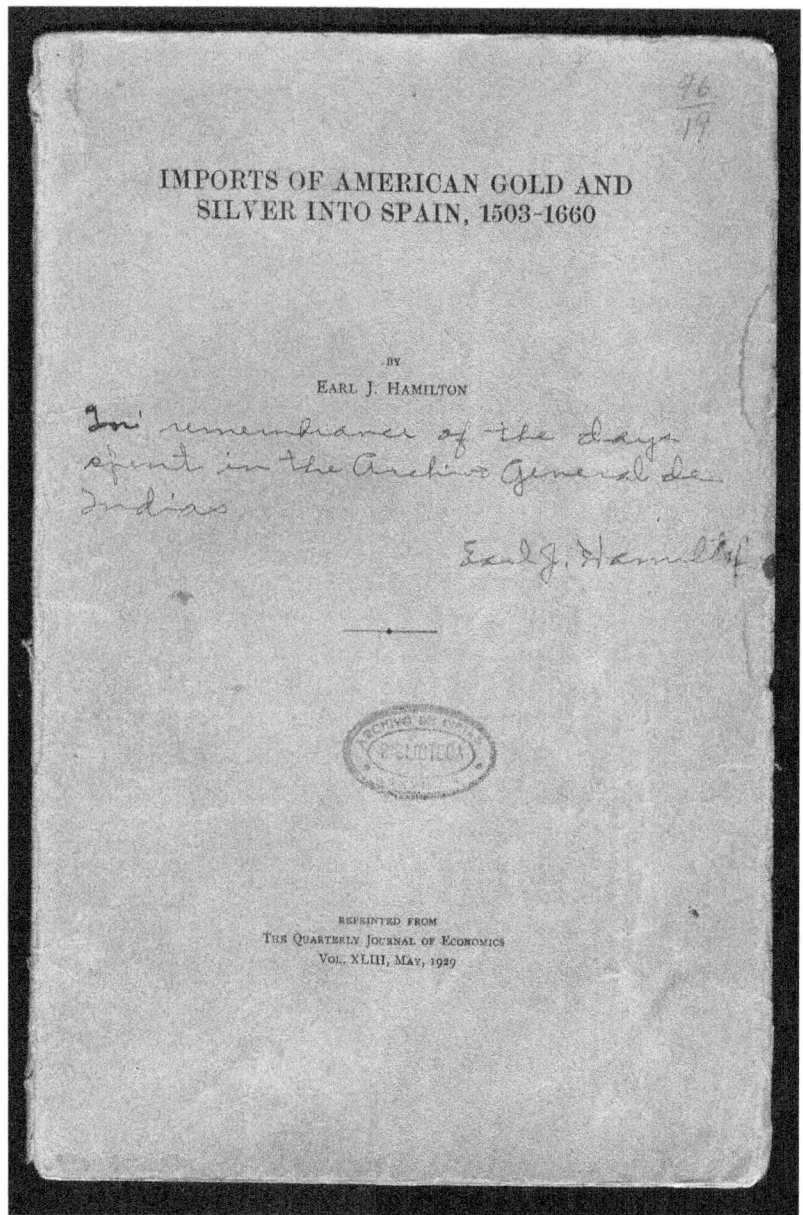

Figura 7.2. Ejemplar firmado de Earl J. Hamilton, «Imports of American Gold and Silver into Spain, 1503-1660»
Fuente: AGI, Biblioteca, Folletos, 96/19

de oro, plata y cobre (1629) de Alonso Carranza[84]. Pero el *Norte* fue la verdadera brújula que lo guio entre las carpetas del Archivo de Indias en su empeño de calcular las remesas de Indias.

Hamilton trabajó principalmente en la sección Contratación, como todos los herederos de Veitia; él más que nadie. Alguna mención ocasional a Patronato Real o Indiferente General no desmiente la querencia abrumadora. Desde luego, el tema de su investigación podría haberle llevado más intensivamente al Indiferente y a Contaduría. Pero prefirió recorrer la vía veitiana. Sus pasos partieron de una fina lectura del *Norte*. No dejó de utilizar las fuentes que ya habían consultado Haring u otros autores como Francisco Laiglesia[85]. Le gustaba contrastar series documentales para confirmar la solvencia de los datos que anotaba. Sin embargo, se dio cuenta de que Veitia hacía hincapié en una fuente que, si bien no estaba centrada en aspectos contables, ofrecía unas características de máximo interés. Se trataba de las cartas escritas por la Casa de la Contratación al Consejo de Indias. Allí halló Hamilton la argamasa más importante para sus famosas cifras.

Recordemos la seriedad con la que Veitia había escrito sobre esta serie documental. Por experiencia profesional propia, le había concedido más crédito que a ninguna otra de las que conservaba el Archivo de Indias[86]. Hamilton decidió confiar en su análisis, comprobó las fuentes epistolares y aceptó la conclusión. También para él, las cartas serían su norte de la Contratación particular. No ocultó sus preferencias; antes al contrario, las dejó muy claras, no una sino dos veces. Primero escribió:

> José de Veitia Linaje, en *Norte de la contratación de las Indias occidentales,* publicado en 1672, en Sevilla, extrajo gran parte de sus materiales originales de la correspondencia mantenida entre la Casa de Contratación y el Consejo de Indias, correspondencia que constituye, por cierto, la fuente más manejable, y posiblemente más digna de crédito de todas las disponibles.

No satisfecho con esto, volvió a insistir con mayor abundancia en un lugar más visible, allí donde culminaba la explicación de sus fuentes, que Hamilton efectuó tal y como Veitia había hecho doscientos cincuenta años antes: «La fuente más importante son las cartas de la Casa de Contratación en las que

---

84. Hamilton (2000 [1934]: 36, nota 67).
85. Hamilton (2000 [1934]: 24, n. 5).
86. Veitia (1672: «Al lector», n. 18). Véase *supra* capítulo IV.

se informaba a los consejos de Hacienda e Indias de las entradas anuales de oro y plata»[87]. Esta afirmación tan contundente daba paso a un análisis riguroso, en el que Hamilton exponía su sospecha de que los cómputos de la Casa se basaban en los sumarios llegados de América y lamentaba que no se conservasen cartas anteriores a 1538. Veitia, si recordamos, ya había constatado la pérdida y la había atribuido a un incendio ocurrido en 1563. Hamilton, como cabía esperar, aceptó su explicación como la más probable[88].

Entre Veitia y Hamilton se desplegaba una vasta distancia temporal. Compararlos resulta hasta difícil. ¿Qué tiene que ver el político arribista y autodidacta de un país contrarreformista con el economista universitario de un país demócrata e industrializado? Casi podrían proponerse como ejemplo de tipos antagónicos. Y, sin embargo, debajo de la superficie, hay más matices de los que pudiera suponerse. Como suele suceder. Aquellos dos hombres compartieron el interés por una misma masa documental y tuvieron entre sus manos los mismos papeles. El norteamericano comprendió más que nadie la inteligencia y el conocimiento de la Contratación que el español había poseído. Se lo reconoció inspirándose en él para realizar un trabajo académico cuya naturaleza Veitia no habría podido ni concebir en el siglo XVII. Es difícil imaginar un homenaje más bello. El *Norte* atraería durante más tiempo a los investigadores sevillanos, pero *El tesoro americano y la revolución de los precios* marcó su punto álgido de influencia.

* * * *

A través de Hamilton, la vanguardia historiográfica francesa tomó consciencia de la inefable riqueza documental del Archivo de Indias. En particular, se apreciaron sus espectaculares posibilidades para el tipo de Historia Cuantitativa que estaba descollando gracias a maestros como François Simiand o Ernest Labrousse. Aquella Francia pujante no tardó en enviar un embajador a Sevilla, el inconmensurable Pierre Chaunu[89]. Chaunu fue otro de los genios que frecuentaron el Archivo de Indias durante su edad dorada en la primera mitad del siglo XX. Probablemente, el más conocido de ellos junto al propio Hamilton. Como el estadounidense, Chaunu viajó acompañado por su esposa. Huguette Chaunu se hizo indispensable en el complejísimo proceso de

---

87. Hamilton (2000 [1934]: 24, nota 5 y p. 26).
88. Veitia (1672: «Al lector», n. 18); Hamilton (2000 [1934]: 26).
89. Burke (1999: 57-60).

investigación, igual que Gladys Hamilton en la creación de *El tesoro americano*[90]. Décadas después, Antonio Domínguez Ortiz todavía recordaba a ambos, los jóvenes Pierre y Huguette, en la Sevilla de los cincuenta, «saliendo cada mañana de su morada en la calle Goyeneta para acopiar el inmenso caudal de datos que integrarían las doce mil páginas de *Séville et l'Atlantique*»[91].

El joven matrimonio se enamoró de Sevilla. Frente a la mayor austeridad expresiva de Hamilton, Chaunu ha dejado preciosas muestras literarias de su afición por el Archivo de Indias y la ciudad, a la que llegó a considerar una «segunda patria»:

> Para quien la contempla desde lo alto de la torre mora de su catedral, Sevilla la andaluza, Sevilla la reconquistada, Sevilla, circular como un símbolo, resulta inseparable de la cinta luminosa de su río, el antiguo Betis, que, cada día, le lleva, con la marea, los miasmas de las marismas y el agua salada del Océano.

Ciudad simbólica, asaeteada por un río frágil y dubitativo, que algún tiempo le regaló un «destino marítimo» hacia América. ¿Escribía un hijo de la tierra? No. Escribía un francés del norte, un lorenés nacido en la pequeña localidad de Belleville-sur-Meuse. Pero un francés que supo descifrar la universalidad dormida bajo el manto de ensimismamiento que cubría la mediana capital de provincias. En la Sevilla de Chaunu todos los caminos llevaban al Archivo de Indias. ¿Quién ha expresado mejor su amor hacia ese lugar especial? La mera evocación de la Casa Lonja le traía a la memoria su «pureza clásica de líneas», que «hace pensar, al otro extremo del mar interior, en cierto Partenón»[92].

La sencillez de aquella fachada contrastaba con la abrumadora complejidad del depósito documental interior. Chaunu recordaba un archivo que contenía más de 30 000 legajos. Hoy hablamos de unos 40 000. En realidad, no es uno de los archivos más voluminosos de la red nacional española; su tamaño no alcanza las dimensiones de Simancas o el Histórico Nacional. Pero había suficiente papel para desorientar al investigador más ducho. Chaunu, sin embargo, traía una idea medianamente clara de lo que pretendía. Le había dado forma con la ayuda de personas y lecturas. En Francia, Fernand Braudel

---

90. Como es bien sabido, Huguette figuró como coautora de la introducción metodológica y la parte estadística de *Séville et l'Atlantique*, es decir, de los tomos I al VII. Pierre solamente firmó por sí mismo la parte interpretativa, que comprendía los volúmenes del tomo VIII.

91. VV.AA. (1986: 35).

92. Chaunu (1983: 24 y 1).

y Lucien Febvre le habían animado a hacer el viaje y habían estimulado su investigación. Se inclinaba decididamente hacia la Historia Cuantitativa y pronto demostraría poseer uno de los mayores talentos para la materia en toda Europa[93]. En Sevilla recibió la ayuda de los profesionales del Archivo, entre los cuales recordaba a Bermúdez Plata y a De la Peña y Cámara. Y, por supuesto, encontró inspiración en los autores más próximos a él en el método y la temática: Labrousse, Hamilton y Haring[94].

Chaunu leyó detenidamente y admiró a Haring. En algún momento le tentó el pensamiento de que *Comercio y navegación* era un trabajo prácticamente definitivo. Tal vez, nada podía añadírsele salvo detalles y cuestiones complementarias. Muchos años después todavía recordaba aquella sensación: «Retomar el trabajo de Haring, hemos estado confusos durante un instante. La existencia de esa obra maestra nos impedía volver a pasar por los caminos ya trillados»[95]. Evidentemente, leer a Haring implicaba conocer –mucho– a Veitia. Chaunu heredó las lecturas de Haring, entre las que tres referencias destacaban sobre las demás: la *Recopilación de Indias*, las *Memorias* de Antúnez y, efectivamente, el *Norte de la Contratación*[96]. No obstante, en Chaunu se percibe una diferencia cualitativa importante respecto a sus predecesores norteamericanos. A principios del XX, interesarse por la Carrera implicaba la necesidad de bucear en la obra veitiana, que ya entonces arrostraba el peso de varios siglos y no estaba escrita con los criterios de la historiografía novecentista. Haring había tenido que conformarse; no tenía nada más. Sin embargo, la acumulación de libros tan importantes como *Comercio y navegación* o *El tesoro americano* proporcionaba a alguien como Chaunu un corpus de estudios contemporáneos más modernos y de óptima competencia. Lógicamente, esta bibliografía reciente tendía a acaparar preferencias, mientras Veitia comenzaba a pasar lentamente a segundo plano.

A *Annales* le interesaban poco las biografías. La verdad es que Chaunu no conocía bien la de Veitia. Ni siquiera parecía importarle en demasía. Creía que fue un jurista profesional y situaba la cúspide de su carrera personal en la presidencia de la Casa de la Contratación, sin saber nada de su etapa madrileña[97]. El historiador francés se sentía atraído por el libro, más que por su

---

93. Además de la praxis desarrollada en sus investigaciones, recuérdense sus reflexiones en Chaunu (1985 y 1987).
94. Chaunu y Chaunu (1955: 1-3).
95. Chaunu (1983: 10).
96. *Idem.*
97. Chaunu y Chaunu (1955: 17).

autor. Hizo una crítica ciertamente sutil al «très justement célèbre *Norte de la Contratación*». En ella no faltó el elogio: Veitia era el principal responsable de que el comercio atlántico fuese un tema bien conocido en el panorama historiográfico; su égida bibliográfica era incuestionable y la calidad de su obra también: «Peu de secteurs, en effet, de la difficile histoire des xvi͏ᵉ et xvii͏ᵉ siècles jouissent d'un aussi net éclairage que celui projeté sur le commerce des Indes par cet admirable manuel de Veitia Linaje». Reconocía haber contraído una «immense dette» con él. No obstante, también daba cuenta de algunas dificultades: «on n'a pas toujours su faire, dans *La Norte*, le départ qui pourtant s'impose, entre le document de premier plan incontestable, pour le 3ᵉ quart du xvii͏ᵉ siècle, et le simple travail d'histoire accompli par l'auteur, pour le pérode de 1504-1650»[98].

En Chaunu no hay una correspondencia tan estrecha como en Hamilton entre el estudio del *Norte* y la investigación en el Archivo de Indias. Incluso mostraba cierta preferencia hacia la obra de Antúnez y Acevedo[99]. Sin embargo, Veitia seguía bien presente. La fuente prioritaria del historiador francés fueron los libros de registro de navíos. Los estudió con una minuciosidad que no tenía precedentes y eso le llevó a reflexionar con agudeza sobre su naturaleza documental[100]. Tal reflexión conducía hacia la figura del contador mayor. Chaunu entendió perfectamente la centralidad de la labor archivística de este oficial y lo logró gracias al *Norte*, incluso cuando el libro puede parecer parco en la presentación de la fuente:

> Dans l'énumération minutieuse des livres tenus par le contador que donne Veitia Linaje, catalogue de passagers, livres de correspondance, livres de comptes, livres des asientos, livre des défunts, livres de "títulos", "libros de naturaleza", livres des cartes et portulans, etc. (*Veitia Linaje*, Lib. I, cap. 10, 15 sq., p. 69 sq.), il n'est pas question une seule fois du *Livre de Registres*, et pourtant, c'est avec raison que parmi toutes les obligations du contador, Veitia Linaje cite en premier le soin des registres, sans mentionner pour autant la nécessité d'en tenir un inventaire, parce que le soin des registres, première besogne du contador

---

98. Chaunu y Chaunu (1955: 16-17).

99. Chaunu (1983: 10) profesa elogios a Veitia como el de «una *Recopilación* incluso antes de la *Recopilación*», con los que retoma la comparación entre los dos textos que ya ensayara Haring. Sin embargo, a continuación, dice: «Más aún que José de Veitia Linaje, Rafael Antúñez [*sic*] y Acevedo, ese alto funcionario, ese tecnócrata de la brillante e inteligente España de la Ilustración, había preparado el trabajo de futuros historiadores del comercio americano».

100. Chaunu y Chaunu (1955: primera parte), que analiza los libros registros, los registros de ida y vuelta de los navíos y los llamados registros «anexos» (de Cádiz, Canarias y de negros).

et besogne infiniment exigeante, puisque d´elle dépendaient toutes les autres, exigeait, implicitait un *Livre de Registres*[101].

Hamilton prefirió la documentación con la que trabajó Veitia; Chaunu dependió menos de esa guía, pero no dejó de tenerla presente, haciéndose muy evidente en el estudio de las series complementarias a los registros. Así, al utilizar la correspondencia de la Casa, explicó que su gran ventaja consistía en dispensar de la lectura inversa de las cartas del Consejo de Indias, un razonamiento que, aunque Chaunu no lo mencionara explícitamente, había heredado de Hamilton y de Veitia.

Las investigaciones de Chaunu dieron como resultado la obra más monumental gestada en el Archivo de Indias, la célebre *Séville et l'Atlantique (1504-1650)*, un coloso de papel en doce volúmenes y miles de páginas[102]. Su intento principal consistía en «doblar la historia cuantificadora de los precios, con una historia de los índices de actividad»[103]. Gracias a los registros, reconstruyó variables como el movimiento unitario de navíos y los tonelajes de arqueo, y llegó a la conclusión de la existencia de un ciclo de expansión de la economía atlántica durante el siglo XVI y una fase de depresión durante el siglo XVII. Las estimaciones de Chaunu encajaban con la visión expansiva del Renacimiento y sirvieron de base a Eric J. Hobsbawm para la primera teorización sobre la crisis del XVII[104]. Pasado el tiempo, igual que a Hamilton, no le faltaron críticas y detractores. Pero, también en su caso, los debates que suscitó –como las investigaciones que inspiró– deben entenderse más bien como una muestra de la calidad y la innovación de las investigaciones clásicas pensadas en el Archivo General de Indias.

* * * * *

El prestigio incomparable del *Norte* como fuente para los estudios sobre la Carrera estimuló hasta cierto punto su interés como objeto de análisis. Sin embargo,

---

101. Chaunu y Chaunu (1955: 38, nota 5).

102. No es difícil encontrar apreciaciones al impresionante volumen de papel que representa *Sevilla y el Atlántico*. La del propio autor en Chaunu (1983:7): «los doce muy gruesos volúmenes de *Séville et l'Atlantique*». La de Domínguez Ortiz en el ya citado pasaje en VV.AA. (1986: 35): «el inmenso caudal de datos que integrarían las doce mil páginas de *Séville et l'Atlantique*».

103. Chaunu (1983: 9).

104. Trevor Aston, comp. (1983), donde se reeditan traducidas las dos partes del artículo original de Hobsbawm (1954).

Veitia y su obra nunca fueron tenidos en cuenta como materia de trabajo tanto como instrumento para estudiar cualquier otra cosa relacionada con la economía atlántica. Paradoja dura, aunque nada infrecuente. Con todo, coincidiendo con la formación de la historiografía veitiana, no dejaron de producirse un par de hitos dignos de señalarse. Uno fue la primera reedición en español del *Norte*. Haring y Hamilton estudiaron la obra en pleno siglo XX utilizando todavía la edición de 1672. La misma que imprimió Juan Francisco de Blas y tuvieron en sus manos los ministros del Consulado, el conde de Villaumbrosa, Diego de Villatoro o William Hodges. El texto, en consecuencia, no era fácil de encontrar y su consulta a duras penas rebasaría la que pudiera realizarse en centros de investigación como la Universidad de Sevilla o la Biblioteca Colombina. De ahí el valor de la bella edición que vio la luz en Buenos Aires, el año de 1945, al cuidado de Sergio Chiáppori y Ricardo R. Caillet-Bois[105]. El contexto no debe extrañar. A mediados del siglo XX, Argentina era una referencia internacional en el estudio del Derecho Indiano y cultivaba con frecuencia una historia de fuerte raigambre jurídica y enfoque hispanista. Acaso la figura más representativa del momento deba identificarse con Ricardo Levene y su famosa miscelánea *Las Indias no eran colonias* (1951)[106]. El interés que podía despertar el *Norte* en un ambiente como ese no requiere mayores explicaciones.

Finalmente, Santiago Montoto publicó su opúsculo, breve pero espléndido, sobre *Don José de Veitia y su libro «Norte de la Contratación de las Indias»* (1923)[107]. La pieza revelaba un dominio prodigioso de los archivos hispalenses, desde el inevitable Archivo de Indias hasta el de Protocolos Notariales, el parroquial de la Magdalena, el Arzobispal o el de la Santa Caridad. Gracias a su laboriosa indagación, Montoto podía trazar una competente semblanza biográfica, más precisa en su etapa sevillana, a la que acompañaba una entusiasta valoración del libro que maravillaba a los mejores investigadores del Archivo de Indias. Su reflexión comenzaba con un elogio de la faz indiana del alma hispalense: «Sevilla es la ciudad española americanista por excelencia», presumía. Entre otras razones aducía la presencia de la Casa de la Contratación y, en particular, la publicación del *Norte de la Contratación*, «un libro de gran interés histórico y de muy preciado valor para quienes a estos estudios se dediquen». Pero un libro minoritario, según reconocía.

---

105. Veitia Linaje (1945).
106. Levene (1951).
107. Montoto (1923).

Y como pensaba que no solo debían conocerlo los estudiosos del Archivo de Indias, publicó aquel escrito dirigido a un público más general. «De un hombre y un libro casi olvidados, hemos de hablaros: el hombre, D. José de Veitia Linaje; el libro, su obra, notabilísima por muchos conceptos, *Norte de la Contratación de las Indias*»[108].

LA TRADICIÓN VEITIANA COMO PROBLEMA HISTORIOGRÁFICO

Montoto, que escribía después de Piernas Hurtado y Haring, pero antes que Hamilton o Chaunu, no pudo percibir del todo cómo aquella obra «notabilísima» y «casi olvidada» contribuyó a fundar el pensamiento histórico moderno sobre la Carrera de Indias. Esta «tradición veitiana», tal como la hemos presentado en el epígrafe anterior, vivió su época de esplendor en la primera mitad del siglo XX, cuando definió el paradigma dominante para comprender la navegación y el comercio en el Atlántico español. Esa primacía se ha agrietado durante las últimas décadas, después de la aparición de alternativas que, consciente o inconscientemente, explícita o implícitamente, parcial o totalmente, han discutido aquel modelo.

Antes de adentrarnos en sus planteamientos, recapitulemos los de la tradición veitiana inicial. Me parece conveniente realizar algunas puntualizaciones en primer lugar. Al hablar de una tradición veitiana en la literatura del siglo XX no pretendo reducir esta historiografía a un mero *aggiornamento* de los contenidos del *Norte de la Contratación*. Tal planteamiento sonaría absurdo, casi impertinente, teniendo presente que en esta corriente se integraron estudiosos de la Carrera que hoy son tan clásicos como el propio José de Veitia. La expresión significa que el elemento veitiano formaba parte de las influencias esenciales que condicionaron sus obras respectivas y que, sin él, estas obras habrían sido radicalmente distintas a como fueron, las conocemos y hemos estudiado. El elemento veitiano es lo suficientemente intenso como para aportar homogeneidad y continuidad entre estos historiadores que, en otros aspectos, son muy diferentes entre sí. Podríamos resumir así las principales coincidencias:

1. Utilización del *Norte de la Contratación* como guía de investigación en el Archivo de Indias, especialmente en la sección Contratación.

---

108. Montoto (1923: 9-10).

2. Consulta del *Norte de la Contratación* como manual general en el que aclarar conceptos especializados sobre la Carrera de Indias.
3. Reproducción de un modelo de Carrera de Indias en el que las siguientes ideas se convertían en rasgos relevantes:
   a) Hispanismo/eurocentrismo, que concedía prioridad a los acontecimientos españoles sobre los eventos americanos.
   b) Andalucismo, que subrayaba el peso de Sevilla y Cádiz, y relativizaba el ejercido por la corte de Madrid.
   c) Protagonismo de la Casa de la Contratación, considerada el organismo rector de la Carrera de Indias y, en consecuencia, la institución generadora del fondo documental que más se investigaba: la sección Contratación del Archivo de Indias.

Por tanto, el *Norte* sirvió a sus estudiosos desde diferentes perspectivas simultáneamente: como modelo metodológico, como obra de consulta y como marco conceptual.

El retraimiento de la tradición veitiana no significó su desaparición, ni por asomo. En la segunda mitad del siglo XX, el *Norte* se reeditó en facsímil, precedido por la minuciosa introducción biográfica de Francisco de Solano[109], y siguió inspirando la obra de importantes historiadores. Antonio García-Baquero, catedrático de Historia Moderna de la Universidad de Sevilla, merece ser recordado con algún detenimiento. Reconocido especialista en la Carrera de Indias, García-Baquero fue el mejor representante de la tradición veitiana en su tiempo y acaso el autor más consciente de aquella genealogía textual. Se sentía heredero de una sucesión de estudiosos que culminaba en Chaunu y encontraba en el *Norte de la Contratación* una de sus fuentes esenciales. Tal vez estas deudas no sean tan perceptibles en su clásico *Cádiz y el Atlántico* (1976), en el que la metodología cuantitativa heredada de *Séville et l'Atlantique* se ponía al servicio de una investigación pensada para explicar el fracaso de la Revolución Industrial en la España decimonónica[110]. Sin embargo, García-Baquero conocía perfectamente qué tenía detrás y lo expresó con gran claridad en su excepcional síntesis sobre *La Carrera de Indias: suma de la contratación y océano de negocios*[111].

---

109. Veitia Linaje (1981).
110. García-Baquero González (1976).
111. García-Baquero González (1992). Por su calidad y claridad, este importante texto fue traducido al francés, ligeramente resumido, por Bartolomé Bennassar: García-Baquero González (1997).

Este texto de 1992, contemporáneo de los festejos del Quinto Centenario, ha ejercido una profunda influencia historiográfica pese a su aparente sencillez formal. Algo muy notable en él es la percepción de su propia subjetividad y contingencia, confesada abiertamente, sin necesidad de disimular nada. Decía García-Baquero: «hay Carreras de Indias y Carreras de Indias y me temo que estoy obligado a elegir». La que ofrecía en su síntesis era una entre otras muchas posibles. Optó por «la Carrera como un ejercicio mercantil»[112], pero si tal elección puede parecer hoy natural u obvia, en realidad no lo es en absoluto. Nos hemos acostumbrado tanto a pensar en la Carrera como un sistema mercantil que olvidamos que en sus orígenes la expresión Carrera de Indias aludía específicamente a la navegación, no al comercio. Todos los hombres de los siglos XVI y XVII –Veitia entre ellos– pensaban en la comunicación naval con América al hablar de la Carrera de Indias. Para referirse al comercio colonial, tenían otras expresiones a su disposición: la «contratación» o el «trato de las Indias». La connotación económica aplicada actualmente a la Carrera, aunque pueda darse a menudo por sentada, es en realidad el fruto de una redefinición conceptual relativamente reciente. Tuvo lugar a fines del XX, como reflejo del enfoque economicista que había predominado en las décadas precedentes. El texto de García-Baquero fue, desde el título, una de las referencias esenciales en la consolidación de aquel cambio terminológico[113].

La Carrera de Indias aglutinaba una dilatada experiencia investigadora y el aprendizaje de muchas lecturas. Entre ellas, García-Baquero mostraba abiertamente su preferencia por Veitia. Le gustaba llamar a Veitia y a Antúnez «nuestros clásicos» y en algún pasaje alababa «como bibliografía clásica, de obligada referencia, tres nombres indiscutibles: Veitia Linaje, M. Fernández de Navarrete y C. Fernández Duro»[114]. En todas esas valoraciones, Veitia ocupaba siempre el primer lugar. García-Baquero justificaba su aprecio remitiéndose al razonamiento habitual de que la fiabilidad de Veitia venía dada por sus años de servicio en la tesorería. Así, lo citaba por doquier, igual que a aquellas obras surgidas de una intertextualidad densa con el *Norte*, las ya conocidas de Antúnez, Haring o Chaunu. En definitiva, y para despejar cualquier posible duda, el *Norte* era definido como la «piedra angular y punto de referencia inexcusable de la historiografía posterior sobre el tráfico indiano»[115].

---

112. García-Baquero González (1992: 12-13).
113. Otra referencia fundamental en ese viraje conceptual: Bernal (1993).
114. García-Baquero González (1992: 89 y 169).
115. García-Baquero González (1992: 58).

Tal afirmación de la tradición textual llevaba implícito el sello de ese modelo veitiano que tal vez nadie racionalizó con mayor coherencia que García-Baquero. De hecho, *La Carrera de Indias* abunda en explicaciones sobre las diferentes facetas de dicho modelo, salvo su hispanismo, acaso la más delicada en el presente contexto historiográfico. No obstante, aunque su presencia resulte más implícita, no es complicado percibirla. La geografía histórica de García-Baquero se inclinaba –comprensiblemente– hacia la península Ibérica. Su exposición recorría un dédalo de rutas oceánicas y puertos americanos, pero solo se detenía en Castilla y lo que se hacía en ella: en sus ciudades, en sus instituciones, por sus ministros y por sus mercaderes. América es un escenario lejano en el que no se profundiza. *La Carrera de Indias* está pensada y escrita desde España, en el pleno sentido de la expresión, como también lo estaba el *Norte*.

Este hispanismo puede y debe matizarse. Unos escenarios peninsulares predominaban sobre otros. Ciertamente, la realidad funcionó así, desde la premisa de una fuerte concentración geográfica de la actividad que, como ya sabemos, benefició al reino de Sevilla. Sin embargo, Andalucía estaba supeditada a la dirección política de la corte. Veitia lo disimuló tanto como pudo, a fin de ensalzar la grandeza de la Casa de la Contratación. Y García-Baquero asumió este punto de vista, modernizándolo con argumentos nuevos. «En este diseño previo podría echarse en falta alguna otra institución y muy en particular, aquella que por su propia denominación parece reclamar a voces un puesto en este capítulo: el Consejo Real y Supremo de las Indias». En efecto, García-Baquero también ignoró al Consejo de Indias en su trabajo y vindicó la ausencia arguyendo que «el Consejo no fue, exactamente, un organismo rector de la Carrera, sino la máxima instancia estatal responsable del conjunto de la política americanista». Aludió al Consejo –con toda razón– como el «órgano legislativo por excelencia», pero lo eludió amparándose en su falta de especialización en la Carrera. Fundamentalmente, hablaría de Andalucía[116].

El hispanismo de García-Baquero era una forma de andalucismo. Eso no tiene nada de extraño. De hecho, pensaba y escribía su obra en los únicos tiempos en los que el andalucismo ha tenido una relativa fuerza política e institucional, después de la Transición, durante el período de formación y arranque del Estado de las Autonomías en España. Buena parte de la historiografía andaluza decidió comprometerse con la causa y brindarle un punto de apoyo

116. García-Baquero González (1992: 57).

académico. García-Baquero se sumó a los pensadores que intentaron descubrir la historicidad de Andalucía. Su aportación se centró en el impacto económico de América sobre la región durante la Edad Moderna y proponía que el vínculo indiano sirvió de dinamizador hasta el siglo XVIII y que su pérdida dificultó la modernización del sistema productivo a partir del XIX[117]. Enunció las primeras formulaciones de sus ideas en la *Historia de Andalucía* de Domínguez Ortiz[118] y terminó de ordenarlas en una obra capital en este ámbito: *Andalucía y la Carrera de Indias (1492-1824)*[119].

La Carrera de Indias heredó este enfoque regionalista y limitó su análisis institucional al estudio de los órganos de poder establecidos en territorio andaluz. Sobre todo, prestó atención a la Casa de la Contratación y al Consulado de Cargadores. Fiel al argumento de la especialización, García-Baquero defendió la preeminencia que les concedía refiriéndose a ellos como los «dos organismos más específicamente dedicados a la gestión de la Carrera»[120]. Les dedicó a los dos una atención suficiente, pero no evitó la comparación entre ellos y, al efectuarla, no dudó a la hora de brindar su preferencia a la Casa. «La Casa jamás dejó de ser pieza esencial del monopolio», afirmaba, «y, desde luego, el organismo más importante creado por el Estado para regular e intervenir en todo lo relacionado con el tráfico ultramarino»[121]. Al afirmar la primacía de la Contratación, García-Baquero incorporaba el último punto del modelo veitiano a su razonamiento. Se convirtió así en el último cultivador de una tradición historiográfica de la que fue consciente y sobre la que teorizó gustoso.

*

117. Las ideas de García-Baquero inspiraron, además de las obras que citamos en las notas siguientes, un grupo de investigación que todavía existe bajo la dirección del profesor Juan José Iglesias Rodríguez: «Andalucía y América Latina: el impacto de la Carrera de Indias en las redes sociales y las actividades económicas regionales» (HUM-202).

118. Domínguez Ortiz, dir. (1980-1984). Las aportaciones de García-Baquero se encuentran dispersas, siguiendo un orden cronológico, entre los volúmenes IV, VI y VII.

119. García-Baquero González (2002 [1986]).

120. García-Baquero González (1992: 57-58). Evidentemente, la aplicación subjetiva de la especificidad resulta un criterio discutible a la hora de abordar cualquier materia histórica, a lo que los lectores versados en la materia podrían añadir que la supuesta especificidad resulta también cuestionable. Sin embargo, el propósito de estas páginas no es analizar quién tiene razón, si los defensores del paradigma Veitia o sus detractores, que estudiaré a continuación. Solo me mueve el deseo de conocer los mecanismos a través de los cuales el *Norte* tuvo, y luego perdió, influencia sobre el pensamiento histórico.

121. García-Baquero González (1992: 59).

La tradición veitiana constituyó así una de las perspectivas fundamentales para comprender la Carrera de Indias durante el siglo XX. Su preeminencia se erguía sobre las relaciones de intertextualidad entre Haring, Hamilton, Chaunu o García-Baquero. Y, por supuesto, sobre la docencia universitaria, nutrida por esa bibliografía. Si se me puede excusar la evocación de algunos recuerdos personales, puedo testimoniar el peso de estos enfoques historiográficos en la Universidad de Sevilla todavía durante el cambio de siglo. En los años 90 y en los 2000, la enseñanza que recibieron sucesivas promociones de la licenciatura en Historia hacía hincapié en temáticas como la Carrera de Indias o el tesoro americano. Los libros de Hamilton y Chaunu figuraban en los programas de varias asignaturas y, en la que impartía el propio García-Baquero, *La Carrera de Indias* era el mejor manual al que recurrir por razones obvias[122]. Estudiábamos dentro de una tradición veitiana, sin ser conscientes de ello y sin que nadie utilizara una terminología semejante. Pero, si no me equivoco, así lo hacíamos. Aquella formación era excelente. No obstante, es justo reconocer que fuera de ella también hay mucha Carrera de Indias. Cuanto menos tanta como dentro de sus límites. Y asociada a autores tan relevantes como los anteriores.

A Albert Girard, por ejemplo. El historiador francés fue autor de dos obras de gran mérito, ambas aparecidas en 1932: *Le Commerce français à Séville et Cadix au temps des Habsbourgs* y *La Rivalité commerciale et maritime entre Séville et Cadix jusqu'à à fin du XVIIIe siècle*[123]. Girard había leído el *Norte*; veía en él una «obra capital» y alababa a su autor, porque «había sido tesorero de la Casa de Contratación y ha trabajado a partir de los archivos de esta institución». También conocía la tradición bibliográfica a la que había dado lugar, desde las *Memorias históricas* de Antúnez, «obra muy concienzuda», hasta Piernas Hurtado, Haring o incluso el primer Hamilton, previo a la publicación de *El tesoro americano*[124].

---

122. La asignatura ya no existe, porque se extinguió en la evolución al Grado en Historia del Plan Bolonia. Quizás a alguien le interese saber, y a mí me agrada recordar, que se llamaba *Historia de España Moderna y sus relaciones con América*. Sin perderse en disquisiciones teóricas grandilocuentes, era una de esas asignaturas en la que se nos enseñaba a los estudiantes a asumir con naturalidad que las fronteras rígidas entre la Historia Moderna de España y la Historia Colonial de América (valga la terminología) son completamente artificiales. Este poso fue determinante en mi modesta trayectoria investigadora, como después he comprendido.

123. Albert Girard (2006a y 2006b [1932]).

124. Girard (2006b: 38-39).

Sin embargo, la apuesta histórica de Girard tenía muy poco que ver con Veitia y sus continuadores. Apenas entró en el Archivo de Indias. El grueso de su documentación procedía de archivos franceses y, durante su estancia de investigación en Sevilla, prefirió trabajar en el Archivo Municipal. Allí encontró una preciosa documentación entre los papeles del conde del Águila, que le permitió afrontar su paradigmática visión del conflicto portuario entre Sevilla y Cádiz. Conceptualmente, su punto de vista también difería; la Carrera de Indias no le interesaba más que como motor de las intensas relaciones comerciales entre la Francia atlántica y el sur de España durante el siglo XVII. La lectura atenta de Girard habría podido cambiar los estudios del comercio colonial durante el siglo XX. Sin embargo, su obra cayó en el descrédito en Francia a causa de la feroz crítica que le lanzó Lucien Febvre y en España apenas tuvo eco, opacada por el brillo de trabajos sumamente reconocidos como los de Hamilton y Chaunu[125].

* *

Fuera de la tradición veitiana se han puesto en tela de juicio muchos de los puntos explícitos e implícitos de su discurso. Se ha cuestionado, por ejemplo, la indiferencia hacia el Consejo de Indias, la escasa atención a la jerarquía que este ejercía sobre la Casa y la excesiva valoración de esta como institución rectora de la Carrera de Indias. Una crítica esencial a este punto de vista se deduce del experto por antonomasia en el Consejo de Indias, el alemán Ernst Schäfer. Schäfer fue autor de una obra indispensable, *El Consejo Real y Supremo de las Indias*, publicada en dos volúmenes entre 1935 y –póstumamente– 1947[126]. El libro descubre pronto sus presupuestos. En la primera página decía: en el siglo XVII «Juan de Solórzano Pereira y José de Veitia Linaje escribieron sus compilaciones laboriosas, pero desde el punto de vista moderno completamente faltas de crítica científica»[127]. La crítica a Solórzano Pereira se entiende peor, pero no es objeto de nuestro interés aquí. La dedicada a Veitia extraña menos, aunque también se nos antoja injusta.

---

125. García-Baquero González, «[Introducción]» a Girard (2006a y 2006b [1932]: 9-25). García-Baquero se basaba en apreciaciones previas formuladas por Michel Morineau.

126. Schäfer (2003 [1935-1947]). El prólogo de Antonio Miguel Bernal incluye una modélica valoración científica de la obra, así como interesantes detalles biográficos sobre Schäfer.

127. Schäfer (2003 [1935-1947]: I, 19).

Schäfer hablaba desde una presunción de modernidad que era la del Positivismo germánico –¡qué caduco y relativo cualquier concepto de modernidad!–. Creía en esa Historia comprometida con la lucha titánica por la objetividad, en la que las cavilaciones filosóficas no tenían lugar. La Historia científica aspiraba a constituir una narración derivada de las fuentes a través de un método de trabajo fiable, que evitase la contaminación subjetiva por presencia del autor. El historiador tenía que desaparecer y ceder el paso a la concatenación fuente-método-narración. Ni que decir tiene, a Schäfer se le podían dedicar los mismos reproches que a los demás positivistas de su especie. El combate supremo por la objetividad perfecta estaba perdido de antemano. Detrás de su quimera científica-romántica, había una fuerte carga subjetiva en la elección preferente de temas políticos e institucionales, en las típicas reflexiones sobre la moralidad pública o en la lectura de autores contemporáneos que eran tan subjetivos como el propio Schäfer[128].

Libre de la influencia veitiana, Schäfer trabajó –como es lógico– con los fondos generados por el Consejo de Indias, especialmente con el Indiferente General de la sección Gobierno. Apenas si consultó Contratación para revisar los libros de provistos[129]. El resultado tenía que ser distinto al que ofrecieron las obras de Piernas Hurtado, Haring o Hamilton. No se trataba solo de que el Consejo de Indias ostentase el protagonismo entre las páginas de la obra. Eso se daba por hecho en un estudio que dibujaba su historia. La diferencia residía en que el Consejo era conceptualizado sin reservas como la máxima autoridad de la política indiana y que a esa política indiana le pertenecía el gobierno de la Carrera de Indias, al que Schäfer dedicaba páginas brillantísimas. En consecuencia, la Casa era presentada como una oficina subordinada del Consejo, a la que habría despojado de muchas de sus competencias originales. Entre los diferentes fragmentos que cabría citar, uno de los más claros es el siguiente:

> La labor principal del Consejo de las Indias seguía siendo la administración de las colonias y la dirección de la Casa de la Contratación de Sevilla. La Contratación al principio fue, como se sabe, bastante autónoma, aunque recibía sus instrucciones de parte de la corona por mediación del obispo Fonseca. Esto se modificó considerablemente por la fundación del Consejo Supremo de las Indias en 1524: la Casa de la Contratación se convierte en autoridad subordinada al Consejo[130].

---

128. Bourdé y Martin (2004).
129. Schäfer (2003 [1935-1947]: I, 19-21).
130. Schäfer (2003 [1935-1947]: I, 93-94).

A todo esto Schäfer añadió una visión funesta de la Casa durante el siglo XVII. Es cierto que su condena historiográfica afectaba al conjunto de la Monarquía Hispánica, desde la premisa de una visión moralista del tópico de la Decadencia[131]. Pero aun así llama la atención el contraste entre los ditirambos que Veitia le dedicó a la Casa y la apabullante sentencia de Schäfer: «La miseria del tiempo, la compra de oficios con sueldos del todo insuficientes, pero también la vanidad y la ligereza fueron las raíces principales del mal, contra las cuales resultaron ineficaces la mejor legislación y las más cuidadosas ordenanzas»[132].

* * *

La historiografía ajena al modelo veitiano también cuestionó la primacía de la Casa de la Contratación dentro del entramado andaluz. Existe un elenco de obras que resaltan la ascendencia institucional del Consulado de Cargadores de una manera difícilmente conciliable con el modelo veitiano. Esta opción puede remontarse, al menos, hasta la investigación de Robert S. Smith en la primera mitad del siglo XX. Ya hemos mencionado a Smith algunas páginas atrás. Era el compañero de Hamilton en la Universidad Duke. Ambos eran buenos amigos y si Hamilton tenía recuerdos que agradecer a Smith, a Smith le pasaba otro tanto. Hamilton había sabido despertar en él el interés hacia temas descuidados de la historia económica española y le había ofrecido un «ejemplo de excelencia». Uno y otro habían compartido varias estancias de investigación en el país durante los años treinta. La última de Smith tuvo lugar en 1936, justo antes de la Guerra Civil, que le obligó a volver a Estados Unidos. Allí, con los materiales disponibles, preparó su libro *Historia de los Consulados de Mar (1250-1700)*, aparecido en 1940[133].

La obra de Smith mantiene buena parte de su vigencia en la actualidad. El libro desafiaba las cronologías convencionales y las parcelaciones regionales, estudiando una institución política-económica fundamental como los consulados, que surgieron en la Corona de Aragón en la Edad Media y siguieron desarrollándose en Castilla durante la Edad Moderna. Aquel no podía

---

131. Schäfer (2003 [1935-1947]: I, caps. 4 y 5), donde las consideraciones fundamentales se refieren a la debilidad de carácter de los monarcas, la corrupción asociada al favoritismo y sus prácticas clientelares, la crisis económica, la venta de oficios y la expansión de las plantillas pese a los apuros hacendísticos.

132. Schäfer (2003 [1935-1947]: I, 329).

133. Smith (1978 [1940]). Las elogiosas referencias a Hamilton en p. 8.

calificarse *stricto sensu* como un estudio sobre la Carrera de Indias. Sin embargo, el capítulo VI, dedicado al Consulado de Cargadores a Indias, ofrecía una cantidad enorme de enseñanzas a los lectores. Les descubría que el Consulado era mucho más que una oficina subordinada a la Casa; que un organismo así –y los mercaderes detrás de él– podía conectarse, no solo con América, sino también con Europa; y que para estudiar su historia existían fuentes documentales extraordinarias, que por aquel entonces no había leído prácticamente nadie.

Realmente, impresiona comprobar la variedad de las fuentes que Smith manejó para escribir solo un capítulo de su obra. Sin duda, su investigación fue mucho más variada que la de otros autores contemporáneos más recordados que él. Smith trabajó con los inevitables legajos de Contratación, tan de moda entonces, pero supo ver también el valor del Indiferente General y de Contaduría. Incluso trabajó con los papeles de la actual sección Consulados, de proverbial dificultad de acceso hasta su definitiva catalogación en los años setenta. Pudo ver muchos de ellos todavía en Cádiz y tuvo consciencia de los que llegaron al Archivo a partir de 1931[134]. Todo eso para un único capítulo. Los demás los había escrito con documentación procedente de Barcelona, Palma de Mallorca, Valencia, Bilbao, Burgos o Madrid.

Smith citaba mucho a Veitia. Es evidente que, como fuente de datos específicos, le resultó de utilidad. Pero no le debía nada más que los datos puntuales. Su método de trabajo no tenía la menor conexión con el *Norte de la Contratación*. Y tampoco la tenía su modelo explicativo, donde el Consulado de Cargadores era cualquier cosa menos un servidor de la Casa. Lo presentaba como una estructura de privilegios, que reproducía y adaptaba la fisonomía que se creó durante siglos de desarrollo desde el Mediterráneo hasta América. Smith remarcaba el carácter negociador de las relaciones entre los dos organismos sevillanos y desechaba cualquier tipo de sumisión consular respecto a la Casa como la que el *Norte* planteaba.

Sus enfoques pueden entroncarse con los de Lutgardo García Fuentes (1941-2009). A la mano del profesor García Fuentes se deben varias obras esenciales[135]. Entre ellas, ninguna viene más a propósito aquí que *El comercio español con América, 1650-1700* (1980)[136]. Asentada su cronología entre

---

134. Smith (1978 [1940]: 183-184).
135. Recordemos, entre muchos artículos de gran mérito, monografías como García Fuentes (1991 y 1997).
136. García Fuentes (1980).

Séville et l'Atlantique de Chaunu y *Cádiz y el Atlántico* de García-Baquero, forma con ambas cierta suerte de trilogía espontánea, preocupada por la evolución macroeconómica del comercio atlántico desde comienzos del siglo XVI hasta los últimos compases del XVIII. Sin embargo, dentro de esta trilogía *El comercio español* ofrecía alguna nota discordante de enorme interés. La diferencia no se localizaba tanto en lo metodológico; el libro estaba construido a través del análisis de registros de ida y vuelta, y reconstruía variables como el movimiento unitario de navíos o los tonelajes de arqueo, que ya habían caracterizado los trabajos previos de Chaunu y García-Baquero. La peculiaridad residía en proponer una evolución diferente del comercio atlántico. García Fuentes se distinguió por ser uno de los primeros partidarios en adelantar su recuperación durante la segunda mitad del siglo XVII. Frente a la visión de una larga crisis seiscentista desde 1620 hasta el ciclo expansivo del siglo XVIII, preferida por Chaunu y por García-Baquero, él apostó por abreviar bastante la crisis y perfilar un período de despegue previo al esplendor dieciochesco de Cádiz[137].

Más allá de tales cuestiones, *El comercio español* resulta pertinente a los efectos presentes por enmarcar la precisa cronología del *Norte de la Contratación*. Paradójicamente, la historiografía veitiana había trabajado períodos muy amplios en los que el tiempo de Veitia solo representaba una porción –caso de Haring– o segmentos cronológicos que no coincidían con el suyo –como Piernas Hurtado, Hamilton, Chaunu o García-Baquero–. García Fuentes abordó por primera vez un estudio sobre la Carrera de Indias en la segunda mitad del siglo XVII, que equivale a decir el período en el que realmente vivió y prosperó José de Veitia Linaje. Nos hallamos ante el auténtico contexto temporal del *Norte de la Contratación*. Y, sin embargo, qué lejos quedaban los planteamientos de García Fuentes respecto a los de Veitia. Notable contradicción. Aunque contradicción explicable.

García Fuentes leyó con abundancia a Schäfer. Su admiración por el historiador alemán lo preparó para desarrollar un argumento en el que, si bien el Consejo no recibía tanta atención como tal vez cabría suponer –en el enfoque andaluz sí se mantenía dentro de ciertos parámetros veitianos–, la Casa de la Contratación era retratada como un organismo crecientemente marginado e irrelevante:

---

137. García Fuentes (1980: 226-236). La tesis había sido avanzada en García Fuentes (1979).

La Casa, en la segunda mitad del siglo XVII, pierde toda la iniciativa en los asuntos del tráfico mercantil indiano; la Casa queda relegada a un segundo lugar, va a remolque del Consulado de Comercio de Sevilla, verdadero órgano rector del comercio con Indias. La documentación que hemos tenido la ocasión de examinar evidencia que en asuntos de capital importancia para la marcha del tráfico mercantil, la Casa se limita a jugar el papel de intermediario entre el Consulado (los comerciantes) y la Corona.

Escasos renglones más adelante incluso le rebajaba tan disminuida condición. La Casa «se limita a ser, a veces, más que intermediario, simple espectador del chalaneo entre el Comercio y la Corona»[138].

Estas conclusiones marcaron un camino que posteriormente se ha bifurcado en un par de opciones historiográficas. Una de ellas coincidía *grosso modo* con la explicación sobre los gremios mercantiles de Sheilagh Ogilvie, y sugería que el Consulado creció gracias a una relación simbiótica con la Corona basada en la reciprocidad política-fiscal[139]. Fue la opción preferida por Pedro Collado Villalta en un artículo de gran sagacidad, que explicaba los privilegios y mercedes recibidas por el Consulado a modo de recompensa por la colaboración en asuntos clave como la financiación del asiento de la avería[140]. Otra vía proponía ir más allá y afirmaba la superioridad del Consulado sobre el aparato monárquico. José María Oliva Melgar defendió esta posibilidad en el discurso de inauguración del curso académico 2004-2005 en la Universidad de Huelva. La pieza se publicó en forma de libro bajo el título de *El Monopolio de Indias en el siglo XVII. La oportunidad que nunca existió* y contiene un amplio repertorio de ideas sumamente sugerentes. Oliva discutía la crisis del siglo XVII en la Carrera de Indias y se oponía a considerar a América como una «oportunidad perdida» para la modernización (léase, avance hacia la industrialización) de la economía del Antiguo Régimen. En relación con las preguntas de este estudio, *El Monopolio de Indias* interesa por contener la reivindicación más decidida del Consulado. El problema se plantea en términos del Consulado como dueño de un Monopolio real que habría suplantado a un irreal Monopolio oficial controlado por las instituciones de la Corona. Así, el Consulado, sede institucional del foco mercantil y financiero andaluz, «en el siglo XVII ocupa ya el lugar central en el funcionamiento real del Monopolio

---

138. García Fuentes (1980: 27-29).
139. Ogilvie (2011).
140. Collado Villalta (1983).

gracias a su progresivo control sobre la Carrera de Indias». Una proeza que le permitía estar «en condiciones de rivalizar con la Corona»[141].

* * * *

El elemento del modelo veitiano que nos queda por repasar, el hispanismo, también ha tenido una contestación historiográfica. Al menos, ha sido discutido desde dos vertientes distintas –pero no excluyentes entre sí–: las historiografías latinoamericanas, que han subrayado el dinamismo de las comunidades mercantiles indianas frente a la pasividad y la indiferencia implícitas en la visión veitiana, y la Historia Global, pensada como una estrategia metodológica y conceptual contra el pensamiento eurocéntrico –del que el hispanismo formaría una de sus manifestaciones más relevantes–.

A lo largo del XVI y sobre todo del XVII, las comunidades mercantiles de México y Perú maduraron y construyeron sus propias estrategias económicas, a menudo divergentes de los intereses económicos de los comerciantes que operaban desde Castilla. Lo lograron desde dentro del desarrollo económico hispanoamericano, gracias a su dominio del oro y la plata –cuya extracción minera financiaban– y a la consolidación de rutas marítimas alternativas a la Carrera, singularmente las del Pacífico. En palabras de Guillermina del Valle Pavón, relativas a la Nueva España,

> los mercaderes de la ciudad de México, que hacían posible la producción argentífera al vender a crédito los insumos requeridos por el sector minero, obtuvieron autonomía frente a las casas de comercio de Sevilla, una vez que dispusieron del capital necesario para comprar los bienes de la flota y venderlos a crédito. En este proceso también resultó crucial el tráfico con Perú, del que obtenían plata y azogue a bajos precios[142].

Igualmente, como ha expresado Margarita Suárez Espinosa, pensando en el virreinato del Perú,

> la formación de un grupo mercantil en Lima significó no sólo que aparecieran comerciantes que operaran en las ferias de Portobelo y Lima sino, sobre todo, la aparición de un grupo local que comenzara a controlar la producción,

---

141. Oliva Melgar (2004: 59). La obra fue pensada como lección inaugural del curso académico 2004-2005 en la Universidad de Huelva y se publicó en forma de libro poco después.
142. Valle Pavón (2005).

distribución y exportación de plata en su propio beneficio y que, por este motivo, edificara una serie de intereses económicos distintos y muchas veces contrapuestos a los de las compañías metropolitanas[143].

Sentadas estas bases, ninguna historia de la Carrera de Indias podrá completarse en el futuro ignorando los centros de negocios americanos.

Por otro lado, y más en general, el hispanismo es una variante del eurocentrismo y, por tanto, manifestación de una forma de pensamiento que viene siendo discutida en el ámbito de las Ciencias Sociales durante las últimas décadas. La Historia no ha permanecido al margen de estos debates. Antes al contrario, se ha convertido en moneda corriente la reconsideración de las narrativas tradicionales como una construcción ideológica a la que se ha bautizado como el mito o el relato del «Ascenso de Occidente». Este mito, como todas las leyendas, contiene algunos trazos ciertos, pero los mezcla con otros que muchos consideran falsos en la actualidad. El gran pecado de la historia eurocéntrica sería la magnificación del dinamismo europeo desde el 1500 hasta convertir al viejo continente en un dominador mundial que no fue, si acaso, hasta el siglo XIX con la Industrialización, el Imperialismo y la Gran Divergencia[144].

A la tradición veitiana podría achacársele este supuesto error. De hecho, alguno de sus puntales fundamentales ya ha recibido la sentencia. Es el caso de Earl J. Hamilton, cuya aproximación a la historia de la plata en los siglos XVI y XVII ha sido calificada por Dennis O. Flynn y Arturo Giraldez como eurocéntrica. La idea aparece en la introducción que escribieron a su *China and the Birth of Globalization in the 16ᵗʰ Century* (2010), titulada inequívocamente «From Eurocentric Price Revolution to the Birth of Globalization». Entre sus páginas encontramos lo que el epígrafe anuncia: una transición entre dos modelos explicativos que habrían marcado el inicio y el fin de las carreras académicas de los autores. Ambos habrían iniciado su andadura investigadora en el marco de la Revolución de los Precios, la de Hamilton, pero la habrían abandonado por sus limitaciones eurocéntricas, que no abarcaban sino las importaciones a Europa de la plata producida en América. En su lugar habrían evolucionado hacia una propuesta propia que ya conocemos, según la cual la plata habría sentado las bases de la Primera Globalización recorriendo los primeros circuitos económicos de escala planetaria, en los que América

---

143. Suárez Espinosa (2001: 9).
144. Frank (2008); Pomeranz (2000); Marks (2007); Goldstone (2009); Ringrose (2019).

destacaba como centro productor, Europa actuaba como distribuidor y Asia –sobre todo China– ejercía como mercado final[145]. Así pues, globalismo *vs.* eurocentrismo.

* * * * *

Los debates que cada una de estas cuestiones han generado poseen desde cierta perspectiva una entidad individual. Sin embargo, si se parte de la existencia de la tradición veitiana, entonces también cabe verlos como fragmentos de un proceso a través del cual esta ha perdido su primacía original en los estudios sobre la Carrera de Indias. Hoy en día las investigaciones sobre la materia se esfuerzan por equilibrar el protagonismo de las dos orillas del Atlántico, insertarlas en un escenario global, subrayar el peso del núcleo político de Madrid y reconocer en el espacio mercantil de Sevilla una maraña de focos entre los cuales la Casa de la Contratación no tiene por qué ostentar una superioridad clara, especialmente frente al Consulado de Cargadores. Si hubiera que aportar una predicción, parece probable que estas tendencias se mantendrán y se fortalecerán en el futuro. Confirmemos, por tanto, el retraimiento relativo de la tradición veitiana como último eslabón de nuestra argumentación, que ya puede ir concluyendo.

---

145. Flynn y Giraldez (2010). El volumen recopila artículos aparecidos en los quince años precedentes. La mencionada introducción reflexiona y sintetiza las conclusiones principales establecidas durante ese período.

EPÍLOGO

> La Norte *appartient enfin à cette catégorie de libres*
> *difficiles, denses mais obscurs et donc plus souvent cités*
> *qu'utilisés vraiment. En ce sens, il a été au premier chef*
> *responsable d'illusions, de fausse sécurité scientifique.*
>
> Huguette y Pierre Chaunu (1955)

Qué pena que su tecnicismo y su especialización impidan que la obra de Veitia sea accesible a un público más numeroso. El *Norte* es puro siglo XVII, puro Siglo de Oro. Es más, en algunos de sus aspectos literarios se sitúa a la vanguardia cultural de la época. Como razonábamos al principio de estas páginas, es imposible colocar a Veitia entre los brillos más visibles del resplandor aurisecular. No obstante, si unos pocos lectores, sean cuantos sean, encuentran aquí argumentos para apreciar mejor el *Norte de la Contratación*, para mí habrá merecido la pena más que de sobra, no el esfuerzo, sino el gratificante placer de escribir este libro.

Dediquemos estos últimos renglones a recapitular las cuestiones más relevantes que nos han surgido. La primera de todas nos conduce al carácter canónico del *Norte de la Contratación*. ¿Cómo construyó Veitia semejante texto, que abruma durante las primeras lecturas y maravilla al mostrarnos el microcosmos de la Carrera? La tesis básica de este estudio concluye que su solidez literaria reposa sobre varios elementos, entre los que tres sobresalen con claridad: la práctica del gobierno en la Casa de la Contratación, la herencia literaria del pensamiento oficial indiano y la investigación documental pionera que Veitia desarrolló en el archivo de la Contaduría Mayor.

Estos tres factores constituyen los ingredientes para una investigación ideal, aunque rara vez confluyen en una investigación real y concreta: el conocimiento personal, el conocimiento literario y el conocimiento documental. Pensemos en las investigaciones históricas modernistas. Tenemos las exigencias inexcusables del bagaje bibliográfico y del alzamiento de nuevas fuentes primarias. Pero ¿quién ha visto alguna vez, por decir algo, a un misionero de la frontera de Chile o a un cargador a Indias de la Carrera? Solo estudios contemporaneístas, relativos a períodos muy recientes, podrían suplir esta importante carencia, si bien probablemente al precio de reducir la accesibilidad a los documentos de archivo. Sin pretender que fueran una rareza extraordinaria, las idóneas circunstancias bajo las que Veitia trabajó eran y son difíciles de reunir en una misma experiencia investigadora. Eso se nota, y mucho, al leer el *Norte*. Cuando Veitia nos demuestra una cuestión con la máxima contundencia documental, pero también cuando nos asegura que alguna cédula real ya no se observa en el gobierno diario de la Casa; cuando no encuentra base documental para determinadas prácticas institucionales, pero las explica igual porque conoce su funcionamiento de primera mano; o cuando nos desvela la existencia de infinidad de cuestiones de la Carrera sobre las que la historiografía jamás ha vuelto; en todos esos momentos diferentes percibimos con certidumbre que nos hallamos ante un autor que domina con virtuosismo la materia que expone.

A algunos posiblemente les parecerá una exageración, pero el *Norte* de Veitia representa una cima creativa en la Sevilla barroca tan excelente como la pintura de Murillo y Valdés Leal; la imaginería de Roldán y Ruiz Gijón; o la arquitectura de retablos de Pineda. En su terreno y a su modo, claro está. El problema es que ese terreno es más pedregoso que otros. Transitarlo es difícil si no se posee cierta formación. Eso ya era así en el siglo XVII; no hay que esperar al tiempo presente. Veitia concibió el *Norte* como una obra minoritaria ya en su época y contexto original. Cualquiera entonces podía asombrarse y conmoverse ante las representaciones figurativas de la sensibilidad contrarreformista. Hoy también puede hacerlo el público culto o devoto, a pesar del tiempo transcurrido. Las artes plásticas sirvieron en la época barroca como un mecanismo de comunicación de masas. Pero la literatura política, no. ¿Eso la hace peor?

Ninguno de los contemporáneos que pudieron apreciar el *Norte* habrían estado de acuerdo. Ni los ministros reales y consulares de Madrid, Sevilla y Cádiz; ni las élites letradas que incorporaron la obra a sus bibliotecas, desde canónigos a mercaderes; ni el comerciante inglés William Hodges, que promovió la traducción del *Norte* en Gran Bretaña; ni los lectores oficiales que se encargaron de la censura, como Tomás de Valdés, del Consejo de Indias, o Antonio de Riaño, del Consejo de Castilla; ni mucho menos los amigos y familiares, como Juan Suárez de Mendoza, el conde de Villaumbrosa, Diego de

Villatoro o Gaspar Esteban de Murillo. Estos lectores tempranos alabaron las virtudes del *Norte*, lo distinguieron instantáneamente como enciclopedia práctica sobre la Carrera y coronaron a Veitia como «padre de los comercios». El éxito literario fue una de las razones principales que abrieron a Veitia la posibilidad de una ambiciosa carrera política en la corte de Carlos II.

Varios siglos después surgieron nuevas minorías capaces de dialogar con el *Norte* en los ámbitos universitarios y académicos. La apreciación puede parecer obvia, dado que Veitia es citado con mucha frecuencia en la historiografía sobre el comercio entre España y América. Sin embargo, la cuestión no es tan simple. Como venimos defendiendo desde el principio de este trabajo, el *Norte de la Contratación* se erigió en uno de los elementos fundamentales para la aparición de los estudios modernos sobre la Carrera de Indias durante la primera mitad del siglo XX. El influjo resultó tan robusto que lo he denominado tradición veitiana y, desde luego, iba más allá de la mera recogida puntual de información.

¿Cómo se metamorfoseó el conocimiento jurídico del XVII en pensamiento histórico del XX? La huella veitiana se percibe al menos en tres niveles: 1) paradigmático, con la aportación de modelos generales para escribir una historia de la Carrera; 2) metodológico, con el desvelamiento de las fuentes históricas del Archivo de Indias; 3) informativo, con la abundancia de datos y conceptos específicos puestos a disposición de quien necesitara cualquier aclaración. Quien te ofrece todo esto bien merece ser considerado un maestro. Aunque resultaría artificial intentar esquematizar demasiado, creo que pueden proponerse algunas precisiones individuales. Desde luego, todos los autores de entonces hicieron uso de la capacidad informativa del *Norte*. Sin embargo, la de inspirar un modelo literario de la Carrera fue aprovechada con singular acierto por Haring; es difícil imaginar cómo habría sido *Comercio y navegación* (1918) sin la matriz veitiana. Hamilton, por su parte, aprendió mejor que nadie las enseñanzas metodológicas. En ellas encontró la pista para resolver el problema de cómo reconstruir las remesas de metales preciosos americanos. También es lícito preguntarnos cómo habría avanzado *El tesoro americano* (1934) en ausencia de estas orientaciones.

Huguette y Pierre Chaunu también afrontaron la autoridad literaria de Veitia. En *Séville et l'Atlantique* (1955-1960) la huella veitiana se hace palpable desde el mismo título; a pesar de lo cual, la magna obra puede considerarse el punto de inflexión que separa el apogeo de la tradición veitiana y su crisis posterior durante la segunda mitad del siglo XX. El matrimonio francés marcó mayores distancias con Veitia que los historiadores precedentes, aunque no escatimaran elogios hacia el autor y su trabajo. El fragmento donde expusieron sus mayores dudas también contiene una crítica historiográfica expresada sin demasiado disimulo. Este pasaje presenta el *Norte* como una obra difícil, densa y oscura; lo considera uno de esos libros a los que se cita mucho, aunque en realidad se profundice bastante menos en su tenor; y al final hasta lo acusa de generar ciertas «ilusiones» de una «falsa seguridad científica»[1].

La sentencia de los Chaunu tal vez parezca muy severa. No obstante, puede entenderse y aceptarse con buenos argumentos, al menos parcialmente. Hay que reconocer que adjetivos como «difícil» o «denso», incluso «oscuro», le cuadran bien al *Norte*. Leerlo y entenderlo sin la adecuada formación previa es bastante difícil, acaso imposible. Dicho con la debida modestia y respeto, tal vez ni siquiera los mayores maestros de la tradición veitiana contaran con todo el bagaje de preparación necesaria. Aunque alguno llegara a leer la semblanza de Montoto, su mayor limitación pudo consistir en una reconstrucción tenue de las circunstancias personales de Veitia y, por tanto, de las claves culturales que su conocimiento revela. Esos flancos débiles les impidieron precaverse lo suficiente ante las tergiversaciones del *Norte*, mientras sus comentadas virtudes los encandilaban. Visto con la perspectiva que da el tiempo, aquí parece residir la causa de esa «falsa seguridad científica» en la que habrían incurrido los predecesores de los Chaunu. Una «falsa seguridad científica» que los Chaunu denunciaron, pero que nunca explicaron del todo.

Este libro no ha pretendido ser una biografía, pero considera el ejercicio biográfico como premisa clave para interpretar la obra veitiana. La vida del autor presenta un perfil determinado, el de aquellos que supieron aprovechar la movilidad ascendente permitida por la sociedad estamental del XVII. Veitia nació en una frontera resbaladiza entre la hidalguía y el desclasamiento. Empezó su andadura lastrado por una economía doméstica modesta, la vileza de oficios de una familia de mesoneros, la cortedad de sus estudios formales y la temprana orfandad de padre. Sin embargo, se sobrepuso a todo. Varios factores contribuyeron a su éxito: las relaciones clientelares, el dinero, la suerte y, sin duda alguna, un talento personal instintivo. Una ambición desmedida por progresar, un amor propio indomesticable y una admiración inteligente por la cultura más refinada del momento. Comenzó sirviendo a patronos poderosos,

---

1. Chaunu y Chaunu (1955: 17).

trabajó como procurador de negocios en Sevilla, promocionó como oficial real en la Casa de la Contratación y, llegada la oportunidad, se trasladó a Madrid para culminar su carrera en el Consejo de Indias y la Secretaría del Despacho Universal. Así salió de los fogones de la posada familiar y conquistó la intimidad del rey de España.

Este trasfondo social incidió sobre el texto del *Norte de la Contratación*. Tal vez se encuentre aquí el principal olvido de la tradición veitiana novecentista; no reparar en que la obra quedó asociada culturalmente al sueño aristocrático de su autor. Fue habitual en el Siglo de Oro que la producción artística y literaria proclamase la nobleza y la jerarquía de sus propias disciplinas –pensemos en Velázquez y sus *Meninas*, por ejemplo–. En el caso del *Norte*, la filípica vino disimulada por la cultura corográfica triunfante en la Edad Moderna. Veitia trasladó la lógica ditirámbica del género al espacio mínimo de lo institucional, articuló un planteamiento que aquí hemos denominado patriotismo institucional y lo aplicó al estudio de la Casa de la Contratación y la Carrera de las Indias. El patriotismo institucional indicó a Veitia cómo tergiversar su exposición literaria. Escribió sobre una realidad atlántica, que conectaba con el naciente mundo global y los esfuerzos de la Monarquía Hispánica, grandes escenarios en los que vivió y de los que participó conscientemente. Sin embargo, eligió olvidarse de todo esto lo más posible y adoptó un punto de vista que sus contemporáneos podrían disculparle con facilidad: exaltar sobre cualquier cosa el rincón propio. En el lienzo de Veitia, la Casa regía la Carrera, mientras subordinaba o subsumía al Consulado y las demás instituciones de Sevilla y Cádiz; Madrid quedaba sutilmente diluido, alguna rara vez hasta discutido; y América a duras penas comparecía como una referencia lejana, carente de protagonismo alguno. ¡Qué grandes señores los que administrasen aquel punto neurálgico de la Monarquía!

Veitia justificó la publicación del *Norte* acudiendo a la filosofía del Buen Gobierno, es decir, la del bien común. Y no es que mintiera; cualquiera podía encontrar en el libro la información concreta que necesitara sobre la Carrera y solucionar su problema particular. Sin embargo, es obvio que Veitia también perseguía su bien particular en el ansia de un «mayor grado». Por eso, aunque la información puntual que ofrece posee por lo general un gran valor, su marco interpretativo general adolece de inexactitudes robustas. La tradición veitiana heredó estos problemas en el siglo xx. Sus autores acudieron al *Norte* constantemente en tanto que manual de consulta, casi siempre con buenos resultados, tal como se sigue haciendo hoy en día. Como referencia metodológica, el *Norte* también prestó un servicio excelente. Tal vez podría discutirse la excesiva inclinación hacia la sección Contratación, que resulta evidente en las obras clásicas de la tradición veitiana. Aun así, las puertas del Archivo de Indias quedaron bien abiertas. Sin embargo, el mapa conceptual de la Carrera nació sometido a fuertes condicionamientos.

La tradición veitiana atribuía a la Carrera unos rasgos que guardaban relación con el patriotismo institucional del *Norte*. Tal como hemos destacado, su visión de la materia presentaba más o menos explícitamente las siguientes características: 1) eurocentrismo, presente en el hispanismo que miraba a España mucho más que a América; 2) andalucismo, que olvidaba el protagonismo de Madrid para subrayar el de la Baja Andalucía y, en especial, el de Sevilla; 3 preferencia por la Casa de la Contratación, a la que se ensalzaba como centro del sistema atlántico por encima de otras instituciones de su entorno. Lógicamente, hubo otros factores en juego que coadyuvaron a la formulación de estos esquemas de pensamiento. Pese a ello, el paralelismo con el patriotismo institucional es demasiado evidente, más aun tratándose de autores que se declararon lectores fervorosos del *Norte*.

Haring, Hamilton, Chaunu o, más tardíamente, García-Baquero han escrito sus nombres en las antologías más insignes del Archivo de Indias. Jamás saldrán de ahí, por más que sus conclusiones se hayan debatido hasta la saciedad y siga discutiéndose sobre ellas. Igual que sus aportaciones individuales han afrontado el envite de otras teorías alternativas, la visión que compartían sobre la Carrera de Indias también se encuentra en declive. Ni el eurocentrismo ni el hispanismo ni el andalucismo ni la supuesta primacía de la Casa de la Contratación gozan hoy de excesivo consenso. Los propios términos que definen estas posiciones –que, imagino, extrañarían a nuestros autores– connotan de por sí cierta reprobación conceptual. La tradición veitiana, después de haber contribuido a un episodio de excepcional brillantez –la fundación de los estudios modernos sobre la Carrera–, se ha visto superada al fin por el devenir irrefrenable del análisis histórico modernista.

Igual que sus discípulos modernos, el maestro de antaño también ha cedido buena parte de su autoridad literaria. Probablemente, era inevitable, una consecuencia necesaria de su propio magisterio. ¿Para qué seguir leyendo un manual del siglo XVII, por valioso que sea, cuando ya se podía aprender de Haring, Hamilton o Chaunu? Inspirar los primeros hitos bibliográficos sobre la Carrera significaba sacrificarse en la madurez científica que estos representarían en breve. Hoy nadie se acerca a Veitia como estos autores en el pasado. Nadie busca en el *Norte*, como Hamilton o Chaunu, una guía de investigación en el Archivo de Indias. Ni tampoco, como Haring, un modelo literario que evolucionar. Nadie lo hace y, salvo excepción peculiar, nadie volverá a hacerlo. Sencillamente, porque ya no es necesario. La tradición veitiana nació destinada a existir tan fugaz como espléndida.

Así termina esta historia –lo escribo azuzado por una desazón confusa, a medio camino entre el alivio y la nostalgia–. Una historia que nos ha acercado a una maravillosa experiencia literaria del Siglo de Oro y, después, a un momento determinante para el desarrollo del pensamiento histórico moderno. Descubrir este vínculo cultural entre los siglos XVII y XX me ha conmovido. Nunca hubiera imaginado al principio de la investigación la profunda impronta de Veitia en lo que los historiadores hemos pensado, escrito, aprendido y desaprendido. Supongo que esta lección acotada puede servir para ilustrar otras reflexiones más amplias. Debates como cuál es la genealogía de muchos de nuestros modelos históricos o en qué medida nos enfrentamos a las fuentes archivísticas libres de condicionamientos previos. No perderé el norte por esos derroteros. Ni me siento preparado para recorrerlos ni es el fin de este estudio. Además, ¿cómo prever con seguridad todas las proposiciones que se podrían extraer de las afirmaciones aquí vertidas? Una de las cosas que se aprenden estudiando el *Norte de la Contratación* es, precisamente, que la obra solo es del autor hasta que la publica. Lo que suceda después no puede saberlo nadie. Ni siquiera José de Veitia Linaje.

APÉNDICES

APÉNDICE 1. TABLA CRONOLÓGICA DE JOSÉ DE VEITIA LINAJE (1623-1688)

Fecha / edad	Acontecimientos
1623 /	Nacimiento en Burgos. Bautismo en la parroquia de San Gil Abad.
1637 / 14	Muerte de Pedro de Veitia Gasteategui. Huérfano de padre, entra a servir a la familia Castro en Burgos y en Oñate.
1639 / 16	Boda de Juan Alonso de Castro y Mariana de Baeza. Veitia se marcha de Burgos y llega a Sevilla como criado de Juan Alonso.
1644 / 21	Primeros testimonios documentales en Sevilla. Jerónimo de San Vítores lo toma bajo su protección. Empieza a actuar como representante. Se casa con Tomasa Josefa Murillo.
1645 / 22	Fernando de Villegas, marqués de Paradas, contador mayor de la Casa de la Contratación.
1646 / 23	Jerónimo de San Vítores y Juan Alonso de Castro se marchan a Madrid. Veitia se queda en Sevilla, inicialmente como representante. Agente fiscal en la Casa. Hermano de la hermandad de la Vera Cruz.
1647 / 24	Pierde el puesto de agente fiscal.
1648 / 25	*Política indiana* de Juan de Solórzano Pereira (uno de sus principales modelos literarios).
1649 / 26	Oficial mayor en la tesorería de la Casa.
1651 / 28	Hermano de la hermandad de la Santa Caridad.

Fecha / edad	Acontecimientos
1652 / 29	Intermediario entre la Vera Cruz y Murillo (*La Inmaculada y fray Juan de Quirós*).
1653 / 30	Contador de averías (tras comprar el oficio).
1654 / 31	Tesorero interino. Pedro Núñez de Guzmán, conde de Villaumbrosa, presidente de la Casa y asistente de Sevilla (mecenas político y literario de Veitia en Sevilla y en Madrid).
1659 / 36	Viaje a Santander, Burgos y Madrid. Nombramiento definitivo como tesorero. Muerte de María Alonso de Linaje, su madre.
1660 / 37	Vende su oficio en la Contaduría de Averías. Fecha de inicio aproximada del *Norte de la Contratación*.
1661 / 38	Viaja a Cádiz a fines de año.
1662 / 39	Larga estancia en Cádiz, a cargo de los convoyes de la Carrera de Indias (epistolario).
1665 / 42	Juez de alzadas ante el Consulado de Cargadores.
1666 / 43	Sondeo de la barra de Sanlúcar con el marqués de Fuente el Sol. Mayordomo de la Piedad, primer bienio.
1667 / 44	Presentación de primeras cuentas de Tesorería. Juez de alzadas. Participa en el contrato del retablo del Descendimiento de Cristo. Viaje a Sanlúcar de Barrameda. Merced de hábito de Santiago.
1668 / 45	Probanzas del hábito y resolución favorable, pese a varios problemas. Mayordomo de la Piedad (segundo bienio).
1669 / 46	Juez de alzadas ante el Consulado de Cargadores.
1671 / 48	Finaliza la redacción del *Norte*. Viaje a Madrid. Censura del *Norte* en los consejos de Castilla e Indias. Marcos de Orozco realiza el grabado de la portada.
1672 / 49	**Publicación del *Norte de la Contratación de las Indias Occidentales* (Sevilla, Juan Francisco de Blas).**

Fecha / edad	Acontecimientos
1676 / 53	Muerte de Fernando de Villegas, marqués de Paradas.
1677 / 54	Secretario de gobernación de la parte de Nueva España en el Consejo de Indias. Abandona Sevilla y se muda a Madrid.
1678 / 55	Muerte del conde de Villaumbrosa.
1679 / 56	Muerte de Miguel Mañara (Veitia es avisado en Madrid).
1680 / 57	Duque de Medinaceli: primer ministro de Carlos II.
1681 / 58	*Recopilación de Leyes de los Reinos de Indias*. Veitia colabora en su difusión.
1682 / 59	Secretario del Despacho Universal. Consejero, camarista y miembro de la Junta de Guerra de Indias.
1685 / 62	Caída de Medinaceli. Veitia pierde la secretaría del Despacho, pero mantiene sus posiciones en el Consejo.
1688 / 65	Muerte de Veitia en Madrid, registrada en la parroquia de San Esteban. Inhumación del cuerpo en el convento de la Merced Calzada, capilla de Nuestra Señora de los Remedios.

APÉNDICE 2. REDES FAMILIARES PROTECTORAS DE VEITIA LINAJE (GENEALOGÍA SELECCIONADA)

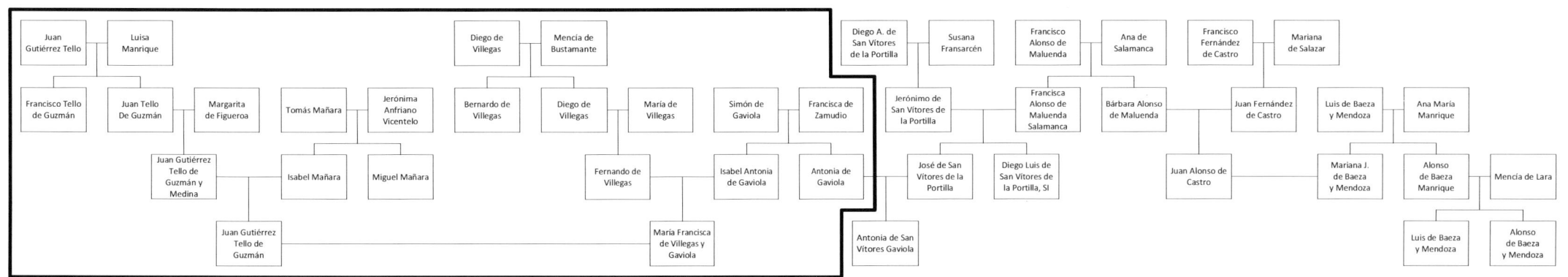

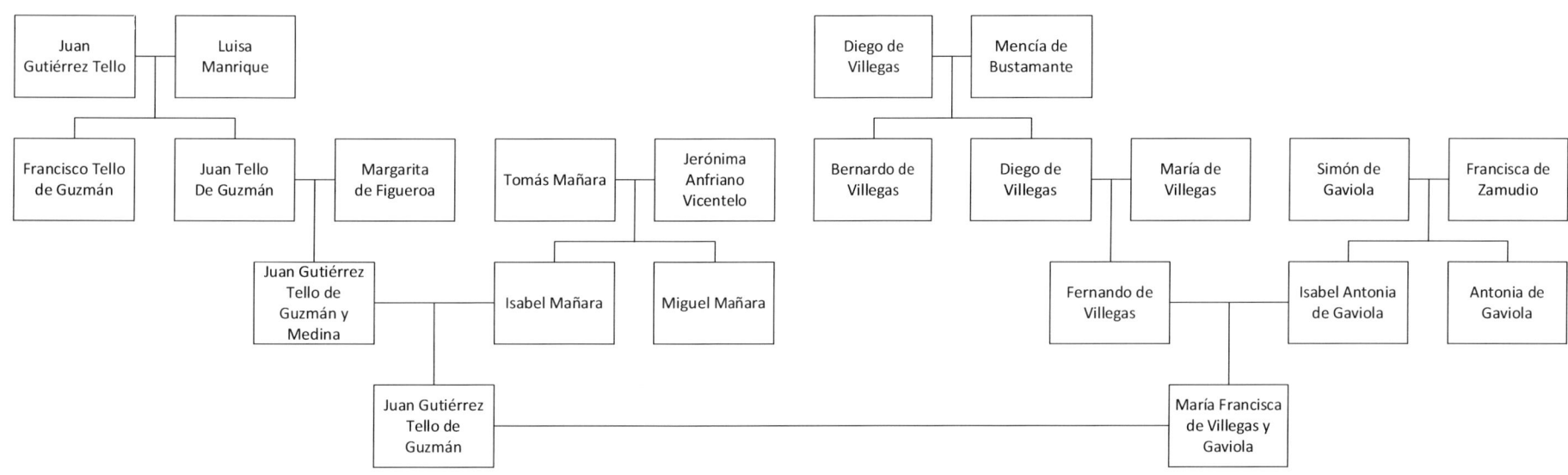

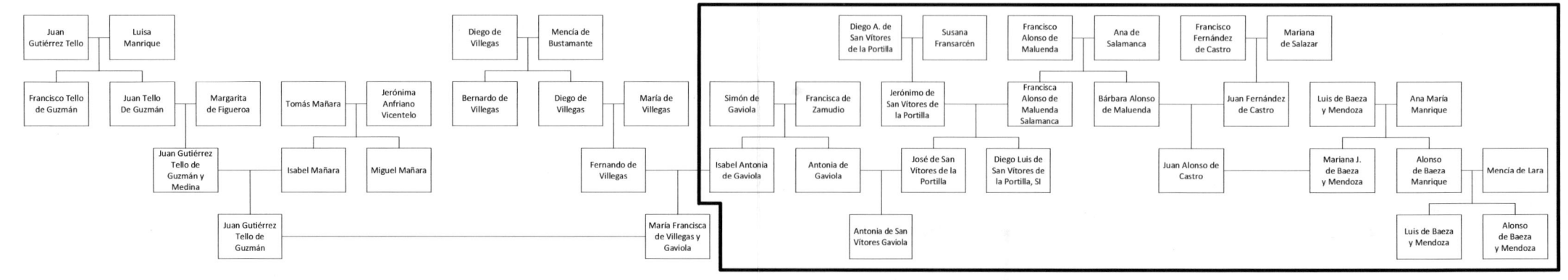

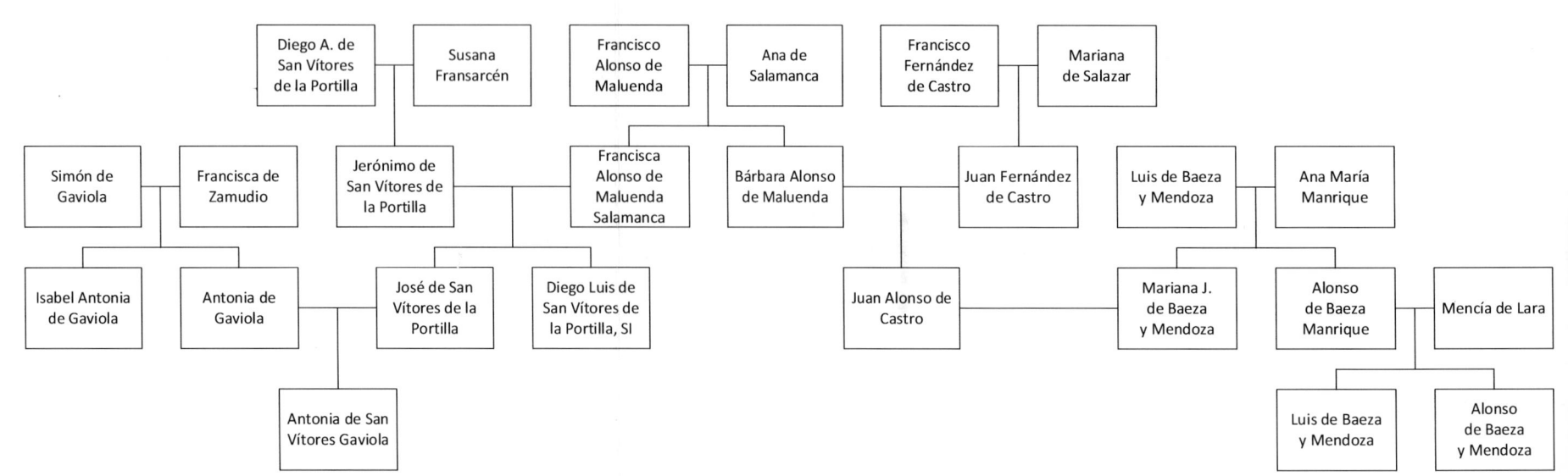

362

APÉNDICE 3.1. SOLICITUD DE PUBLICACIÓN AL CONSEJO DE INDIAS
(AGI, IG, LEG. 1491)

+

Señora

Joseph de Veitia Linage cauallero de la orden de Santiago juez oficial por V Mg^d de su R^l Audiencia de la Casa de la Contratacion de las Yndias, dice que ha compuesto vn libro tocante al buen gouierno de la dicha Audiencia, administracion de la Real hacienda, despachos y aprestos de galeones, y flotas, y obligaciones de todos los ministros politicos y militares q en la Casa y en la carrera de las Yndias sirven a V Mg^d, el qual se intitula Norte de la contratacion de las Yndias.

A V Mg^d sup^ca se sirua de mandar que se vea y reconozca, y pareciendo digno de darse à la imprenta se le dè licencia para ello en q recibirá mrd &

[Sobrescrito]
+
Señor
D. Joseph de Veytia

Conss° 20 Mayo 1671

Traygase de la s^ria not^as a s e de la forma con que se remiten los libros p^a reueerse pertenecientes a In^as [rúbrica]

Al sr Don tomas de Valdes [rúbrica]

[Censura de Valdés] De orden del cons° e visto este libro y corresponde mui bien al titulo de norte de la contrataçion de las Yndias porque con dificultad podra errar el que se valiere de sus notiçias y documentos; comprehende todo lo conçerniente a la jurisdiçion y gouierno de la casa, administracion de la Rl haçienda, despacho y aprestos de galeones y obligaçion de los ministros politicos y militares de carrera y en concurso de tan diuersas profesiones cada una parece propia del autor, según la inteligencia y açierto con que la trata; es obra de grande utilidad publica y que conuiene se de a la estampa para instrucçion y conocimiento comun de materias tan importantes. Asi lo siento. Md y julio. 5. de 671. Lcdo. Thomas de Valdes [rúbrica]

Conss° 10 Julio <u>1671</u>

Dasele la lic^a q pide por lo q toca a este Conss° poniendose la censura de el s^r D. Thomas de Valdes por cabeza [rúbrica]

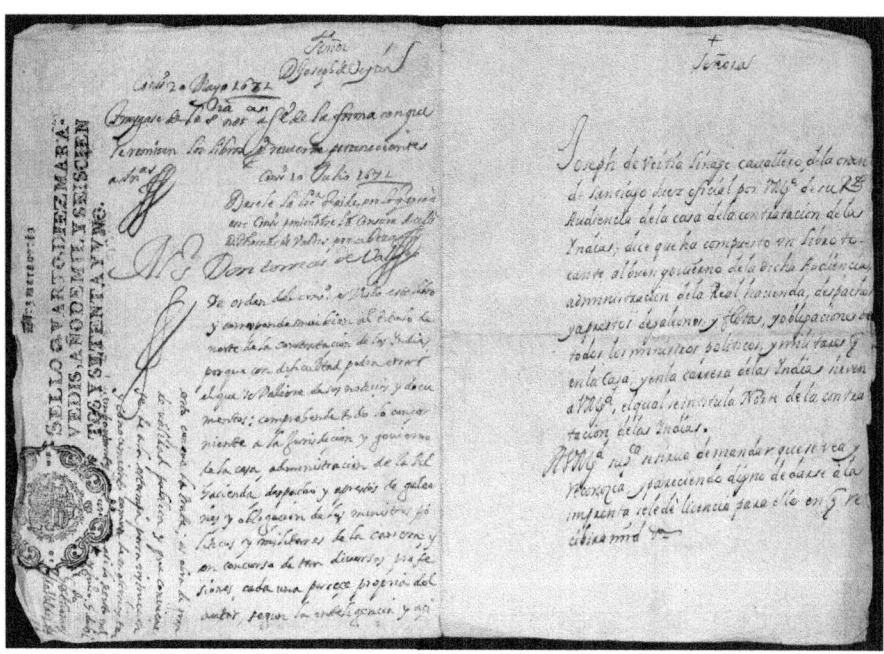

APÉNDICE 3.2. SOLICITUD DE PUBLICACIÓN AL CONSEJO DE CASTILLA
(AHN, CONSEJOS, LEG. 47043)

[En papel del sello cuarto, 10 maravedíes, de 1671]

MPS

d.n Joseph de Beitia Linage Cau.o de el orden de Santg.o = digo que io e con-
puesto un libro intitulado norte de la Contrataçion de las indias y deseo darle
a la inprenta y para que tenga efecto = a VA pido y supp.co mande se me des-
pache liçençia y prebilejio para que lo pueda inprimir por tienpo de diez años
en la for.a ordinaria atento trago [*sic*] liçençia de el ordin.o eclesiastico pido
jus.a =

    Joseph de Veitia Linage [firmado]

[Sobrescrito]

D Joseph de Beytia Linaxe
S.o Bargas
M.d y Jullio quatro 1671
Vease = remitase al sr d Antonio de Riaño [rúbrica]

Cometese al Reu.mo P.e Juan de Aguirre de los Clerigos menores Pred.or de
su mag.d pa que le censure en m.d a 7 de julio de 1671
L.do Ant.o de Riaño y Salamanca [firmado]
Dase licencia i priuilejio por diez años m.d a 17 de julio de 1671 [rúbrica].

APÉNDICE 3.3. MEMORIAL DE SERVICIOS CON ENVÍO DEL *NORTE DE LA CONTRATACIÓN* A MARIANA DE AUSTRIA (AGI, IG, LEG. 2013)

[En papel del sello cuarto, a diez maravedíes, de 1672]

+

Señora

D. Joseph de Veitia Linage Cauallero de la orden de Santiago Tesorero Juez oficial por VM en su Real Audiencia de la Casa de la Contratacion de las Yndias de la Ciudad de Seuilla: dice que à treinta años que sirue a VM los diez y seis dellos en diferentes ministerios de papeles, y los catorce en la dicha plaza de tesorero juez oficial en que lo queda continuando y ademas de hauer cumplido con el seruicio y obligaciones della asistiendo siempre con mucha puntualidad y cuidando de la correspondencia del Tribunal con VM y los de su Consejo supremo de las Yndias hà hecho diferentes servicios que se le han encargado de que se referira aqui algunos.

[Al margen: N.º Testimonio de Andres Marquez] – El año de 1661 recibio y puso cobro à los Galeones y capitana y Almiranta de Nueua España del cargo de los Generales D. Pablo Fernandez de Contreras y Adrian Pulido que hauian entrado en la Coruña donde descargaron la plata y frutos, y se trujeron los vageles a la vahia de Cadiz.

[Al margen: 2 Certificacion de la Carta que se acusa; y testimonio de Rodrigo Martinez Consuegra] – El año siguiente de 1662 despacho la flota de Nueua España del cargo del General Don Nicolas Fernandez de Cordoba hauiendo vencido tantas dificultades en su despacho y dependencias della que en 18 de julio de aquel año escribio el ss^{rio} D. Juan del Solar de orden del Consejo, que en el se tendría presente lo bien que en todo hauia obrado.

[Al margen: 3 Dos testimonios de Rodrigo Martinez Consuegra y vno de Juan Francisco Pinto] – El mismo año de 1662 despacho los Galeones del cargo del General Conde de Villalcazar que tuvo mucho que trauajar por hauer puesto el Consejo a su cuidado el de la carena de cinco dellos del asiento de Pablo Garcia de Santayana, de quien se dudaba que pudiese cumplir; y assimismo dispuso la remision de ciento y cinquenta infantes y cantidad de armas y municiones para Puerto rico y Punta de Araya por subdelegación del Conde de Villavmbrosa, que era Presidente de la Casa.

[Al margen: 4 Desto no va testimonio porque están los autos originales en el Consejo] En el dicho año hizo en la Ciudad de Cadiz diferentes diligencias

de orden del Consejo y con subdelegacion de los jueces de cobranzas y arri-
badas, y entre ellas vn descamino de mercadurías que se trahian en navios de
Olanda para D. Joseph de Oquendo de que resulto de beneficio a la Real hacienda assi del principal de su venta, como de los derechos que se percibieron
en las Aduanas mas de 30V pesos.

[Al margen: 5 Testimonio de Juan Francisco Pinto] – En el año de 1664
hizo de orden del Consejo las provisiones de bastimentos de los Galeones del
cargo del General Don Manuel de Bañuelos, y de los dos que fueron a cargo
de Francisco Martinez de Granada con azogues a la Nueua España con mucho
ahorro de la hacienda de la haberia, y sin que por ello se le huuiese dado ayuda
de costa alguna.

[Al margen: 6 Testimonio de Rodrigo Martinez Consuegra] El año de
1666 fue con el Marques de Fuentelsol Presidente de la dicha Real Audiencia
à asistir a la sonda que se hizo de la Barra de Sanlucar.

[Al margen: 7 Testim° de Juan Fran° Pinto] El mismo año por subdelegacion del mismo Presidente passò a la Ciudad de Cadiz a pedir prestamo a los
comerciantes de ella para el despacho de los Galeones.

[Al margen: 8 Certificacion de D. Juan Tello de Guzman y Medina; y otra
del Cont°r Manuel Fer.z Pardo] – El año de 1667 fue con el dicho Presidente a la
Ciudad de Sanlucar al recibo de la flota del cargo del General Conde de Villalcazar para las diligencias que se hauian de executar acerca de la represalia de bienes de franceses; y voluio despues para la de los galeones del cargo del General
Principe de Montesarcho de que por via de indulto se consiguieron 212V pesos,
a cuya disposicion y a la de la cobranza dellos assistio y ayudo al Presidente.

[Al margen: 9 Certificacion de D. Juan Tello de Guzman y Medina, y
testim° de Antonio de Quesada] – En los años de 1666 y 667 trauajò en el ajustamiento de los comercios sobre hacer exequible la contribucion de los 790V
ducados de plata para cada despacho de Galeones y flotas, para cuyo efecto
fue nombrado por VM con el Marques de Fuenteelsol, y Lorenzo Andres Garcia, y assistio solo al Marques por hauerse ausentado Lorenzo Andres a seruir
la plaza de veedor general del Occeano; y hauiendose ajustado negocio tan
arduo e importante muy a satisfacion del Consejo mando VM por su Real Cedula dada en 6 de Julio de 1667 que se le diesen las gracias al Marques, y a el
le ordeno que en su Real nombre las diese à los Jueces que lo hauian ayudado.

[Al margen: Consta en la certificación del num° 8] – Por fin del dicho año
de 1667 assistio al recibo de los Galeones del cargo del General Principe de
Montesarcho para las diligencias de la manifestación de la pasta para lo qual estuvo encargo de dos Galeones en que se manifesto cantidad muy considerable.

estuvo encargado de dos Galeones en que se manifestó cantidad muy considerable.

—El año de 1668 dio principio à la averiguacion de su de estrangeros el nauio nombrado San Ermenegildo, que tenia licencia para ya à Buenos aires sacada a nombre de
D. Gaspar de Vargas, de cuya diligencia resultaron mas de 30 Ð pesos para la Real
Camara de la venta del Nauio, que fue en 20 Ð ~~ducados~~ de plata, y de otras condenaciones que se echaron; a demas del gran benefiçio que se siguio à la causa publica por que
estaba para salir con aquel Nauio otro de Olanda cargado de mercaderias sin registro para
introducirlas con la capa del que lleuaba D. Gaspar de Vargas.

Testimonio de Juan Fran.co Pinto, y otro de Juan de Garay.

—En el año de 1670 se le ordeno por el dicho Presidente de la Cam en virtud de Carta
que tuvo del Conde de Peñaranda, que lo era del Consejo, que le pasase assistiendo à
los Puertos al despacho de la Flota de Nueva españa del cargo del General D. Ioseph
Centeno, que se retiria por los comercios respeto de la costa que se añadia con los doçe galeones de refuerço, y consiguio la salida à buen tiempo, y con el maior registro que se
à visto muchos años ha.

Testimonio de Antonio de Quesada.

—En el año presente de 1672 le encargo V.M. por su Consejo de guerra la superintendencia
de las provisiones de bastimentos que se hauian de hacer en Seuilla para la Armada
del Occeano en que obro con tal diligencia y cuidado, que por Cedula de 10 de abril de
dicho año Refrendada del S.r D. Bartolome de Legaza se dio V.M. por seruida, y
le mando dar muchas gracias por ello.

El mismo Libro.

—Ha compuesto e impreso con licencia de V.M. el Libro intitulado *Norte de la
Contratacion de las Yndias Occidentales*, cuia estimación, y la importancia àel para el gouierno de las materias que en el se tratan resigna en el superior
conocimiento del Consejo.

A V.M. suplica que en atencion à los seruicios referidos, y al zelo desinteres, y aplicacion con que los queda continuando, se sirua de hacerle merced de puesto de maior
grado en que pueda à delantarse en el Real Seruicio.

[Al margen: 10 La causa original se remitio al Consejo, por lo qual no se envía testimonio] – El año de 1668 dio principio à la averiguación de ser de estrangeros el nauio nombrado San Ermenegildo, que tenia licencia para yr à Buenos aires sacada a nombre de D. Gaspar de Vargas, de cuya diligencia resultaron mas de 30V pesos para la Real cámara de la venta del Nauio, que fue en 20V ducados de plata, y de otras condenaciones que se echaron; à demas del gran beneficio que se siguio a la causa publica porque estaba para salir con aquel Nauio otro de Olanda cargado de mercaderias sin registro para introducirlas con la capa del que lleuaba D. Gaspar de Vargas.

[Al margen: 11 Testim° de Juan Franᶜᵒ Pinto, y otro de Juan de Garay] – En el año de 1670 se le ordeno por el dicho Presidente de la Casa en virtud de carta que tuuo del Conde de Peñaranda, que lo era del Consejo, que le vajase asistiendo à los Puertos al despacho de la Flota de Nueua España del cargo del General D. Joseph Centeno, que se resistia por los comercios respeto de la costa que se añadia con los dos galeones de refuerzo, y consiguio la salida à buen tiempo, y con el maior registro que se à visto muchos años hà.

[Al margen: 12 Testimonio de Antonio de Quesada] – En el año presente de 1672 le encargò VM por su Consejo de guerra la superintendencia de las provissiones de bastimentos que se hauian de hacer en Seuilla para la Armada del Occeano en que obro con tal diligencia y cuidado que por Cedula de 10 de abril de dicho año Refrendada del ssʳⁱᵒ D. Bartolome de Legaza se dio VM por seruida y le mando dar muchas gracias por ello.

[Al margen: 13 El mismo libro] – Hà compuesto e impreso con licencia de VM el libro intitulado Norte de la Contratacion de las Yndias Occidentales, cuia estimacion, y la importancia de el para el gouierno de las materias que en el se tratan resigna en el superior conocimiento del Consejo.

A VM suplica que en atención à los servicios referidos, y al zelo desinteres, y aplicacion con que los queda continuando, se sirua de hacerle merced de puesto de maior grado en que pueda adelantarse en el Real servicio.

FUENTES ARCHIVÍSTICAS

Archivo Diocesano de Burgos*
Parroquia de San Gil Abad, Burgos
Bautismos: 3

Archivo General del Arzobispado de Sevilla (AGAS)
Parroquia del Salvador (Salvador):
Defunciones: 5

Archivo General de Indias, Sevilla (AGI)
Consulados: legajos 8, 100, 102, 133, 134, 135, 136, 137, 138, 139, 140, 141, 142, 143, 144. Libros 46, 56, 57
Contaduría: 20, 132, 133, 134a, 136, 137, 139,144, 146, 150, 373a, 375a, 375b, 376a, 376b, 379, 380, 384a, 384b, 385a, 385b, 386a, 386b, 387a, 387b, 388, 389, 402
Contratación: 850, 1002, 1003, 1004, 1005, 1006, 1007, 1008, 1009, 3487, 3748, 4264, 4329, 4476, 4538, 4539, 4551b, 4591, 4592, 4593, 4594, 4595, 4596, 4597, 4598, 4599, 4600, 4696, 4699, 4700, 4954, 4984, 4985, 4989a, 4989b, 4990a, 4990b, 5043, 5049, 5050, 5051, 5052, 5089, 5090. 5091, 5092, 5123, 5124, 5125, 5174, 5178, 5179, 5180, 5181, 5182, 5784, 5785
Escribanía de Cámara: 1086c
Filipinas: 3, 23, 305
Guadalajara: 2, 3, 4
Guatemala: 3, 4, 5, 388, 397
Indiferente General (IG): 160, 438, 630, 639, 640, 641, 642, 643, 644, 645, 646, 769, 770, 774, 780, 782, 785, 786, 787,788, 789, 790, 791, 792, 865, 866, 964, 1180, 1190, 1191, 1192, 1484, 1486, 1491, 1494, 1495, 1496, 1497, 1651, 1863, 1878, 1879, 2009, 2010, 2011, 2012, 2013
Lima: 18, 286
México: 7, 8, 9, 15, 160, 277, 309, 310, 319, 345, 1072, 1073
Santo Domingo: 3, 4, 5, 8

---

* Archivos consultados indirectamente, a través de la atención proporcionada por sus responsables.

Archivo Histórico Nacional, Madrid (AHN)
Códices: 752
Consejos: 7192, 7193, 7194, 7198, 47043. Libros: 779.
Órdenes Militares (OM)
Santiago: 944, 945
Expedientillos: 4236, 5537

Archivo Histórico de Protocolos de Madrid (AHPM)
Protocolos de Madrid (Madrid): 10272, 10702, 10703, 10704, 10705, 10709, 10711

Archivo Histórico Provincial de Sevilla (AHPSe)
Protocolos Notariales de Sevilla (PNS)
Oficio 4: 2615, 2625
Oficio 5: 3774
Oficio 6: 4463, 4465, 4468
Oficio 7: 5130
Oficio 8: 5588
Oficio 10: 6348, 6352, 6354, 6. 355, 6356, 6357, 6363, 6366, 6367. Abecedarios: 18426
Oficio 13: 8052, 8053, 8054, 8055, 8056, 8057, 8058, 8059, 8060, 8061, 8062, 8063, 8064, 8065, 8066. Abecedarios: 18459, 18460
Oficio 16: 10250, 10252, 10255, 10266, 10278, 10304. Abecedarios: 18506
Oficio 19: 12713, 12946, 12975, 12976, 12977, 12979, 12980, 12981, 12982, 12983, 12984, 12985, 12986, 12999, 13011, 13015, 13017, 13025, 13036, 13045, 13063, 13065, 13070, 13082. Abecedarios: 18563

Archivo Municipal de Sevilla
Sección XI: 29

Archivo de la Parroquia del Sagrario, Sevilla (APS)
Defunciones: 16, 19
Padrones: 1, 2, 5

Archivo de la Parroquia de San Sebastián, Madrid*
Defunciones: 16

Archivo de la Parroquia de Santa María Magdalena, Sevilla (APSMM)
Matrimonios: 11

---

* Archivos consultados indirectamente, a través de la atención proporcionada por sus responsables.

* Archivos consultados indirectamente, a través de la atención proporcionada por sus responsables.

Archivo de los Reales Alcázares de Sevilla
Caja 489

Biblioteca Nacional, Madrid (BN)
1/43493, 2/62504, 3/49748, R/12559

Biblioteca de la Universidad de Sevilla (BUS)
Fondo Antiguo (FA): A109/117, A137/119, A178/076, A180/071, A186/28, A194/338, A204/37, A281/082, A332/144

Real Academia de la Historia, Madrid (RAH)
Biblioteca: 5/843, 14/618, 14/11610
Colección Salazar y Castro (SC), D-26, D-30, K-21, N-58

BIBLIOGRAFÍA

Fuentes primarias (manuscrito/impreso anterior a c. 1800)

Aguirre, Juan de (1664): *Sermon al patrocinio del glorioso arcangel S. Migvel, segvndo patron, despves de Maria pvrissima de la sagrada religion de los padres clérigos reglares menores.* Madrid: Diego Díaz de la Carrera.

Alonso Barba, Álvaro (1640): *Arte de los metales en que se enseña el verdadero beneficio de los de oro y plata por azogue, el modo de fundirlos todos y cómo se han de refinar y apartar unos de otros.* Madrid: Imprenta del Reino.

Antonio, Nicolás (1783): *Bibliotheca Hispana Nova*, 2 vols. Madrid: Joaquín de Ibarra.

Anes, Gonzalo (ed.) (1971): *Memoriales y discursos de Francisco Martínez de Mata.* Madrid: Moneda y Crédito.

Antonio, Nicolás (1998 [1696]): *Bibliotheca Hispana Vetus*, Gregorio de Andrés (ed.). Madrid: FUE.

Antonio, Nicolás (1999 [1672]): *Bibliotheca Hispana Nova*, Miguel Matilla (ed.). Madrid: FUE.

Antúnez y Acevedo, Rafael (1981 [1797]): *Memorias históricas sobre la legislación y gobierno del comercio de los españoles con sus colonias en las Indias Occidentales*, Antonio García-Baquero (ed.). Madrid: Ministerio de Hacienda.

Bustos Rodríguez, Manuel (ed.) (1983): *Un comerciante saboyano en el Cádiz de Carlos II. Las memorias de Raimundo de Lantery, 1673-1700.* Cádiz: Caja de Ahorros.

Caro, Rodrigo (1998 [1634]): *Antiguedades, y principado de la ilustrissima ciudad de Sevilla y chorographia de su convento iuridico, o antigua cancillería.* Sevilla: Alfar.

Concepción, fray Jerónimo de la (2004 [1690]): *Emporio de el Orbe, Cádiz ilustrada*, Arturo Morgado García (ed.). Cádiz: Universidad.

Covarrubias, Sebastián de (1611): *Tesoro de la lengua castellana o española.* Madrid: Luis Sánchez.

Encinas, Diego de (1990 [1596]): *Cedulario de Encinas*, Alfonso García Gallo (ed.). Madrid: Ediciones Cultura Hispánica.

González Dávila, Gil (2001-2004): *Teatro eclesiástico de la primitiva Iglesia de las Indias Occidentales, vidas de sus arzobispos, obispos y cosas memorables de sus sedes*, Jesús Paniagua Pérez y Mª Isabel Viforcos Marinas (eds.), 2 vols. León: Universidad-Junta de Castilla y León.

Herrera y Tordesillas, Antonio (1601-1612): *Historia general de los hechos de los castellanos en las islas y Tierra Firme del Mar Océano*. Madrid: Imprenta Real.

Hevia Bolaños, Juan de (1644): *Primera y segunda parte de la Curia Filípica, donde breve y compendiosamente se trata de los juicios, mayormente forenses, eclesiásticos y seculares con lo sobre ellos hasta ahora dispuesto por derecho, resuelto por doctores antiguos y modernos y practicable. Útil para los profesores de entrambos derechos y fueros, jueces, abogados, escribanos, procuradores, litigantes y otras personas. Y de la mercancía y contratación de tierra y mar, útil y provechoso para mercaderes, negociadores, navegantes y sus consulados, ministros de los juicios, profesores de derechos y otras personas*. Madrid: Carlos Sánchez.

Larruga y Boneta, Eugenio (1789): *Historia de la Real y General Jvnta de Comercio, Moneda y Minas y dependencias de estrangeros*. Manuscrito.

Lenglet du Fresnoy, Nicolas (1772): *Méthode pour étudier l'histoire*, 15 vols. París: Debure y Tilliard.

León Pinelo, Antonio de (1737): *Epítome de la biblioteca oriental y occidental, náutica y geográfica*, Mateo Pablo Díaz de Lavandero (ed.), 2 vols. Madrid: Francisco Martínez Abad.

León Pinelo, Antonio de (1953): *El Gran Canciller de las Indias*, Guillermo Lohmann Villena (ed.). Sevilla: EEHA.

León Pinelo, Antonio de (1960): «"Libros reales de gobierno y gracia". Contribución al conocimiento de los cedularios del Archivo de Indias (1492-1650)», Antonio Muro Orejón (ed.). Sevilla: EEHA.

León Pinelo, Antonio de (1992): *Recopilación de las Indias*, Ismael Sánchez Bella (ed.), 3 vols. México: Escuela Libre de Derecho.

Mal Lara, Juan de (1992 [1570]): *Recibimiento que hizo la muy noble y muy leal ciudad de Sevilla a la C.R.M. del rey D. Felipe II con una breve descripción de la ciudad y su tierra*. Sevilla: Universidad.

Maldonado y Pardo, José de (1677): *Mvseo o biblioteca selecta de el Exc[elentísi]mo señor don Pedro Nvñez de Gvzman*. Madrid: Julián de Paredes.

Márquez Cabrera, Juan (1664): *Espejo en qve se debe mirar el bven soldado*. Madrid: Domingo García Morrás.

Morgado, Alonso (2007 [1587]): *Historia de Sevilla*. Sevilla: Extramuros.

Muro Orejón, Antonio, (ed.) (1957): «Ordenanzas del Consejo de las Indias de 1571», *Anuario de Estudios Americanos*, 14, 363-423.

Nueva Recopilación de las Leyes de estos Reinos (1567). Alcalá de Henares: Andrés Angulo.

Olmo, José del (1680): *Relacion histórica del avto general de fe, qve se celebro en Madrid este año de 1680*. Madrid: Rico Roque de Miranda.

Ortiz de Zúñiga, Diego (1670): *Discurso genealógico de los Ortices de Sevilla*. Cádiz: Pedro Ortiz.

Ortiz de Zúñiga, Diego (1677): *Anales eclesiásticos y seculares de la muy noble y muy leal ciudad de Sevilla, metrópoli de la Andalucía*. Madrid: Imprenta Real.

Ovalle, Alonso de (2003 [1646]): *Histórica relación del reino de Chile*. Santiago: Pehuén.

Padilla Altamirano, Agustín Laurencio de (1689): *Compendio del origen, antigüedad y nobleza de la familia y apellido de Márquez*. Sevilla: Juan Francisco de Blas.

Ravina Martín, Manuel, (ed.) (1984): *El pleito Cádiz Sevilla por la Casa de la Contratación. Memorial de Fco. Manuel Herrera 1726*. Cádiz: Diputación.

Real Academia Española (1984): *Diccionario de Autoridades*. Madrid: Gredos.

Recopilación de diferentes resoluciones y órdenes de su Majestad, consultas, informes y dictámenes de tribunales, ministros y generales, representaciones de Sevilla y Cádiz, sondeos y reconocimientos de la barra de Sanlúcar y del río Guadalquivir desde la mar a Sevilla y otros papeles sobre si la Casa de Contratacion, el Consulado y la Tabla y Juzgado de Indias debe residir en Sevilla, Cádiz o en otra parte, si los galeones, gloras y demás navíos del comercio entre España y la América han de cargar y descargar en el puerto de Bonanza, junto a Sanlúcar, o en el de Cádiz, buque y fábrica de navíos para esta navegación, regulación de derechos de aduana en Sevilla y Cádiz y otros puntos concernientes a la referida navegación y comercio. Madrid-Sevilla: Juan Francisco de Blas, s.f. [c. 1722].

Robertson, William (1780): *Histoire de l'Amérique*, 2 vols. Maastricht: Jean-Edme Dufour & Phil. Roux.

Robertson, William (1827): *Storia di America*, 5 vols. Florencia: Ronchi e Celli.

Solórzano Pereira, Juan de (1648): *Política Indiana*. Madrid: Diego Díaz de la Carrera.

Solórzano Pereira, Juan de (1736): *Política Indiana*, Francisco Ramiro de Valenzuela (ed.), 2 vols. Madrid: Mateo Sacristán.

Solórzano Pereira, Juan de (1776-1779): *Obras varias póstumas*, Francisco María Vallarna (ed.), 6 vols. Madrid: Imprenta Real de la Gaceta.

Solórzano Pereira, Juan de (1777): *De Indiarum Iure*, Francisco María Vallarna (ed.), 2 vols. Madrid: Imprenta Real de la Gaceta.

Stevens, John (1702): *The Spanish Rule of Trade to the West Indies*. Londres: Samuel Crouch.

Stevens, John (1711): *The Rule Establish'd in Spain for the Trade in the West Indies*. Londres: Samuel Crouch.

Suárez de Mendoza, Juan (1640): *Comentarii ad Legem Aquiliam*. Salamanca: Tabernier.

Tariego y Somoza, Antonio de, (dir.) (1801): *Inventario analítico de los papeles que vinieron de la Contratación de Sevilla a este Archivo General de Indias*, tomo IV. Sevilla: manuscrito.

Torre Farfán, Fernando de la (1995 [1671]): *Fiesta de la Santa Iglesia Metropolitana y Patriarcal de Sevilla al nuevo culto del Sr. Rey San Fernando*. Sevilla: Colegio de Aparejadores y Arquitectos.

Tribaldos de Toledo, Luis (2009): *Historia general de las continuadas guerras i difícil conquista del gran reino i provincias de Chile, desde su primer descubrimiento por la nación española, en el orbe antártico, hasta la era presente*, Maria Isabel Viforcos Marinas (ed.). León: Universidad.

Uztáriz, Jerónimo de (1757 [1724]): *Teórica y práctica de comercio y marina*. Madrid: Antonio Sanz.

Veitia Linaje, José de (1672): *Norte de la Contratación de las Indias Occidentales*. Sevilla: Juan Francisco de Blas.

Veitia Linaje, José de (1945): *Norte de la Contratación de las Indias Occidentales*, Sergio Chiáppori y Ricardo Caillet-Bois, eds. Buenos Aires: Comisión Argentina de Fomento Interamericano.

Veitia Linaje, José de (1981 [1672]): *Norte de la Contratación de las Indias Occidentales*, Francisco de Solano (ed.). Madrid: Instituto de Estudios Fiscales.

Villafranca, Diego de (1706): *Chronologia sacra, origen de la religion de los PP. Clerigos Reglares Menores, su instituto, gracias qve los svmos Pontifices la han concedido, elogios qve de ella han escrito los Autores, vida de svs venerables fundadores, noticia de las mas principales Fundaciones suyas*. Madrid: viuda de Melchor Álvarez.

FUENTES SECUNDARIAS (PUBLICACIÓN POSTERIOR A C.1800)

Álamo Martell, María Dolores (2004): «El VIII duque de Medinaceli: primer ministro de Carlos II», en José Antonio Escudero (coord.): *Los validos*. Madrid: Dykinson, 547-571.

Alberola Fioravanti, Victoria (1995): *Guia de la biblioteca de la Real Academia de la Historia*. Madrid: RAH.

Alfaro Ramírez, Gustavo Rafael (2004): «La crisis política de la Puebla de los Ángeles. Autoritarismo y oligarquía en el gobierno de don Juan José de Veytia y Linaje, 1697-1722», *Relaciones. Estudios de historia y sociedad*, XXV (99), 213-257.

Alloza Aparicio, Ángel y Beatriz Cárceles de Gea (2009): *Comercio y riqueza en el siglo XVII: estudios sobre cultura, política y pensamiento económico*. Madrid: CSIC.

Altamira, Rafael (1940): «El primer proyecto de recopilación de Indias hecho por don Juan de Solórzano Pereyra, 1622», *Bulletin Hispanique*, 42 (2), 97-122.

Álvarez Moro, María de las Nieves Concepción (coord.) (1999): *Juan Agustín Ceán Bermúdez: asturiano en Sevilla: 250 aniversario de su nacimiento (1749-1829)*. Sevilla: Centro Asturiano en Sevilla.

Álvarez Moro, María de las Nieves Concepción (1998): *Historia y arte en la hermandad de la Vera Cruz de Sevilla*. Sevilla: Centro Asturiano en Sevilla.

Álvarez Nogal, Carlos (1997): *El crédito de la Monarquía Hispánica en el reinado de Felipe IV*. Valladolid: Junta de Castilla y León.

Álvarez Nogal, Carlos (1998a): «Finanzas y comercio en la España del siglo XVII: La crisis de la avería», en José Antonio Armillas Vicente (ed.): *VII Congreso Internacional de Historia de América. 3: La economía marítima del Atlántico: Pesca, navegación y comercio*. Zaragoza: Departamento de Educación y Cultura, 1.365-1.374.

Álvarez Nogal, Carlos (1998b): «Las remesas americanas en las finanzas de la Real Hacienda: la cuantificación del dinero de la Corona (1621-1675)», *Revista de Historia Económica*, 16 (2), 453-488.

Álvarez Nogal, Carlos (1999): «Un comprador de oro y plata en la Sevilla del siglo XVII: Bernardo de Valdés al servicio de la Real Hacienda», en Enriqueta Vila y Allan Kuethe (coords.), *Relaciones de poder y comercio colonial: nuevas perspectivas*. Sevilla: EEHA-Texas Tech University, 85-115.

Álvarez de Toledo, Cayetana (2011): *Juan de Palafox, obispo y virrey*. Madrid: CEEH-Marcial Pons.

Álvarez-Ossorio Alvariño, Antonio (2016): «La sombra de Haro. Memoria de linaje y espejo de valimiento (1665-1677)», en Rafael Valladores (ed.), *El mundo de un valido. Don Luis de Haro y su entorno, 1643-1661*. Madrid: Marcial Pons: 377-401.

Amadori, Arrigo y José Manuel Díaz Blanco (2017): «El Consejo de Indias durante el reinado de Felipe IV: un organismo clave del gobierno americano», en José Martínez Millán y Manuel Rodríguez Rivero (coords.): *La corte de Felipe IV (1621-1665): reconfiguración de la Monarquía Católica*. Madrid: Polifemo, vol. 2, 891-958.

Andrés, Gregorio de (1978): «Un erudito y bibliófilo español olvidado: Juan Lucas Cortes (1624- 1701)», *Revista de Archivos, Bibliotecas y Museos*, 81 (1), 3-72.

Andújar Castillo, Francisco y María del Mar Felices de la Fuente (coords.) (2011): *El poder del dinero. Venta de cargos y honores en el Antiguo Régimen*. Madrid: Biblioteca Nueva.

Andújar Castillo, Francisco (2014): «La Casa de la Contratación y la venalidad de los cargos (1634-1717)», en Francisco Núñez Roldán y Mercedes Gamero Rojas (coords.), *Entre lo real y lo imaginario*. Sevilla: U. de Sevilla-U. de Huelva, 47-73.

Angulo Íñiguez, Diego (1981): *Murillo*, 3 vols. Madrid: Espasa-Calpe.

Antón Infante, Lucas (2019): *El Consejo de Indias en la Monarquía Hispánica de Carlos II: 1665-1700*. Madrid: Tesis Doctoral.

Apey, María (1990): «Arica: Enclave costero del circuito comercial Lima-Charcas (1545-1700)», en Guillermo Bravo (ed.), *Economía y comercio en América hispana*. Santiago: Universidad de Chile.

Aram, Bethany y Bartolomé Yun Casalilla (coords.) (2014): *Global goods and the Spanish Empire, 1492-1824: circulation, resistance and diversity*. Houndmills: Palgrave Macmillan.

Archivo Nacional Histórico de Chile (2009): *Guía de fondos del Archivo Nacional Histórico. Instituciones coloniales y republicanas*. Santiago de Chile: Archivo Nacional-DIBAM.

Arias de Saavedra, Inmaculada (2015): «Un ejemplo de historia local en la España Moderna: las corografías granadinas», en Juan José Iglesias, Rafael Pérez García y Manuel Fernández Chaves (coords.): *Comercio y cultura en la Edad Moderna*, 2 vols. Sevilla: Universidad, II, 2.289-2.301.

Arocena, Luis A. (1963): *Antonio de Solís, cronista indiano (Estudio sobre las formas historiográficas del Barroco)*. Buenos Aires: Editorial Universitaria.

Arriaga Mesa, Marcos (2014): *La Habana, 1550-1600: Tierra, hombres y mercados*. Madrid: Sílex.

Aston, Trevor (comp.) (1983): *Crisis en Europa, 1560-1660*. Madrid: Alianza.

Atwell, William (1982): «International bullion flows and the Chinese economy, circa 1530-1650», *Past and Present*, 95, 68-90.

Atwell, William (2005): «Another Look al Silver Imports into China, ca. 1635-1644», *Journal of World History*, 16 (4), 467-489.

Barnadas, Josep Maria (1996): *Alvaro Alonso Barba (1569-1662). Investigaciones sobre su vida y obra*. La Paz: Biblioteca Minera Boliviana.

Barrientos Grandón, Javier (2001): «Juan Francisco Montemayor de Cuenca (1618-1685): entre Derecho Indiano, Derecho Común y Derecho Foral», *Revista de Estudios Jurídicos*, 23, 125-208.

Barros Arana, Diego (2000-2005 [1884-1902]): *Historia General de Chile*. Santiago de Chile: Editorial Universitaria-Centro de Estudios Diego Barros Arana.

Bas Martín, Nicolás (2000): *Juan Bautista Muñoz (1745-1799) y la fundación del Archivo General de Indias*. Valencia: Dirección General del Libro y Coordinación Bibliotecaria.

Basas Fernández, Manuel (1954): «Mercaderes burgaleses del siglo xvi», *Boletín de la Institución Fernán González*, 126, 55-67, y 127, 156-169.

Basas Fernández, Manuel (1965): «Mercaderes burgaleses en la Sevilla del siglo xvi», *Boletín de la Institución Fernán González*, 164, 483-502.

Beltrán Martínez, Lidia y Fernando Quiles García (eds.) (2017): *Cartografía murillesca. Los pasos contados*. Sevilla: Universidad Pablo de Olavide.

Bennassar, Bartolomé (2012): *Velázquez. Vida*. Madrid: Cátedra.

Bernal, Antono Miguel (1993): *La financiación de la Carrera de Indas (1492-1824). Dinero y crédito en el comercio colonial español con América*. Sevilla: Fundación El Monte.

Bernal, Antonio Miguel (2004): «La Carrera del Pacífico: Filipinas en el sistema colonial de la Carrera de Indias», en Leoncio Cabrero Fernández, *España y el Pacífico. Legazpi*. Madrid: SECC, I, 485-526.

Bertrand, Michel (1995): «La contaduría de las alcabalas de Puebla: un episodio reformador al principio del siglo XVIII», *Jahrbuch für Geschichte von Staat, Wirtschaft und Gesellschaft Lateinamerikas*, 32, 321-333.

Betrán Moya, José Luis (2014): «¿La ilustre Compañía? Memoria y hagiografía a través de las vidas jesuitas de los padres Juan Eusebio Nieremberg y Alonso de Andrade (1643-1667)», *Hispania*, 248, 715-748.

Borah, Woodrow (1975): *Comercio y navegación entre México y Perú en el siglo XVI*. México: Instituto Mexicano de Comercio Exterior.

Borges Morán, Pedro (1992): *Religiosos en Hispanoamérica*. Madrid: Mapfre.

Bourdé, Guy y Hervé Martin (2004): *Las escuelas históricas*. Madrid: Akal.

Bouza Álvarez, Fernando (2005): *El libro y el cetro. La biblioteca de Felipe IV en la Torre Alta del Alcázar de Madrid*. Salamanca: Instituto de Historia del Libro y de la Lectura.

Bouza Álvarez, Fernando (2012): *«Dásele licencia y privilegio». Don Quijote y la aprobación de libros en el Siglo de Oro*. Madrid: Akal.

Boxer, Charles R. (1992): *O Império marítimo portugues: 1415-1825*. Lisboa: Ediçoes 70.

Brendecke, Arendt (2012): *Imperio e información. Funciones del saber en el dominio colonial español*. Madrid: Iberoamericana-Vervuert.

Brook, Timothy (2019): *El sombrero de Vermeer. Los albores del mundo globalizado en el siglo XVII*. Barcelona: Tusquets.

Brown, Jonathan (2006): *Velázquez, pintor y cortesano*. Madrid: Alianza.

Burke, Peter (1999): *La revolución historiográfica francesa. La escuela de los Annales, 1929-1984*. Barcelona: Gedisa.

Bustos Rodríguez, Manuel (2005): *Cádiz en el sistema atlántico. La ciudad, sus comerciantes y la actividad mercantil (1650-1830)*. Madrid: Universidad de Cádiz-Sílex.

Caballero Juárez, José Antonio (1997): *El régimen jurídico de las armadas de la Carrera de Indias, siglos XVI y XVII*. México: UNAM.

Calvo Stevenson, Haroldo y Adolfo Meisel Roca (ed.) (2007): *Cartagena de Indias en el siglo XVII*. Cartagena: Banco de la República.

Campos Alcaide, Antonio (2017): *La Lonja de Sevilla. Arquigrafía de un edificio*. Sevilla: Tesis Doctoral.

Cañizares Esguerra, Jorge (2007): *Cómo escribir la historia del Nuevo Mundo. Historiografías, epistemologías e identidades en el mundo del Atlántico del siglo XVIII*. México: FCE, 2007.

Cardim, Pedro, Tamar Herzog, José Javier Ruiz Ibáñez y Gaetano Sabatini (coords.) (2012): *Polycentric Monarchies. How Did Early Modern Spain and Portugal Achieve and Maintain a Global Hegemony?* Eastbourne: CHAM-Red Columnaria-Sussex Academic Press.

Carmona García, Juan Ignacio (2004): *La peste en Sevilla*. Sevilla: Universidad.

Carrasco González, Guadalupe (1996): *Los instrumentos del comercio colonial en el Cádiz del siglo XVII (1650-1700)*. Madrid: Banco de España.

Carrasco González, Guadalupe (1997): *Comerciantes y casas de negocios en Cádiz (1650-1700)*. Cádiz: Universidad.

Cartaya Baños, Juan (2021): *La nobleza de las letras. Don Diego Ortiz de Zúñiga, un historiador en la Sevilla del Seiscientos*. Sevilla: Universidad.

Casado Alonso, Hilario (2019): «Comercio y finanzas castellanas en los Países Bajos en la primera mitad del siglo XVI: el ejemplo de la compañía Castro-Mújica», en Hilario Casado Alonso (coord.), *Comercio, finanzas y fiscalidad en Castilla (siglos XV y XVI)*. Madrid: Dykinson, 165-198.

Castillero Calvo, Alfredo (1980): *Economía terciaria y sociedad. Panamá, siglos XVI y XVII*. Panamá: INAC.

Castillo Utrilla, María José del (1988): *El convento de San Francisco Casa Grande de Sevilla*. Sevilla: Diputación.

Celaya Nández, Yovana (2014): «Juan Joseph de Veytia Linaje y la alcabala novohispana. Un proyecto de recaudación en la ciudad de Puebla, 1698-1722», en Ernest Sánchez Santiró (coord.), *Pensar la Hacienda pública. Personajes, proyectos y contextos en torno al pensamiento fiscal en Nueva España y México (siglos XVIII-XX)*, México D.F.: Instituto Mora, 19-44.

Cline, Howard F. (1960): «In memoriam. Clarence H. Haring, 1885-1960», *The Americas*, 17 (3), 292-297.

Cobos, Mercedes (1998): «El testamento, la partida de defunción, el inventario de bienes y otros documentos inéditos relativos a los últimos años de la vida del dramaturgo Diego Jiménez de Enciso», en María Cruz y Alicia Cordón (eds.), *Actas del IV Congreso de la Asociación Internacional del Siglo de Oro, AISO*. Alcalá de Henares: Universidad, 449-458.

Collado Villalta, Pedro (1983): «El Consulado de Sevilla: Por un mayor protagonismo en la Carrera de Indias, 1591-1608», en Bibiano Torres Ramírez y José J. Hernández Palomo (coords.), *Actas de las II Jornadas de Andalucía y América*. Sevilla: EEHA, 275-305.

Comellas, José Luis (1992): *Sevilla, Cádiz y América. El trasiego y el tráfico*. Madrid: MAPFRE.

Coronas, Santos M. (2007): «Hevia Bolaños y la *Curia Philippica*», *Anuario de Historia del Derecho Español*, 77, 77-93.

Chaunu, Huguette y Pierre Chaunu (1955): *Séville et l'Atlantique (1504-1650)*, Parte Estadística, t. I: *Introduction Méthodologique*. París: Armand Colin.

Chaunu, Huguette y Pierre Chaunu (1955-1960): *Séville et l'Atlantique (1504-1650)*, 12 vols. París: Armand Colin-SEVPEN.

Chaunu, Pierre (1983): *Sevilla y América: Siglos XVI y XVII*. Sevilla: Universidad.

Chaunu, Pierre (1985): *Historia, ciencia social. La duración, el espacio y el hombre en la época moderna*. Madrid: Ediciones Encuentro.

Chaunu, Pierre (1987): *Historia cuantitativa, historia serial*. México: FCE.

Dabrio, María Teresa (1985): *Los Ribas. Un taller andaluz de escultura del siglo XVII*. Córdoba: Monte de Piedad y Caja de Ahorros.

Díaz Blanco, José Manuel (2009a): «La familia del bibliógrafo sevillano Nicolás Antonio», en Manuel F. Fernández, Carlos Alberto González y Natalia Maillard (comps.): *Testigo del tiempo, memoria del universo. Cultura escrita y sociedad en el mundo ibérico (siglos XV-XVIII)*. Rubeo: Barcelona, 223-249.

Díaz Blanco, José Manuel (2009b): «La comisión de don Francisco de Tejada en Sevilla», en Isidro Dubert y Hortensio Sobrado Correa (coords.): *El mar en los siglos modernos*. Santiago de Compostela: Xunta de Galicia, II, 127-139.

Díaz Blanco, José Manuel (2010): «El ennoblecimiento en la Carrera de Indias: el caso de la familia Peralta, marqueses de Íscar», en Julián P. Díaz López, Francisco Andújar Castillo y Ángel Galán Sánchez (coords.): *Casas, familias y rentas. La nobleza del Reino de Granada entre los siglos XV-XVIII*. Granada: Universidad, 55-72.

Díaz Blanco, José Manuel (2012): *Así trocaste tu gloria. Guerra y comercio colonial en la España del siglo XVII*. Madrid: IUHS-Marcial Pons.

Díaz Blanco, José Manuel (2013): «La sombra de Proteo: transformación del tesoro americano durante el siglo XVII», *Tiempos modernos. Revista electrónica de Historia Moderna*, 27 (2), 41 pp.

Díaz Blanco, José Manuel (2014): «Pensamiento arbitrista y estructuras institucionales en la Carrera de Indias (siglo XVII): entre la desincentivación y la represión», *Anuario de Estudios Americanos,* 71 (1), 47-77.

Díaz Blanco, José Manuel (2015): «Un mercader alemán en Andalucía: Enrique Lepin, entre Sevilla y Cádiz (siglos XVII-XVIII)», en Juan Iglesias Rodríguez, Rafael Pérez García y Manuel Fernández Chaves (coords.): *Comercio y cultura en la Edad Moderna*. Sevilla: Universidad.

Díaz Blanco, José Manuel (2016): «Pragmatismo, curiosidad, rebeldía. Significados de la información para una burguesía del Barroco», en Juan José Iglesias Rodríguez y Jaime García Bernal (coords.): *Andalucía en el mundo atlántico moderno. Agentes y escenarios*. Madrid: Sílex, 555-574.

Díaz Blanco, José Manuel (2017a): «Antes de 1717: la Casa de la Contratación en el Cádiz del Seiscientos», *Studia Historica. Historia Moderna*, 39 (2), 27-52.

Díaz Blanco, José Manuel (2017b): «Servicio al rey y progreso social en el siglo XVII: los oficiales de la avería en la Casa de la Contratación», en Enrique García Hernán y Davide Maffi (coords.): *Estudios sobre guerra y sociedad en la*

Monarquía Hispánica: guerra marítima, estrategia, organización y cultura militar (1500-1700). Valencia: Albatros, 471-492.

Díaz Blanco, José Manuel (2018a): «La Carrera de Indias (1650-1700): continuidades, rupturas, replanteamientos», *e-Spania*, 29.

Díaz Blanco, José Manuel (2018b): «Elección y representación: itinerarios de una cultura política mercantil en el siglo XVII», en Jean-Philippe Priotti y Bertrand Haan (eds.): *Une Europe des Affaires (XVIe-XVIIIe siècles). Mobilités, échanges et identités*. Bruselas: Peter Lang, 73-97.

Díaz Blanco, José Manuel (2018c): «Los mecanismos del control hacendístico en el siglo XVII: ¿cómo trabajaba la Contaduría del Consejo de Indias?», en Francisco Andújar Castillo y Pilar Ponce Leiva (coords.): *Debates sobre la corrupción en el mundo ibérico, siglos XVI-XVIII*. Alicante: Biblioteca Virtual Miguel de Cervantes, 477-490.

Díaz Blanco, José Manuel (2019): «La transformación de la economía atlántica en el siglo XVII: la desaparición de los compradores de oro y plata en Sevilla», en Manuel Fernández Chaves, Rafael M. Pérez García y Béatrice Perez (dirs.): *Mercaderes y redes mercantiles en la Península Ibérica (siglos XVI-XVIII)*. Lisboa-París-Sevilla: Cátedra Alberto Benveniste-Éditions Hispaniques-Universidad de Sevilla, 353-369.

Díaz Blanco, José Manuel (2021a): «¿Hubo una "política popular" en la Sevilla del siglo XVII?», en Juan José Iglesias, Jaime García Bernal e Isabel Melero (coords.): *Ciudades atlánticas del sur de España. La construcción de un mundo nuevo (siglos XVI-XVIII)*. Sevilla: Universidad, 259-282.

Díaz Blanco, José Manuel (2021b): «"The Reader's Information" and *Norte de la Contratación. The Translation and Circulation of Commercial Information between Seville and London around 1700»*, en Bartolomé Yun Casalilla, Ilaria Berti y Omar Svriz (eds.): *American Globalization, 1492-1850. Trans-Cultural Consumption in Spanish Latin America*. Nueva York-Londres: Routledge, 32-55.

Díaz Blanco, José Manuel y Alfonso J. Hernández Rodríguez (2021): «Fe y negocios. Pedro Pelarte, un cónsul flamenco en Sevilla (1655-1709)», en David González Cruz (coord): *Religión, extranjeros e identidades en el mundo hispano, siglos XVI-XXI*. Sevilla: Universidad, 171-196.

Dios, Salustiano de (2014): *El poder del monarca en la obra de los juristas castellanos (1480-1680)*. Cuenca: Universidad de Castilla-La Mancha.

Domínguez Guerrero, María Luisa (2019): *Las escribanías públicas del alfoz de Sevilla en el reinado de Felipe II*. Sevilla: Universidad.

Domínguez Ortiz, Antonio (1973a): *Alteraciones andaluzas*. Madrid: Narcea.

Domínguez Ortiz, Antonio (1973b): *Las clases privilegiadas en el Antiguo Régimen*. Madrid: Istmo.

Domínguez Ortiz, Antonio (1983 [1960]): *Política y Hacienda de Felipe IV*. Madrid: Pegaso.

Domínguez Ortiz, Antonio (1984): *La Sevilla del siglo XVII*. Sevilla: Universidad.

Domínguez Ortiz, Antonio (1991 [1946]): *Orto y ocaso de Sevilla*. Sevilla: Universidad.

Domínguez Ortiz, Antonio (1994): «La historiografía local andaluza en el siglo XVII», en Juan Villegas (ed.): *De historia, lingüísticas, retóricas y poéticas. Actas XI Congreso de la Asociación Internacional de Hispanistas*. Irvine: Universidad de California.

Domínguez Ortiz, Antonio (dir.) (1980-1984): *Historia de Andalucía*. Madrid: Cuptsa.

Donoso Anes, Rafael (1992): *El mercado de oro y plata de Sevilla en la segunda mitad del siglo XVI. Una investigación histórico-contable a través de los libros de cuentas de la Casa de la Contratación*. Sevilla: Ayuntamiento.

Escudero López, José Antonio (1976): *Los secretarios de Estado y del Despacho (1474-1724)*. Madrid: Instituto de Estudios Administrativos.

Escudero López, José Antonio (2002): «La creación del Consejo de Cámara de Indias», en Feliciano Barrios (coord.): *Derecho y Administración pública en las Indias hispánicas*. Toledo: Cortes de Castilla-La Mancha, I, 621-668.

Espiau Eizaguirre, Mercedes (1991): *La Casa de la Moneda de Sevilla y su entorno. Historia y morfología*. Sevilla: Universidad-Junta de Andalucía.

Feliú Cruz, Guillermo (1952): *José Toribio Medina. Historiador y bibliógrafo de América*. Santiago: Nascimento.

Fernández Albaladejo, Pablo (2009): *La Monarquía en crisis*. Barcelona: Crítica.

Fernández Cano, Víctor (1973): *Las defensas de Cádiz en la Edad Moderna*. Sevilla: CSIC.

Fernández Clemente, Eloy: «José Manuel Piernas y Hurtado», http://dbe.rah.es/biografias/9422/jose-manuel-piernas-y-hurtado.

Fernández Durán, Reyes (1999): *Gerónimo de Uztáriz (1670-1732). Una política económica para Felipe V*. Madrid: Minerva.

Fernández González, Fernando (2001): *Comerciantes vascos en Sevilla, 1650-1700*. Sevilla: Diputación.

Fernández López, Francisco (2018): *La Casa de la Contratación. Una oficina de expedición documental para el gobierno de las Indias*. Sevilla: Universidad de Sevilla-Colegio de Michoacán.

Fernández López, José (1991): *Programas iconográficos de la pintura barroca sevillana del siglo XVII*. Sevilla: Universidad.

Fernández López, José y Lina Malo (eds.) (2011): *Estudios sobre Miguel Mañara. Su figura y su época, santidad, historia y arte*. Sevilla: Santa Caridad.

Fernández Rojas, Matilde (2006): «El Convento del Espíritu Santo de Sevilla, vulgo de los Menores, de la orden de los Clérigos regulares Menores», *Laboratorio de Arte*, 19, 195-214.

Fernández Rojas, Matilde (2009): *Patrimonio artístico de los conventos masculinos desamortizados en Sevilla durante el siglo XIX. Trinitarios, franciscanos, mercedarios, cartujos, jerónimos, mínimos, obregones, menores y filipenses*. Sevilla: Universidad.

Filter Rodríguez, José Antonio (coord.) (2010): *El Aljarafe barroco. Actas de las VII Jornadas de Historia sobre la provincia de Sevilla*. Sevilla: ASCIL.

Finaldi, Gabriele (coord.) (2012): *Murillo y Justino de Neve. El arte de la amistad*. Madrid: Museo del Prado.

Flynn, Dennis O. y Arturo Giraldez (2004a): «Path dependence, time lags and the birth of globalisation: a critique of O´Rourke and Williamson», *European Review of Economic History*, 8 (1), 81-108.

Flynn, Dennis O. y Arturo Giraldez (2004b): «Born again: globalization´s sixteenth century origins (Asian/global versus European dynamics)», *Pacific Economic Review*, 13 (3), 359-387.

Flynn, Dennis O. y Arturo Giraldez (2010): *China and the Birth of Globalization in the 16th Century*. Farnham: Ashgate Variorum.

Flynn, Dennis O. y Arturo Giraldez (2014): «Los orígenes de la globalización en el siglo *XVI*», en Bernd Hausberger y Antonio Ibarra (coords.), *Oro y plata en los inicios de la economía global: de las minas a la moneda*. México: Colegio de México, 2014, 29-76.

Forradellas, Joaquín (1972): «La biblioteca poética del conde de Villaumbrosa», *Boletín de la Biblioteca Menéndez y Pelayo*, 48, 359-405.

Frank, Andre Gunder (2008): *Re-Orientar. La economía global en la era del predominio asiático*. Valencia: Universidad.

Fumaroli, Marc (2008): *Las abejas y las arañas. La querella de los antiguos y los modernos*. Barcelona: Acantilado.

Gallego, Antonio (1979): *Historia del grabado en España*. Madrid: Cátedra.

García Bernal, José Jaime (2006): *El fasto público en la España de los Austrias*. Sevilla: Universidad.

García Cárcel, Ricardo (1992): *La Leyenda Negra: historia y opinión*. Madrid: Alianza.

García Fuentes, Lutgardo (1979): «En torno a la reactivación del comercio indiano en tiempos de Carlos II», *Anuario de Estudios Americanos*, 5, 251-286.

García Fuentes, Lutgardo (1980): *El comercio español con América, 1650-1700*. Sevilla: EEHA.

García Fuentes, Lutgardo (1991): *Sevilla, los vascos y América. Las exportaciones de hierro y manufacturas metálicas en los siglos XVI, XVII y XVIII*. Bilbao: Fundación BBV.

García Fuentes, Lutgardo (1997): *Los peruleros y el comercio de Sevilla con las Indias*. Sevilla: Universidad.

García Gallo, Alfonso (1951): «La Nueva Recopilación de Leyes de Indias de Solórzano Pereira», *Anuario de Historia del Derecho español*, 21, 529-606.

García de León, Antonio (2011): *Tierra adentro, mar en fuera. El puerto de Veracruz y su litoral a sotavento*. México: FCE-Estado de Veracruz-Universidad Veracruzana.

García Garralón, Marta (2007a): *La Universidad de Mareantes de Sevilla (1569-1793)*. Sevilla: Diputación.

García Garralón, Marta (2007b): «*Taller de mareantes*». *El Real Colegio Seminario de San Telmo de Sevilla (1681-1847)*. Sevilla: Fundación El Monte.

García Hernán, Enrique (2007): *Consejero de ambos mundos. Vida y obra de Juan de Solórzano Pereira (1575-1655)*. Madrid: Fundación Mapfre.

García-Baquero González, Antonio (1976): *Cádiz y el Atlántico, 1717-1778. El comercio colonial español bajo el monopolio gaditano*, 2 vols. Sevilla: EEHA-Diputación de Cádiz.

García-Baquero González, Antonio (1992): *La Carrera de Indias. Suma de la contratación y océano de negocios*. Sevilla: Algaida.

García-Baquero González, Antonio (1997): *La Carrera de Indias. Histoire du commerce hispano-américain, XVIe-XVIIIe siècles*. París: Desjonquères.

García-Baquero González, Antonio (2002 [1986]): *Andalucía y la Carrera de Indias, 1492-1824*. Granada: Universidad.

Garzón Pareja, Manuel (1980): *La Hacienda de Carlos II*. Madrid: Instituto de Estudios Fiscales.

Gaudin, Guillaume (2017): *El imperio de papel de Juan Díez de la Calle. Pensar y gobernar el Nuevo Mundo en el siglo XVII*. México: FCE-Colegio de Michoacán.

Gelabert González, Juan E. (1997): *La bolsa del rey. Rey, reino y fisco en Castilla (1598-1648)*. Barcelona: Cátedra.

Gelabert González, Juan E. (2000): *Castilla convulsa, 1631-1652*. Madrid: Marcial Pons.

Giménez Carrillo, Domingo Marcos (2016): *Los caballeros de las órdenes militares castellanas: entre Austrias y Borbones*. Almería: Universidad.

Ginzburg, Carlo (1994): «Lo alto y lo bajo. El tema del conocimiento vedado en los siglos XVI y XVII», en *Mitos, emblemas, indicios. Morfología e historia*. Barcelona: Gedisa, 94-116.

Gil Bautista, Rafael (2015): *Las minas de Almadén en la Edad Moderna*. Alicante: Universidad.

Gil Martínez, Francisco (2017): «La venta de cargos en Indias en tiempos de Olivares: el conde de Castrillo», *Anuario de Estudios Americanos*, 74 (1), 97-126.

Giraldez, Arturo (2015): *The age of trade. The Manila galleons and the dawn of the global economy*. Lanham: Rowman & Littlefield.

Girard, Albert (2006a [1932]): *El comercio francés en Sevilla y Cádiz en tiempos de los Habsburgo. Contribución al estudio del comercio extranjero en España entre los siglos XVI y XVIII*, Antonio García-Baquero (ed.). Sevilla: Renacimiento.

Girard, Albert (2006b [1932]): *La rivalidad comercial y marítima entre Sevilla y Cádiz hasta finales del siglo XVIII*, Antonio García-Baquero (ed.). Sevilla: Renacimiento.

Goldstone, Jack P. (2000): «The Rise of the West –or Not? A Revision to Socio-Economic History», *Sociological Theory*, 18 (2), 175-194.

Goldstone, Jack P. (2008): *Why Europe? The Rise of the West in World History 1500-1850*. Nueva York: McGraw-Hill Education.

Gómez González, Inés y Miguel L. López-Guadalupe Muñoz (eds.) (2007): *La movilidad social en la España del Antiguo Régimen*. Granada: Comares.

González Cruz, David (coord.) (2012): *Descubridores de América. Colón, los marinos y los puertos*. Madrid: Sílex.

González Cruz, David (2016): *Versiones, propaganda y repercusiones del descubrimiento de América: Colón, los Pinzón y los Niño*. Madrid: Sílex.

González Fandos, Pilar (2015): *Juan Gómez de Blas: primero editor de periódicos en la Sevilla del Siglo de Oro. Aproximación a su vida y repertorio de su producción*. Sevilla: Tesis Doctoral.

González Martínez, Nelson F. (2018): *Communiquer l'empire: l'administration du courrier dans le monde hispano-américain (1501-1768)*. París: Tesis Doctoral.

González Martínez, Nelson (2021): «Communicating an Empire and Its Many Worlds: Spanish American Mail, Logistics, and Postal Agents in the Early Modern World (1492-1620)», *Hispanic American Historical Review,* 101 (4), 567-596.

González Prieto, Francisco (2014): *La ciudad menguada. Población y economía en Burgos, siglos XVI y XVII*. Santander: Universidad de Cantabria.

González de San Segundo, Miguel Ángel (2001): «Juan Lucas Cortés (1624-1701): notas sobre su origen familiar y actividad profesional», *Anuario de Historia del Derecho Español,* 71, 575-583.

González Sánchez, Carlos A. (1995): *Dineros de ventura. La varia fortuna de la emigración a Indias (siglos XVI-XVII)*. Sevilla: Universidad.

Granero, Jesús María (1981): *Muerte y amor. Don Miguel Mañara*. Sevilla: Fareso.

Granero, Jesús María (2008 [1963]): *Don Miguel Mañara Leca y Colona y Vicentelo (Un caballero sevillano del siglo XVII). Estudio biográfico*. Sevilla: Hermandad de la Caridad – Caja Rural del Sur.

Gruzinski, Serge (2010): *Las cuatro partes del mundo. Historia de una mundialización*. México: FCE.

Gruzinski, Serge (2018): *El águila y el dragón. Desmesura europea y mundialización en el siglo XVI*. México: FCE.

Guillén Torralba, Juan (2004): *Hernando Colón. Humanismo y bibliofilia*. Sevilla: Fundación José Manuel Lara.

Guillén Torralba, Juan (2006): *Historia de las bibliotecas Colombina y Capitular*. Sevilla: Fundación José Manuel Lara.

Hamer Flores, Adolfo (2016): *Antonio de Ubilla. Secretario del Despacho Universal de la Monarquía Hispánica*. Madrid: Sílex.

Hamilton, Earl J. (1932): «En période de révolution économique: la monnaie en Castille (1501-1650)», *Annales d'Histoire Économique et Sociale*, 14, 140-149 y 15, 242-256.

Hamilton, Earl J. (2000 [1934]): *El tesoro americano y la revolución de los precios en España, 1501-1650*. Barcelona: Crítica.

Haring, Clarence H: (1966): *El Imperio Hispánico en América*. Buenos Aires: Solar.

Haring, Clarence H. (1979 [1918]): *Comercio y navegación entre España y las Indias en la época de los Habsburgos*. México: FCE.

Haring, Clarence H. (2003 [1910]): *Los bucaneros de las Indias Occidentales en el siglo XVII*. Sevilla: Renacimiento.

Hausberger, Bernd (2003): «Las elecciones de prior, cónsules, y diputados en el Consulado de México en la primera mitad del siglo XVIII: la formación de los partidos montañeses y vizcaínos», en Bernd Hausberger y Antonio Ibarra (coords.): *Comercio y poder en América colonial: los consulados de comerciantes, siglos XVII-XIX*. México: Iberoamericana Vervuert-Instituto Mora, 73-102.

Hausberger, Bernd (2018): *Historia mínima de la Globalización temprana*. México: Colegio de México.

Hausberger, Bernd y Antonio Ibarra (coords.) (2003): *Comercio y poder en América colonial: los consulados de comerciantes, siglos XVII-XIX*. México: Iberoamericana Vervuert-Instituto Mora.

Heredia Herrera, Antonia (1979): *Inventario de los fondos de Consulados (sección XII) del Archivo General de Indias*. Madrid: Ministerio de Cultura.

Heredia Herrera, Antonia (1983): «Historia de un depósito documental: el archivo del Consulado de Cargadores en Sevilla», en Bibiano Torres y José Hernández (coords.): *Andalucía y América en el siglo XVI. Actas de las II Jornadas de Andalucía y América*. Sevilla: EEHA, 485-500.

Heredia Herrera, Antonia (1992): *La Lonja de Mercaderes: un cofre para un tesoro singular*. Sevilla: Diputación.

Heredia López, Alfonso J. (2019a): «Entre venalidad y corrupción: la venta de dos puestos de juez oficial de la Casa de la Contratación en la década de 1630», *Anuario de Estudios Americanos*, 76 (2), 415-442.

Heredia López, Alfonso J. (2019b): «Los comerciantes a Indias y la Casa de la Contratación: vínculos y redes (1618-1644)», *Colonial Latin American Review*, XXVIII (4), 514-537.

Heredia López, Alfonso J. (2021): *El control de la corrupción en la Monarquía Hispánica. La Casa de la Contratación (1642-1660)*. Sevilla: Universidad.

Hereza Lebrón, Pablo (2017): *Corpus Murillo: biografía y documentos*. Sevilla: ICAS.

Hereza Lebrón, Pablo (2019): *Corpus Murillo. Pinturas y dibujos. Encargos*. Sevilla: ICAS.

Hernández Rodríguez, Alfonso J. (2021): «El alojamiento de soldados del tercio de Galeones en Andalucía (1600-1615)», en Juan José Iglesias, Jaime García Bernal e Isabel Melero (coords.): *Ciudades atlánticas del sur de España. La construcción de un mundo nuevo (siglos XVI-XVIII)*. Sevilla: Universidad, 209-224.

Hierro Aníbarro, Santiago (2008): *Economía y Derecho Mercantil en la obra de Juan de Solórzano Pereira*. Madrid: Marcial Pons.

Iglesias Rodríguez, Juan José (1985): *La ciudad de Sanlúcar de Barrameda en el siglo XVIII. Aspectos económicos, sociales e institucionales*. Sanlúcar: Ayuntamiento.

Iglesias Rodríguez, Juan José (1991): *Una ciudad mercantil en el siglo XVIII: El Puerto de Santa María*. Sevilla: Muñoz Moya y Montraveta.

Iglesias Rodríguez, Juan José (2003a): *La villa de Puerto Real en la Edad Moderna (1483-1812)*. Málaga: Fundación Unicaja.

Iglesias Rodríguez, Juan José (2003b): *Monarquía y nobleza señorial en Andalucía: estudios sobre el señorío de El Puerto (siglos XIII-XVIII)*. Sevilla: Universidad.

Iglesias Rodríguez, Juan José (2009): «El Trocadero en la política atlántica durante los siglos modernos», en Carlos Álvarez Santaló (coord.): *Estudios de Historia Moderna en homenaje al profesor Antonio García-Baquero*. Sevilla: Universidad, 141-158.

Israel, Jonathan I. (2015): *Una revolución de la mente. La Ilustración radical y los orígenes intelectuales de la democracia moderna*. Pamplona: Laetoli.

Jorink, Erik (2015): «Noah´s Ark Restored (and Wrecked): Dutch Collectors, Natural History and the Problem of Biblical Exegesis», en Elizabeth A. Sutton (coord.): *Capitalism and Cartography in the Dutch Golden Age*. Chicago-Londres: Universidad de Chicago.

Kagan, Richard L. (1981): *Universidad y sociedad en la España Moderna*. Madrid: Tecnos.

Kagan, Richard L. (1995): «La corografía en la Castilla Moderna. Género, Historia, Nación», *Studia Historica. Historia Moderna*, 13, 47-59.

Kagan, Richard L. (2010): *Los cronistas y la Corona. La política de la Historia en España en las edades Media y Moderna*. Madrid: Marcial Pons.

Lang, Mervyn L. (1998): *Las flotas de la Nueva España (1630-1710). Despacho, azogue, comercio*. Sevilla: Muñoz Moya.

Latasa Vassallo, Pilar (1997): *Administración virreinal en el Perú. Gobierno del marqués de Montesclaros (1607-1615)*. Madrid: Centro de Estudios Ramón Areces.

Latasa Vassallo, Pilar y Maribel Fariñas de Alba (1991): «El comercio triangular entre Filipinas, México y Perú a comienzos del siglo XVII», *Revista de Historia Naval,* 9 (35), 13-35.

Lesger, Clé (2006): *The Rise of the Amsterdam Market and Information Exchange. Merchants, Commercial Expansion and Change in the Spatial Economy of the Low Countries, c. 1550-1630*. Londres: Ashgate.

Levene, Ricardo (1951): *Las Indias no eran colonias*. Buenos Aires: Espasa-Calpe.

Levi, Giovanni (2018): «Microhistoria e Historia Global», *Historia Crítica*, 69, 21-35.

Lohmann Villena, Guillermo (2004): *Plata del Perú, riqueza de Europa. Los mercaderes peruanos y el comercio con la metrópoli en el siglo XVII*. Lima: Congreso del Perú.

López Garrido, José Luis (1999): *La villa de la Real Isla de León (1668-1768)*. Cádiz: Universidad.

Lozano Navarro, Julián (2005): *La Compañía de Jesús y el poder en la España de los Austrias*. Madrid: Cátedra.

Luque Talaván, Miguel (2003): *Un universo de opiniones. La literatura jurídica indiana*. Madrid: CSIC.

Maillard Álvarez, Natalia (2011): *Lectores y libros en la ciudad de Sevilla (1550-1600)*. Barcelona: Rubeo.

Manzano Manzano, Juan (1991 [1950-1956]): *Historia de las recopilaciones de Indias*, 2 vols. Madrid: ICI.

Malagón, Javier y José María Ots Capdequí (1965): *Solórzano y la Política Indiana*: México-Buenos Aires: FCE.

Malcolm, Alistair (2019): *El valimiento y el gobierno de la Monarquía Hispánica (1640-1665)*. Madrid: Marcial Pons.

Marichal Salinas, Carlos y Johanna von Grafenstein Gareis (coords.) (2012): *El secreto del Imperio Español. Los situados coloniales en el siglo XVIII*. México: El Colegio de México-Instituto Mora.

Marks, Robert A. (2007): *Los orígenes del mundo moderno: una nueva visión*. Barcelona: Crítica.

Martín Marcos, David (coord.) (2013): *Monarquías encontradas. Estudios sobre Portugal y España en los siglos XVII y XVIII*. Madrid: Sílex.

Martín Marcos, David (2014): *Península de recelos. Portugal y España, 1668-1715*. Madrid: IUHS-Marcial Pons.

Martín Hernández, Francisco (1981): *Miguel Mañara*. Sevilla: Universidad.

Martínez, José Luis (1999): *Pasajeros de Indias. Viajes transatlánticos en el siglo XVI*. México: FCE.

Martínez Hernández, Santiago (2016): «La Cámara del rey durante el reinado de Felipe IV: facciones, grupos de poder y avatares del valimiento (1621-1665)», en Rafael Valladares (coord.), *El mundo de un valido. Don Luis de Haro y su entorno, 1643-1661*. Madrid: Marcial Pons, 49-96.

Martínez Millán, José (dir.) (1994): *La corte de Felipe II*. Madrid: Alianza.

Martínez Millán, José (coord.) (1998): *Felipe II (1527-1598). La configuración de la Monarquía Hispana*. Salamanca: Junta de Castilla y León.

Martínez Millán, José y José Eloy Hortal Muñoz (coords.) (2015): *La corte de Felipe IV (1621-1665). Reconfiguración de la Monarquía Católica.* Madrid: Polifemo.

Martínez Robles, Miguel (1987): *Los oficiales de las secretarías de la Corte bajo los Austrias y los Borbones, 1517-1812. Una aproximación a esta temática.* Madrid: Instituto Nacional de Administración Pública.

Martínez Shaw, Carlos y José Antonio Martínez Torres (coords.) (2014): *España y Portugal en el mundo (1581-1668).* Madrid: Polifemo.

Mayer, Robert (1994): «Nathaniel Crouch, Bookseller and Historian: Popular Historiography and Cultural Power in Late Seventeenth-Century England», *Eighteenth-Century Studies*, 27 (3), 391-419.

Mazzeo, Cristina (2012): *Gremios mercantiles en las guerras de independencia. Perú y México en la transición de la Colonia a la república, 1740-1840.* Lima: Banco Central de Reserva del Perú-IEP.

Mesa, Carlos E. (1951): «Juan Suárez de Mendoza, un gran escritor novogranatense», *Thesaurus. Boletín del Instituto Caro y Cuervo*, 7, 280-293.

Mínguez, Víctor (2013): *La invención de Carlos II. Apoteosis simbólica de la Casa de Austria.* Madrid: CEEH.

Molas Ribalta, Pere (1978): «La Junta General de Comercio y Moneda. La institución y los hombres», *Cuadernos de Historia. Anexos de Hispania*, 38, 1-38.

Montoto, Santiago (1923): *Don José de Veitia Linaje y su libro «Norte de la Contratación de las Indias».* Sevilla: Tip. Zarzuela.

Montoto, Santiago (1946): «La biblioteca de Murillo», *Bibliografía Hispánica*, 7, 464-479.

Morales Padrón, Francisco (1980): *Sevilla y el río.* Sevilla: Ayuntamiento.

Morales Padrón, Francisco (1982): *Los archivos parroquiales de Sevilla.* Sevilla: Real Academia de Buenas Letras.

Morales Padrón, Francisco (1989): *La ciudad del Quinientos.* Sevilla: Universidad.

Moranchel Pocaterra, Mariana (2001 y 2002): «Las ordenanzas del Real y Supremo Consejo de las Indias de 1636», *Cuadernos de Historia del Derecho*, 8, 273-379 y 9, 247-364.

Moranchel Pocaterra, Mariana (2007): «Gobierno, Justicia, Guerra y Hacienda: una nueva visión del "Indiferente General" del Archivo General de Indias», *Cuadernos de Historia del Derecho*, 14, 329-398.

Moranchel Pocaterra, Mariana (2010): «El deber de consejo y su reflejo institucional en los dominios indianos (siglos XVI-XVIII)», *Cuadernos de Historia del Derecho*, Extra 2, 403-420.

Munro, John H. (2008): «Money, Prices, Wages, and "Profit Inflation" in Spain, the Southern Netherlands and England during the Price Revolution era: ca. 1520-ca. 1650», *Historia é Economia: Revista Interdisciplinar*, 4 (1), 13-71.

Muñoz Planas, José María (2001): «Defensa y elogio de Juan de Hevia Bolaño: primer mercantilista español», *Revista de Derecho Mercantil*, 241, 1.131-1.136.

Núñez Beltrán, Miguel Ángel (2000): *La oratoria sagrada en la época del Barroco. Doctrina, cultura y actitud ante la vida desde los sermones sevillanos del siglo XVII*. Sevilla: Universidad.

Ogilvie, Sheilagh (2011): *Institutions and European Trade. Merchant Guilds, 1000-1800*. Cambridge: Universidad.

Oliva Melgar, José María (1998): «La negociación del Nuevo Asiento de la Avería (circa 1643-1667)», en *Actas del XI Congreso Internacional de AHILA*. Liverpool: AHILA, II, 44-69.

Oliva Melgar, José María (2004): *El monopolio de Indias en el siglo XVII y la economía andaluza: la oportunidad que nunca existió*. Huelva: Universidad.

O´Rourke, Kevin y Jeffrey G. Williamson (2006 [1999]): *Globalización e Historia. La evolución de la economía atlántica del siglo XIX*. Zaragoza: Universidad.

O´Rourke, Kevin y Jeffrey G. Williamson (2002): «When Did Globalisation Begin?», *European Review of Economic History*, 6, 23-50.

O´Rourke, Kevin y Jeffrey G. Williamson (2004): «Once More: When Did Globalisation Begin?», *European Review of Economic History*, 8, 109-117.

Ortega Feliú, Pilar y José Manuel Aladro Prieto (2011): *Guia de las fortificaciones y sistemas de defensa de la bahía de Cádiz*. Cádiz: Colegio Oficial de Arquitectos.

Ostos Salcedo, Pilar (2014): *Práctica notarial en Andalucía, siglos XIII-XVII*. Sevilla: Universidad.

Otazu, Alonso de y José Ramón Díez de Durana (2008): *El espíritu emprendedor de los vascos*. Madrid: Sílex.

Pacheco Morales-Padrón, Marcos (2017): «Proyectos de sondeo, limpieza y dragado del río Guadalquivir (siglos XVII-XVIII)», *Americanía. Revista de Estudios Latinoamericanos. Nueva Época*, 5, 269-296.

Palenzuela Domínguez, Natalia (2003): *Los mercaderes burgaleses en Sevilla a fines de la Edad Media*. Sevilla: Universidad.

Pardo, María Luisa (1992): «Notariado y monarquía: los escribanos públicos de la ciudad de Sevilla en el reinado de los Reyes Católicos», *Historia. Instituciones. Documentos*, 19, 317-326.

Pejovés Macedo, José Antonio (2018): *El Tribunal del Consulado de Lima. Antecedentes del arbitraje comercial y marítimo en el Perú*. Lima: Universidad.

Peña y Cámara, José María de la (1941a): «Las redacciones del libro de la gobernación espiritual. Ovando y la Junta de Indias de 1568», *Revista de Indias*, II-5, 121-146.

Peña y Cámara, José María de la (1941b): «La Copulata de Leyes de Indias y las ordenanzas ovandina», *Revista de Indias*, II (6), 93-115.

Peña y Cámara, José María de la (1958): *Archivo General de Indias de Sevilla. Guia del visitante*. Valencia: Junta Técnica de Archivos, Bibliotecas y Museos.

Pereña Vicente, Luciano (1986): *La Escuela de Salamanca: proceso a la conquista de América*. Salamanca: Caja de Ahorros y Monte de Piedad de Salamanca.

393

Perez, Joseph (2009): *La Leyenda Negra*. Madrid: Gadir.

Pérez García, Rafael M. (2012): «Consumo lector y bibliotecas privadas en Sevilla (1522-1555)», *Erebea. Revista de Humanidades y Ciencias Sociales*, 2, 29-52.

Pérez García, Rafael M. (2016): «El capital burgalés y la conexión de Sevilla con el eje económico del norte de Europa a comienzos del reinado de Carlos I», en Juan José Iglesias Rodríguez y Jaime García Bernal (eds.): *Andalucía en el mundo atlántico moderno. Agentes y escenarios*. Madrid; Sílex, 35-57.

Pérez García, Rafael M. (2018): «La trayectoria histórica de la comunidad mercantil burgalesa en la Sevilla moderna: acceso social y mutación económica. El caso del mercader Alonso Nebreda», en Juan José Iglesias Rodríguez, Jaime García Bernal y José Manuel Díaz Blanco (eds.), *Andalucía en el mundo atlántico moderno. Ciudades y redes*. Madrid: Sílex, 157-191.

Pérez Samper, María de los Ángeles (2011): *Mesas y cocinas en la España del siglo XVIII*. Gijón: Trea.

Pérez-Amador Adam, Alberto (2011): *De legitimatione imperii Indiae Occidentalis. La vindicación de la Empresa Americana en el discurso jurídico y teológico de las letras de los Siglos de Oro en España y los virreinatos americanos*. Madrid-Frankfurt: Iberoamericana-Vervuert.

Pérez-Mallaína Bueno, Pablo E. (2005): «Redescubriendo el Archivo General de Indias», en María Antonia Colomar (coord.), *La Casa Lonja. Una casa de ricos tesoros*. Madrid: Ministerio de Cultura, 41-61.

Pérez-Mallaína, Pablo E. y Bibiano Torres Ramírez (1987): *La Armada del Mar del Sur*. Sevilla: EEHA.

Pérez-Sindréu, Francisco de Paula (1992): *La Casa de la Moneda de Sevilla. Su historia*. Sevilla: Universidad-FOCUS.

Piernas Hurtado, José Manuel (1907): *La Casa de la Contratación de las Indias*. Madrid: Librería de Don Victoriano Suárez.

Pike, Ruth (1990): «The *converso* Origins of the Sevillian Dramatist Diego Jiménez de Enciso», *Bulletin of Hispanic Studies*, 67 (2), 129-135.

Pike, Ruth (1993): «The Dramatist Diego Jiménez de Enciso and the *Linajudos* of Seville», *Bulletin of Hispanic Studies*, 70 (1), 115-119.

Piveteau, Olivier (2007): *El burlador y el santo: don Miguel Mañara frente al mito de don Juan*. Sevilla: Cajasol.

Piveteau, Olivier (2014): *Miguel Mañara. Vida y leyenda*. Sevilla: Ayuntamiento-ICAS.

Polo Martín, Regina (2018): *Consejos y consultas. La consulta como instrumento de gobierno en la Monarquía hispánica del Antiguo Régimen. Un estudio jurídico-institucional, con especial referencia al Consejo de Castilla*. Bilbao: Fundación BBVA.

Pomeranz, Kenneth (2000): *The Great Divergence. China, Europe and the Making of the World Economy*. Princeton: Princeton University Press.

Pulido Bueno, Ildefonso (1993): *Almojarifazgos y comercio exterior en Andalucía durante la época mercantilista, 1526-1740. Contribución al estudio de la economía en la España Moderna*. Huelva: Artes Gráficas Andaluzas.

Quint, David (2004): «Fear of Falling: Icarus, Phaethon, and Lucretius in *Paradise Lost*», *Renaissance Quarterly*, 57, 847-881.

Quintero González, José (2000): *El arsenal de La Carraca (1717-1736)*. Madrid: Ministerio de Defensa.

Rabone, Richard (2017): «Fallen Idols? Vice and Virtue in the Iconography of Icarus and Phaethon», en Javier Muñoz Basols, Laura Lonsdale y Manuel Delgado (eds.), *The Routledge Companion to Iberian Studies*. Londres-Nueva York: Routledge, 249-263.

Ravina Martín, Manuel (1983): «El "Emporio del Orbe", ¿libro político?», *Gades*, 11, 201-222.

Real Díaz, José Joaquín (1991): *Estudio diplomático del documento indiano*. Madrid: Ministerio de Cultura.

Ringrose, David R. (2019): *El poder europeo en el mundo, 1450-1750*. Barcelona: Pasado y Presente.

Rodríguez de la Flor, Fernando (2005): *Pasiones frías. Secreto y disimulación en el Barroco hispano*. Madrid: Marcial Pons.

Rodríguez Gordillo, José Manuel (2005): *Historia de la Real Fábrica de Tabacos de Sevilla: sede actual de la Universidad de Sevilla*. Sevilla: Focus.

Rodríguez Moñino, Antonio (1950): «La colección de manuscritos del marqués de Montealegre (1677)», *Boletín de la Real Academia de la Historia*, 126, 427-492.

Rodríguez Ridao, Antonio L. (2017): «La administración del Real Situado en tiempos del gobernador Tomás Marín de Poveda: corrupción en detrimento del ejército de Chile», *Revista Complutense de Historia de América*, 43, 75-100.

Rodríguez Vicente, Encarnación (1960): *El Tribunal del Consulado de Lima en la primera mitad del siglo XVII*. Madrid: Ediciones de Cultura Hispánica.

Romero Tallafigo, Manuel (1995): «La fundación del Archivo General de Indias», en Pedro González García (coord.): *Archivo General de Indias. Los archivos españoles*. Madrid: Ministerio de Cultura – Lunwerg, 33-52.

Rojas García, Reyes (2004): «La memoria de lo privado en lo público: los escribanos públicos sevillanos», *Historia. Instituciones. Documentos*, 31, 573-584.

Rojas García, Reyes (2015): *La práctica de los escribanos públicos de Sevilla: los manuales (1504-1550)*. Sevilla: Diputación.

Rossi, Paolo (1998): *El nacimiento de la Ciencia Moderna en Europa*. Barcelona: Crítica.

Rubio Merino, Pedro y Petra Rotthoff (1990): *Inventario del Archivo de la Hermandad de los Venerables Sacerdotes y su casa-hospicio de San Pedro y San Fernando de Sevilla*. Sevilla: Junta de Andalucía.

Salas Almela, Luis (2008): *Medina Sidonia. El poder de la aristocracia, 1580-1670*. Madrid: Marcial Pons.

Salas Almela, Luis (2013): *The conspiracy of the ninth Duke of Medina Sidonia (1641): an aristocrat in the crisis of the Spanish Empire*. Leiden: Brill.

Salinero, Gregorio e Isabel Testón Núñez (coords.) (2010): *Un juego de engaños. Movilidad, nombres y apellidos en los siglos XV a XVIII*. Madrid: Casa de Velázquez.

Sánchez Bella, Ismael (1983): «Publicación de los «Sumarios» de Aguiar (1628) y su utilización en España e Indias», en *Justicia, sociedad y economía en la América española: siglos XVI, XVII, XVIII. Trabajos del VI Congreso del Instituto Internacional de Historia del Derecho Indiano en homenaje al Dr. Alfonso García-Gallo*, 2 vols. Valladolid: Casa Colón, I, 165-196.

Sánchez Bella, Ismael (1987): «Hallazgo de la Recopilación de Indias de León Pinelo», *Jahrbuch für Geschichte von Staat, Wirtschaft und Gesellschaft Lateinamerikas*, 24, 135-177.

Sánchez González, Antonio (2014): *El archivo de los adelantados de Andalucía (Casa de Alcalá)*. Sevilla: Universidad.

Sánchez Herrero, José (2003): *La Semana Santa de Sevilla*. Madrid: Sílex.

Sánchez Maíllo, Carmen (2010): *El pensamiento jurídico-político de Juan de Solórzano Pereira*. Pamplona: EUNSA.

Santiago Fernández, Javier de (2018): *Política monetaria y moneda en el reinado de Carlos II*. Madrid: UCM-UNED.

Santorio, Paula A. (2010): «El pagador de armadas Diego de Cazalla, origen de un condado malagueño», en Julián P. Díaz, Francisco Andújar y Ángel Galán (eds.): *Casas, familias y rentas. La nobleza del Reino de Granada entre los siglos XV-XVIII*. Granada: Universidad, 283-301.

Sanz Ayán, Carmen (1985): «Francisco Centani, un hombre de negocios del siglo XVII», *Moneda y crédito*, 173, 35-45.

Sanz Ayán, Carmen (2018): «Los estímulos reformistas y sus límites: fiscalidad, moneda y deuda en el reinado de Carlos II», *e-Spania*, 29.

Sanz Serrano, María Jesús (1981): *Juan Laureano de Pina*. Sevilla: Diputación.

Sanz, María Jesús y María Teresa Dabrio (1977): «Bibliotecas sevillanas del período barroco: datos para su estudio», *Archivo Hispalense*, LX (184), 113-156.

Sanz Tapia, Ángel (2009): *¿Corrupción o necesidad? La venta de cargos de gobierno americanos bajo Carlos II (1674-1700)*. Madrid: CSIC.

Schäfer, Ernst (2003 [1935-1947]): *El Consejo Real y Supremo de las Indias. Su historia, organización y labor administrativa hasta la terminación de la Casa de Austria*, Antonio M. Bernal (ed.), 2 vols. Madrid: Junta de Castilla y León-Marcial Pons.

Schilder, Günter (2017): *Early Dutch Maritime Cartography. The North Holland School of Cartography (c. 1580-c. 1620)*. Brill: Hes & De Graaf.

Serrano Hernández, Sergio T. (2018): *La golosina del oro. La producción de metales preciosos en San Luis Potosí y su circulación global en mercados orientales y occidentales durante el siglo XVII*. San Luis Potosí: El Colegio de San Luis – El Colegio de Michoacán – Instituto Mora.

Serrano Mangas, Fernando (1985): *Los galeones de la Carrera de Indias, 1650-1700*. Sevilla: EEHA.

Serrano Mangas, Fernando (1989): *Armadas y flotas de la plata (1620-1648)*. Madrid: Banco de España.

Serrano Mangas, Fernando (1992): *Función y evolución del galeón en la Carrera de Indias*. Sevilla: Mapfre.

Serrera Contreras, Ramón (2011): *La América de los Habsburgo (1517-1700)*. Sevilla: Universidad.

Smith, Robert S. (1978 [1940]): *Historia de los consulados de mar (1250-1700)*. Barcelona: Península.

Solano Pérez-Lila, Francisco de (1981): *Norte sobre la vida y obra del autor del Norte de la Contratación de las Indias Occidentales*. Madrid: Instituto de Estudios Fiscales.

Soria Mesa, Enrique (2000): *El cambio inmóvil. Transformaciones y permanencias de una élite de poder (ss. XVI-XIX)*. Córdoba: La Posada.

Soria Mesa, Enrique (2007): *La nobleza en la España Moderna. Cambio y continuidad*. Madrid: Marcial Pons.

Stein, Stanley y Barbara Stein (2005): *El apogeo del Imperio. España y Nueva España en la era de Carlos III, 1759-1789*. Barcelona: Crítica.

Storrs, Christopher (2013): *La resistencia de la Monarquía Hispánica, 1665-1700*. Madrid: Actas.

Suárez Espinosa, Margarita (1995): *Comercio y fraude y en el Perú colonial. Las estrategias de un banquero*. Lima: Banco Central de la Reserva.

Suárez Espinosa, Margarita (2001): *Desafíos transatlánticos. Mercaderes, banqueros y el estado en el Perú virreinal, 1600-1700*. Lima: FCE-IFEA.

Suárez Espinosa, Margarita (2012): «Galeones, mercaderes y virreyes: tensiones en el imperio hispánico en la segunda mitad del siglo XVII», en Enriqueta Vila y Jaime Lacueva (coords.): *Mirando las dos orillas. Intercambios mercantiles, sociales y culturales entre Andalucía y América*. Sevilla: Fundación Buenas Letras, 165-183.

Suárez Espinosa, Margarita (2015): «Sedas, rasos y damascos: Lima y el cierre del comercio triangular con México y Manila en la primera mitad del siglo XVII», *América Latina en la Historia Económica*, 22-2, 101-134.

Subrahmanyam, Sanjay (2001): *The Portuguese Empire in Asia: a Political and Economic History*. Londres-Nueva York: Longman.

Sutton, Elizabeth E. (2015): *Capitalism and Cartography in the Dutch Golden Age*, Chicago y Londres: Universidad de Chicago.

Torrego Casado, Almudena (2011): *Una biblioteca nobiliaria madrileña del siglo XVII: don Jerónimo de Eguía y Eguía, primer marqués de Narros*. Madrid: Tesis Doctoral.

Trejo Rivera, Flor (coord.) (2003): *La flota de la Nueva España, 1630-1631. Vicisitudes y naufragios*. México: INAH.

Trueba, Eduardo (1989): *Sevilla, tribunal de océanos (siglo XVI)*. Sevilla.

Valdivieso, Enrique (1988): *Valdés Leal*. Sevilla: Guadalquivir.

Valdivieso, Enrique y Juan Miguel Serrera Contreras (1980): *El Hospital de la Caridad de Sevilla*. Valladolid: Sever-Cuesta.

Valdivieso, Enrique y Magdalena Illán (coords.) (2010): *Miguel Mañara. Espiritualidad y arte en el Barroco sevillano (1627-1649)*. Sevilla: Fundación Cruzcampo-H. Santa Caridad.

Valle Pavón, Guillermina del (1997): *El Consulado de Comerciantes de la ciudad de México y las finanzas novohispanas*. México: Tesis Doctoral.

Valle Pavón, Guillermina del (2005): «Los mercaderes de México y la transgresión de los límites al comercio pacífico en Nueva España, 1550-1620», *Revista de Historia Económica*, 23 (1), 213-240.

Valle Pavón, Guillermina del (2016): *Donativos, préstamos y privilegios. Los mercaderes y mineros de la ciudad de México durante la guerra anglo-española de 1779-1783*. México: Instituto Mora.

Vargas Cariola, Juan Eduardo (1984): «Financiamiento del ejército de Chile en el siglo XVII», *Historia*, 19, 159-202.

Vilar, Pierre (2004): *Memoria, historia e historiadores*. Granada: Universidad.

Villari, Rosario (2003): *Elogio della dissimulazione. La lotta política nel Seicento*. Roma-Bari: Laterza.

Vries, Peer (2010): «The California School and Beyond: How to Study the Great Divergence?», *History Compass*, 8, 730-751.

VV.AA. (1986): *El Archivo General de Indias en mi recuerdo*. Sevilla: Junta de Andalucía.

VV.AA. (2017): *Guadalquivir. Mapas y relatos de un río. Imagen y mirada*. Sevilla: Universidad.

Wang, Q. Edward (ed.) (2011): *The "California School" in China* (dossier), *Chinese Studies in History*, 45 (1) 3-99.

Ward, Christopher (1993): *Imperial Panama. Commerce and Conflict in Isthmian America, 1550-1800*. Albuquerque: Universidad de Nuevo México.

White, Hayden (1992 [1973]): *Metahistoria. La imaginación histórica en la Europa del siglo XIX*. México: FCE.

Wood, Oliver Noble, Jeremy Roe y Jeremy Lawrence (eds.) (2011): *Poder y saber. Bibliotecas y bibliofilia en la época del conde-duque de Olivares*. Madrid: CEEH.

Wootton, David (2017): *La invención de la ciencia. Una nueva historia de la Revolución Científica*. Barcelona: Crítica.

Yun Casalilla, Bartolomé (2019): *Los imperios ibéricos y la globalización de Europa (siglos XV a XVII)*. Barcelona: Galaxia Gutemberg.

Yuste López, Carmen (1984): *El comercio de la Nueva España con Filipinas, 1570-1785*. México: INAH.

Zúñiga, Jean-Paul (2007): «Ir a "valer más" a Indias: las peregrinaciones de un granadino en Indias en el siglo XVII. Reflexiones en torno al uso de genealogía en Historia», en Gómez González, Inés y Miguel L. López-Guadalupe Muñoz (eds.): *La movilidad social en la España del Antiguo Régimen*. Granada: Comares, 153-172.

Este libro se terminó de imprimir
en Sevilla, el 20 de febrero de 2024